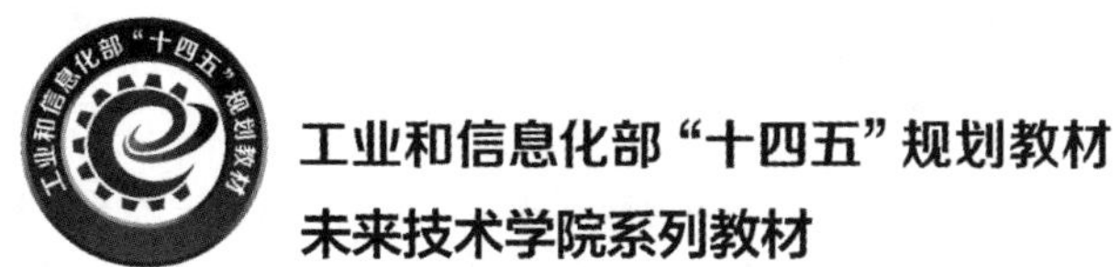

工业和信息化部“十四五”规划教材

未来技术学院系列教材

微积分

（上）

◆ 尹逊波　尤　超　张　夏　编著

電子工業出版社
Publishing House of Electronics Industry
北京 · BEIJING

内 容 简 介

本书主要针对拔尖创新人才培养而编写，分上、下两册. 上册内容包括极限与连续、导数与微分、微分中值定理及导数应用、不定积分、定积分及其应用、微分方程；下册内容包括多元函数微分学、多元数量值函数积分学、多元向量值函数积分学、无穷级数.

本书可作为高等学校理工科专业微积分课程的教材，也适合准备考研的学生参考.

未经许可，不得以任何方式复制或抄袭本书之部分或全部内容.
版权所有，侵权必究.

图书在版编目 (CIP) 数据

微积分. 上 / 尹逊波，尤超，张夏编著. — 北京：电子工业出版社，2022.7
ISBN 978-7-121-43944-5

Ⅰ. ①微… Ⅱ. ①尹… ②尤… ③张… Ⅲ. ①微积分－高中－教材 Ⅳ. ①G634.601

中国版本图书馆 CIP 数据核字 (2022) 第 119274 号

责任编辑：张　鑫
印　　刷：天津千鹤文化传播有限公司
装　　订：天津千鹤文化传播有限公司
出版发行：电子工业出版社
　　　　　北京市海淀区万寿路 173 信箱　　　邮编：100036
开　　本：787×1 092　1/16　印张：17.5　　字数：448 千字
版　　次：2022 年 7 月第 1 版
印　　次：2025 年 8 月第 5 次印刷
定　　价：59.00 元

凡所购买电子工业出版社图书有缺损问题，请向购买书店调换. 若书店售缺，请与本社发行部联系，联系及邮购电话：(010) 88254888，88258888.

质量投诉请发邮件至 zlts@phei.com.cn，盗版侵权举报请发邮件至 dbqq@phei.com.cn.

本书咨询联系方式：zhangxinbook@126.com.

前言

2009 年，“基础学科拔尖学生培养试验计划”正式启动，旨在培养中国自己的学术大师. 探索建立拔尖创新人才培养的有效机制，促进拔尖创新人才脱颖而出，是建设创新型国家、实现中华民族伟大复兴的历史要求，也是当前对教育改革的迫切要求. 2020 年，部分高校开展基础学科招生改革试点（强基计划）. 强基计划开宗明义：聚焦国家重大战略需求，在确保公平公正的前提下，探索建立多维度考核学生的评价模式，逐步形成基础学科拔尖创新人才选拔培养的有效机制，重点解决基础学科领军人才短缺和长远发展的瓶颈问题. 本书就是对拔尖创新人才培养的重要探索，在工业和信息化部“十四五”规划教材的建设要求下，坚持以学生为中心，通过深度与广度的探索，强化学生的数学基础.

近年来，一些高水平研究型大学在拔尖创新人才培养方面进行了有益的尝试和多样化的探索，并取得了初步成果. 未来技术学院作为哈尔滨工业大学探索杰出人才自主培养之路的创新举措，秉承厚植基础、强化交叉的宗旨，强化现代的、精炼的、启发的、实践的教学内容，形成了具备基础宽厚和学科交叉融合特色的新型课程体系。通过探索路子、选拔尖子、培育苗子，竭力为拔尖创新学生的科学精神塑造、创新意识培养、实践能力养成、综合素质提升等搭建平台、提供舞台，着力培养具有国际视野、家国情怀、创新思维、攻坚能力的未来领军人才。

本书正是针对哈尔滨工业大学未来技术学院及其他高校拔尖创新学生编写的微积分教材，增加了传统微积分教材中较少介绍的实数理论、一致收敛、一致连续、高阶微分、广义重积分、重积分的变量代换、场论初步、外微分形式、含参变量积分、傅里叶积分与傅里叶变换等方面的内容，力求做到让学生知其然也知其所以然.

本书分上、下两册. 上册内容包括极限与连续、导数与微分、微分中值定理及导数应用、不定积分、定积分及其应用、微分方程；下册内容包括多元函数微分学、多元数量值函数积分学、多元向量值函数积分学、无穷级数. 书中带星号（*）的内容为选学内容.

本书可作为高等学校理工科专业微积分课程的教材，也适合准备考研的学生参考.

本书上册由尹逊波、尤超、张夏编写，下册由尤超、尹逊波、靳水林编写.

本书是在中国高等教育学会理科教育专业委员会重点项目（编号：21ZSLKJYZD03）、中国高等教育学会教育数学专业委员会重点项目“大学与高中数学衔接及大学先修课的实践研究”及黑龙江省教育科学“十三五”规划2019年度重点课题（编号：GJB1319039）项目的支持下完成的.

本书得到了哈尔滨工业大学数学学院教学研究中心各位教师的大力支持，也吸收了哈尔滨工业大学威海分校数学系、东北林业大学数学系、哈尔滨理工大学数学系等高校教师提出的宝贵意见和建议，在此一并表示感谢.

由于作者水平有限，加之编写时间仓促，书中错误和不足之处在所难免，恳请读者不吝赐教.

编　者

2022年3月

目　　录

第1章 极限与连续

极限思想的产生时间很早，例如，公元3世纪中国数学家刘徽的割圆术，就是用圆内接正多边形的周长来逼近圆周长的. 但是，直到 17 世纪，微积分才由牛顿（Newton，英，1642—1727）和莱布尼茨（Leibniz，德，1646—1716）在前人工作的基础上建立起来. 由于当时极限思想尚未成熟，微积分建立在含糊不清的无穷小基础上，在逻辑上引起了不少争论和怀疑. 后来，经过许多数学家的努力，直到 19 世纪后期，柯西（Cauchy，法，1789—1857）和魏尔斯特拉斯（Weierstrass，德，1815—1897）等人才给出了极限的定义及函数在一点连续的概念，从而开创了微积分的近代体系. 可以说，极限方法经历了世纪的锤炼，是人类智慧的精华. 深入理解并掌握极限的思想和方法，对我们今后的学习和工作都是必要的.

1.1 函数

1.1.1 数集

实数是有理数和无理数（无限不循环小数）的统称，有理数又分为整数和分数.

取定了原点、长度单位和方向的直线称为**数轴**. 数轴上的点与实数是一一对应的.

实数具有如下性质.

1° **有序性** 任意两个互异的实数 a, b 都可以比较大小，或者 $a<b$，或者 $a>b$. 实数按照由小到大的顺序排列在数轴上.

2° **完备性** 任意两个有理数之间有无穷多个有理数，所以说有理点处处稠密. 但有理点并未充满整个数轴，例如，还有 $\sqrt{2}, \pi$ 这样一些无理点. 因为有理数与无理数之和为无理数，所以无理点也处处稠密. 实际上，无理数远比有理数多得多. 实数充满整个数轴，没有空隙，这就是实数的完备性（或连续性）.

以数为元素的集合称为**数集**，习惯上自然数集记为 $\mathbb{N}$、整数集记为 $\mathbb{Z}$、有理数集记为 $\mathbb{Q}$. 所有实数构成的数集称为**实数集**，记为 $\mathbb{R}$.

设 $\delta>0$，称开区间 $(x_0-\delta,\ x_0+\delta)$ 为点 x_0 的 **δ 邻域**，记为 $U_\delta(x_0)$ 或 $U(x_0,\delta)$. 它是以 x_0 为中心，长为 2δ 的开区间（见图 1.1）. 有时我们不关心 δ 的大小，常用“邻域”或“x_0 附近”代替 x_0 的 δ 邻域.

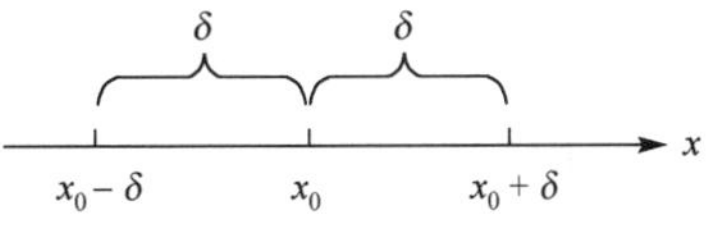

图 1.1

称集合 $(x_0-\delta,\ x_0)\cup(x_0,x_0+\delta)$ 为 x_0 的**去心 δ 邻域**，记为 $\mathring{U}_\delta(x_0)$.

定义 1.1 对数集 X，若有常数 $M(m)$ 使得

$$x \leqslant M\ (x \geqslant m),\ \ \forall x \in X$$

则称数集 X 有上（下界），并称 $M(m)$ 为数集 X 的一个上（下）界.

既有上界又有下界的数集称为**有界数集**，否则称为**无界数集**.

显然，若一数集有上（下）界，则必有无数多个上（下）界. 事实上，凡是大于（小于）上（下）界 $M(m)$ 的数，都是该数集的上（下）界. 但最小（大）的上（下）界只能有一个.

公理 1.1 任何非空的有上界的数集 X 一定有最小上界 μ，称为数集 X 的**上确界**，记为

$$\mu = \sup X$$

显然，$\mu = \sup X$ 等价于：

1° $\forall x \in X$，都有 $x \leqslant \mu$；

2° $\forall \varepsilon > 0,\ \exists x \in X$，使得 $x > \mu - \varepsilon$.

命题 1.1 任何非空的有下界的数集 X 一定有最大下界 γ，称为数集 X 的**下确界**，记为 $\gamma = \inf X$.

证明： 设 A 为 X 的所有下界构成的集合，则 $\forall x \in X$ 都是 A 的一个上界，所以 A 非空有上界. 由公理 1.1 知，A 有上确界，记为 γ. 显然，$\forall x \in X$，都有 $x \geqslant \gamma$，即 γ 是 X 的下界. 由上确界的性质 1° 知，$\forall a \in A$，都有 $a \leqslant \gamma$，即 γ 是 X 的最大下界. □

下确界也有类似上确界的等价定义，本书不再赘述.

数集 X 的上（下）界可能属于 X，也可能不属于 X. 例如，数值 1 是集合 $\{x \mid x < 1\}$ 和 $\{x \mid x \leqslant 1\}$ 的上确界，但

$$1 \notin \{x \mid x < 1\},\ 1 \in \{x \mid x \leqslant 1\}$$

1.1.2 函数的概念

函数是微积分课程中的主要研究对象. 中学阶段已经给出了函数的概念，这里先回顾函数的定义，再给出几种常用函数.

定义 1.2 如果两个变量 x 和 y 之间有一个数值对应规律，使变量 x 在其可取值的数集 X 内每取得一个值时，变量 y 就依照这个规律确定对应值，则称 y 是 x 的**函数**，记为

$$y = f(x),\ \ x \in X$$

其中，x 称为**自变量**，y 称为**因变量**.

下面给出几种特殊的分段函数.

（1）符号函数（见图 1.2）

$$y = \operatorname{sgn} x = \begin{cases} -1, & x < 0 \\ 0, & x = 0 \\ 1, & x > 0 \end{cases}$$

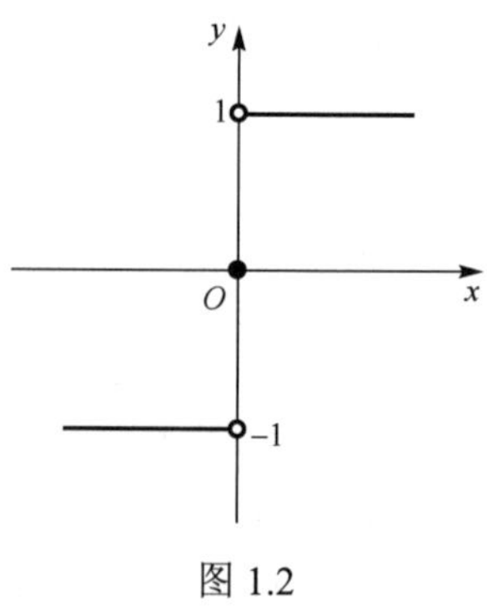

图 1.2

（2）狄利克雷（Dirichlet，德，1805—1859）函数

$$D(x) = \begin{cases} 1, & x\text{ 为有理数} \\ 0, & x\text{ 为无理数} \end{cases}$$

（3）取整函数 $y = [x]$，表示 x 的最大整数部分，即不超过 x 的最大整数，如图 1.3 所示. 例如，当 $x = 2.34$ 时，$y = [2.34] = 2$；当 $x = -5.46$ 时，$y = [-5.46] = -6$.

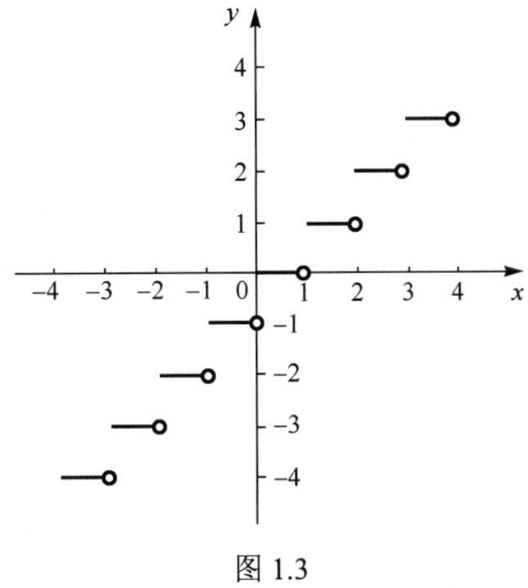

图 1.3

1.1.3 初等函数

中学阶段数学课程中的幂函数、三角函数、反三角函数、指数函数、对数函数及常值函数统称**基本初等函数**，这些函数是构造其他更多函数的基本元素，因此复习这些函数的基本特性是必要的.

1. 幂函数

函数

$$y = x^{\mu}$$

（μ 为任意常数）称为**幂函数**，其定义域由 μ 的取值而定，如图 1.4 所示.

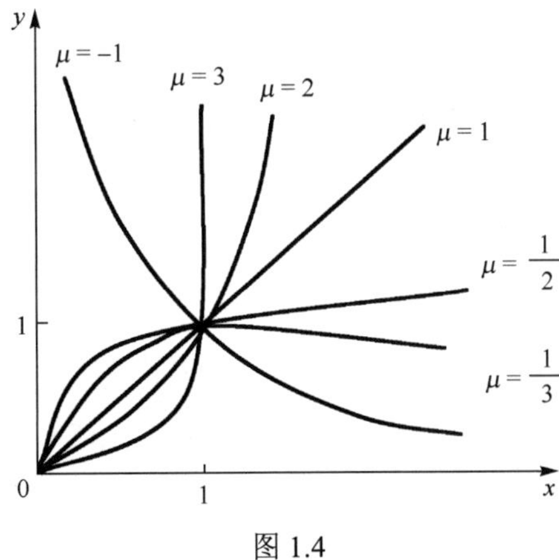

图 1.4

2. 三角函数

三角函数包括正弦函数 $y=\sin x$，余弦函数 $y=\cos x$，正切函数 $y=\tan x$，余切函数 $y=\cot x$，正割函数 $y=\sec x$ 和余割函数 $y=\csc x$. 正弦函数、余弦函数、正割函数和余割函数都是以 2π 为周期的函数，正切函数和余切函数的周期为 π. 正弦函数和余弦函数是有界函数，其他三角函数是无界函数. 三角函数的图形如图 1.5 所示.

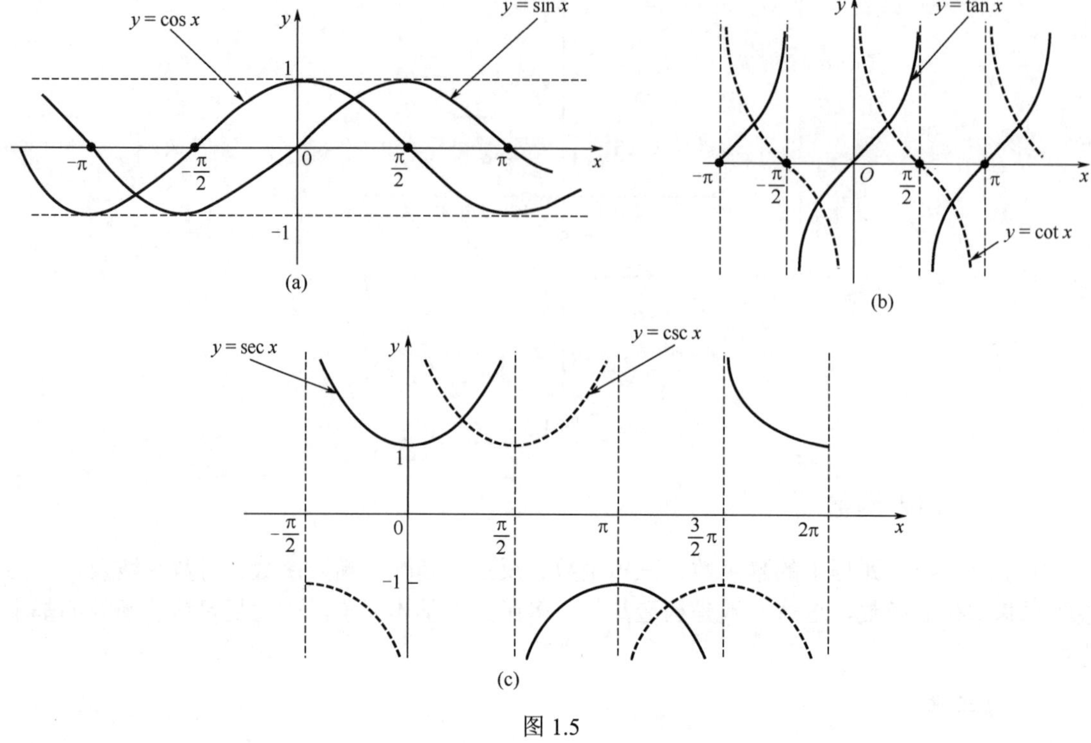

图 1.5

必须指出，在数学分析中，三角函数的自变量 x 作为角必须采用弧度制.

由于中学阶段数学课程中没有介绍三角函数的和差化积公式、积化和差公式，因此下面将其列出，供读者参考.

（1）和差化积公式

$$\sin\alpha+\sin\beta=2\sin\frac{\alpha+\beta}{2}\cos\frac{\alpha-\beta}{2}$$

$$\sin\alpha-\sin\beta=2\cos\frac{\alpha+\beta}{2}\sin\frac{\alpha-\beta}{2}$$

$$\cos\alpha+\cos\beta=2\cos\frac{\alpha+\beta}{2}\cos\frac{\alpha-\beta}{2}$$

$$\cos\alpha-\cos\beta=-2\sin\frac{\alpha+\beta}{2}\sin\frac{\alpha-\beta}{2}$$

（2）积化和差公式

$$\sin\alpha\cos\beta=\frac{1}{2}[\sin(\alpha+\beta)+\sin(\alpha-\beta)]$$

$$\cos\alpha\sin\beta=\frac{1}{2}[\sin(\alpha+\beta)-\sin(\alpha-\beta)]$$

$$\cos\alpha\cos\beta=\frac{1}{2}[\cos(\alpha+\beta)+\cos(\alpha-\beta)]$$

$$\sin\alpha\sin\beta=-\frac{1}{2}[\cos(\alpha+\beta)-\cos(\alpha-\beta)]$$

3. 反三角函数

反函数中有一类特别重要的函数在中学时没有介绍，即**反三角函数**. 对正弦函数 $y=\sin x$，它的定义域为 $(-\infty,+\infty)$，值域是 $[-1,1]$. 每一个 x 都有唯一的 y 与之对应. 而根据反函数的定义，$y=\sin x$ 在定义域 $(-\infty,+\infty)$ 内，不存在反函数. 但当把开区间 $(-\infty,+\infty)$ 划分为闭区间 $\left[-\dfrac{\pi}{2}+2k\pi,\dfrac{\pi}{2}+2k\pi\right]$ 及闭区间 $\left[\dfrac{\pi}{2}+2k\pi,\dfrac{3\pi}{2}+2k\pi\right]$（其中 $k\in\mathbb{Z}$）时，这里的每一个闭区间都是单调区间，其中的每一个逆对应所确定的函数都是 $y=\sin x$ 的反函数.

我们规定：正弦函数 $y=\sin x$ 在 $\left[-\dfrac{\pi}{2},\dfrac{\pi}{2}\right]$ 上的反函数称为反正弦函数，记为 $y=\arcsin x$，此时，它的定义域是 $[-1,1]$，它的值域是 $\left[-\dfrac{\pi}{2},\dfrac{\pi}{2}\right]$. 同理，给出其他几个反三角函数的定义及定义域、值域，具体如下，图形如图 1.6 所示.

$$y=\arcsin x,\quad -1\leqslant x\leqslant 1,\quad -\frac{\pi}{2}\leqslant y\leqslant\frac{\pi}{2}$$
$$y=\arccos x,\quad -1\leqslant x\leqslant 1,\quad 0\leqslant y\leqslant\pi$$
$$y=\arctan x,\quad -\infty<x<+\infty,\quad -\frac{\pi}{2}<y<\frac{\pi}{2}$$
$$y=\operatorname{arccot} x,\quad -\infty<x<+\infty,\quad 0<y<\pi$$

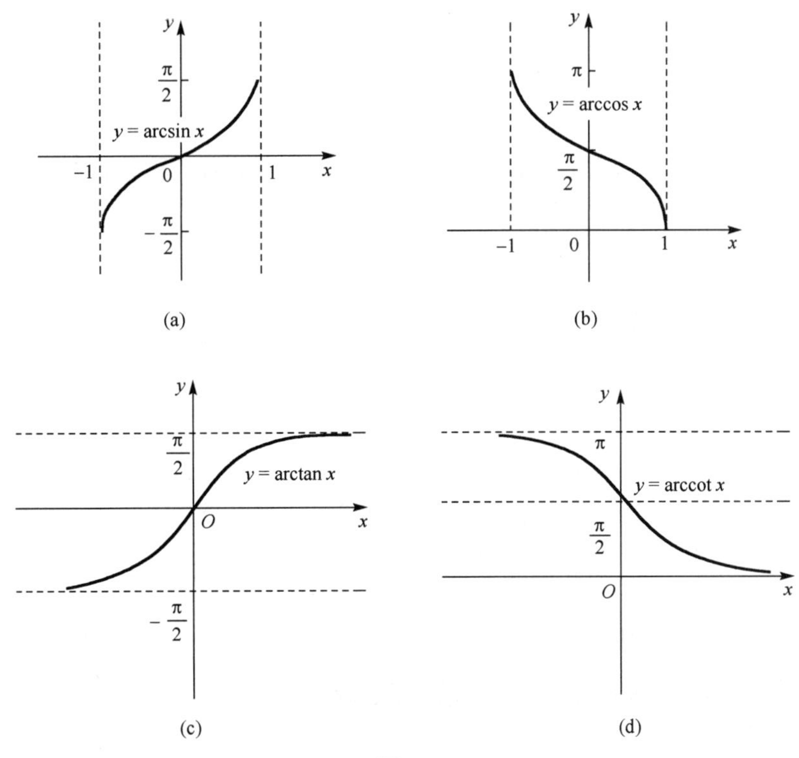

图 1.6

4．指数函数

函数

$$y=a^x \quad (a>0,\ a\neq 1)$$

称为**指数函数**，其定义域为$(-\infty,+\infty)$，值域为$(0,+\infty)$，图形如图 1.7 所示. 在科技问题中，常用到以无理数 $\mathrm{e}\doteq 2.71828$ 为底的指数函数 $y=\mathrm{e}^x$ 与 $y=\mathrm{e}^{-x}$.

5．对数函数

函数

$$y=\log_a x \quad (a>0,\ a\neq 1)$$

称为**对数函数**，其定义域为$(0,+\infty)$，值域为$(-\infty,+\infty)$，它是指数函数 $y=a^x$ 的反函数. 当 $a>1$ 时，它是单调递增函数；当 $0<a<1$ 时，它是单调递减函数，图形如图 1.8 所示.

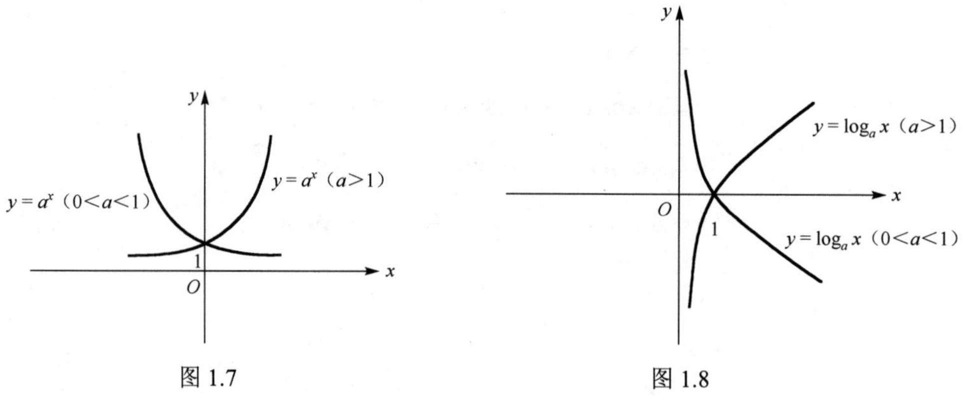

图 1.7　　图 1.8

以 10 为底的对数称为常用对数，简记为 $\lg x$. 以 e 为底的对数称为自然对数，简记为 $\ln x$.

6．常值函数

函数

$$y=C \quad (C\text{ 为某常数})$$

称为**常值函数**，其定义域为$(-\infty,+\infty)$，如图 1.9 所示.

上面介绍了几类基本函数，下面给出构造更多函数的方法.

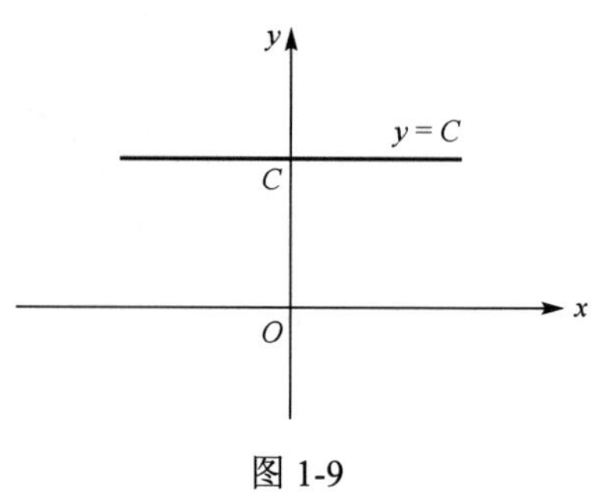

图 1-9

设函数 $y=f(u)$，$u\in U$，而 u 又是 x 的函数 $u=\varphi(x)$，$x\in X$，且 $D=\{x\,|\,x\in X \text{ 且 } \varphi(x)\in U\}\neq\phi$，则函数

$$y=f[\varphi(x)],\ x\in D$$

称为由函数 $y=f(u)$ 和 $u=\varphi(x)$ 复合而成的**复合函数**，u 称为中间变量.

例 1-1　设函数 $f(x)=\mathrm{e}^x$，$f(g(x))=1-x$，求函数 $g(x)$.

解： $f(g(x))=\mathrm{e}^{g(x)}=1-x$，则

$$g(x)=\ln(1-x)，\quad x<1$$

例 1-2 设函数 $f\left(x+\dfrac{1}{x}\right)=2x$，$x>1$，求函数 $f(x)$.

解： 设 $x+\dfrac{1}{x}=t\cdots①$.

由 $x>1$ 知 $t>2$. $x^2+\dfrac{1}{x^2}+2=t^2$，等式两端同时减 4，有

$$\left(x-\frac{1}{x}\right)^2=t^2-4$$

$$x-\frac{1}{x}=\sqrt{t^2-4}\cdots②$$

①与②联立，得

$$x=\frac{1}{2}(t+\sqrt{t^2-4})$$

故 $f(t)=t+\sqrt{t^2-4}$（$t>2$），即 $f(x)=x+\sqrt{x^2-4}$（$x>2$）.

例 1-3 已知 $f(x)=\begin{cases}x^2+1, & x\leqslant 0\\ \sin x, & x>0\end{cases}$，$g(x)=\begin{cases}x^3, & x\leqslant 1\\ \sqrt{x}, & x>1\end{cases}$，求 $f(g(x))$.

解： $f(g(x))=\begin{cases}g^2(x)+1, & g(x)\leqslant 0\\ \sin g(x), & g(x)>0\end{cases}=\begin{cases}x^6+1, & x\leqslant 1\text{且}x^3\leqslant 0\\ x+1, & x>1\text{且}\sqrt{x}\leqslant 0\\ \sin x^3, & x\leqslant 1\text{且}x^3>0\\ \sin\sqrt{x}, & x>1\text{且}\sqrt{x}>0\end{cases}=\begin{cases}x^6+1, & x\leqslant 0\\ \sin x^3, & 0<x\leqslant 1\\ \sin\sqrt{x}, & x>1\end{cases}$

由基本初等函数经有限次四则运算和有限次复合运算所得到的，能用一个式子表示的函数称为**初等函数**. 例如

$$\cosh x=\frac{e^x+e^{-x}}{2} \qquad \text{称为双曲余弦函数；}$$

$$\sinh x=\frac{e^x-e^{-x}}{2} \qquad \text{称为双曲正弦函数；}$$

$$\tanh x=\frac{e^x-e^{-x}}{e^x+e^{-x}} \qquad \text{称为双曲正切函数；}$$

$$\coth x=\frac{e^x+e^{-x}}{e^x-e^{-x}} \qquad \text{称为双曲余切函数}$$

等都是初等函数，图形如图 1.10 所示，这就扩大了所讨论函数的范畴. 初等函数是常见的函数，但它只是一小类函数. 狄利克雷函数和某些分段函数就不是初等函数. 待介绍完积分、级数和微分方程后，就会了解到有大量非初等函数的存在.

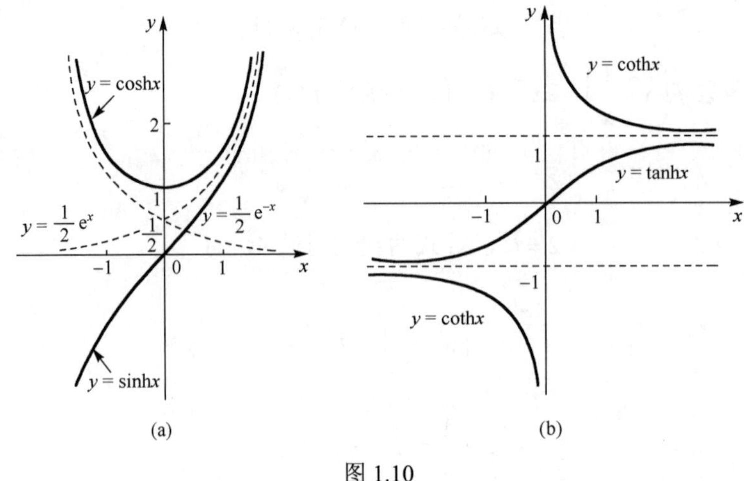

图 1.10

1.1.4 极坐标

用两个数确定问题一点位置的方法，除直角坐标系外，常用的还有极坐标系. 在某些场合，使用极坐标能使物体便于研究.

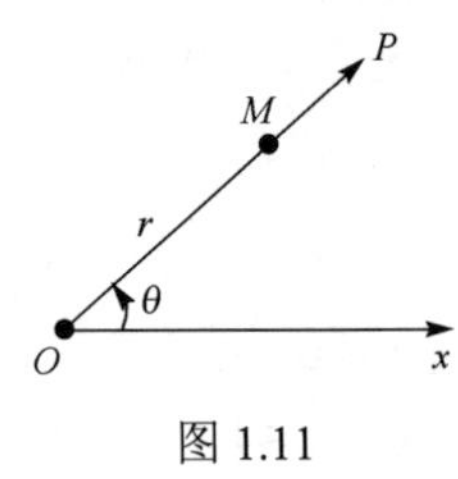

图 1.11

在平面上取定一点 O，称之为**极点**；并自 O 引一射线 Ox，称之为**极轴**（见图 1.11）. 于是平面上任意一点 M（不在极点）的位置，可以由两个数 r 和 θ 来决定，其中，θ 就是射线 OP 绕 O 点由 Ox 位置按逆时针方向旋转，第一次转到 OM 位置时所转过的角度；r 是射线 OP 上由 O 到 M 的距离（见图 1.11）. 这样两个数 r,θ 称为点 M 的**极坐标**，且以记号 $M(r,\theta)$ 来表示点 M，r 称为**极径**，θ 称为**极角**.

根据上述定义，点 M 的极坐标 r,θ 的数值满足：$r>0$，$0\leqslant\theta\leqslant 2\pi$. 在这样的限制下，任意给定一对数 r,θ，平面上就对应着唯一的一点 M；反之，平面上除极点 O 外任意一点 M，必有一对数 r,θ 与它对应. 当点 M 为极点时，$r=0$，而 θ 的值可任意.

在极坐标实际应用中，为了方便起见，我们往往取消上述对 r 和 θ 的限制，而规定它们可取任何实数值. 现设有任意实数 r,θ. 首先，作射线 OP，使以 Ox 为始线，OP 为终线的角 θ（见图 1.12）. 其次，如果 r 是正数，在 OP 上作一点 M，使 $|OM|=r$；如果 r 是负数，在 P 向 O 的延长线上作一点 M，使 $|OM|=r$. 这样，对任意的一对实数 r 和 θ，总可以在平面上确定唯一的一点 M. 但是反过来，平面上的同一点却对应着无限多对的数值，因为如果 $r=r_1,\theta=\theta_1$ 是平面上某一点 M 的极坐标，则 $r=r_1,\theta=\theta_1+2k\pi$ 也是点 M 的极坐标；此外，$r=-r_1,\theta=\theta_1+\pi+2k\pi$ 也是点 M 的极坐标（k 是任何整数）.

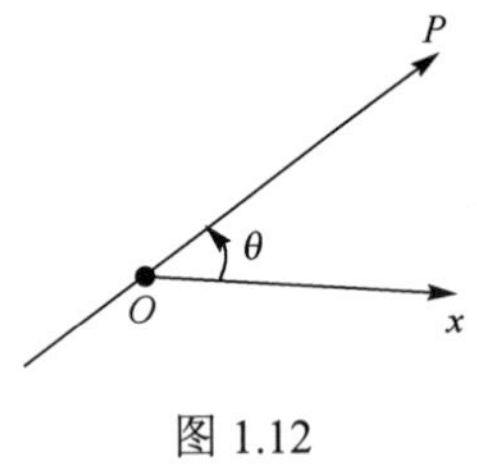

图 1.12

有时为了研究问题方便，需要将两种坐标系相互转化，因此需要研究两种坐标系之间的关系.

设平面上有一直角坐标系和极坐标系，它们是这样取定的：极点与坐标原点重合，极轴与 x 轴的正半轴重合. 设平面上任意一点 M 在直角坐标系下的坐标为 x,y，在极坐标系中的坐

标为 r,θ，如图 1.13 所示. 若 r,θ已知，则

$$x = r\cos\theta, \quad y = r\sin\theta \tag{1.1}$$

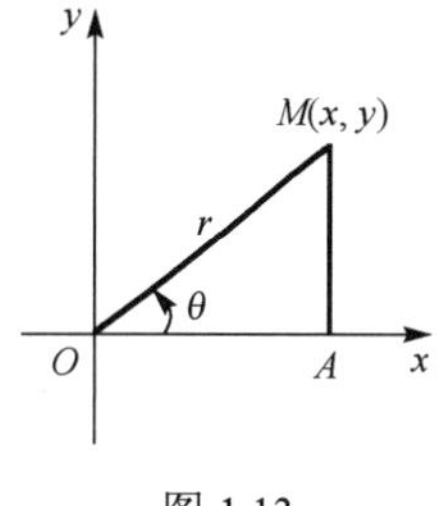

图 1.13

关于式（1.1）的成立，讨论如下：

1° 若 $r = 0$，则式（1.1）显然成立；

2° 若 $r > 0$，则由三角学中正弦和余弦的定义知式（1.1）是成立的；

3° 若 $r < 0$，则因(r,θ)和$(-r,\theta+\pi)$表示同一点，故可用$(-r,\theta+\pi)$代替(r,θ)来求(x,y). 由于$-r > 0$，因此对$(-r,\theta+\pi)$，可引用式（1.1）. 用$-r$和$\theta+\pi$分别代替式（1.1）中的r和θ，得

$$x = -r\cos(\theta+\pi) = -r\cdot(-\cos\theta) = r\cos\theta$$
$$y = -r\sin(\theta+\pi) = -r\cdot(-\sin\theta) = r\sin\theta$$

由此看到该点的直角坐标仍可由式（1.1）得到.

若点M的直角坐标x,y已知，求点M的极坐标r,θ. 点M对应着无限多对的数值，其中任一对数值都可作为点M的极坐标，且知道了其中某一对数值后，其他无限多对的数值也很容易写出来. 因此，求出其中一对数值就够了. 为此，仅求$r \geqslant 0, 0 \leqslant \theta < 2\pi$的一对数值.

把式（1.1）中两个式子分别平方再相加得

$$x^2 + y^2 = r^2\cos^2\theta + r^2\sin^2\theta = r^2$$

因此

$$r = \sqrt{x^2 + y^2}$$

把式（1.1）中的两个式子（设$x \neq 0$）相除得

$$\tan\theta = \frac{y}{x}$$

由$\tan\theta$决定θ时，应依据点$M(x,y)$在第几象限. 若$x = 0$时，点M在y轴上，则有$\theta = \frac{\pi}{2}$或$\frac{3}{2}\pi$.

极坐标中有一些常见曲线，下面详细介绍.

图 1.14

1. 阿基米德螺线

阿基米德螺线是为了纪念阿基米德曾经研究过其曲线的一些性质而命名的，也称为等速螺线，简称螺线，其极坐标方程为$r = a\theta$. 当$a = 1$时图形如图 1.14 所示.

2. 玫瑰线

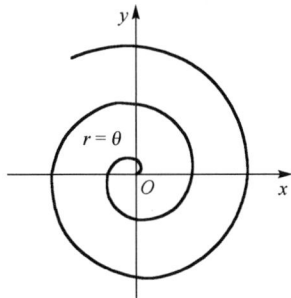

图 1.15 所示为三叶玫瑰线，方程为$r = a\cos3\theta$或$r = a\sin3\theta$. 图 1.16 所示为四叶玫瑰线，方程为$r = a\cos2\theta$或$r = a\sin2\theta$.

3. 双纽线

图 1.17 所示为双纽线（lemniscate），它的直角坐标方程为$(x^2+y^2)^2 = a^2(x^2-y^2)$，极坐

标方程为 $r^2=a^2\cos2\theta$．数学家约翰·伯努利最早于 1694 年开始研究双纽线，并把它命名为 lemniscate，其拉丁文的意思是“悬挂的丝带”．

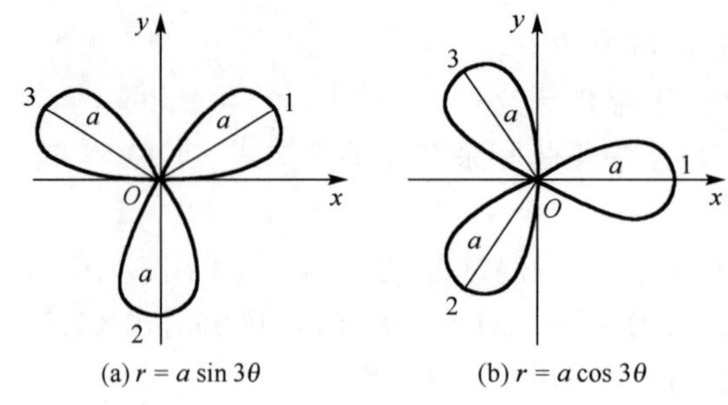

(a) $r=a\sin3\theta$　　(b) $r=a\cos3\theta$

图 1.15

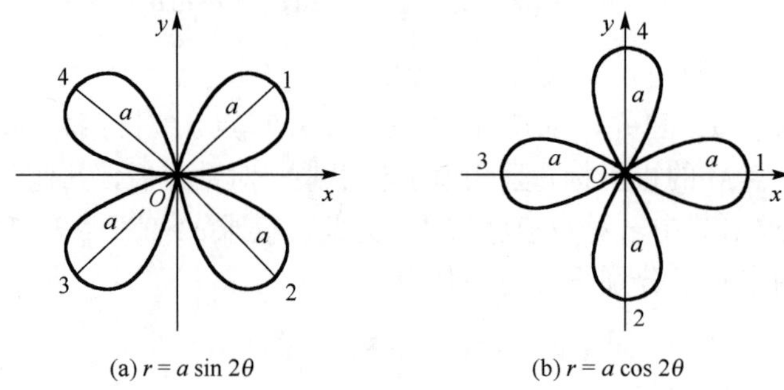

(a) $r=a\sin2\theta$　　(b) $r=a\cos2\theta$

图 1.16

4．心形线

图 1.18 所示为心形线中的一种，它的极坐标方程为 $r=a(1-\cos\theta)$，直角坐标方程为 $x^2+y^2+ax=a\sqrt{x^2+y^2}$．由于其形状像爱心，因此称之为心形线（cardioid）．

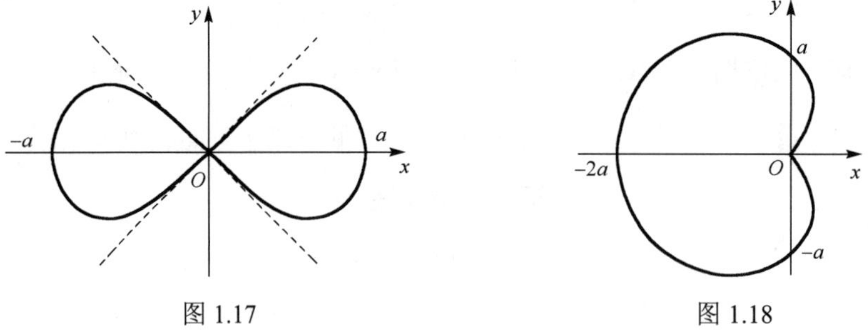

图 1.17　　图 1.18

 习题 1.1

1．求下列函数的定义域.

（1）$y=\sqrt{x^2-x}\arcsin x$；　　（2）$y=\dfrac{\lg(3-x)}{\sqrt{|x|-1}}$；

（3）$y=\sqrt{\cos x^2}$；　　（4）$y=\dfrac{1}{x}-\sqrt{2x^2+5x+3}$.

2．求函数值.

（1）设 $f(x)=\begin{cases}|\sin x|, & |x|<1 \\ 0, & |x|\geqslant 1\end{cases}$，求 $f(1)$，$f\left(\frac{\pi}{4}\right)$，$f(-2)$，$f\left(-\frac{\pi}{4}\right)$；

（2）设 $f(x)=2x-3$，求 $f(a^2)$ 和 $[f(a)]^2$.

3．作下列函数的图形.

（1）$y=x\sin\frac{1}{x}$；（2）$y=\begin{cases}2-x^2, & |x|\leqslant 1 \\ x^{-1}, & |x|>1\end{cases}$；

（3）$(x^2+y^2)^2=x^2-y^2$；（4）$|\lg x|+|\lg y|=1$.

4．已知 $f(x)$ 是以 1 为周期的函数，当 $0\leqslant x<1$ 时，$f(x)=x^2$，试写出 $f(x)$ 在 $(-\infty,+\infty)$ 上的表达式.

5．设 $f(x)=\begin{cases}x^2, & x\leqslant 4 \\ \mathrm{e}^x, & x>4\end{cases}$，$\varphi(x)=\begin{cases}1+x, & x\leqslant 0 \\ \ln x, & x>0\end{cases}$，求 $f(\varphi(x))$ 和 $\varphi(f(x))$.

6．设 $f\left(x+\frac{1}{x}\right)=\frac{x^2}{x^4+1}$，求 $f(x)$.

7．若 $f(x)$ 满足关系 $f(x+y)=f(x)+f(y)$，试证：

（1）$f(0)=0$；（2）$f(nx)=nf(x)$，其中 n 为自然数.

8．设 $\varphi(x),\ \psi(x),\ f(x)$ 均为单调递增函数，且 $\varphi(x)\leqslant\psi(x)\leqslant f(x)$，若三个函数之间的复合都有意义，证明：

$$\varphi(\varphi(x))\leqslant\psi(\psi(x))\leqslant f(f(x))$$

9．设函数 $y=f(g(x))$ 由 $y=f(u),\ u=g(x)$ 复合而成，试证：

（1）若 $g(x)$ 为偶函数，则 $f(g(x))$ 也是偶函数；

（2）若 $g(x)$ 为奇函数，则当 $f(u)$ 是奇函数时，$f(g(x))$ 为奇函数；当 $f(u)$ 为偶函数时，$f(g(x))$ 为偶函数；

（3）若 $g(x)$ 是周期函数，则 $f(g(x))$ 也是周期函数；

（4）若 $f(u),\ g(x)$ 同是单调递增或递减的，则 $f(g(x))$ 是单调递增的；

（5）若 $f(u),\ g(x)$ 中一个单调递增，一个单调递减，则 $f(g(x))$ 是单调递减的；

（6）若 $f(u)$ 是有界函数，则 $f(g(x))$ 也是有界函数.

10．设 $f(x)$ 在 $(-\infty,+\infty)$ 上有定义，且有常数 $T,B>0$ 满足 $f(x+T)=Bf(x)$，证明 $f(x)$ 可表示为一个指数函数 a^x 和一个以 T 为周期的函数 $\varphi(x)$ 之积，即 $f(x)=a^x\varphi(x)$.

1.2 数列的极限

一般地，我们把定义在正整数集上的函数 $x_n=f(n)$ 称为**数列**或**整标函数**. 人们习惯按自变量由小到大的顺序列出函数值来表示它：

$$x_1,x_2,\cdots,x_n,\cdots$$

数列中的每个数称为**数列的项**，具有代表性的第 n 项 x_n 称为数列的**通项**或**一般项**. 通项也是整标函数的函数关系式，即给定数列的通项，数列就完全确定了. 因此，通常也把数列简记为 $\{x_n\}$.

几何上，把数列$\{x_n\}$视为跳动的点在数轴x上的足迹.

我们先来考查下列数列的变化趋势：

（1）$0,\frac{1}{8},\frac{5}{27},\cdots,\frac{1}{3}-\left(\frac{1}{2n}-\frac{1}{6n^2}\right),\cdots$；

（2）$\frac{1}{2},\frac{1}{4},\frac{1}{8},\cdots,\frac{1}{2^n},\cdots$；

（3）$1,-\frac{1}{2},\frac{1}{3},-\frac{1}{4},\cdots,(-1)^{n+1}\frac{1}{n},\cdots$；

（4）0.9,0.5,0.99,0.95,0.999,0.995，…；

（5）$1,-1,1,-1,\cdots,(-1)^{n+1},\cdots$；

（6）$2,4,6,\cdots,2n,\cdots$.

这些数列变化情况各异，随着n的无限变大（记为$n\to\infty$，读作n趋于无穷大），数列（1）的项逐渐变大，且无限地接近常数$\frac{1}{3}$；数列（2）逐项变小，无限地接近0；数列（3）的项正负相间，无限地接近 0；数列（4）忽大忽小，但总趋势接近 1；数列（5）的项在 1 和−1 两个数上来回跳动；数列（6）无节制地变大下去. 从变化趋势上看，数列分为两大类：一类是当$n\to\infty$时，x_n无限地接近某一常数，如数列（1）、（2）、（3）和（4）；另一类是当$n\to\infty$时，x_n不趋于任何确定的数，如数列（5）和（6）. 前者称为**有极限的数列或收敛的数列**，后者称为**无极限的数列或发散的数列**.

若随着n的无限变大，x_n无限地接近某一常数a，则称数列$\{x_n\}$有极限或收敛，并称a为**数列的极限**.

这个定义说明了极限的本质：看数列变化的总趋势. 但它仅仅是一个动态的定性描述，对“无限地接近”这种只能靠感觉，而没有定量的刻画的词句来下定义，在理论上不严密，在应用上不方便，因此必须有一个便于定量分析的严密的定义.

“随着n的无限变大，x_n无限地接近某一常数a”，其含义是“随着n的无限变大，$|x_n-a|$无限变小”. 也就是说，无论给一个怎样小的正数ε，只要n变大到一定大的数N后，$|x_n-a|$就变得永远比给的数ε还小，即$|x_n-a|<\varepsilon$.

例如，对数列（1），因为

$$\left|x_n-\frac{1}{3}\right|=\left|\frac{1}{3}-\left(\frac{1}{2n}-\frac{1}{6n^2}\right)-\frac{1}{3}\right|=\left|\frac{1}{2n}-\frac{1}{6n^2}\right|<\frac{1}{2n}$$

所以，若给$\varepsilon=0.1$. 则当$n>5$时，恒有$\left|x_n-\frac{1}{3}\right|<0.1$；若给$\varepsilon=0.0001$，则当$n>5000$时，恒有$\left|x_n-\frac{1}{3}\right|<0.0001$. 一般地说，无论给怎样小的正数$\varepsilon$，只要$n$大于$\frac{1}{2\varepsilon}$，就恒有$\left|x_n-\frac{1}{3}\right|<\varepsilon$.

定义 1.3 设a为常数，若对任意给定的正数ε，都存在相应的正整数N，使得当$n>N$时，恒有

$$|x_n-a|<\varepsilon$$

则称数列$\{x_n\}$有**极限**（或**收敛**），极限值为a，记为

$$\lim_{n\to\infty}x_n=a$$

简记为$x_n\to a\,(n\to\infty)$.

几何上 $x_n \to a$ 的意思是，数轴上跳动的点 x_n 与定点 a 之间的距离，随着 n 的无限变大而无限变小，无论 ε 是怎样小的正数，取点 a 的 ε 邻域 $(a-\varepsilon, a+\varepsilon)$，跳动的点迟早有一次将跳进去且再也跳不出来，这个次数便可作为 N. 跳动的点 x_n 的足迹凝聚在定点 a 的近旁（见图 1.19）.

几点说明：

1° 数列极限是数列 $\{x_n\}$ 变化的最终趋势，因此，任意改变数列中的有限项不影响它的极限值.

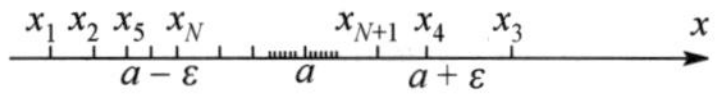

图 1.19

2° 定义中 ε 的任意（小）性是十分必要的，否则 $|x_n - a| < \varepsilon$ 就表达不出 x_n 无限接近 a 的含义.

3° N 与给定的 ε 有关，一般地说，ε 越小，N 将越大，它表示变化的进程.

为了书写方便，人们将 $\lim\limits_{n\to\infty} x_n = a$ 的定义缩写为“$\forall \varepsilon > 0$，$\exists N > 0$，使得当 $n > N$ 时，恒有 $|x_n - a| < \varepsilon$”.

例 1-4 证明 $\lim\limits_{n\to\infty}\sqrt[n]{a} = 1$（$a>0$，$a\neq 1$）.

证明： 当 $a>1$ 时，则 $\sqrt[n]{a}>1$. $\forall \varepsilon>0$，解不等式

$$|\sqrt[n]{a}-1| = a^{\frac{1}{n}} - 1 < \varepsilon$$

只需 $a^{\frac{1}{n}} < 1+\varepsilon$，两端取对数得 $\frac{1}{n} < \log_a(1+\varepsilon)$，则 $n > \frac{1}{\log_a(1+\varepsilon)}$. 故取 $N = \left[\frac{1}{\log_a(1+\varepsilon)}\right]$，则当 $n>N$ 时，恒有

$$|\sqrt[n]{a}-1| < \varepsilon$$

即

$$\lim_{n\to\infty}\sqrt[n]{a} = 1 \quad (a>1)$$

当 $0<a<1$ 时，可类似推证. □

例 1-5 试证 $\lim\limits_{n\to\infty}\frac{5n^2+n-4}{2n^2-3} = \frac{5}{2}$.

证明： 限定 $n \geqslant 7$，有 $n^2-3>0$. $\forall \varepsilon>0$，解不等式

$$\left|\frac{5n^2+n-4}{2n^2-3} - \frac{5}{2}\right| = \frac{2n+7}{2(2n^2-3)} = \frac{2n+7}{2(n^2+n^2-3)} < \frac{2n+n}{2n^2} = \frac{3n}{2n^2} = \frac{3}{2n} < \varepsilon$$

得 $n > \frac{3}{2\varepsilon}$. 取 $N = \max\left\{\left[\frac{3}{2\varepsilon}\right], 7\right\}$，则当 $n>N$ 时，有 $\left|\frac{5n^2+n-4}{2n^2-3} - \frac{5}{2}\right| < \varepsilon$. 即

$$\lim_{n\to\infty}\frac{5n^2+n-4}{2n^2-3} = \frac{5}{2} \quad □$$

例 1-6 试证 $\lim\limits_{n\to\infty}\sqrt[n]{n} = 1$.

证明： 由于

$$|\sqrt[n]{n}-1| = \sqrt[n]{n}-1 = (\sqrt{n}\cdot\sqrt{n}\cdot\underbrace{1\cdot 1\cdot\cdots\cdot 1}_{n-2\text{个}})^{\frac{1}{n}} - 1$$

$$\leqslant \frac{2\sqrt{n}+n-2}{n} - 1 = \frac{2}{\sqrt{n}} + 1 - \frac{2}{n} - 1 < \frac{2}{\sqrt{n}}$$

所以，$\forall \varepsilon > 0$，只要 $\dfrac{2}{\sqrt{n}} < \varepsilon$，即 $n > \dfrac{4}{\varepsilon^2}$，就恒有

$$|\sqrt[n]{n} - 1| < \varepsilon$$

故可取 $N = \left[\dfrac{4}{\varepsilon^2}\right]$. 因此，所证极限成立. □

注：此题如果直接利用 $\sqrt[n]{n \cdot 1 \cdot \cdots \cdot 1} \leqslant \dfrac{n+1+\cdots+1}{n} = \dfrac{2n-1}{n}$ 进行放缩，则无法直接推出所要证明的结论，究其原因是放缩过大. 因此适当的放缩才是证明本题结论的关键.

用定义证明极限，就是对 $\forall \varepsilon > 0$，找到满足定义要求的 N. 找的方法是从不等式 $|x_n - a| < \varepsilon$ 出发，通过解不等式，推出 n 应大于怎样的整数，这个整数就是所求的 N. 由于我们不需要找最小的 N，为简化解不等式的运算，常常把 $|x_n - a|$ 进行适当的放大，但要保证放大后还能趋于 0，并且便于解出 n，如例 1-5、例 1-6，只要能找到这样的 N，所要证的极限就成立.

前面给出的是极限为 a 的定义，有时在证明极限不存在时常常需要说明数列极限不为 a，下面给出 $\lim\limits_{n\to\infty} x_n \neq a$ 的精确描述.

若存在某个正数 ε_0，对任意的正整数 N，总存在某个 $n_0 > N$，使不等式

$$|x_{n_0} - a| \geqslant \varepsilon_0$$

成立，则称 a 不是数列 $\{x_n\}$ 的极限.

例 1-7 证明数列 $\{(-1)^n\}$ 极限不存在.

证明：对任意常数 A，若 $A \geqslant 0$，取 $\varepsilon = 1$，对任意的正整数 N，当 n_0 为奇数且 $n_0 > N$ 时，有

$$|(-1)^{n_0} - A| \geqslant 1$$

若 $A < 0$，取 $\varepsilon = 1$，对任意的正整数 N，当 n_0 为偶数且 $n_0 > N$ 时，有

$$|(-1)^{n_0} - A| > 1$$

故数列 $\{(-1)^n\}$ 不以任何数为极限值. □

在数列 $\{x_n\}$ 中依次任意抽出无穷多项

$$x_{n_1}, x_{n_2}, \cdots, x_{n_k}, \cdots$$

（其中，$n_1 < n_2 < \cdots < x_k < \cdots$）所构成的新数列 $\{x_{n_k}\}$ 称为数列 $\{x_n\}$ 的**子数列**. 其中，x_{n_k} 是原数列中的第 n_k 项，在子列中是第 k 项，显然 $k \leqslant n_k$.

定理 1.1 数列 $\{x_n\}$ 收敛于 a 的充要条件是它的所有子数列 $\{x_{n_k}\}$ 均收敛于 a.

证明：必要性. 设 $\lim\limits_{n\to\infty} x_n = a$，即 $\forall \varepsilon > 0, \exists N > 0$，使得当 $n > N$ 时有

$$|x_n - a| < \varepsilon$$

当 $k > N$ 时，因 $n_k \geqslant k > N$，故恒有

$$|x_{n_k} - a| < \varepsilon$$

因此

$$\lim_{k\to\infty} x_{n_k} = a$$

充分性是显然的，因为 $\{x_n\}$ 也是自己的子数列. □

由定理 1.1 可知，仅从某一子数列的收敛，一般不能断定原数列的收敛性；但若已知一个子数列发散，或者两个子数列收敛于不同的极限值，则可以断定原数列是发散的. 还可以证明：数列 $\{x_n\}$ 的奇子数列 $\{x_{2k-1}\}$ 和偶子数列 $\{x_{2k}\}$ 均收敛于同一个常数 a 时，$\{x_k\}$ 也收敛于 a. 这个结论因为简单，所以更常用.

例 1-8　试证数列 $\{\cos n\pi\}$ 不收敛.

证明：因为 $\cos n\pi=(-1)^n$，它的奇子数列

$$-1,\ -1,\ \cdots,\ -1,\ \cdots$$

收敛于 -1；而偶子数列

$$1,\ 1,\ \cdots,\ 1,\ \cdots$$

收敛于1，所以数列 $\{\cos n\pi\}$ 不收敛. □

习题 1.2

1. 预测下列数列的极限 a，指出从哪一项开始能使 $|x_n-a|$ 永远小于 $0.01, 0.001$.

（1）$x_n=\dfrac{n}{n+1}$；　　（2）$x_n=\dfrac{1}{n}\cos\dfrac{n\pi}{2}$.

2. 用数列极限定义证明：

（1）$\lim\limits_{n\to\infty}(\sqrt{n+1}-\sqrt{n})=0$；　　（2）$\lim\limits_{n\to\infty}\dfrac{n!}{n^n}=0$.

3. 设 $\lim\limits_{n\to\infty}a_n=a$，证明 $\lim\limits_{n\to\infty}|a_n|=|a|$. 举例说明这个命题的逆命题不真，但若 $\lim\limits_{n\to\infty}|a_n|=0$，则有 $\lim\limits_{n\to\infty}a_n=0$.

4. 设数列 $\{a_n\}$ 满足 $\lim\limits_{n\to\infty}\dfrac{a_n}{n}=0$，证明 $\lim\limits_{n\to\infty}\dfrac{\max\{a_1,a_2,\cdots,a_n\}}{n}=0$.

5. 设 $\lim\limits_{n\to\infty}a_n=a$，$\lim\limits_{n\to\infty}b_n=b$，证明 $\lim\limits_{n\to\infty}\dfrac{a_1b_n+a_2b_{n-1}+\cdots+a_nb_1}{n}=ab$.

6. 证明：若 $p_k>0(k=1,2,\cdots)$，且 $\lim\limits_{n\to\infty}\dfrac{p_n}{p_1+p_2+\cdots+p_n}=0$，$\lim\limits_{n\to\infty}a_n=a$，则

$$\lim_{n\to\infty}\frac{p_1a_n+p_2a_{n-1}+\cdots+p_na_1}{p_1+p_2+\cdots+p_n}=a$$

7. 证明 $\lim\limits_{n\to\infty}\sin n$ 不存在.

1.3　数列极限的性质及收敛准则

前面已经介绍了数列极限的定义，为了进一步求数列的极限，需要论证数列极限的若干重要性质、运算法则及收敛准则.

1.3.1　收敛数列的性质

收敛数列有几个重要性质总结为以下几个定理.

定理 1.2（唯一性）　若数列 $\{x_n\}$ 收敛，则它的极限是唯一的.

证明：用反证法. 假设 $\lim\limits_{n\to\infty}x_n=A$ 和 $\lim\limits_{n\to\infty}x_n=B$，且 $A\neq B$. 不妨设 $A<B$，取 $\varepsilon=\dfrac{B-A}{2}>0$，由 $\lim\limits_{n\to\infty}x_n=A$ 的定义，$\exists N_1$，当 $n>N_1$ 时，有

$$|x_n-A|<\frac{B-A}{2}$$

即有

$$\frac{3A-B}{2}<x_n<\frac{A+B}{2} \tag{1.2}$$

而由 $\lim\limits_{n\to\infty}x_n=B$ 的定义，$\exists N_2$，当 $n>N_2$ 时，有

$$|x_n-B|<\frac{B-A}{2}$$

即有

$$\frac{A+B}{2}<x_n<\frac{3B-A}{2} \tag{1.3}$$

令 $N=\max\{N_1,N_2\}$，则当 $n>N$ 时，不等式（1.2）与不等式（1.3）同时成立. 这是不可能的，因（1.2）与（1.3）两式是不相容的. 故收敛数列不能有两个不同的极限. □

实际上，证明过程中选取的 ε 可以更小，但不能比 $\dfrac{B-A}{2}$ 大.

定理 1.3（有界性） 若数列 $\{x_n\}$ 收敛，则数列 $\{x_n\}$ 一定有界.

证明：设 $\lim\limits_{n\to\infty}x_n=A$.

对 $\varepsilon=1$，$\exists N$，当 $n>N$ 时，恒有

$$|x_n-A|<1$$

从而

$$|x_n|=|x_n-A+A|\leqslant|x_n-A|+|A|<1+|A|$$

取 $M=\max\{|x_1|,|x_2|,\cdots,|x_N|,|A|+1\}$，则

$$|x_n|\leqslant M,\quad n=1,2,\cdots$$

即数列 $\{x_n\}$ 是有界的. □

定理 1.3 指出收敛的数列必有界. 反之，有界数列不一定收敛. 例如，已知数列 $\{(-1)^n\}$ 是有界的，但它是发散的.

定理 1.4（保序性） 设 $\lim\limits_{n\to\infty}x_n=A$，$\lim\limits_{n\to\infty}y_n=B$.

1° 若 $A>B$，则存在 N，当 $n>N$ 时，有 $x_n>y_n$；

2° 若存在 N，当 $n>N$ 时，有 $x_n\geqslant y_n$，则 $A\geqslant B$.

证明：先证 1°. 取 $\varepsilon=\dfrac{A-B}{2}>0$，则 $\exists N_1$，当 $n>N_1$ 时，有 $|x_n-A|<\dfrac{A-B}{2}$，从而 $x_n>A-\dfrac{A-B}{2}=\dfrac{A+B}{2}$. 同样，$\exists N_2$，当 $n>N_2$ 时，有 $|y_n-B|<\dfrac{A-B}{2}$，从而 $y_n<B+\dfrac{A-B}{2}=\dfrac{A+B}{2}$.

取 $N=\max\{N_1,N_2\}$. 当 $n>N$ 时，有

$$x_n>\frac{A+B}{2}>y_n$$

用反证法证 2°. 如果 $A<B$，则由 1° 知，$\exists N$，当 $n>N$ 时，有 $x_n<y_n$，这与已知矛盾. □

注意，在定理 1.4 的 2° 中，即使 $x_n>y_n$，也未必有 $A>B$. 例如，数列 $\left\{\frac{1}{n}\right\}$ 和 $\left\{\frac{1}{n^2}\right\}$，当 $n>1$ 时，$\frac{1}{n}>\frac{1}{n^2}$，但两个数列的极限都是 0.

推论 1.1（保号性） 设 $\lim\limits_{n\to\infty}x_n=A$.

1° 如果 $A>0$，则 $\exists N$，当 $n>N$ 时，有 $x_n>0$；

2° 如果 $\exists N$，当 $n>N$ 时，有 $x_n\geqslant 0$，则 $A\geqslant 0$.

1.3.2 收敛数列的四则运算法则

关于收敛数列的运算，我们有下面的定理.

定理 1.5 如果数列 $\{x_n\}, \{y_n\}$ 都收敛，则它们的和、差、积、商（分母的极限不为 0）的数列也收敛，且

$$\lim_{n\to\infty}(x_n\pm y_n)=\lim_{n\to\infty}x_n\pm\lim_{n\to\infty}y_n \tag{1.4}$$

$$\lim_{n\to\infty}(x_ny_n)=\lim_{n\to\infty}x_n\cdot\lim_{n\to\infty}y_n \tag{1.5}$$

$$\lim_{n\to\infty}\frac{x_n}{y_n}=\frac{\lim\limits_{n\to\infty}x_n}{\lim\limits_{n\to\infty}y_n}\quad（这里 \lim_{n\to\infty}y_n\neq 0） \tag{1.6}$$

证明： 设 $\lim\limits_{n\to\infty}x_n=a,\ \lim\limits_{n\to\infty}y_n=b.$

先证式（1.4），由已知 $\forall\varepsilon>0, \exists N_1$，当 $n>N_1$ 时，有 $|x_n-a|<\varepsilon$；$\exists N_2$，当 $n>N_2$ 时，有 $|y_n-b|<\varepsilon$. 取 $N=\max\{N_1,N_2\}$，当 $n>N$ 时，有

$$|(x_n\pm y_n)-(a\pm b)|\leqslant|x_n-a|+|y_n-b|<\varepsilon+\varepsilon=2\varepsilon$$

即式（1.4）成立.

再证式（1.5）. 由收敛数列的有界性，$\exists$ 常数 $M>0$，使

$$|x_n|\leqslant M,\ n=1,2,\cdots$$

同理，取 $N=\max\{N_1,N_2\}$，当 $n>N$ 时，有

$$\begin{aligned}|x_ny_n-ab|&\leqslant|x_ny_n-x_nb|+|x_nb-ab|\\&=|x_n|\cdot|y_n-b|+|b|\cdot|x_n-a|\\&<M\varepsilon+|b|\varepsilon=(M+|b|)\varepsilon\end{aligned}$$

即式（1.5）成立.

最后证式（1.6），由于 $\lim\limits_{n\to\infty}y_n=b\neq 0$，对 $\frac{|b|}{2}>0, \exists N_3$，当 $n>N_3$ 时，有 $|y_n|>\frac{|b|}{2}$. 于是

$$\left|\frac{1}{y_n}\right|<\frac{2}{|b|}$$

取 $N=\max\{N_1,N_2,N_3\}$，当 $n>N$ 时，有

$$\begin{aligned}\left|\frac{x_n}{y_n}-\frac{a}{b}\right|&=\frac{1}{|y_nb|}|x_nb-ay_n|\\&\leqslant\frac{1}{|y_n|\cdot|b|}(|x_nb-ab|+|ab-ay_n|)\\&=\frac{1}{|y_n|\cdot|b|}(|b|\cdot|x_n-a|+|a|\cdot|b-y_n|)\\&<\frac{2}{b^2}(|b|+|a|)\varepsilon\end{aligned}$$

即式（1.6）成立. □

推论 如果 $\lim\limits_{n\to\infty}x_n=a$，对任意常数 c，有

$$\lim_{n\to\infty}cx_n=c\lim_{n\to\infty}x_n$$

例 1-9 求极限 $\lim\limits_{n\to\infty}\dfrac{3n^3+n+3}{n^3+2}$.

解：将分式

$$\frac{3n^3+n+3}{n^3+2}$$

的分子、分母同除以 n^3，利用四则运算，有

$$\begin{aligned}\lim_{n\to\infty}\frac{3n^3+n+3}{n^3+2}&=\lim_{n\to\infty}\frac{3+\dfrac{1}{n^2}+\dfrac{3}{n^3}}{1+\dfrac{2}{n^3}}=\frac{\lim\limits_{n\to\infty}\left(3+\dfrac{1}{n^2}+\dfrac{3}{n^3}\right)}{\lim\limits_{n\to\infty}\left(1+\dfrac{2}{n^3}\right)}\\&=\frac{\lim\limits_{n\to\infty}3+\lim\limits_{n\to\infty}\dfrac{1}{n^2}+\lim\limits_{n\to\infty}\dfrac{3}{n^3}}{\lim\limits_{n\to\infty}1+\lim\limits_{n\to\infty}\dfrac{2}{n^3}}=\frac{3+0+0}{1+0}=3\end{aligned}$$

一般地，不难总结出规律

$$\lim_{n\to\infty}\frac{a_0n^p+a_1n^{p-1}+\cdots+a_p}{b_0n^q+b_1n^{q-1}+\cdots+b_q}=\begin{cases}0, & p<q\\ \dfrac{a_0}{b_0}, & p=q\\ \infty, & p>q\end{cases}$$

例 1-10 求极限 $\lim\limits_{n\to\infty}\dfrac{1^2+2^2+\cdots+n^2}{n^3}$.

解：由 $\dfrac{1^2+2^2+\cdots+n^2}{n^3}=\dfrac{n(n+1)(2n+1)}{6n^3}=\dfrac{1}{6}\left(1+\dfrac{1}{n}\right)\left(2+\dfrac{1}{n}\right)$，有

$$\lim_{n\to\infty}\frac{1^2+2^2+\cdots+n^2}{n^3}=\lim_{n\to\infty}\frac{1}{6}\left(1+\frac{1}{n}\right)\left(2+\frac{1}{n}\right)=\frac{1}{3}$$

例 1-11 求极限 $\lim\limits_{n\to\infty}\left(\sqrt{n^2+n}-\sqrt{n^2-n}\right)$.

解： 通过分子有理化有

$$\lim_{n\to\infty}\left(\sqrt{n^2+n}-\sqrt{n^2-n}\right)=\lim_{n\to\infty}\frac{\left(\sqrt{n^2+n}-\sqrt{n^2-n}\right)\left(\sqrt{n^2+n}+\sqrt{n^2-n}\right)}{\sqrt{n^2+n}+\sqrt{n^2-n}}$$

$$=\lim_{n\to\infty}\frac{2n}{\sqrt{n^2+n}+\sqrt{n^2-n}}=\lim_{n\to\infty}\frac{2}{\sqrt{1+\frac{1}{n}}+\sqrt{1-\frac{1}{n}}}=1$$

1.3.3 收敛数列的判别法

定理 1.6（夹挤准则） 如果

（i） $y_n\leqslant x_n\leqslant z_n$（$n=1,2,\cdots$）；

（ii） $\lim\limits_{n\to\infty}y_n=a$，$\lim\limits_{n\to\infty}z_n=a$，则

$$\lim_{n\to\infty}x_n=a$$

证明： 由条件（ii），$\forall\varepsilon>0$，$\exists N>0$，使得当 $n>N$ 时，恒有

$$|y_n-a|<\varepsilon\text{ 及 }|z_n-a|<\varepsilon$$

由此及条件（i），当 $n>N$ 时，有

$$a-\varepsilon<y_n\leqslant x_n\leqslant z_n<a+\varepsilon$$

即有

$$|x_n-a|<\varepsilon$$

因此，$\lim\limits_{n\to\infty}x_n=a$. □

定理 1.6 是利用与 $\{x_n\}$ 有关的 $\{y_n\}$ 和 $\{z_n\}$ 来判断其极限的存在性的，并且给出了极限值. 当 $\{x_n\}$ 的极限不好求时，可利用此定理将其转化为两个易求极限的数列 $\{y_n\}$ 和 $\{z_n\}$ 的极限计算. 当然选择 $\{y_n\}$ 和 $\{z_n\}$ 时，应要求它们的极限相等，这也是这种类型题的难点所在.

例 1-12 求极限 $\lim\limits_{n\to\infty}\frac{3^n}{n!}$.

解：

$$0<\frac{3^n}{n!}=\frac{3}{1}\cdot\frac{3}{2}\cdot\frac{3}{3}\cdot\underbrace{\frac{3}{4}\cdot\cdots\cdot\frac{3}{n-1}}_{\text{均小于1}}\cdot\frac{3}{n}<\frac{27}{2n}$$

而 $\lim\limits_{n\to\infty}\frac{27}{2n}=0$，由夹挤准则，得

$$\lim_{n\to\infty}\frac{3^n}{n!}=0$$

例 1-13 求极限 $\lim\limits_{n\to\infty}\left(\dfrac{1}{n^2+n+1}+\dfrac{2}{n^2+n+2}+\cdots+\dfrac{n}{n^2+n+n}\right)$.

解： 记 $\dfrac{1}{n^2+n+1}+\dfrac{2}{n^2+n+2}+\cdots+\dfrac{n}{n^2+n+n}=S(n)$，有

$$\frac{n(n+1)}{2(n^2+n+n)}=\frac{1+2+\cdots+n}{n^2+n+n}\leqslant S(n)\leqslant\frac{1+2+\cdots+n}{n^2+n+1}=\frac{n(n+1)}{2(n^2+n+1)}$$

又 $\lim\limits_{n\to\infty}\dfrac{n(n+1)}{2(n^2+n+1)}=\dfrac{1}{2}$， $\lim\limits_{n\to\infty}\dfrac{n(n+1)}{2(n^2+n+n)}=\dfrac{1}{2}$，由夹挤准则，原式 $=\dfrac{1}{2}$.

例 1-14 设 $0<a_1<a_2<\cdots<a_k$，k 为正整数，求极限 $\lim\limits_{n\to\infty}\left[\dfrac{1}{a_1^n}+\dfrac{1}{a_2^n}+\cdots+\dfrac{1}{a_k^n}\right]^{\frac{1}{n}}$.

解： 因

$$\frac{1}{a_1}=\left(\frac{1}{a_1^n}\right)^{\frac{1}{n}}<\left(\frac{1}{a_1^n}+\cdots+\frac{1}{a_k^n}\right)^{\frac{1}{n}}<\left(\frac{k}{a_1^n}\right)^{\frac{1}{n}}=\frac{\sqrt[n]{k}}{a_1}$$

而 $\lim\limits_{n\to\infty}\dfrac{\sqrt[n]{k}}{a_1}=\dfrac{1}{a_1}$，由夹挤准则，原式 $=\dfrac{1}{a_1}$.

例 1-15 求极限 $\lim\limits_{n\to\infty}(n!)^{\frac{1}{n^2}}$.

解： 因 $1=1^{\frac{1}{n^2}}\leqslant(n!)^{\frac{1}{n^2}}\leqslant(n^n)^{\frac{1}{n^2}}=\sqrt[n]{n}$. 而 $\lim\limits_{n\to\infty}\sqrt[n]{n}=1$，由夹挤准则，原式 $=1$.

定理 1.7（单调有界原理） 单调有界数列必有极限.

证明： 为确定起见，设数列 $\{x_n\}$ 是单调递增的有界数列，于是有

$$x_1\leqslant x_2\leqslant\cdots\leqslant x_n\leqslant\cdots\leqslant M$$

其中，M 为其上界，由确界公理（1.1），$\{x_n\}$ 有上确界，记为

$$\mu=\sup\{x_n\}$$

故对一切 n，有 $x_n\leqslant\mu$. 由上确界的性质知，$\forall\varepsilon>0$，$\exists N$，使得 $x_N>\mu-\varepsilon$. 又因 $\{x_n\}$ 是单调递增的，故当 $n>N$ 时，恒有

$$\mu-\varepsilon<x_n\leqslant\mu<\mu+\varepsilon$$

即

$$|x_n-\mu|<\varepsilon$$

故 $\{x_n\}$ 有极限，且

$$\lim_{n\to\infty}x_n=\mu=\sup\{x_n\}$$

同理可证单调递减的有界数列必有极限. □

例 1-16 证明数列 $\left\{\left(1+\dfrac{1}{n}\right)^n\right\}$ 收敛.

证明： 先证 $x_n=\left(1+\dfrac{1}{n}\right)^n$ 是单调递增的. 由二项式公式有

$$x_n = 1 + n \cdot \frac{1}{n} + \frac{n(n-1)}{2!} \cdot \frac{1}{n^2} + \cdots + \frac{n(n-1)\cdots(n-n+1)}{n!} \cdot \frac{1}{n^n}$$
$$= 1 + 1 + \frac{1}{2!}\left(1 - \frac{1}{n}\right) + \cdots + \frac{1}{n!}\left(1 - \frac{1}{n}\right)\left(1 - \frac{2}{n}\right)\cdots\left(1 - \frac{n-1}{n}\right)$$

同理

$$x_{n+1} = 1 + 1 + \frac{1}{2!}\left(1 - \frac{1}{n+1}\right) + \cdots + \frac{1}{n!}\left(1 - \frac{1}{n+1}\right)\left(1 - \frac{2}{n+1}\right)\cdots\left(1 - \frac{n-1}{n+1}\right)$$
$$+ \frac{1}{(n+1)!}\left(1 - \frac{1}{n+1}\right)\left(1 - \frac{2}{n+1}\right)\cdots\left(1 - \frac{n}{n+1}\right)$$

比较 x_n 和 x_{n+1}，后者多最后一项，且 x_{n+1} 的前 $n+1$ 项都不小于 x_n 相应的项，所以 $x_n \leqslant x_{n+1}$，$n = 1,2,\cdots$.

再证 $\{x_n\}$ 有界.

在 x_n 的展开式中用 0 代替 $\frac{i}{n}$，得

$$0 \leqslant x_n \leqslant 1 + 1 + \frac{1}{2!} + \cdots + \frac{1}{n!} \leqslant 2 + \frac{1}{2} + \cdots + \frac{1}{2^{n-1}}$$
$$= 2 + \frac{\frac{1}{2} - \frac{1}{2} \cdot \frac{1}{2^{n-1}}}{1 - \frac{1}{2}} = 3 - \frac{1}{2^{n-1}} < 3$$

即 $\{x_n\}$ 有界. 由定理 1.7 知，极限 $\lim\limits_{n\to\infty}\left(1 + \frac{1}{n}\right)^n$ 存在. □

以后，我们总用 e 来代表极限 $\lim\limits_{n\to\infty}\left(1 + \frac{1}{n}\right)^n$，由数列极限性质有

$$\left(1 + \frac{1}{n}\right)^n < \mathrm{e} < \left(1 + \frac{1}{n}\right)^{n+1}, \quad n = 1,2,3,\cdots$$

利用此不等式可以计算出 e 取任何精度的近似值. 更进一步还可以证明 e 是无理数，它的数值表示成无限不循环小数为

$$\mathrm{e} = 2.71828182\cdots$$

例 1-17 设 $a > 0$，$x_1 > 0$，且

$$x_n = \frac{1}{2}\left(x_{n-1} + \frac{a}{x_{n-1}}\right), \quad n = 2,3,4,\cdots \tag{1.7}$$

试证数列 $\{x_n\}$ 收敛，并求其极限值.

证明： 由 $a > 0$, $x_1 > 0$ 及式（1.7）易知 $x_n > 0$，故 $\{x_n\}$ 有下界. 由平均值不等式知

$$x_n = \frac{1}{2}\left(x_{n-1} + \frac{a}{x_{n-1}}\right) \geqslant \sqrt{x_{n-1} \frac{a}{x_{n-1}}} = \sqrt{a}$$

从而 $x_n^2 \geqslant a$．又由式（1.7）知

$$x_{n+1}=\frac{1}{2}\left(x_n+\frac{a}{x_n}\right)=\frac{1}{2}\left(1+\frac{a}{x_n^2}\right)x_n \leqslant x_n$$

即 $\{x_n\}$ 是单调递减的．由单调有界原理知 $\{x_n\}$ 收敛．设 $\lim\limits_{n\to\infty} x_n = A$（$A \geqslant \sqrt{a}$），在式（1.7）两端取极限得

$$A=\frac{1}{2}\left(A+\frac{a}{A}\right)$$

解得 $A=\pm\sqrt{a}$，由保号性知 $-\sqrt{a}$ 为增根，应舍去．故

$$\lim_{n\to\infty} x_n = \sqrt{a} \quad \square$$

值得注意的是，像例 1-17 这样的题，首先判定数列收敛性是极为重要的，然后才能由式（1.7）两端取极限来确定数列的极限，否则将导致荒谬的结果．例如，满足方程 $x_{n+1}=5x_n+1$（$n=1,2,\cdots$）且 $x_1=1$ 的数列 $\{x_n\}$ 是发散的，如果未判定收敛性就令 $\lim\limits_{n\to\infty} x_n = A$ 而对 $x_{n+1}=5x_n+1$ 两端取极限，就将得到错误的结果 $A=-\dfrac{1}{4}$．

例 1-18 设 $x_1=7$，$x_{n+1}=\sqrt{2+x_n}$，求 $\lim\limits_{n\to\infty} x_n$．

解：

方法一：

由题意 $x_n>0$，有

$$x_{n+1}-x_n=\sqrt{2+x_n}-\sqrt{2+x_{n-1}}=\frac{x_n-x_{n-1}}{\sqrt{2+x_n}+\sqrt{2+x_{n-1}}}$$

可见 $x_{n+1}-x_n$ 与 x_n-x_{n-1} 同号，则 $x_{n+1}-x_n$ 与 $x_2-x_1=3-7=-4<0$ 同号，故 $x_{n+1}<x_n$，数列$\{x_n\}$单调递减．又 $0<x_n\leqslant x_1=7$，数列$\{x_n\}$有界．由单调有界原理知，$\lim\limits_{n\to\infty} x_n = A$ 存在．对 $x_{n+1}=\sqrt{2+x_n}$ 两端取极限，有

$$A=\sqrt{2+A}$$

解得

$$A=2(-1舍)$$

故

$$\lim_{n\to\infty} x_n = 2$$

方法二：

由于

$$\begin{aligned}0\leqslant |x_n-2| &= \left|\sqrt{2+x_{n-1}}-2\right| = \frac{|x_{n-1}-2|}{\sqrt{2+x_{n-1}}+2} \\ &\leqslant \frac{1}{2}|x_{n-1}-2| \leqslant \cdots \leqslant \frac{1}{2^{n-1}}|x_1-2| = \frac{5}{2^{n-1}}\end{aligned}$$

又 $\lim\limits_{n\to\infty}\dfrac{5}{2^{n-1}}=0$，由夹挤准则，有 $\lim\limits_{n\to\infty}|x_n-2|=0$，则 $\lim\limits_{n\to\infty}(x_n-2)=0$，故 $\lim\limits_{n\to\infty} x_n = 2$．

除前面介绍的两个极限收敛的判别方法外，还有一个与数列极限定义等价的判别方法，

即下面的柯西收敛准则.

定理 1.8（柯西收敛准则） 数列$\{x_n\}$收敛的充要条件是，对任给的正数ε，总存在相应的正整数N，使得当$n,m>N$时，有$|x_n-x_m|<\varepsilon$成立.

注意，柯西收敛准则与极限定义的差别在于，极限定义已经有参照物，即极限值A，而柯西收敛准则说明：一个数列有极限，必须且只需充分靠后的任意两项之差可以任意小. 这个准则在理论上有十分重要的意义，但是它和定理 1.7 一样，只告诉我们数列的极限是否存在，并未告诉极限存在时求出该极限的方法.

本定理的证明将在下一节给出.

为了今后使用方便，柯西收敛准则常被改写成下面的形式：

数列$\{x_n\}$收敛的充要条件是，对任给的正数ε，总存在相应的正整数N，使得当$n>N$时，有

$$|x_{n+p}-x_n|<\varepsilon$$

对一切正整数p都成立.

例 1-19 设$x_n=1+\dfrac{\sin x}{1^2}+\cdots+\dfrac{\sin nx}{n^2}$，$x\in\mathbb{R}$，证明数列$\{x_n\}$收敛.

证明：对一切正整数p，有

$$\begin{aligned}|x_{n+p}-x_n|&=\left|\frac{\sin(n+1)x}{(n+1)^2}+\frac{\sin(n+2)x}{(n+2)^2}+\cdots+\frac{\sin(n+p)x}{(n+p)^2}\right|\\&\leqslant\frac{1}{(n+1)^2}+\frac{1}{(n+2)^2}+\cdots+\frac{1}{(n+p)^2}\\&<\frac{1}{n(n+1)}+\frac{1}{(n+1)(n+2)}+\cdots+\frac{1}{(n+p-1)(n+p)}\\&=\frac{1}{n}-\frac{1}{n+1}+\frac{1}{n+1}-\frac{1}{n+2}+\cdots+\frac{1}{n+p-1}-\frac{1}{n+p}\\&=\frac{1}{n}-\frac{1}{n+p}<\frac{1}{n}\end{aligned}$$

不等式成立，故对任给$\varepsilon>0$，取自然数$N=\left[\dfrac{1}{\varepsilon}\right]$，当 $n>N$ 时，对一切正整数 p，都有$|x_{n+p}-x_n|<\varepsilon$. 故数列$\{x_n\}$收敛. □

例 1-20 设$x_n=1+\dfrac{1}{2}+\dfrac{1}{3}+\cdots+\dfrac{1}{n}$，证明数列$\{x_n\}$发散.

证明：取$\varepsilon_0=\dfrac{1}{2}$，对任意自然数$N$，考虑$n=N+1$，$p=n$，有

$$|x_{n+p}-x_n|=\left|\frac{1}{n+1}+\frac{1}{n+2}+\cdots+\frac{1}{n+p}\right|=\left|\frac{1}{n+1}+\frac{1}{n+2}+\cdots+\frac{1}{2n}\right|>\frac{1}{2n}+\frac{1}{2n}+\cdots+\frac{1}{2n}=\frac{1}{2}$$

故数列$\{x_n\}$发散. □

下面以例题形式给出一个常用的计算极限的结论.

例 1-21（Stolz 定理） 设数列 $\{y_n\}$ 严格递增且趋于 $+\infty$，若 $\lim\limits_{n\to\infty}\dfrac{x_n-x_{n-1}}{y_n-y_{n-1}}=A$（常数或 $\pm\infty$），则 $\lim\limits_{n\to\infty}\dfrac{x_n}{y_n}=\lim\limits_{n\to\infty}\dfrac{x_n-x_{n-1}}{y_n-y_{n-1}}=A$（其中 A 可以是实数，也可以是 $+\infty$ 或 $-\infty$）.

证明：为了简便，下面只给出 A 为常数情形的证明，$+\infty$ 及 $-\infty$ 的情形留给读者思考.

由题意，任给 $\varepsilon>0$，$\exists N$，当 $n>N$ 时，有

$$\left|\frac{x_n-x_{n-1}}{y_n-y_{n-1}}-A\right|<\frac{\varepsilon}{2}$$

即

$$A-\frac{\varepsilon}{2}<\frac{x_{N+1}-x_N}{y_{N+1}-y_N}<A+\frac{\varepsilon}{2}$$

$$A-\frac{\varepsilon}{2}<\frac{x_{N+2}-x_{N+1}}{y_{N+2}-y_{N+1}}<A+\frac{\varepsilon}{2}$$

$$\cdots$$

$$A-\frac{\varepsilon}{2}<\frac{x_n-x_{n-1}}{y_n-y_{n-1}}<A+\frac{\varepsilon}{2}$$

则有

$$A-\frac{\varepsilon}{2}<\frac{x_n-x_N}{y_n-y_N}<A+\frac{\varepsilon}{2}$$

由恒等式

$$\begin{aligned}\left|\frac{x_n}{y_n}-A\right|&=\left|\frac{x_n-Ay_n}{y_n}\right|=\left|\frac{x_n-x_N+x_N-Ay_n+Ay_N-Ay_N}{y_n}\right|\\&=\left|\frac{x_N-Ay_N}{y_n}+\frac{x_n-x_N-Ay_n+Ay_N}{y_n}\right|\\&=\left|\frac{x_N-Ay_N}{y_n}+\frac{x_n-x_N-Ay_n+Ay_N}{y_n-y_N}\cdot\frac{y_n-y_N}{y_n}\right|\\&=\left|\frac{x_N-Ay_N}{y_n}+\frac{y_n-y_N}{y_n}\cdot\left(\frac{x_n-x_N}{y_n-y_N}-A\right)\right|\\&\leqslant\left|\frac{x_N-Ay_N}{y_n}\right|+\left|\frac{y_n-y_N}{y_n}\right|\cdot\left|\frac{x_n-x_N}{y_n-y_N}-A\right|\\&<\left|\frac{x_N-Ay_N}{y_n}\right|+\left|\frac{x_n-x_N}{y_n-y_N}-A\right|\end{aligned}$$

又由 $y_n\to+\infty$，则存在 N'，当 $n>N'$ 时，有 $\left|\dfrac{x_N-Ay_N}{y_n}\right|<\dfrac{\varepsilon}{2}$，故取 $N_0=\max\{N,N'\}$，当 $n>N_0$ 时，有

$$\left|\frac{x_n}{y_n}-A\right|<\varepsilon \quad \Box$$

需要指出的是，Stolz 定理中所给的条件是充分条件而非必要条件. 例如，令 $x_n=(-1)^n$，

$y_n = n$，显然 $\lim\limits_{n\to\infty}\dfrac{x_n}{y_n}=0$，但 $\lim\limits_{n\to\infty}\dfrac{x_n - x_{n-1}}{y_n - y_{n-1}}$ 极限不存在.

例 1-22 求下列极限.

（1）$\lim\limits_{n\to\infty}\dfrac{n}{2^n}$；（2）$\lim\limits_{n\to\infty}\dfrac{1}{n}\left(1+\dfrac{1}{2}+\cdots+\dfrac{1}{n}\right)$.

解： 利用 Stolz 定理求解.

（1）原式 $=\lim\limits_{n\to\infty}\dfrac{n-(n-1)}{2^n-2^{n-1}}=0$

（2）原式 $=\lim\limits_{n\to\infty}\dfrac{1}{n-(n-1)}\left[\left(1+\dfrac{1}{2}+\cdots+\dfrac{1}{n}\right)-\left(1+\dfrac{1}{2}+\cdots+\dfrac{1}{n-1}\right)\right]=\lim\limits_{n\to\infty}\dfrac{1}{n}=0$

将 Stolz 定理推广，也可以得到“$\dfrac{0}{0}$”型的结论.

推论 1.2 设$\{a_n\}$，$\{b_n\}$是两个收敛于 0 的数列，且$\{b_n\}$严格递减，若 $\lim\limits_{n\to\infty}\dfrac{a_n - a_{n-1}}{b_n - b_{n-1}} = A$，则 $\lim\limits_{n\to\infty}\dfrac{a_n}{b_n} = A$，其中 A 可以是实数，也可以是 $+\infty$ 或 $-\infty$.

扩展阅读

银行复利的问题与 e

假设你在某银行有一个账户，该银行每年利息年利率为 3%，一年计一次复利. 你将一笔初始存款存入账户，每一年你的存款增加 3%. 这意味着，n 年后，你的财富会增加到原来的 $(1+0.03)^n$ 倍. 特别地，如果开始存入 10000 元，年底将会得到 10300 元.

现在设想有另一家银行，它也提供 3%的年利率，但它是一年计算两次复利. 当然，每半年，你不会得到 3%，而必须用它除以 2. 简单说，每六个月你会得到 1.5%的利息. 因此，如果你将钱存入这个银行账户，那么一年后，它会以 1.5%的利息计算复利两次，结果就是你的财富会增加到原来的 $(1+0.015)^2$ 倍. 例如，开始存入 10000 元，年底得到 10302.25 元.

第二个账户收益比第一个略好一些. 不难发现复利是有益的，因此在相同的年利率下，复利计算得越频繁，收益就越大. 如果一年计算三次复利，3%除以 3 得到 1%，然后复利三次，存款会增加到原来的 $(1+0.01)^3$ 倍，其结果是 1.030301. 也就是说，开始存入 10000 元，年底得到 10303.01 元. 现在的问题是，如果以相同的年利率来计算，复利越来越频繁，收益会不会无限大呢？如果不是，会止于何处？

假设存款年利率为 P，本金为 A，如果计算复利的间隔可以无限增加，则最后储户收益可以表示为 $\lim\limits_{n\to\infty}A\left(1+\dfrac{P}{n}\right)^n$. 为了简便，我们姑且设 $P=1$，A 暂时忽略，核心的问题是 $\lim\limits_{n\to\infty}\left(1+\dfrac{1}{n}\right)^n$ 的值是多少？

数学家欧拉在其著作中，将这个符号取为 e，即

$$e=\lim_{n\to\infty}\left(1+\frac{1}{n}\right)^n$$

欧拉计算它的值精确到小数点后十八位，它的值大约为

$$e=2.718281828459045\cdots$$

习题 1.3

1．设数列$\{x_n\}$有界，又$\lim\limits_{n\to\infty} y_n=0$，试证$\lim\limits_{n\to\infty} x_n y_n=0$.

2．求下列极限.

（1）$\lim\limits_{n\to\infty}\left(1+\dfrac{1}{2}+\dfrac{1}{4}+\cdots+\dfrac{1}{2^n}\right)$；（2）$\lim\limits_{n\to\infty}\dfrac{1+2+3+\cdots+(n-1)}{n^2}$；

（3）$\lim\limits_{n\to\infty}(\sqrt{2}\cdot\sqrt[4]{2}\cdot\sqrt[8]{2}\cdot\cdots\cdot\sqrt[2^n]{2})$；（4）$\lim\limits_{n\to\infty}(1+x)(1+x^2)\cdots(1+x^{2^n})$，$|x|<1$；

（5）$\lim\limits_{n\to\infty}\left[\dfrac{1}{n^2}+\dfrac{1}{(n+1)^2}+\cdots+\dfrac{1}{(2n)^2}\right]$；（6）$\lim\limits_{n\to\infty}\left(\dfrac{1}{\sqrt{n^2+1}}+\dfrac{1}{\sqrt{n^2+2}}+\cdots+\dfrac{1}{\sqrt{n^2+n}}\right)$；

（7）$\lim\limits_{n\to\infty}\left(1+\dfrac{x}{n}+\dfrac{x^2}{2n^2}\right)^{-n}$；（8）$\lim\limits_{n\to\infty}\left(\dfrac{n+1}{n+2}\right)^{3n}$.

3．若$x_1=a>0$，$y_1=b>0$（$a<b$），且

$$x_{n+1}=\sqrt{x_n y_n}，\ y_{n+1}=\frac{x_n+y_n}{2}$$

证明$\lim\limits_{n\to\infty} x_n=\lim\limits_{n\to\infty} y_n$.

4．若$|x_n|\leqslant q|x_{n-1}|$，$q<1$，试证$\lim\limits_{n\to\infty} x_n=0$.

5．设数列$\{x_n\}$满足$x_1>0$，$x_{n+1}=\dfrac{C(1+x_n)}{C+x_n}$，$n=2,3,\cdots$，$C>1$为常数，求极限$\lim\limits_{n\to\infty} x_n$.

6．设$a_n=1+\dfrac{1}{2^2}+\cdots+\dfrac{1}{n^2}$，证明$\{a_n\}$收敛.

7．当$\alpha\leqslant 1$时，设$a_n=1+\dfrac{1}{2^\alpha}+\cdots+\dfrac{1}{n^\alpha}$，证明$\{a_n\}$发散.

8．利用柯西收敛准则证明$\lim\limits_{n\to\infty}\sin n$不存在.

9．证明数列$x_n=1+2+\cdots+\dfrac{1}{n}-\ln n$单调递减有界，从而有极限（此极限称为 Euler 常数）.

*1.4 实数的基本定理

前面已经提到，本门课程是在实数集内进行研究的，为什么不选择在有理数集或整数集内来研究呢？如果选择有理数集，数列$\left\{\left(1+\dfrac{1}{n}\right)^n\right\}$就不存在极限，因为它的极限 e 是无理数，已经不属于有理数集.从运算的角度来说，有理数集关于极限运算是不完备的.若在实数集上讨论极限就不会出现这种情况，这也是实数集区别于其他数集的重要特征，也是实数集的完备性. 本节主要介绍实数系中的区间套定理、致密性定理和有限覆盖定理，它们与前面介绍的确界原理、单调有界原理及柯西收敛准则，统称为六大实数连续性定理.

一个闭区间序列$\{[a_n,b_n]\}$称为**区间套**，如果它满足条件：

（i）$[a_{n+1},b_{n+1}]\subseteq[a_n,b_n]$，$n=1,2,\cdots$；

（ii）$\lim\limits_{n\to\infty}(b_n - a_n) = 0$.

定理 1.9（区间套定理）　对一个区间套，必有唯一一点属于所有区间.

证明：由条件（i）知数列$\{a_n\}$单调递增有上界 b_1，数列$\{b_n\}$单调递减有下界 a_1，所以$\lim\limits_{n\to\infty}a_n$，$\lim\limits_{n\to\infty}b_n$ 都存在，再由条件（ii）知

$$\lim_{n\to\infty}b_n = \lim_{n\to\infty}a_n$$

设 ξ 为它们的共同极限值，由数列的单调性有

$$a_n \leqslant \xi \leqslant b_n,\quad n = 1,2,\cdots$$

即 ξ 在区间套的所有区间内.

再证唯一性，如果还有 $a_n \leqslant \xi' \leqslant b_n$，$n = 1,2,\cdots$，则有

$$b_n - a_n \geqslant |\xi' - \xi|,\quad n = 1,2,\cdots$$

由保序性有

$$\lim_{n\to\infty}(b_n - a_n) \geqslant |\xi' - \xi|$$

根据条件（ii）知

$$|\xi' - \xi| \leqslant 0$$

故必有 $\xi' = \xi$. □

定理 1.10（致密性定理）　有界数列必有收敛的子数列.

证明：设$\{x_n\}$为有界数列，于是存在常数 a,b，使

$$a \leqslant x_n \leqslant b,\quad n = 1,2,\cdots$$

将区间$[a,b]$等分为两个子区间，则至少有一个子区间含有$\{x_n\}$中的无穷多项. 把这个区间记为$[a_1,b_1]$（若两个子区间都含有无穷多项，则任取一个）. 再等分$[a_1,b_1]$，取一个含有$\{x_n\}$中无穷多项的子区间记为$[a_2,b_2]$. 如此不断地进行下去，得到一个区间套$\{[a_n,b_n]\}$：

（i）$[a_{n+1},b_{n+1}] \subset [a_n,b_n]$，$n = 1,2,\cdots$；

（ii）$b_n - a_n = \dfrac{b-a}{2^n} \to 0$，$n \to \infty$；

（iii）每个区间$[a_n,b_n]$内都含有$\{x_n\}$中无穷多项.

在$\{x_n\}$中，先任意抽取含在$[a_1,b_1]$中的一项 x_{n_1}，再在 n_1 项后任意抽取含在$[a_2,b_2]$中的一项 x_{n_2}，如此抽下去，得到$\{x_n\}$的一个子数列$\{x_{n_k}\}$：$x_{n_k} \in [a_k,b_k]$，$n_1 < n_2 < \cdots < n_k < \cdots$，即

$$a_k \leqslant x_{n_k} \leqslant b_k$$

由区间套定理知 $\lim\limits_{k\to\infty}a_k = \lim\limits_{k\to\infty}b_k = \xi$，故

$$\lim_{k\to\infty}x_{n_k} = \xi$$

即$\{x_{n_k}\}$是$\{x_n\}$的收敛子数列. □

下面利用致密性定理给出柯西收敛准则的证明.

例 1-23（柯西收敛准则）　数列$\{x_n\}$收敛的充要条件是，对任给的正数 ε，总存在相应的正整数 N，使得当 $n,m > N$ 时，有$|x_n - x_m| < \varepsilon$成立.

证明：必要性. 设 $x_n \to a$，于是，$\forall \varepsilon > 0$，$\exists N > 0$，当 $n > N$ 时，恒有

$$|x_n - a| < \frac{\varepsilon}{2}$$

从而当 $n,m > N$ 时，有

$$|x_n - x_m| \leqslant |x_n - a| + |x_m - a| < \frac{\varepsilon}{2} + \frac{\varepsilon}{2} = \varepsilon$$

充分性. 先证明 $\{x_n\}$ 是有界的，取 $\varepsilon = 1$，由假设条件有 N_0，当 $n,m > N_0$ 时，有 $|x_n - x_m| < 1$，特别当 $n > N_0$ 时，有 $|x_n - x_{N_0+1}| < 1$. 从而当 $n > N_0$ 时，恒有

$$|x_n| < |x_{N_0+1}| + 1$$

令 $M = \max\{|x_1|,|x_2|,\cdots,|x_{N_0}|,|x_{N_0+1}|+1\}$，则对一切 n 恒有

$$|x_n| \leqslant M$$

可见 $\{x_n\}$ 有界，于是有收敛的子数列 $\{x_{n_k}\}$，设

$$\lim_{k\to\infty} x_{n_k} = a$$

再证明 $\lim\limits_{n\to\infty} x_n = a$. $\forall \varepsilon > 0$，由 $x_{n_k} \to a$，$\exists K$，当 $k > K$ 时，恒有

$$|x_{n_k} - a| < \varepsilon$$

对此 K 及定理条件中的 N，取定序号 $k_0 = \max\{K+1, N+1\}$，于是有 $k_0 > K$，且 $n_{k_0} \geqslant n_{N+1} \geqslant N+1 > N$. 由此及定理假设，当 $n > N$ 时，有

$$|x_n - x_{n_{k_0}}| < \varepsilon$$

所以

$$|x_n - a| \leqslant |x_n - x_{n_{k_0}}| + |x_{n_{k_0}} - a| < \varepsilon + \varepsilon = 2\varepsilon$$

故 $\lim\limits_{n\to\infty} x_n = a$. □

定理 1.11（有限覆盖定理） 设开区间的集合 E 覆盖了闭区间 $[a,b]$（即 $\forall x \in [a,b]$，都有 E 中的开区间 $\varDelta$，使 $x \in \varDelta$），则一定可以从 E 中选出有限个开区间覆盖 $[a,b]$.

证明：用反证法，设 $[a,b]$ 不能被 E 中任何有限个区间覆盖. 将 $[a,b]$ 等分为两个闭子区间，则至少有一个不能被 E 中有限个区间覆盖，记此区间为 $[a_1,b_1]$.

再等分 $[a_1,b_1]$，取其中一个不能被 E 中有限个区间覆盖的闭子区间记为 $[a_2,b_2]$，如此不断分割下去，得到一个区间套 $\{[a_n,b_n]\}$：

（i）$[a_{n+1},b_{n+1}] \subset [a_n,b_n]$，$n = 1,2,\cdots$；

（ii）$b_n - a_n = \dfrac{b-a}{2^n} \to 0$，$n \to \infty$；

（iii）每个 $[a_n,b_n]$ 都不能被 E 中有限个区间所覆盖.

由区间套定理，有唯一一点 $\xi \in [a,b]$，且 $a_n \to \xi$，$b_n \to \xi$，由于 E 覆盖了 $[a,b]$，所以 E 中应有一个区间 (α,β) 使 $\xi \in (\alpha,\beta)$. 取 $\varepsilon_0 = \min\{\xi-\alpha, \beta-\xi\} > 0$，则存在 N，当 $n > N$ 时，$\xi - a_n < \varepsilon_0$ 且 $b_n - \xi < \varepsilon_0$. 于是

$$\alpha < a_n < \xi < b_n < \beta, \quad \text{当 } n > N \text{ 时}$$

即当 $n>N$ 时，有

$$[a_n,b_n]\subset(\alpha,\beta)$$

即 E 中一个开区间(α,β)就覆盖了区间$[a_n,b_n]$（$n>N$），与（iii）矛盾． □

实际上，实数系下这六个定理是相互等价的，本书以有界数集的确界定理为出发点，把它作为公理证明了单调有界原理，然后逐步展开证明了其他几个基本定理. 有的数学分析书中是以单调有界原理作为出发点的，也有以区间套定理作为出发点的. 无论从哪个定理出发都可以得到其他五个定理，更多的内容涉及实数理论更深入的知识，本书不再过多展开.

1.5 函数的极限

对函数 $y=f(x)$，根据自变量的变化过程分以下两种情况讨论它的极限.

1.5.1 $x\to\infty$ 时函数的极限

设函数 $y=f(x)$ 在 $(a,\ +\infty)$ 有定义，当 x 无限增大时，函数 $f(x)$ 无限地接近某一常数 A，则称 x 趋于无穷大时 $y=f(x)$ 以 A 为极限. 与数列极限的定义类似，我们给出下面的精确定义.

定义 1.4 设函数 $y=f(x)$ 在 $(a,+\infty)$ 上有定义，A 为常数. 若 $\forall\varepsilon>0$，$\exists X>0$，使得当 $x>X$ 时，有

$$|f(x)-A|<\varepsilon$$

则称 $x\to+\infty$ 时函数 $f(x)$ 有极限，极限值为 A，记为

$$\lim_{x\to+\infty}f(x)=A$$

或

$$f(x)\to A，当 x\to+\infty 时$$

上述定义的几何意义是，$\forall\varepsilon>0$，$\exists X>0$，使得 $y=f(x)$ 在 $[X,+\infty)$ 上的图像完全位于以直线 $y=A$ 为中心、宽为 2ε 的带形区域（见图 1.20）.

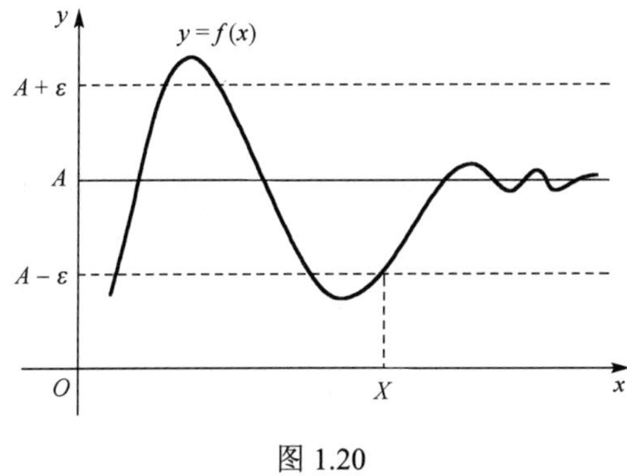

图 1.20

定义 1.5 设函数 $y=f(x)$ 在 $(-\infty,a)$ 上有定义，A 为常数，若 $\forall\varepsilon>0$，$\exists X>0$，使得当 $x<-X$ 时，恒有

$$|f(x)-A|<\varepsilon$$

则称 $x \to -\infty$ 时函数 $f(x)$ 有极限，极限值为 A，记为

$$\lim_{x \to -\infty} f(x) = A$$

或

$$f(x) \to A\text{，当 } x \to -\infty \text{ 时}$$

定义 1.6　设 $y = f(x)$ 在 $(-\infty, a) \cup (a, +\infty)$ 上有定义，A 为常数，若 $\forall \varepsilon > 0$，$\exists X > 0$，使得当 $|x| > X$ 时，恒有

$$|f(x) - A| < \varepsilon$$

则称 $x \to \infty$ 时函数 $f(x)$ 有极限，极限值为 A，记为

$$\lim_{x \to \infty} f(x) = A$$

或

$$f(x) \to A\text{，当 } x \to \infty \text{ 时}$$

例 1-24　试证 $\lim\limits_{x \to +\infty} \dfrac{\cos x}{\sqrt{x}} = 0$.

证明：由于

$$\left| \frac{\cos x}{\sqrt{x}} - 0 \right| \leqslant \frac{1}{\sqrt{x}}$$

所以只要 $\dfrac{1}{\sqrt{x}} < \varepsilon$，即 $x > \dfrac{1}{\varepsilon^2}$，就恒有

$$\left| \frac{\cos x}{\sqrt{x}} - 0 \right| < \varepsilon$$

故 $\forall \varepsilon > 0$，取 $X = \dfrac{1}{\varepsilon^2}$ 就满足定义 1.4 的要求，因此有

$$\lim_{x \to +\infty} \frac{\cos x}{\sqrt{x}} = 0 \quad \square$$

例 1-25　试证 $\lim\limits_{x \to \infty} \dfrac{x}{3x - 1} = \dfrac{1}{3}$.

证明：因为这里考虑的是 $x \to \infty$ 时函数的极限，所以可以限定在 $|x| > 1$ 上考虑问题. 由于

$$\left| \frac{x}{3x - 1} - \frac{1}{3} \right| = \frac{1}{3|3x - 1|} \leqslant \frac{1}{3(3|x| - 1)} = \frac{1}{3(2|x| + |x| - 1)} < \frac{1}{6|x|}$$

所以，$\forall \varepsilon > 0$，只要 $\dfrac{1}{6|x|} < \varepsilon$，即 $|x| > \dfrac{1}{6\varepsilon}$，就恒有

$$\left| \frac{x}{3x - 1} - \frac{1}{3} \right| < \varepsilon$$

故可选取 $X = \max\left\{1, \dfrac{1}{6\varepsilon}\right\}$. $\square$

1.5.2　$x \to x_0$ 时函数的极限

例 1-26　由物理实验知，自由落体运动规律是 $S(t)=\frac{1}{2}gt^2$，求 t_0 时的瞬时速度 $v(t_0)$.

解：从时刻 t_0 到 t，落体的平均速度为

$$\overline{v}(t)=\frac{S(t)-S(t_0)}{t-t_0}=\frac{\frac{1}{2}gt^2-\frac{1}{2}gt_0^2}{t-t_0}=\frac{1}{2}g(t+t_0),\quad t\neq t_0$$

它是时间 t 的函数，$t=t_0$ 时无意义. 平均速度表明这段时间间隔内运动快慢的平均值. 显然，t 越接近 t_0，这个平均速度就越接近 t_0 时刻的真实速度. 因此，我们让 t 无限接近 t_0，看平均速度 $\overline{v}(t)$ 的变化趋势：

$$\overline{v}(t)\to gt_0，\text{当}\, t\to t_0\,\text{时}$$

由此得到 $v(t_0)=gt_0$. 其实物理上就是这样定义瞬时速度的.

在上例的分析中，又一次使用了当 t 无限接近 t_0 时，函数 $\overline{v}(t)$ 无限趋近 $v(t_0)$ 这种可以理解但模糊不清的语言. 为了精确地描述其真实含义，我们用“$\varepsilon-\delta$”语言给出下述定义.

定义 1.7　设 $y=f(x)$ 在 x_0 的某去心邻域内有定义，A 为常数. 若 $\forall\varepsilon>0$，$\exists\delta>0$，使得当 $0<|x-x_0|<\delta$ 时，恒有

$$|f(x)-A|<\varepsilon$$

则称 $x\to x_0$ 时函数 $y=f(x)$ 有极限，极限值为 A，记为

$$\lim_{x\to x_0}f(x)=A$$

或

$$f(x)\to A，\text{当}\, x\to x_0\,\text{时}$$

上述定义的几何意义是，$\forall\varepsilon>0,\ \exists\delta>0$，使得函数 $y=f(x)$ 在 x_0 的去心邻域 $(x_0-\delta,x_0)\cup(x_0,x_0+\delta)$ 内的图像完全位于以直线 $y=A$ 为中心、宽为 2ε 的带形区域内（见图 1.21）.

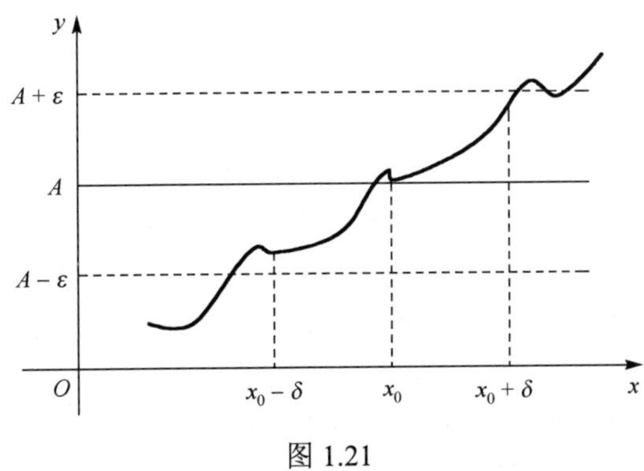

图 1.21

在此极限定义中，$0<|x-x_0|<\delta$ 指出 $x\neq x_0$，说明函数 $f(x)$ 在 x_0 的极限与函数 $f(x)$ 在 x_0

的情况无关. 其中包含两层意思：其一，x_0 可以不属于函数 $f(x)$ 的定义域；其二，x_0 可以属于函数 $f(x)$ 的定义域，这时函数 $f(x)$ 在 x_0 的极限与函数 $f(x)$ 在 x_0 的函数值 $f(x_0)$ 没有任何联系. 总之，函数 $f(x)$ 在 x_0 的极限仅与函数 $f(x)$ 在 x_0 附近的 x 的函数值 $f(x)$ 变化有关，而与 $f(x)$ 在 x_0 的情况无关.

例 1-27　试证 $\lim\limits_{x\to x_0}\sin x=\sin x_0$.

证明：由于

$$|\sin x-\sin x_0|=\left|2\sin\frac{x-x_0}{2}\cos\frac{x+x_0}{2}\right|\leqslant 2\left|\sin\frac{x-x_0}{2}\right|\leqslant|x-x_0|$$

故 $\forall\varepsilon>0$，只要 $|x-x_0|<\varepsilon$，就有

$$|\sin x-\sin x_0|<\varepsilon$$

因此，取 $\varepsilon=\delta$ 即可. □

同理有 $\lim\limits_{x\to x_0}\cos x=\cos x_0$； $\lim\limits_{x\to x_0}a^x=a^{x_0}$； $\lim\limits_{x\to x_0}\log_a x=\lim\limits_{x\to x_0}\log_a x_0$，$x_0>0$.

例 1-28　试证 $\lim\limits_{x\to 1}\dfrac{x^3-1}{x-1}=3$.

证明：因为考虑的是 $x\to 1$ 的过程，所以仅需在 $x=1$ 附近讨论问题. 例如，限定 $0<x<2$，$x\neq 1$，即限定在 $0<|x-1|<1$ 范围内讨论问题. 这时

$$\left|\frac{x^3-1}{x-1}-3\right|=|x^2+x-2|=|x-1|\cdot|x+2|<4|x-1|$$

故 $\forall\varepsilon>0$，只要取 $\delta=\min\left\{1,\dfrac{\varepsilon}{4}\right\}$，则当 $0<|x-1|<\delta$ 时，就有

$$\left|\frac{x^3-1}{x-1}-3\right|<\varepsilon$$

因此

$$\lim_{x\to 1}\frac{x^3-1}{x-1}=3\quad\square$$

当限定 x 小于 x_0 且趋于 x_0 时，如果函数 $f(x)$ 的极限存在，则称之为 $f(x)$ 当 $x\to x_0$ 时的**左极限**，记为

$$\lim_{x\to x_0^-}f(x)\quad\text{或}\quad f(x_0^-)$$

当限定 x 大于 x_0 且趋于 x_0 时，如果函数 $f(x)$ 的极限存在，则称之为 $f(x)$ 当 $x\to x_0$ 时的**右极限**，记为

$$\lim_{x\to x_0^+}f(x)\quad\text{或}\quad f(x_0^+)$$

左、右极限统称为**单侧极限**，由极限及单侧极限的定义，显然有如下定理.

定理 1.12　极限 $\lim\limits_{x\to x_0}f(x)=A$ 的充要条件是左极限 $f(x_0^-)$ 和右极限 $f(x_0^+)$ 均存在，且

$f(x_0^-) = f(x_0^+) = A$.

例 1-29 试证符号函数

$$\operatorname{sgn} x = \begin{cases} 1, & x > 0 \\ 0, & x = 0 \\ -1, & x < 0 \end{cases}$$

当 $x \to 0$ 时，极限不存在.

证明： 当 $x \to 0$ 时，符号函数 $\operatorname{sgn} x$ 的左、右极限分别为

$$\operatorname{sgn}(0^-) = \lim_{x \to 0^-} \operatorname{sgn} x = -1 \text{，} \qquad \operatorname{sgn}(0^+) = \lim_{x \to 0^+} \operatorname{sgn} x = 1$$

左、右极限不相等，故当 $x \to 0$ 时，$\operatorname{sgn} x$ 极限不存在. □

除定义外，同数列极限一样，函数极限同样也有柯西收敛准则.

定理 1.13（柯西收敛准则） 极限 $\lim\limits_{x \to x_0} f(x)$ 存在的充要条件是 $\forall \varepsilon > 0$，$\exists \delta > 0$，使得当 $x_1, x_2 \in \overset{\circ}{U}_\delta(x_0)$ 时，恒有

$$|f(x_1) - f(x_2)| < \varepsilon$$

证明略.

习题 1.5

1．用定义证明下列极限.

（1）$\lim\limits_{x \to +\infty} \dfrac{\sin x}{\sqrt{x}} = 0$；　　（2）$\lim\limits_{x \to \infty} \dfrac{2x+3}{x} = 2$；

（3）$\lim\limits_{x \to 1} \dfrac{x^2 - 1}{x - 1} = 2$；　　（4）$\lim\limits_{x \to x_0} \cos x = \cos x_0$.

2．用左、右极限证明 $\lim\limits_{x \to x_0} \ln x = \ln x_0$（$x_0 > 0$）.

3．证明 $\lim\limits_{x \to 0} \dfrac{x}{|x|}$ 不存在.

4．在函数极限定义中，

（1）将“$0 < |x - x_0| < \delta$”换为“$0 < |x - x_0| \leqslant \delta$”或“$0 \leqslant |x - x_0| < \delta$”；

（2）将“$|f(x) - A| < \varepsilon$”换为“$|f(x) - A| \leqslant \varepsilon$”或“$|f(x) - A| < 2\varepsilon$”，与原定义是否等价，为什么？

1.6 函数极限的性质与两个重要极限

1.6.1 函数极限的性质

函数极限的性质与数列极限的性质相似，而且证明过程也基本一致，为了避免重复，对有些定理只叙述而不证明.

定理 1.14（唯一性） 如果 $\lim\limits_{x \to x_0} f(x)$ 存在，则必唯一.

定理 1.15（局部有界性） 如果 $\lim\limits_{x\to x_0} f(x)$ 存在，则函数 $f(x)$ 在 x_0 的某去心邻域内有界，即 $\exists M>0$ 和 $\delta>0$，当 $x\in \mathring{U}_\delta(x_0)$ 时，有 $|f(x)|\leqslant M$.

定理 1.16（保序性） 设 $\lim\limits_{x\to x_0} f(x)=A$，$\lim\limits_{x\to x_0} g(x)=B$.

1° 如果 $A<B$，则 $\exists\delta>0$，使得当 $0<|x-x_0|<\delta$ 时，恒有 $f(x)<g(x)$；

2° 如果有 $\delta>0$，使得当 $0<|x-x_0|<\delta$ 时，恒有 $f(x)\leqslant g(x)$，则必有 $A\leqslant B$.

推论（保号性） 设 $\lim\limits_{x\to x_0} f(x)=A$.

1° 若 $A>0$，则有 $\delta>0$，使得当 $0<|x-x_0|<\delta$ 时，$f(x)>0$；

2° 若有 $\delta>0$，使得当 $0<|x-x_0|<\delta$ 时，$f(x)\geqslant 0$，则 $A\geqslant 0$.

定理 1.17 如果 $\lim\limits_{x\to x_0} f(x)$ 和 $\lim\limits_{x\to x_0} g(x)$ 都存在，则 $\lim\limits_{x\to x_0}(f(x)\pm g(x))$，$\lim\limits_{x\to x_0}(f(x)\cdot g(x))$ 和 $\lim\limits_{x\to x_0}\dfrac{f(x)}{g(x)}(\lim\limits_{x\to x_0} g(x)\neq 0)$ 也都存在，且

$$\lim_{x\to x_0}(f(x)\pm g(x))=\lim_{x\to x_0} f(x)\pm \lim_{x\to x_0} g(x)$$

$$\lim_{x\to x_0}(f(x)\cdot g(x))=\lim_{x\to x_0} f(x)\cdot \lim_{x\to x_0} g(x)$$

$$\lim_{x\to x_0}\frac{f(x)}{g(x)}=\frac{\lim\limits_{x\to x_0} f(x)}{\lim\limits_{x\to x_0} g(x)}$$

定理 1.18 设 $y=f(\varphi(x))$ 是由 $y=f(u)$ 和 $u=\varphi(x)$ 复合而成的复合函数，且 $f(\varphi(x))$ 在 x_0 的某去心邻域内有定义，如果 $\lim\limits_{x\to x_0}\varphi(x)=u_0$，且在 x_0 的某去心 δ_0 邻域内有 $\varphi(x)\neq u_0$，又 $\lim\limits_{u\to u_0} f(u)=A$，则

$$\lim_{x\to x_0} f(\varphi(x))=\lim_{u\to u_0} f(u)=A$$

证明： $\forall\varepsilon>0$，由 $\lim\limits_{u\to u_0} f(u)=A$，$\exists\eta>0$，使得当 $0<|u-u_0|<\eta$ 时，恒有

$$|f(u)-A|<\varepsilon$$

对这个 η，由 $\lim\limits_{x\to x_0}\varphi(x)=u_0$，$\exists\delta:0<\delta<\delta_0$，使得当 $0<|x-x_0|<\delta$ 时，恒有

$$0<|\varphi(x)-u_0|<\eta$$

由此可见，当 $0<|x-x_0|<\delta$ 时，恒有

$$|f(\varphi(x))-A|<\varepsilon$$

故 $\lim\limits_{x\to x_0} f(\varphi(x))=A$. □

将定理中 $x\to x_0$ 换为 $x\to\infty$，亦有同样的结果. 此外，这个定理表明极限运算中可以作变量变换.

如果 $f(u)$ 满足 $\lim\limits_{u\to u_0} f(u)=f(u_0)$，则定理 1.18 中的条件 $\varphi(x)\neq u_0$ 可以去掉，从而有以下推论.

推论 1　设 $y=f(\varphi(x))$是由 $y=f(u)$和 $u=\varphi(x)$复合而成的复合函数，如果 $\lim\limits_{x\to x_0}\varphi(x)=u_0$，又 $\lim\limits_{u\to u_0}f(u)=f(u_0)$，则

$$\lim_{x\to x_0}f(\varphi(x))=f(\lim_{x\to x_0}\varphi(x))$$

推论 2　若 $\lim\limits_{x\to x_0}f(x)=A$， $\lim\limits_{x\to x_0}g(x)=B>0$，则 $\lim\limits_{x\to x_0}g(x)^{f(x)}=B^A$.

证明：由极限的保号性，在极限点附近有 $g(x)>0$，所以

$$y=g(x)^{f(x)}=\mathrm{e}^{f(x)\ln g(x)}=\exp(f(x)\ln g(x))$$

是由 $y=\mathrm{e}^u$，$u=f(x)\ln g(x)$复合而成的复合函数. 因为

$$\lim_{x\to x_0}f(x)\ln g(x)=A\ln B$$

所以

$$\lim_{x\to x_0}g(x)^{f(x)}=\lim_{x\to x_0}\mathrm{e}^{g(x)\ln f(x)}=\mathrm{e}^{A\ln B}=B^A \quad \square$$

例 1-30　求极限 $\lim\limits_{x\to+\infty}(\sqrt{x^2+4x}-\sqrt{x^2+3})$.

解：

$$\lim_{x\to+\infty}(\sqrt{x^2+4x}-\sqrt{x^2+3})=\lim_{x\to+\infty}\frac{4x-3}{\sqrt{x^2+4x}+\sqrt{x^2+3}}=\lim_{x\to+\infty}\frac{4-\frac{3}{x}}{\sqrt{1+\frac{4}{x}}+\sqrt{1+\frac{3}{x}}}$$

$$=\frac{\lim\limits_{x\to+\infty}\left(4-\frac{3}{x}\right)}{\lim\limits_{x\to+\infty}\sqrt{1+\frac{4}{x}}+\lim\limits_{x\to+\infty}\sqrt{1+\frac{3}{x}}}=\frac{4}{1+1}=2$$

例 1-31　求极限 $\lim\limits_{x\to3}\frac{x-3}{x^2-9}$.

解： $\lim\limits_{x\to3}\frac{x-3}{x^2-9}=\lim\limits_{x\to3}\frac{x-3}{(x-3)(x+3)}=\lim\limits_{x\to3}\frac{1}{x+3}=\frac{1}{6}$

例 1-32　求极限 $\lim\limits_{x\to x_0}x^\mu=x_0^\mu$.

解：当 $x_0>0$时，由定理 1.18 推论 2 可知 $\lim\limits_{x\to x_0}x^\mu=x_0^\mu$.

当 $x_0<0$时，若 x^μ在 x_0的某去心邻域内有定义，令 $t=-x$，则当 $x\to x_0$时，有 $t\to -x_0$，所以

$$\lim_{x\to x_0}x^\mu=\lim_{t\to -x_0}(-1)^\mu t^\mu=(-1)^\mu(-x_0)^\mu=x_0^\mu$$

例 1-33　求极限 $\lim\limits_{x\to0}\frac{\sqrt{1+x}-1}{\sqrt[3]{1+x}-1}$.

解：令 $u=(1+x)^{\frac{1}{6}}$，则当 $x\to0$时，有 $u\to1$，故

$$\lim_{x\to0}\frac{\sqrt{1+x}-1}{\sqrt[3]{1+x}-1}=\lim_{u\to1}\frac{u^3-1}{u^2-1}=\lim_{u\to1}\frac{u^2+u+1}{u+1}=\frac{3}{2}$$

1.6.2 两个重要极限

类似数列，函数也有夹挤准则.

定理 1.19 如果

（i）在极限点附近 $g(x) \leqslant f(x) \leqslant h(x)$；

（ii）$\lim\limits_{x \to x_0} g(x) = A$，$\lim\limits_{x \to x_0} h(x) = A$，则

$$\lim_{x \to x_0} f(x) = A$$

证明方法与定理 1.6 类似.

作为这一准则的应用，下面介绍一个重要的极限：

$$\lim_{x \to 0} \frac{\sin x}{x} = 1$$

因为 $\frac{\sin x}{x}(x \neq 0)$ 是偶函数，故只需考虑 $x \to 0^+$ 时的极限（右极限），并且限定在 $0 < x < \frac{\pi}{2}$ 内讨论问题.

以点 O 为圆心作单位圆，设 x 表示圆心角 $\angle AOB$ 的弧度数，如图 1.22 所示，则

$$\sin x = |BC|，x = \overset{\frown}{AB}，\tan x = |AD|$$

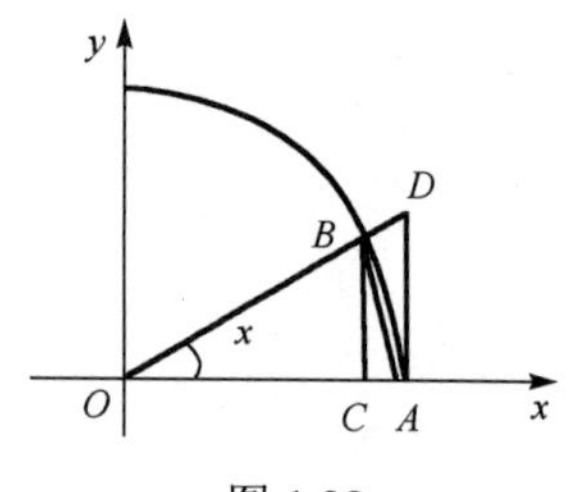

图 1.22

因为 $\triangle AOB$ 的面积 < 扇形 AOB 的面积 < $\triangle AOD$ 的面积，故

$$\frac{1}{2}\sin x < \frac{1}{2}x < \frac{1}{2}\tan x$$

或

$$\sin x < x < \tan x，\quad 0 < x < \frac{\pi}{2}$$

因而 $\sin x > 0$，上式两端同除以 $\sin x$，得

$$1 < \frac{x}{\sin x} < \frac{1}{\cos x}$$

取倒数有

$$\cos x < \frac{\sin x}{x} < 1$$

因为 $\lim\limits_{x \to 0^+} \cos x = \cos 0 = 1$，$\lim\limits_{x \to 0^+} 1 = 1$，所以由两边夹挤准则有

$$\lim_{x \to 0^+} \frac{\sin x}{x} = 1$$

故

$$\lim_{x \to 0} \frac{\sin x}{x} = 1$$

例 1-34 求极限 $\lim\limits_{x \to 0} \frac{x}{\tan x}$.

解： $\lim\limits_{x\to 0}\dfrac{x}{\tan x}=\lim\limits_{x\to 0}\dfrac{x}{\sin x}\cos x=1$

例 1-35 求极限 $\lim\limits_{x\to 0}\dfrac{1-\cos x}{2x^2}$.

解： $\lim\limits_{x\to 0}\dfrac{1-\cos x}{2x^2}=\lim\limits_{x\to 0}\dfrac{2\sin^2\dfrac{x}{2}}{2x^2}=\lim\limits_{x\to 0}\dfrac{\sin^2\dfrac{x}{2}}{4\left(\dfrac{x}{2}\right)^2}=\dfrac{1}{4}\lim\limits_{x\to 0}\left(\dfrac{\sin\dfrac{x}{2}}{\dfrac{x}{2}}\right)^2=\dfrac{1}{4}$

例 1-36 求极限 $\lim\limits_{x\to \pi}\dfrac{1+\cos x}{(\pi-x)^2}$.

解： 令 $t=\pi-x$ ，则当 $x\to\pi$ 时，有 $t\to 0$ ，故

$$\lim_{x\to\pi}\frac{1+\cos x}{(\pi-x)^2}=\lim_{t\to 0}\frac{1+\cos(\pi-t)}{t^2}=\lim_{t\to 0}\frac{1-\cos t}{t^2}=\frac{1}{2}$$

例 1-37 设 $a>b>c>0$，$x_n=\sqrt[n]{a^n+b^n+c^n}$ ，求极限 $\lim\limits_{n\to\infty}x_n$.

解： 由于

$$a<x_n<a\sqrt[n]{3}$$

又 $\lim\limits_{n\to\infty}a=a$，$\lim\limits_{n\to\infty}(a\sqrt[n]{3})=a$ ，由两边夹挤准则知

$$\lim_{n\to\infty}x_n=a$$

例 1-38 设 $a>1$，试证：对任何正整数 k，有 $\lim\limits_{n\to\infty}\dfrac{n^k}{a^n}=0$.

证明： 设 $a=1+\lambda$，$\lambda>0$，则当 $n>k+1$ 时，恒有

$$a^n=(1+\lambda)^n=1+n\lambda+\frac{n(n-1)}{2!}\lambda^2+\cdots+\frac{n(n-1)\cdots(n-k)}{(k+1)!}\lambda^{k+1}+\cdots+\lambda^n$$

$$>\frac{n(n-1)\cdots(n-k)}{(k+1)!}\lambda^{k+1}$$

故

$$0<\frac{n^k}{a^n}<\frac{(k+1)!n^k}{n(n-1)\cdots(n-k)\lambda^{k+1}}=\frac{(k+1)!}{\left(1-\dfrac{1}{n}\right)\cdots\left(1-\dfrac{k}{n}\right)\lambda^{k+1}}\frac{1}{n}$$

而

$$\lim_{n\to\infty}\frac{(k+1)!}{\left(1-\dfrac{1}{n}\right)\cdots\left(1-\dfrac{k}{n}\right)\lambda^{k+1}}\frac{1}{n}=0$$

因此，由两边夹挤准则有

$$\lim_{n\to\infty}\frac{n^k}{a^n}=0 \quad \square$$

下面介绍另一个重要极限：

$$\lim_{x\to\infty}\left(1+\frac{1}{x}\right)^x=\mathrm{e} \quad 或 \quad \lim_{x\to 0}(1+x)^{\frac{1}{x}}=\mathrm{e}$$

前面已经证明了 $\lim\limits_{n\to\infty}\left(1+\frac{1}{n}\right)^n=\mathrm{e}$，下面进一步给出上式的证明.

证明：先证 $x\to+\infty$ 的情形. 不妨设 $x>1$，记 $[x]=n$，则 $n\leqslant x<n+1$，从而有

$$\left(1+\frac{1}{n+1}\right)^n<\left(1+\frac{1}{x}\right)^x<\left(1+\frac{1}{n}\right)^{n+1}$$

即

$$\left(1+\frac{1}{n+1}\right)^{n+1}\cdot\frac{1}{1+\frac{1}{n+1}}<\left(1+\frac{1}{x}\right)^x<\left(1+\frac{1}{n}\right)^n\left(1+\frac{1}{n}\right)$$

因为当 $x\to+\infty$ 时有 $n\to\infty$，以及

$$\lim_{n\to\infty}\left[\left(1+\frac{1}{n+1}\right)^{n+1}\cdot\frac{1}{1+\frac{1}{n+1}}\right]=\mathrm{e}\cdot 1=\mathrm{e}$$

和

$$\lim_{n\to\infty}\left[\left(1+\frac{1}{n}\right)^n\left(1+\frac{1}{n}\right)\right]=\mathrm{e}\cdot 1=\mathrm{e}$$

由夹挤准则有

$$\lim_{x\to+\infty}\left(1+\frac{1}{x}\right)^x=\mathrm{e}$$

再证 $x\to-\infty$ 的情形. 不妨设 $x<-1$，令 $x=-t$，则 $x\to-\infty$ 等价于 $t\to+\infty$，因此

$$\lim_{x\to-\infty}\left(1+\frac{1}{x}\right)^x=\lim_{t\to+\infty}\left(1-\frac{1}{t}\right)^{-t}=\lim_{t\to+\infty}\left(\frac{t}{t-1}\right)^t=\lim_{t\to+\infty}\left[\left(1+\frac{1}{t-1}\right)^{t-1}\left(1+\frac{1}{t-1}\right)\right]=\mathrm{e} \quad \square$$

这个重要极限对底趋于 1、指数趋于无穷大的“1^∞”型未定式是很有用的. 这个重要极限应灵活地记为“以 1 加非零无穷小为底，指数是这个无穷小的倒数，其极限为数 e”. 举例如下.

$$\lim_{n\to\infty}\left(1-\frac{1}{n}\right)^{2n}=\lim_{n\to\infty}\left[\left(1+\frac{-1}{n}\right)^{-n}\right]^{-2}=\mathrm{e}^{-2}$$

$$\lim_{x\to\infty}\left(1+\frac{2}{3x}\right)^x=\lim_{x\to\infty}\left[\left(1+\frac{2}{3x}\right)^{\frac{3x}{2}}\right]^{\frac{2}{3}}=\mathrm{e}^{\frac{2}{3}}$$

$$\lim_{x\to 0}(1+\sin x)^{\frac{2}{x}}=\lim_{x\to 0}\left[(1+\sin x)^{\frac{1}{\sin x}}\right]^{\frac{2\sin x}{x}}=\mathrm{e}^2$$

$$\lim_{n\to\infty}\left(\frac{n^2+1}{n^2+2n-1}\right)^n=\lim_{n\to\infty}\left[\left(1+\frac{2-2n}{n^2+2n-1}\right)^{\frac{n^2+2n-1}{2-2n}}\right]^{\frac{(2-2n)n}{n^2+2n-1}}=\mathrm{e}^{-2}$$

介绍了函数极限后，不难想到若 $\lim\limits_{x\to x_0}f(x)=A$，则对任何以 x_0 为极限的数列 $\{x_n\}$，且当 n 充分大时，$x_n\neq x_0$，则一定有 $\lim\limits_{n\to\infty}f(x_n)=A$. 那么反过来，对任何以 x_0 为极限的数列 $\{x_n\}$，如果都有 $\lim\limits_{n\to\infty}f(x_n)=A$，函数极限是否存在呢？下面的海涅定理回答了这个问题.

定理 1.20（海涅定理） 设 $f(x)$ 定义在 x_0 的去心邻域内，则 $\lim\limits_{x\to x_0}f(x)=A$ 的充要条件是，对邻域内任何以 x_0 为极限的数列 $\{x_n\}$，且 $x_n\neq x_0$，$n=1,2,3,\cdots$，都有 $\lim\limits_{n\to\infty}f(x_n)=A$ 成立.

证明：必要性.由 $\lim\limits_{x\to x_0}f(x)=A$，则若 $\forall\varepsilon>0$，$\exists\delta>0$，使得当 $0<|x-x_0|<\delta$ 时，恒有

$$|f(x)-A|<\varepsilon$$

对 δ，$\exists N>0$，当 $n>N$ 时，$|x_n-x_0|<\delta$. 故当 $n>N$ 时，$|f(x_n)-A|<\varepsilon$.

充分性.（用反证法）假设 $\lim\limits_{x\to x_0}f(x)\neq A$，则存在 $\varepsilon_0>0$，任取 $\delta_n=\dfrac{1}{n}$，存在 x_n，满足 $|x_n-x_0|<\delta_n$，但是 $|f(x_n)-A|\geqslant\varepsilon_0>0$. 易见存在数列 $\{x_n\}$，有 $\lim\limits_{n\to\infty}x_n=x_0$, 且 $x_n\neq x_0$, $n=1,2,3,\cdots$，但 $\lim\limits_{n\to\infty}f(x_n)\neq A$，与已知条件矛盾. 结论得证. □

海涅定理的重要性体现在其建立了数列极限与函数极限之间的联系.

例 1-39 证明 $\lim\limits_{x\to 0}\cos\dfrac{1}{x}$ 不存在.

证明：取 $x_n=\dfrac{1}{2n\pi}\to 0$，当 $n\to\infty$ 时，$\cos\dfrac{1}{x_n}\to 1$；

取 $y_n=\dfrac{1}{2n\pi+\dfrac{\pi}{2}}\to 0$，当 $n\to\infty$ 时，$\cos\dfrac{1}{y_n}\to 0$.

存在两个以 0 为极限的数列，但其函数列对应的极限值不同，由海涅定理知极限不存在. □

习题 1.6

1．求下列极限.

（1）$\lim\limits_{x\to -1}\dfrac{x^2+2x+5}{x^2+1}$；（2）$\lim\limits_{x\to 1}\dfrac{x^2-2x+1}{x^2-1}$；

（3）$\lim\limits_{x\to 0}\dfrac{(x+h)^2-x^2}{h}$；（4）$\lim\limits_{x\to\infty}\dfrac{x^2-1}{2x^2-x-1}$；

（5）$\lim\limits_{x\to\infty}\dfrac{(3x-1)^{25}(2x-1)^{20}}{(2x+1)^{45}}$；（6）$\lim\limits_{x\to 1}\left(\dfrac{1}{1-x}-\dfrac{3}{1-x^3}\right)$；

（7）$\lim\limits_{x\to 4}\dfrac{\sqrt{2x+1}-3}{\sqrt{x-2}-\sqrt{2}}$；（8）$\lim\limits_{x\to 0}\dfrac{\sqrt{x^2+p^2}-p}{\sqrt{x^2+q^2}-q}$, $p>0,\ q>0$；

（9）$\lim\limits_{x\to\infty}\left(\sqrt{x^2+1}-\sqrt{x^2-1}\right)$； （10）$\lim\limits_{x\to-8}\dfrac{\sqrt{1-x}-3}{2+\sqrt[3]{x}}$.

2．求下列极限.

（1）$\lim\limits_{x\to a}\dfrac{\sqrt[m]{x}-\sqrt[m]{a}}{x-a}$，$a>0$，$m\geqslant 2$ 且 m 为整数；

（2）$\lim\limits_{x\to a^+}\dfrac{\sqrt{x}-\sqrt{a}+\sqrt{x-a}}{\sqrt{x^2-a^2}}$，$a>0$；

（3）$\lim\limits_{x\to+\infty}\left(\sin\sqrt{x+1}-\sin\sqrt{x}\right)$；

（4）$\lim\limits_{x\to 0}\dfrac{\sqrt{\cos x}-\sqrt[3]{\cos x}}{\sin^2 x}$.

3．已知 $\lim\limits_{x\to\pi}f(x)$ 存在，且 $f(x)=\cos x+2\sin\dfrac{x}{2}\cdot\lim\limits_{x\to\pi}f(x)$，求 $f(x)$.

4．求下列极限.

（1）$\lim\limits_{x\to 0}\dfrac{\sin kx}{x}$； （2）$\lim\limits_{x\to 0}\dfrac{x+x^2}{\tan 2x}$；

（3）$\lim\limits_{x\to 0^+}\dfrac{\sin^2\sqrt{x}}{x}$； （4）$\lim\limits_{x\to n\pi}\dfrac{\sin x}{x-n\pi}$，$n$ 为正整数；

（5）$\lim\limits_{x\to\infty}x\arcsin\dfrac{1}{x}$； （6）$\lim\limits_{x\to a}\dfrac{\sin x-\sin a}{x-a}$；

（7）$\lim\limits_{x\to 0}\dfrac{\tan x-\sin x}{x^2\sin x}$； （8）$\lim\limits_{x\to\frac{\pi}{3}}\dfrac{1-2\cos x}{\sin\left(x-\dfrac{\pi}{3}\right)}$；

（9）$\lim\limits_{x\to 0}\dfrac{\sin 2x}{\sqrt{x+2}-\sqrt{2}}$； （10）$\lim\limits_{x\to 0}\dfrac{\sqrt{1-\cos x}}{x}$；

（11）$\lim\limits_{x\to 0}\dfrac{\tan(a+x)\tan(a-x)-\tan^2 a}{x^2}$.

5．通过圆的内接正多边形的面积求证圆的面积公式 $S=\pi R^2$.

6．求下列极限.

（1）$\lim\limits_{x\to 0}(1-3x)^{\frac{1}{x}}$； （2）$\lim\limits_{x\to 0}(1+\tan x)^{\frac{1}{\sin x}}$；

（3）$\lim\limits_{x\to+\infty}\left(\dfrac{2x-1}{2x+1}\right)^x$； （4）$\lim\limits_{x\to\infty}\left(\dfrac{x}{1+x}\right)^x$；

（5）$\lim\limits_{x\to 0}(\cos x)^{\frac{1}{x^2}}$； （6）$\lim\limits_{x\to 0}(2\sin x+\cos x)^{\frac{1}{x}}$；

（7）$\lim\limits_{x\to 1}(3-2x)^{\frac{1}{x-1}}$； （8）$\lim\limits_{x\to 0^+}\left(e^{\frac{1}{x}}+\dfrac{1}{x}\right)^x$.

7．已知 $\lim\limits_{x\to\infty}\left(\dfrac{x+a}{x-a}\right)^x=9$，求常数 a.

1.7 无穷小和无穷大

1.7.1 无穷小

在一个极限过程中，以零为极限的变量称为这个极限过程中的无穷小. 下面仅就两种极限过程（$x \to x_0$ 与 $x \to \infty$）中的无穷小给出严格定义，其他情况与之类似.

定义 1.8 若 $\forall \varepsilon > 0$，$\exists \delta > 0$（$X > 0$），使得当 $0 < |x - x_0| < \delta$（$|x| > X$）时，恒有

$$|f(x)| < \varepsilon$$

则称函数 $f(x)$ 是 $x \to x_0$（$x \to \infty$）时的**无穷小**，或者称当 $x \to x_0$（$x \to \infty$）时，$f(x)$ 是无穷小.

例如，

因为 $\lim\limits_{n\to\infty}\dfrac{1}{n} = 0$，所以当 $n\to\infty$ 时，$\dfrac{1}{n}$ 为无穷小；

由 $\lim\limits_{x\to+\infty}\dfrac{\cos x}{\sqrt{x}} = 0$ 知，当 $x\to+\infty$ 时，$\dfrac{\cos x}{\sqrt{x}}$ 为无穷小；

由 $\lim\limits_{x\to 0}\sin x = \sin 0 = 0$ 知，当 $x\to 0$ 时，$\sin x$ 是无穷小；但当 $x \to \dfrac{\pi}{2}$ 时，$\sin x$ 不是无穷小.

注意，无穷小是变化过程中趋于 0 的变量，不能把它与很小的常数混为一谈. 任何非零的数都不是无穷小. 下面关于无穷小的定理，仅就 $x \to x_0$ 的过程来证明.

定理 1.21 有限个无穷小之和仍为无穷小.

证明： 考虑 $x \to x_0$ 时两个无穷小 α，β 之和

$$\omega = \alpha + \beta$$

$\forall \varepsilon > 0$，因 α，β 均为无穷小，$\exists \delta > 0$，使得当 $0 < |x - x_0| < \delta$ 时，恒有

$$|\alpha| < \varepsilon, \quad |\beta| < \varepsilon$$

同时成立. 于是，当 $0 < |x - x_0| < \delta$ 时，恒有

$$|\omega| = |\alpha + \beta| \leqslant |\alpha| + |\beta| < 2\varepsilon \quad \square$$

定理 1.22 无穷小与极限点附近有界的函数的乘积是无穷小.

证明： 设函数 $u = u(x)$ 在 x_0 的某一去心邻域 $0 < |x - x_0| < \delta_0$ 内有界，即有常数 M，使 $|u| \leqslant M$；且当 $x \to x_0$ 时，α 是无穷小. 于是，$\forall \varepsilon > 0$，$\exists \delta : 0 < \delta < \delta_0$，使得当 $0 < |x - x_0| < \delta$ 时，恒有

$$|\alpha| < \varepsilon$$

从而

$$|u\alpha| = |u||\alpha| < M\varepsilon \quad \square$$

推论 1 无穷小与常数之积是无穷小.

推论 2 有限个无穷小之积是无穷小.

定理 1.23 一个有极限但极限不为零的函数去除无穷小所得的商是无穷小.

证明： 设 $\lim\limits_{x\to x_0} u = a \neq 0$，由定理 1.21，只需证明 $\dfrac{1}{u}$ 在 x_0 的某去心邻域内有界. 对 $\varepsilon = \dfrac{|a|}{2}$，$\exists \delta > 0$，使得当 $0<|x-x_0|<\delta$ 时，恒有

$$|u-a|<\frac{|a|}{2}$$

因为，此时

$$|u|=|a+u-a|\geqslant|a|-|u-a|>|a|-\frac{|a|}{2}=\frac{|a|}{2}$$

所以，当 $0<|x-x_0|<\delta$ 时，恒有

$$\left|\frac{1}{u}\right|<\frac{2}{|a|}$$

即 $\dfrac{1}{u}$ 有界. □

定理 1.24（极限与无穷小的关系） 在一个极限过程中，函数 $f(x)$ 以 A 为极限的充要条件是 $f(x)$ 可表为常数 A 与一个无穷小之和，即

$$\lim_{x\to x_0} f(x) = A \Leftrightarrow f(x) = A + \alpha(x)$$

其中，$\alpha(x)$ 是 $x\to x_0$ 时的无穷小.

证明： $\lim\limits_{x\to x_0} f(x) = A$ 的定义是"$\forall\varepsilon>0$, $\exists\delta>0$，使得当 $0<|x-x_0|<\delta$ 时，恒有 $|f(x)-A|<\varepsilon$". 这恰好是函数 $\alpha(x)=f(x)-A$ 在 $x\to x_0$ 时为无穷小的定义. □

1.7.2 无穷小的比较

同一过程中的两个无穷小 α, β，虽然都以零为极限，但它们趋于零的快慢可能大不相同. 这便引出了无穷小阶的概念.

定义 1.9 设 $\lim\alpha=0$，$\lim\beta=0$.

（i）如果 $\lim\dfrac{\beta}{\alpha}=0$，则称 β 是 α 的高阶无穷小，简记为 $\beta=o(\alpha)$；

（ii）如果 $\lim\dfrac{\beta}{\alpha}=\infty$，则称 β 是 α 的低阶无穷小；

（iii）如果 $\lim\dfrac{\beta}{\alpha}=C\neq0$，则称 α 与 β 为同阶无穷小；

特别地，当 $C=1$ 时，称 α 与 β 是等价无穷小，记为 $\alpha\sim\beta$；

（iv）如果 $\lim\dfrac{\beta}{\alpha^k}=C\neq0$，$k>0$，则称 β 是 α 的 k 阶无穷小.

显然，当 $k>1$ 时，β 是 α 的高阶无穷小；当 $k<1$ 时，β 是 α 的低阶无穷小；当 $k=1$ 时，α 与 β 为同阶无穷小.

例如，当 $n\to\infty$ 时，$\dfrac{1}{n^2}$ 是 $\dfrac{1}{n}$ 的高阶无穷小，$\dfrac{1}{n^2}=o\left(\dfrac{1}{n}\right)$；当 $x\to\infty$ 时，$\dfrac{1}{x}$ 与 $\dfrac{100}{x}$ 是同阶

无穷小；当 $x\to 0$ 时，$\sin x\sim x$, $\tan x\sim x$, $1-\cos x\sim\frac{1}{2}x^2$；当 $x\to 0$ 时，x^3 是 x 的 3 阶无穷小，$\sqrt{x}$ 是 x 的 $\frac{1}{2}$ 阶无穷小.

下面介绍两个关于等价无穷小的定理.

定理 1.25 $\alpha\sim\beta$ 的充要条件是 $\beta-\alpha=o(\alpha)$（或 $\beta-\alpha=o(\beta)$）.

证明： $\alpha\sim\beta$，即 $\lim\frac{\beta}{\alpha}=1$，等价于 $\lim\left(\frac{\beta}{\alpha}-1\right)=0$，即

$$\lim\frac{\beta-\alpha}{\alpha}=0$$

故 $\beta-\alpha=o(\alpha)$. □

这个定理说明：两个等价无穷小的差，比它们中的任何一个都是高阶无穷小；或者说，一个无穷小 α 与它的高阶无穷小 $o(\alpha)$ 之和，仍与原无穷小 α 等价，$\alpha+o(\alpha)\sim\alpha$. 例如，当 $x\to 0$ 时，有

$$\sin x+x^2\sim x,\quad (\sqrt{x}-x)\sim\sqrt{x}$$

定义 1.10 设 α, β 为两个无穷小，若 $\beta-\alpha=o(\alpha)$，则称 α 是 β 的主部.

两个等价无穷小可互为主部.

定理 1.26 设 $\alpha\sim\hat{\alpha}$，$\beta\sim\hat{\beta}$，且 $\lim\frac{\hat{\beta}}{\hat{\alpha}}=A$（或 ∞），则

$$\lim\frac{\beta}{\alpha}=\lim\frac{\hat{\beta}}{\hat{\alpha}}=A\text{（或}\infty\text{）}$$

证明： 因为

$$\lim\frac{\hat{\alpha}}{\alpha}=1,\quad \lim\frac{\hat{\beta}}{\beta}=1$$

所以

$$\lim\frac{\beta}{\alpha}=\lim\left(\frac{\hat{\alpha}}{\alpha}\frac{\hat{\beta}}{\hat{\alpha}}\frac{\beta}{\hat{\beta}}\right)=A\text{（或}\infty\text{）}\quad □$$

这个定理说明：两个无穷小之比的极限，可由它们等价无穷小之比的极限代替. 这个求极限的方法，通常称为等价无穷小代换法，它给 $\frac{0}{0}$ 型未定式的极限运算带来方便.

例 1-40 求 $\lim\limits_{x\to 0}\frac{\sqrt{1+x+x^2}-1}{x^3+\sin 2x}$.

解： 因为 $x\to 0$ 时，$\left(\sqrt{1+x+x^2}-1\right)\sim\frac{1}{2}(x+x^2)\sim\frac{1}{2}x$，以及 $(x^3+\sin 2x)\sim\sin 2x\sim 2x$，故

$$\lim_{x\to 0}\frac{\sqrt{1+x+x^2}-1}{x^3+\sin 2x}=\lim_{x\to 0}\frac{\frac{1}{2}x}{2x}=\frac{1}{4}$$

例 1-41 求$\lim\limits_{x\to 0}\dfrac{\tan x-\sin x}{x^3+x^4}$.

解： 因为两个无穷小之积与它们的等价无穷小之积等价，且当 $x\to 0$ 时，$\tan x\sim x$，$(1-\cos x)\sim\dfrac{1}{2}x^2$，所以，$\tan x-\sin x=\tan x(1-\cos x)\sim\dfrac{1}{2}x^3$. 又当 $x\to 0$ 时，$(x^3+x^4)\sim x^3$，故

$$\lim_{x\to 0}\frac{\tan x-\sin x}{x^3+x^4}=\lim_{x\to 0}\frac{\frac{1}{2}x^3}{x^3}=\frac{1}{2}$$

有一种错误的做法，认为当 $x\to 0$ 时，$\tan x\sim x$，$\sin x\sim x$，因此

$$\lim_{x\to 0}\frac{\tan x-\sin x}{x^3+x^4}=\lim_{x\to 0}\frac{x-x}{x^3}=0$$

产生错误的原因是误认为当 $x\to 0$ 时，$\tan x-\sin x$ 与 $x-x$ 是等价无穷小. 其实，两个无穷小的和差未必与它们的等价无穷小的和差等价.

根据极限计算方法，不难得到常用的一些等价无穷小代换，即当 $x\to 0$ 时，有

$$x\sim\sin x\sim\tan x\sim\arcsin x\sim\arctan x\sim\ln(1+x)\sim e^x-1$$

更一般地，这里的 x 还可以换成趋于 0 的函数，这样应用范围就更广了.

例 1-42 求$\lim\limits_{x\to 1}\dfrac{(x^x-1)\cot\frac{\pi}{2}x}{x\ln x-x^3\ln x}$.

解： $x^x-1=e^{x\ln x}-1\sim x\ln x$（当 $x\to 1$ 时）

$$\lim_{x\to 1}\frac{(x^x-1)\cot\frac{\pi}{2}x}{x\ln x-x^3\ln x}=\lim_{x\to 1}\frac{x\ln x\cdot\cos\frac{\pi}{2}x}{x\ln x(1-x^2)\sin\frac{\pi}{2}x}=\lim_{x\to 1}\frac{1}{\sin\frac{\pi}{2}x}\cdot\lim_{x\to 1}\frac{1}{1+x}\cdot\lim_{x\to 1}\frac{\cos\frac{\pi}{2}x}{1-x}$$

$$=\frac{1}{2}\lim_{x\to 1}\frac{\sin\frac{\pi}{2}(1-x)}{1-x}=\frac{1}{2}\lim_{x\to 1}\frac{\frac{\pi}{2}(1-x)}{1-x}=\frac{\pi}{4}$$

例 1-43 已知 $\lim\limits_{x\to+\infty}\left(\sqrt{x^2+x+1}-ax-b\right)=0$，求 a,b.

解： 由极限与无穷小的关系有

$$\sqrt{x^2+x+1}-ax-b=\alpha,\quad \alpha\to 0\ （当 x\to+\infty 时）$$

因此，$\sqrt{x^2+x+1}=ax+b+\alpha$，故有

$$\frac{\sqrt{x^2+x+1}}{x}=a+\frac{b}{x}+\frac{\alpha}{x}$$

两端取极限

$$\lim_{x\to+\infty}\frac{\sqrt{x^2+x+1}}{x}=\lim_{x\to+\infty}\left(a+\frac{b}{x}+\frac{\alpha}{x}\right)$$

得 $a=1$. 而

$$b=\lim_{x\to+\infty}(\sqrt{x^2+x+1}-ax)=\lim_{x\to+\infty}(\sqrt{x^2+x+1}-x)$$

$$=\lim_{x\to+\infty}\frac{x+1}{\sqrt{x^2+x+1}+x}=\lim_{x\to+\infty}\frac{1+\dfrac{1}{x}}{\sqrt{1+\dfrac{1}{x}+\dfrac{1}{x^2}}+1}=\frac{1}{2}$$

即 $b=\dfrac{1}{2}$.

1.7.3 无穷大

定义 1.11 若 $\forall M>0$，$\exists\delta>0$（$X>0$），使得当 $0<|x-x_0|<\delta$（$|x|>X$）时，恒有

$$|f(x)|>M$$

则称函数 $f(x)$ 在 $x\to x_0$（$x\to\infty$）时为无穷大，记为

$$\lim_{\substack{x\to x_0\\(x\to\infty)}} f(x)=\infty$$

注意：

1° 定义中的 M 可任意大；

2° 当 $x\to x_0$（$x\to\infty$）时，若 $f(x)$ 为无穷大，则 $f(x)$ 是没有极限的. 为了表示函数的这种变化形态，仍借用极限符号，记为

$$\lim_{\substack{x\to x_0\\(x\to\infty)}} f(x)=\infty$$

3° 无穷大不是一个很大的常数，不要与很大的常数混为一谈；

4° 无穷大是无界函数，但无界函数不见得是某一个过程的无穷大. 例如，$y=x\sin x$ 是无界函数，但 $x\to+\infty$ 时它不是无穷大.

将上述定义中的 $|f(x)|>M$ 改为 $f(x)>M$（$f(x)<-M$），则 $f(x)$ 就是 $x\to x_0$（$x\to\infty$）时的正（负）无穷大，记为

$$\lim_{\substack{x\to x_0\\(x\to\infty)}} f(x)=+\infty \quad \left(\lim_{\substack{x\to x_0\\(x\to\infty)}} f(x)=-\infty\right)$$

同样可定义 $x\to\infty$，$x\to+\infty$，$x\to-\infty$，$x\to x_0^-$，$x\to x_0^+$ 极限过程的无穷大.

例 1-44 试证 $\lim\limits_{x\to1}\dfrac{1}{x-1}=\infty$.

证明： $\forall M>0$，若要 $\left|\dfrac{1}{x-1}\right|>M$，只需 $0<|x-1|<\dfrac{1}{M}$，故取 $\delta=\dfrac{1}{M}$ 即可. □

直线 $x=1$ 是双曲线 $y=\dfrac{1}{x-1}$ 的垂直渐近线.

一般地说，如果 $\lim\limits_{x\to x_0} f(x)=\infty$，则称直线 $x=x_0$ 是曲线 $y=f(x)$ 的**垂直渐近线**.

例 1-45 试证 $\{x_n\}=\left\{\dfrac{n^3+7n-2}{n^2+n}\right\}$ 在 $n\to\infty$ 时为正无穷大.

证明： 由于$n^2>n$，所以

$$\frac{n^3+7n-2}{n^2+n}>\frac{n^3}{2n^2}=\frac{n}{2}$$

可见$\forall M>0$，只要$\frac{n}{2}>M$，即$n>2M$，就有

$$\frac{n^3+7n-2}{n^2+n}>M$$

故可取$N=[2M]$，因此$\{x_n\}$是正无穷大. □

定理 1.27（无穷大与无穷小的关系）

（i）若$\lim f(x)=\infty$，则$\lim\frac{1}{f(x)}=0$；

（ii）若$\lim f(x)=0$，且$f(x)\neq 0$，则$\lim\frac{1}{f(x)}=\infty$，

即无穷大的倒数是无穷小；非零无穷小的倒数是无穷大.

***证明：** 仅对$x\to x_0$情形给出证明.

（i）$\forall\varepsilon>0$，由于$\lim\limits_{x\to x_0}f(x)=\infty$，所以，对$M=\frac{1}{\varepsilon}>0$，$\exists\delta>0$，使得当$0<|x-x_0|<\delta$时，恒有$|f(x)|>M$，又因为$f(x)\neq 0$，从而

$$\left|\frac{1}{f(x)}\right|<\varepsilon$$

故

$$\lim_{x\to x_0}\frac{1}{f(x)}=0$$

（ii）$\forall M>0$，由于$\lim\limits_{x\to x_0}f(x)=0$，所以，对$\varepsilon=\frac{1}{M}>0$，$\exists\delta>0$，使得当$0<|x-x_0|<\delta$时，恒有$|f(x)|<\varepsilon$，从而

$$\left|\frac{1}{f(x)}\right|>M$$

故

$$\lim_{x\to x_0}\frac{1}{f(x)}=\infty$$ □

容易证明：两个正（负）无穷大之和仍为正（负）无穷大；无穷大与有界变量的和、差仍为无穷大；有非零极限的变量与无穷大之积或无穷大与无穷大之积仍为无穷大；用非零值有界变量去除无穷大仍为无穷大.

例 1-46 确定实数a,b，使得当$x\to a$时，函数$f(x)=\frac{x-1}{\ln|x|}$是无穷小；当$x\to b$时，$f(x)$为无穷大.

解：当 $x \to a$ 时，$f(x)$ 是无穷小，有两种可能：其一，分子 $x-1$ 为无穷小；其二，分母 $\ln|x|$ 为无穷大.

当 $x-1$ 为无穷小，即 $x \to 1$ 时，有

$$\lim_{x\to 1} f(x) = \lim_{x\to 1}\frac{x-1}{\ln|x|} \overset{令 t=x-1}{=} \lim_{t\to 0}\frac{t}{\ln(1+t)} = 1$$

当 $\ln|x|$ 为无穷大，即 $x \to 0$ 时（因 a 为实数，$x \to \infty$ 情况应舍去），有

$$\lim_{x\to 0}\frac{x-1}{\ln|x|} = 0$$

故 $a=0$.

当 $x \to b$ 时，$f(x)$ 为无穷大，也有两种可能：其一，分子 $x-1$ 是无穷大，此时需 $x \to \infty$，因为 b 是实数，$b \neq \infty$；其二，分母是无穷小，即有 $\ln|x| \to 0$，此时需 $x \to -1$ 或 $x \to 1$. 而

$$\lim_{x\to -1}\frac{x-1}{\ln|x|} = \infty, \quad \lim_{x\to 1}\frac{x-1}{\ln|x|} = 1$$

故 $b=-1$.

习题 1.7

1. 当 $x \to 1$ 时，无穷小 $1-x$ 和（1）$1-\sqrt[3]{x}$；（2）$(1-\sqrt{x})$ 是否是同阶的？是否是等价的？

2. 当 $x \to 0$ 时，试确定下列各无穷小对 x 的阶数，并写出其幂函数形主部.

（1）$\sqrt[3]{x^2}-\sqrt{x}$；（2）$\sqrt{a+x^3}-\sqrt{a}$；

（3）$\ln(1+x)$；（4）$\tan x - \sin x$.

3. 用等价无穷小代换法求下列极限.

（1）$\lim\limits_{x\to 0}\dfrac{1-\cos mx}{x^2}$；（2）$\lim\limits_{x\to 0}\dfrac{\ln(1+x)}{\sqrt{1+x}-1}$；

（3）$\lim\limits_{x\to 0}\dfrac{\arctan 2x}{\arcsin 3x}$；（4）$\lim\limits_{x\to 0^+}\dfrac{\sin x^3 \tan x(1-\cos x)}{\sqrt{x+\sqrt[3]{x}}\left(\sqrt[6]{x^5}\sin^5 x\right)}$.

4. 若 $\alpha \sim \hat{\alpha}$，$\beta \sim \hat{\beta}$，试证：

（1）$\lim \alpha f(x) = \lim \hat{\alpha} f(x)$；（2）$\lim(1+\alpha)^{\frac{1}{\beta}} = \lim(1+\hat{\alpha})^{\frac{1}{\hat{\beta}}}$.

5. 已知 $\lim\limits_{x\to\infty}\left[\dfrac{x^2+1}{x+1}-(ax+b)\right]=0$，求常数 a,b.

1.8 函数的连续性

1.8.1 连续与间断

自然界中许多事物的变化是连续的，如气温变化很小时，单摆摆长变化很小时，时间变化很小时，生物生长变化很少时，研究函数时必须注意到这种现象.

设函数 $y=f(x)$ 在 x_0 的某邻域内有定义，当自变量从 x_0 变到 x 时，函数随着从 $f(x_0)$ 变到

$f(x)$. 称差 $\Delta x = x - x_0$ 为自变量在 x_0 处的增量，称差

$$\Delta y = f(x) - f(x_0) = f(x_0 + \Delta x) - f(x_0) \tag{1.8}$$

为函数（对应）的增量. 显然当 x_0 固定时，函数增量是自变量增量的函数. 自变量增量与函数增量的几何意义如图 1.23 所示.

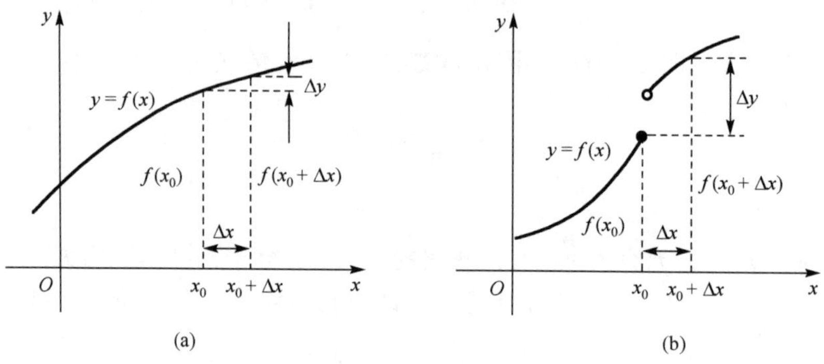

图 1.23

定义 1.12 设 $y = f(x)$ 在 x_0 的某去心邻域内有定义，如果 $f(x)$ 在 x_0 处也有定义，且

$$\lim_{\Delta x \to 0} \Delta y = 0 \tag{1.9}$$

则称函数 $y = f(x)$ 在 x_0 处**连续**，并称 x_0 是 $f(x)$ 的**连续点**；否则，称 x_0 是函数 $f(x)$ 的**间断点**.

图 1.23（a）中，x_0 点是连续点；图 1.23（b）中，x_0 点是间断点；函数的连续反映一种连绵不断的变化状态：自变量的微小变动只能引起函数值的微小变动.

式（1.9）等价于

$$\lim_{x \to x_0} f(x) = f(x_0) \tag{1.10}$$

即 $\forall \varepsilon > 0$, $\exists \delta > 0$，使得当 $|x - x_0| < \delta$ 时，恒有

$$|f(x) - f(x_0)| < \varepsilon \tag{1.11}$$

式（1.10）、式（1.11）也是函数 $f(x)$ 在 x_0 处连续的定义. 由此可见，若 $f(x)$ 在 x_0 处连续，则 $x \to x_0$ 时有极限，且极限等于 $f(x_0)$. 但有极限不能保证连续，即有如下关系：

$$\boxed{\text{连续}} \ \underset{\not\Leftarrow}{\Rightarrow} \ \boxed{\text{有极限}}$$

例如，$y = \dfrac{x^2 - 1}{x - 1}$，当 $x \to 1$ 时有极限为 2，但它在 $x = 1$ 处不连续，因为当 $x = 1$ 时函数无定义.

式（1.10）又等价于

$$f(x_0^-) = f(x_0^+) = f(x_0) \tag{1.12}$$

如果 $f(x_0^-) = f(x_0)$，则称 $f(x)$ 在 x_0 处**左连续**；如果 $f(x_0^+) = f(x_0)$，则称 $f(x)$ 在 x_0 处**右连续**. 图 1.23（b）中函数 $f(x)$ 在 x_0 处左连续，但非右连续. 显然，$f(x)$ 在 x_0 处连续的充要条件是它在 x_0 处左、右都连续.

如果 $f(x)$ 在区间 (a,b) 内每一点处都连续，则称 $f(x)$ 在开区间 (a,b) 内连续，记为

$f(x)\in C(a,b)$. 如果 $f(x)\in C(a,b)$，且 $f(a^+)=f(a),\ f(b^-)=f(b)$，则称 $f(x)$ 在闭区间 $[a,b]$ 上**连续**，记为 $f(x)\in C[a,b]$. 在定义域上连续的函数称为**连续函数**.

一个区间上连续函数的图形是一条连绵不断的曲线.

由前几节中的例题和习题知，$x^\mu,\ \sin x,\ \cos x,\ a^x,\ \log_a x$ 及多项式函数 $P(x)$ 和有理函数 $R(x)$ 都是连续函数.

例 1-47 已知函数

$$f(x)=\begin{cases}\dfrac{\sin x}{x}, & x<0\\ a, & x=0\\ x\sin\dfrac{1}{x}+b, & x>0\end{cases}$$

讨论：（1）$a,\ b$ 为何值时，$\lim\limits_{x\to 0}f(x)$ 存在；

（2）$a,\ b$ 为何值时，$f(x)$ 在 $x=0$ 处连续.

解：因为

$$f(0^-)=\lim_{x\to 0^-}\frac{\sin x}{x}=1,\quad f(0^+)=\lim_{x\to 0^+}\left(x\sin\frac{1}{x}+b\right)=b$$

所以

（1）要 $\lim\limits_{x\to 0}f(x)$ 存在，必须且只需 $f(0^-)=f(0^+)$，即 $b=1$（a 可任取）；

（2）要 $f(x)$ 在 $x=0$ 处连续，必须且只需 $f(0^-)=f(0^+)=f(0)$，即 $a=b=1$.

如果 x_0 是间断点，则式（1.12）受到破坏. 据此间断点又分为以下两类.

第一类 左、右极限 $f(x_0^-)$ 和 $f(x_0^+)$ 都存在的间断点 x_0 称为**第一类间断点**.

1° $f(x_0^-)\neq f(x_0^+)$，即左、右极限都存在但不相等. 不管在 x_0 处函数是否有定义，这种第一类间断点都称为**跳跃间断点**. $f(x_0^+)-f(x_0^-)$ 称为跃度. 这种量的突变往往伴随着质的变化.

例如，函数 $f(x)=\dfrac{2}{1+\mathrm{e}^{\frac{1}{x-1}}}$，因 $f(1^-)=2,\ f(1^+)=0$，所以 $x=1$ 是函数第一类间断点中的跳跃间断点（见图 1.24）.

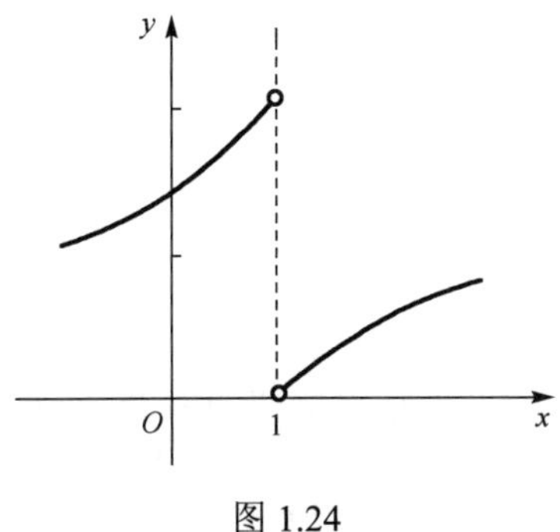

图 1.24

2° $f(x_0^-)=f(x_0^+)$，但不等于 $f(x_0)$ 或 $f(x_0)$ 不存在，即有极限而不连续. 这种第一类间断点称为**可去间断点**. 这个词的来源在于只要补充或修改函数在 x_0 处的定义，令

$f(x_0)=\lim\limits_{x\to x_0}f(x)$，就可以得到在 x_0 处连续的函数. 务必注意，“可去”二字只说明间断点的性质，不要把可去间断点误认为不是间断点.

例如，函数 $f(x)=\dfrac{\sin x}{x}$，在 $x=0$ 处无定义. 因为 $\lim\limits_{x\to0}\dfrac{\sin x}{x}=1$，所以 $x=0$ 是可去间断点. 只要补充定义 $f(0)=1$，函数就在 $x=0$ 处连续.

第二类 左、右极限至少有一个不存在的间断点称为**第二类间断点**.

例如，因为 $\lim\limits_{x\to\frac{\pi}{2}^-}\tan x=+\infty$，所以 $x=\dfrac{\pi}{2}$ 是 $\tan x$ 的第二类间断点. 因为当 $x\to\dfrac{\pi}{2}$ 时，曲线伸向无穷远，所以 $x=\dfrac{\pi}{2}$ 也称为**无穷间断点**.

又如，因为 $\lim\limits_{x\to0^+}\sin\dfrac{1}{x}$ 不存在，所以 $x=0$ 是 $\sin\dfrac{1}{x}$ 的第二类间断点. 在 $x=0$ 附近，函数 $f(x)=\sin\dfrac{1}{x}$ 的图形在 -1 与 1 之间反复振荡，所以 $x=0$ 也称为**振荡间断点**（见图 1.25）.

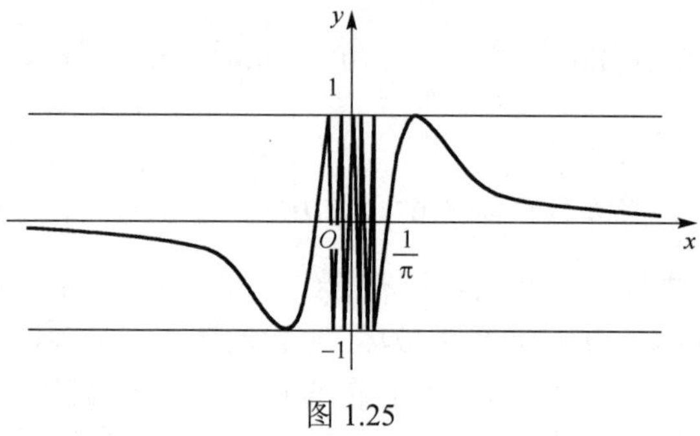

图 1.25

1.8.2　函数连续性的判定定理

判定函数连续性最基本的方法是用定义. 下面介绍几个常用的定理，以便从已知函数的连续性来推断它们构成函数的连续性.

定理 1.28 如果 $f(x)$ 和 $g(x)$ 都在 x_0 处连续，则

$$f(x)\pm g(x),\ f(x)g(x),\ \frac{f(x)}{g(x)}\ (g(x_0)\neq0)$$

在 x_0 处都连续.

定理 1.29 如果 $u=\varphi(x)$ 在 x_0 处连续，$u_0=\varphi(x_0)$，又 $y=f(u)$ 在 u_0 处连续，则复合函数 $y=f(\varphi(x))$ 在 x_0 处也连续.

根据函数连续的式（1.10）及极限的运算法则，定理 1.28 与定理 1.29 显然是成立的.

定理 1.30 单调的连续函数的反函数是单调的连续函数.

证明略.

例如，因为 $\sin x,\ \cos x\in C(-\infty,+\infty)$，所以

$$\tan x=\frac{\sin x}{\cos x},\ \cot x=\frac{\cos x}{\sin x},\ \sec x=\frac{1}{\cos x},\ \csc x=\frac{1}{\sin x}$$

在分母不为零的点处都是连续的，即在它们的定义域上连续.

因函数 $\frac{1}{x}$ 在 $x \neq 0$ 处均连续，所以复合函数 $y = \sin\frac{1}{x}$ 在 $x \neq 0$ 处均连续.

定理 1.31 初等函数在其有定义的“区间内”处处连续.

这是定理 1.28、定理 1.29 和基本初等函数是定义域上连续函数的直接推论. 要注意的是，定理 1.31 不是说初等函数在定义域上处处连续，而是说“若初等函数在 x_0 的某邻域上有定义，则它在 x_0 处就连续”. 例如，函数

$$y = \sqrt{x\sin^2\frac{1}{x}}$$

的定义域是 $\{x \mid x > 0$ 及 $x = -\frac{1}{k\pi}$，$k = 1,2,\cdots\}$，但它只在 $x > 0$ 上连续，在 $x = -\frac{1}{k\pi}$ 这些点上不能考虑函数的连续性，因为孤立的定义点上无法讨论极限（参见函数连续与间断的定义）.

初等函数无定义的孤立点是间断点；分段函数的分段点可能是间断点，也可能是连续点，需要判定. 例如：

函数 $y = \ln\sin^2 x$ 无定义的点是 $x = k\pi$（$k = 0,\pm 1,\cdots$），它们都是孤立的，因此都是间断点；

函数 $y = \dfrac{e^{\frac{1}{x+2}}}{\frac{1}{x-1} - \frac{2}{x}}$ 无定义的点是 $-2,0,1,2$，它们都是孤立的，因此都是间断点；

符号函数 $y = \operatorname{sgn} x$ 是分段函数，它的分段点 $x = 0$ 是间断点.

而分段函数

$$f(x) = \begin{cases} \dfrac{\sin x}{x}, & x \neq 0 \\ 1, & x = 0 \end{cases}$$

的分段点 $x = 0$ 是连续点.

此外，狄利克雷函数 $y = D(x)$ 处处有定义，但处处是第二类间断点；函数 $y = xD(x)$ 处处有定义，仅在 $x = 0$ 处连续.

1.8.3 连续在极限运算中的应用

定理 1.32 设 $f(u)$ 在 u_0 处连续，又 $\lim\varphi(x) = u_0$，则

$$\lim f(\varphi(x)) = f(\lim\varphi(x)) = f(u_0)$$

这是定理 1.17 的推广，说明极限运算可取到连续函数内. 下面几个极限也是很重要的.

例 1-48 试证 $\lim\limits_{x\to 0}\frac{\log_a(1+x)}{x} = \frac{1}{\ln a}$.

证明：

$$\lim_{x\to 0}\frac{\log_a(1+x)}{x} = \lim_{x\to 0}\log_a(1+x)^{\frac{1}{x}} = \log_a\left[\lim_{x\to 0}(1+x)^{\frac{1}{x}}\right] = \log_a e = \frac{1}{\ln a} \qquad \square$$

特别有

$$\lim_{x\to 0}\frac{\ln(1+x)}{x}=1$$

即当 $x\to 0$ 时，$\ln(1+x)\sim x$.

例 1-49 试证 $\lim\limits_{x\to 0}\dfrac{a^x-1}{x}=\ln a$，$a>0$.

证明： 作变换，令 $a^x-1=t$，则 $a^x=1+t$，$x=\log_a(1+t)$，且 $x\to 0$ 等价于 $t\to 0$，于是由例 1-48 有

$$\lim_{x\to 0}\frac{a^x-1}{x}=\lim_{t\to 0}\frac{t}{\log_a(1+t)}=\ln a \quad \square$$

特别有

$$\lim_{x\to 0}\frac{e^x-1}{x}=1$$

即当 $x\to 0$ 时，$(e^x-1)\sim x$.

例 1-50 试证 $\lim\limits_{x\to 0}\dfrac{(1+x)^\mu-1}{x}=\mu$，$\mu$ 为实数.

证明： 令 $(1+x)^\mu-1=y$，则 $(1+x)^\mu=1+y$，有

$$\mu\ln(1+x)=\ln(1+y)$$

所以

$$\frac{(1+x)^\mu-1}{x}=\frac{y}{x}=\frac{y}{\ln(1+y)}\cdot\frac{\mu\ln(1+x)}{x}$$

因 $x\to 0$ 等价于 $y\to 0$，于是由例 1-48 有

$$\lim_{x\to 0}\frac{(1+x)^\mu-1}{x}=\lim_{y\to 0}\frac{y}{\ln(1+y)}\cdot\lim_{x\to 0}\frac{\mu\ln(1+x)}{x}=\mu \quad \square$$

这个结果说明当 $x\to 0$ 时，有 $[(1+x)^\mu-1]\sim \mu x$.

1.8.4 闭区间上连续函数的性质

闭区间上的连续函数有几个重要性质，它们是研究许多问题的基础.

定理 1.33（有界性） 闭区间上连续函数必有界.

证明： 用反证法. 设 $f(x)$ 在 $[a,b]$ 上连续但无界，则对任何正整数 n，都有点 $x_n\in[a,b]$，使得 $|f(x_n)|>n$，从而 $\lim\limits_{n\to\infty}f(x_n)=\infty$. 于是，从有界数列 $\{x_n\}$ 中抽取一个收敛的子数列 $x_{n_k}\to x_0$（$k\to\infty$），此处 $x_0\in[a,b]$，亦有 $\lim\limits_{k\to\infty}f(x_{n_k})=\infty$.

又由于 $f(x)\in C[a,b]$，所以 $\lim\limits_{x\to x_0}f(x)=f(x_0)$，而 $x_{n_k}\to x_0$（$k\to\infty$），故有 $\lim\limits_{k\to\infty}f(x_{n_k})=f(x_0)$.

这个矛盾的结论，说明反证的假设是错误的. $\square$

定义 1.13 如果在区间 I 上存在点 ξ，使得当 $x\in I$ 时，恒有

$$f(\xi)\leqslant f(x)\quad (f(x)\leqslant f(\xi))$$

则称 $f(\xi)$ 为 $f(x)$ 在 I 上的**最小（大）值**，记为

$$f(\xi)=\min_{x\in I} f(x)\quad (f(\xi)=\max_{x\in I} f(x))$$

定理 1.34（最大最小值存在定理） 闭区间上连续函数必有最小值和最大值.

证明： 设 $f(x)\in C[a,b]$，则 $f(x)$ 在 $[a,b]$ 上有界，因此有上确界和下确界. 下面仅证 $f(x)$ 有最大值，即证 $f(x)$ 可以达到上确界 β. 事实上，由上确界性质，对每个 $\varepsilon=\dfrac{1}{n}$（$n=1,2,\cdots$），都有 $x_n\in[a,b]$，使

$$\beta-\frac{1}{n}<f(x_n)\leqslant\beta,\quad n=1,2,\cdots$$

故

$$\lim_{n\to\infty} f(x_n)=\beta$$

从有界数列 $\{x_n\}$ 中抽取一个收敛的子数列 $\{x_{n_k}\}$，设 $x_{n_k}\to x_0\in[a,b]$，亦有

$$\lim_{k\to\infty} f(x_{n_k})=\beta$$

而由 $f(x)$ 在 x_0 处连续，$\lim\limits_{x\to x_0} f(x)=f(x_0)$，特别有

$$\lim_{k\to\infty} f(x_{n_k})=f(x_0)$$

根据极限的唯一性知 $f(x_0)=\beta$，即在 $x_0\in[a,b]$ 处达到了最大值.

类似地可以证明 $f(x)$ 有最小值. □

开区间上的连续函数或闭区间内有间断点的函数都不一定有界，且不一定有最大值和最小值. 例如，$x^2\in C(-1,1)$，在 $(-1,1)$ 内 x^2 虽然有界，但无最大值. 函数 $\tan x$ 在闭区间 $[0,\pi]$ 上无界，也无最大值和最小值，因为 $x=\dfrac{\pi}{2}$ 是它的第二类间断点.

定理 1.35（零点存在定理） 设函数 $f(x)$ 在闭区间 $[a,b]$ 上连续，且 $f(a)f(b)<0$，则至少存在一点 $\xi\in(a,b)$，使得

$$f(\xi)=0$$

证明： 不妨设 $f(a)>0$，而 $f(b)<0$. 用中点 $\dfrac{a+b}{2}$ 将区间 $[a,b]$ 分成两个区间，若 $f\left(\dfrac{a+b}{2}\right)=0$，则结论得证. 若 $f\left(\dfrac{a+b}{2}\right)\neq 0$，则必有一个区间使得函数在两个端点处异号，记此区间为 $[a_1,b_1]$，且 $f(a_1)>0$，$f(b_1)<0$. 再把区间 $[a_1,b_1]$ 等分成两个区间，重复刚才的过程，得到区间 $[a_2,b_2]$，且 $f(a_2)>0$，$f(b_2)<0$. 继续做下去，经过有限次细分区间后将会出现函数在某一分点处值为零，此时定理得证，或者得到一个无穷的闭区间列

$$[a,b],\ [a_1,b_1],\ [a_2,b_2],\ \cdots,\ [a_n,b_n],\ \cdots$$

它们组成区间套，并且函数在每个区间左端点处的值大于零，而在右端点处的值小于零. 根据区间套定理，必有一点 ξ 属于所有的区间，使得

$$\lim_{n\to\infty} a_n=\lim_{n\to\infty} b_n=\xi$$

下面证明 $f(\xi)=0$. 事实上，对不等式 $f(a_n)>0$，$f(b_n)<0$ 取极限，利用函数在 ξ 点的连续

性与极限的保号性，得

$$f(\xi)=\lim_{n\to\infty}f(a_n)\geqslant 0$$
$$f(\xi)=\lim_{n\to\infty}f(b_n)\leqslant 0$$

故 $f(\xi)=0$．□

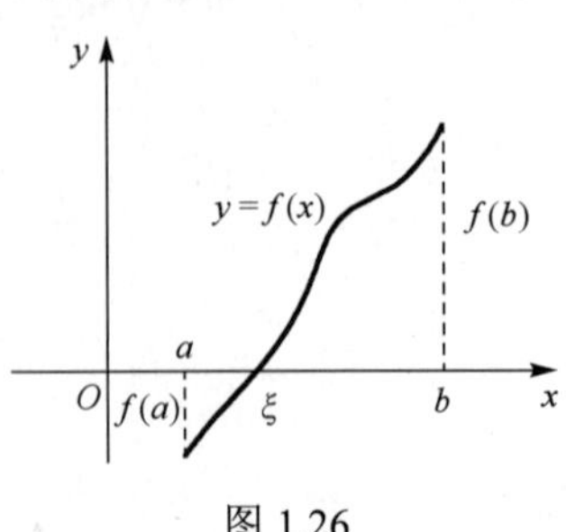

图 1.26

直观上，曲线上的动点从直线 $y=0$ 的一侧连续运动到另一侧，至少要通过直线 $y=0$ 一次，交点的横坐标就是 ξ，$f(\xi)=0$，如图 1.26 所示.

这个定理常常用来确定方程

$$f(x)=0$$

解的存在性及存在范围. 例如，方程

$$x^5+x-1=0$$

设 $P(x)=x^5+x-1$，由于 $P(x)\in C[0,1]$，$P(0)=-1$，$P(1)=1$，所以在区间 $(0,1)$ 内方程有解. 又 $P\left(\dfrac{1}{2}\right)=-0.468\,75$，所以在区间 $\left(\dfrac{1}{2},1\right)$ 内有解. 又 $P\left(\dfrac{3}{4}\right)=-0.012\,7$，所以在区间 $\left(\dfrac{3}{4},1\right)$ 内有解. 这样算下去，直至区间的长度在精度要求范围内，取其中点作为方程的近似解，误差不超过区间长度的一半. 这样每次将区间缩小一半寻找方程近似解的方法称为二分法，是求方程解近似值的常用方法.

定理 1.36（介值定理） 闭区间上连续函数一定能取得介于最小值和最大值之间的任何值. 即如果 $f(x)\in C[a,b]$，数值 μ 满足

$$\min_{x\in[a,b]}f(x)<\mu<\max_{x\in[a,b]}f(x)$$

则至少有一点 $\xi\in(a,b)$，使得 $f(\xi)=\mu$.

这是定理 1.35 的推论. 介值定理实质上是指连续函数能取尽任何两个函数值之间的一切数值，这是连续的本性.

例 1-51 设 $f(x)\in C[a,b]$，A，B 为任意两个正数，试证对任意二点 $x_1,x_2\in[a,b]$，至少存在一点 $\xi\in[a,b]$，使得

$$Af(x_1)+Bf(x_2)=(A+B)f(\xi)$$

证明： 因为 $f(x)\in C[a,b]$，所以在 $[a,b]$ 上 $f(x)$ 有最大值 M 和最小值 m，因此有

$$m\leqslant f(x_1)\leqslant M，\quad m\leqslant f(x_2)\leqslant M$$

因 $A,B>0$，故

$$Am\leqslant Af(x_1)\leqslant AM，\quad Bm\leqslant Bf(x_2)\leqslant BM$$

两式相加得

$$(A+B)m\leqslant Af(x_1)+Bf(x_2)\leqslant(A+B)M$$

因此

$$m\leqslant\frac{Af(x_1)+Bf(x_2)}{A+B}\leqslant M$$

再由介值定理知，至少存在一点 $\xi \in [a,b]$，使得

$$f(\xi)=\frac{Af(x_1)+Bf(x_2)}{A+B}$$

故

$$Af(x_1)+Bf_2(x_2)=(A+B)f(\xi) \quad \square$$

例 1-52 设函数 $f(x)$ 在 $[0,1]$ 上连续，并且此函数在 $[0,1]$ 区间上的最小值是 0，最大值是 1，试证方程 $f(x)=x$ 在 $[0,1]$ 上必有根.

证明： 若 $f(0)=0$，则 0 就是方程 $f(x)=x$ 的根. 若 $f(1)=1$，则 1 就是方程 $f(x)=x$ 的根.

若 $f(0)\neq 0$ 且 $f(1)\neq 1$. 设 $F(x)=f(x)-x$，有 $F(0)=f(0)>0$，$F(1)=f(1)-1<0$，从而 $F(x)=0$ 在 $(0,1)$ 内有根，即 $f(x)=x$ 有根. $\square$

例 1-53 若 $f(x)$ 对一切正实数 x_1,x_2 满足 $f(x_1\cdot x_2)=f(x_1)+f(x_2)$，试证在区间 $(0,+\infty)$ 内，$f(x)$ 只要在一点连续就处处连续.

证明： 令 $x_1=x_2=1$，则有 $f(1)=f(1)+f(1)$，故 $f(1)=0$.

设 $x_0\in(0,+\infty)$，$f(x)$ 在 x_0 处连续，则由于

$$\lim_{x\to 1}f(x)=\lim_{h\to 0}f(1+h)=\lim_{h\to 0}[f(x_0)+f(1+h)-f(x_0)]=\lim_{h\to 0}[f(x_0+x_0h)-f(x_0)]=0$$

所以 $f(x)$ 在 $x=1$ 处连续. $\forall x\in(0,+\infty)$，由于

$$\lim_{\Delta x\to 0}[f(x+\Delta x)-f(x)]=\lim_{\Delta x\to 0}\left[f(x)+f\left(1+\frac{\Delta x}{x}\right)-f(x)\right]=\lim_{\Delta x\to 0}f\left(1+\frac{\Delta x}{x}\right)=0$$

所以 $f(x)$ 在 $(0,+\infty)$ 内处处连续. $\square$

1.8.5 一致连续性

若函数 $f(x)$ 在区间 I 上连续，则 $f(x)$ 在区间上每一点都连续，即对区间 I 上任意点 x_0 及任意的 $\varepsilon>0$，都可以找到 $\eta>0$，对区间上任何点 x，当 $|x-x_0|<\eta$ 时，有 $|f(x)-f(x_0)|<\varepsilon$.

如图 1.27 所示，曲线 $y=\dfrac{1}{x}$，对同一个 ε，当 x_0 不同时，η 对应也不同. 靠近原点时，η 取的小一些；远离原点时，η 取的大一些. 要想找到一个所有点都适用的 η，需要引入一个新的概念.

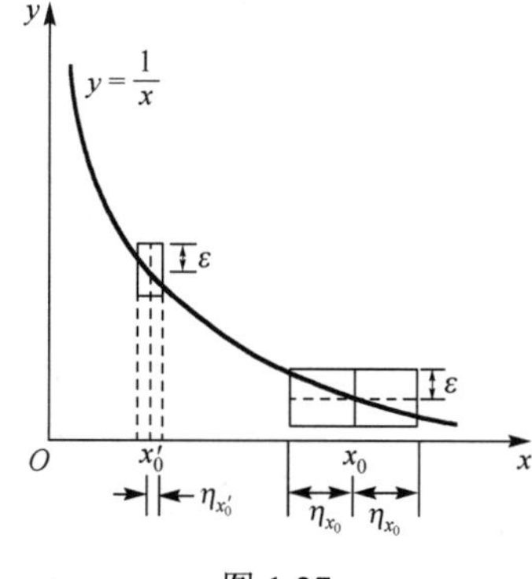

图 1.27

定义 1.14 设函数 $f(x)$ 在区间 I 内满足对任意的 $\varepsilon>0$，都可以找到只与 ε 有关而与 I 内点 x 无关的 $\eta>0$，使得对 I 内任意两点 x_1,x_2，当 $|x_1-x_2|<\eta$ 时，有

$$|f(x_1)-f(x_2)|<\varepsilon$$

则称 $f(x)$ 在 I 内**一致连续**.

事实上，一致连续要考虑函数 $f(x)$ 在整个区间的情形，在整个区间内找适合的 η，这种性质称为整体性质. 而连续性则是局部性质，只需找到适合某个点的 η 即可.

例 1-54 证明函数 $f(x)=\frac{1}{x}$ 在$[c,1]$（$0<c<1$）上一致连续，而在$(0,1)$内非一致连续.

证明： 任取$[c,1]$上两点 x_1,x_2，有 $\frac{1}{x_1}\leqslant\frac{1}{c}$，$\frac{1}{x_2}\leqslant\frac{1}{c}$，故

$$\left|\frac{1}{x_1}-\frac{1}{x_2}\right|=\frac{|x_1-x_2|}{|x_1|\cdot|x_2|}\leqslant\frac{1}{c^2}|x_1-x_2|$$

要使 $\frac{1}{c^2}|x_1-x_2|<\varepsilon$，只要取 $\delta=c^2\varepsilon$.故对任给的正数 ε，都存在 $\delta=c^2\varepsilon$，则当 $|x_1-x_2|<\delta$ 时，就有

$$\left|\frac{1}{x_1}-\frac{1}{x_2}\right|<\varepsilon$$

故函数 $f(x)=\frac{1}{x}$ 在$[c,1]$（$0<c<1$）上一致连续.

下面证明 $f(x)=\frac{1}{x}$ 在$(0,1)$内非一致连续. 取 $\varepsilon_0=\frac{1}{2}$，对任给的正数 δ，在$(0,1)$内总存在两点 $x_1=\frac{1}{n+1}$，$x_2=\frac{1}{n}$，只要取 $n>\frac{1}{\sqrt{\delta}}$，就有

$$|x_1-x_2|=\frac{1}{n(n+1)}<\frac{1}{n^2}<\delta$$

但有

$$\left|f\left(\frac{1}{n+1}\right)-f\left(\frac{1}{n}\right)\right|=n+1-n=1>\frac{1}{2}=\varepsilon_0$$

故函数 $f(x)=\frac{1}{x}$ 在$(0,1)$内非一致连续. □

例 1-55 证明函数 $f(x)=\sin\frac{1}{x}$ 在$(c,1)$（$0<c<1$）内一致连续，而在$(0,1)$内非一致连续.

证明： 任取$(c,1)$内两点 x_1,x_2，有

$$\left|\sin\frac{1}{x_1}-\sin\frac{1}{x_2}\right|\leqslant2\left|\sin\frac{x_1-x_2}{2x_1x_2}\right|\cdot\left|\cos\frac{x_1+x_2}{2x_1x_2}\right|\leqslant\frac{|x_1-x_2|}{x_1x_2}\leqslant\frac{1}{c^2}|x_1-x_2|$$

要使 $\frac{1}{c^2}|x_1-x_2|<\varepsilon$，只要取 $\delta=c^2\varepsilon$.

重复上题步骤，可得函数 $f(x)=\sin\frac{1}{x}$ 在$(c,1)$（$0<c<1$）内一致连续.

下面证明 $f(x)=\sin\frac{1}{x}$ 在$(0,1)$内非一致连续. 取 $\varepsilon_0=\frac{1}{2}$，对任给的正数 δ，在$(0,1)$内总存在两点 $x_1=\frac{1}{2n\pi+\frac{\pi}{2}}$，$x_2=\frac{1}{2n\pi-\frac{\pi}{2}}$（$n$为正整数），只要取 $n>\frac{1}{\pi\sqrt{3\delta}}$，就有

$$|x_1 - x_2| = \frac{\pi}{4n^2\pi^2 - \frac{\pi^2}{4}} < \frac{1}{3n^2\pi} < \delta$$

但有

$$|f(x_1) - f(x_2)| = 2 > \frac{1}{2} = \varepsilon_0$$

故函数 $f(x) = \sin\frac{1}{x}$ 在(0,1)内非一致连续. □

从以上定义和例题可以看出，在某个区间内一致连续的函数显然在这个区间内连续. 但反过来，在一个开区间内连续的函数可能在这个开区间内非一致连续；对闭区间，有下面的结论.

定理 1.37（康托尔定理） 设函数 $f(x)$ 在闭区间 $[a,b]$ 上连续，则函数 $f(x)$ 在闭区间 $[a,b]$ 上一致连续.

证明：用反证法.假定函数 $f(x)$ 在 $[a,b]$ 上连续而非一致连续，则存在某个正数 ε_0，对任给的正数 δ，在 $[a,b]$ 上总存在两点 $\bar{x},\tilde{x}$，满足 $|\bar{x}-\tilde{x}|<\delta$，$|f(\bar{x})-f(\tilde{x})|\geqslant\varepsilon_0$. 现取 $\delta=\frac{1}{n}$（$n=1,2,\cdots$），存在 $a\leqslant\bar{x}_n\leqslant b$，$a\leqslant\tilde{x}_n\leqslant b$，

$$|\bar{x}_n-\tilde{x}_n|<\frac{1}{n}\ (n=1,2,\cdots),\ |f(\bar{x}_n)-f(\tilde{x}_n)|\geqslant\varepsilon_0\ (n=1,2,\cdots)$$

因此得到两个有界数列 $\{\bar{x}_n\}$ 和 $\{\tilde{x}_n\}$，根据致密性定理，有界数列 $\{\bar{x}_n\}$ 存在收敛子列 $\{\bar{x}_{n_k}\}$. 记 $\lim\limits_{k\to\infty}\bar{x}_{n_k}=A$，对充分大的 n_k，有

$$|\bar{x}_{n_k}-\tilde{x}_{n_k}|<\frac{1}{n_k}\to 0(k\to\infty)$$

故

$$\lim_{k\to\infty}\bar{x}_{n_k}=\lim_{k\to\infty}\tilde{x}_{n_k}=A$$

由函数 $f(x)$ 的连续性知，$\lim\limits_{k\to\infty}|f(\bar{x}_{n_k})-f(\tilde{x}_{n_k})|=0$ 与 $\lim\limits_{k\to\infty}|f(\bar{x}_{n_k})-f(\tilde{x}_{n_k})|\geqslant\varepsilon_0>0$ 矛盾.从而定理得证. □

推论 设函数 $f(x)$ 在开区间 (a,b) 内连续，且 $f(a^+),f(b^-)$ 都存在，则函数 $f(x)$ 在 (a,b) 内一致连续.

习题 1.8

1．求下列函数的连续区间、间断点及其类型，若有可去间断点，应如何补充或修改这一点处函数的定义使它连续.

（1）$f(x)=(1+x)^{\frac{1}{x}}$，$x>-1$；

（2）$f(x)=\frac{x}{\sin x}$；

（3）$f(x)=\frac{x^2-x}{|x|(x^2-1)}$；

（4）$f(x)=\begin{cases}\frac{\sin x}{x}, & x<0\\ x^2-1, & x\geqslant 0\end{cases}$；

（5）$f(x)=\dfrac{1+e^{\frac{1}{x}}}{2-3e^{\frac{1}{x}}}$.

2．对函数 $f(x)=\arctan\dfrac{1}{x}$，能否在 $x=0$ 处补充定义函数值，使函数连续？为什么？

3．设

$$f(x)=\begin{cases}1+x^2, & x<0\\ a, & x=0\\ \dfrac{\sin bx}{x}, & x>0\end{cases}$$

试问：（1）a,b 为何值时，$\lim\limits_{x\to 0}f(x)$ 存在；（2）a,b 为何值时，$f(x)$ 在 $x=0$ 处连续.

4．求下列极限.

（1）$\lim\limits_{x\to 0}\dfrac{\ln(x+a)-\ln a}{x}$；

（2）$\lim\limits_{x\to 0}\dfrac{\sqrt{1-x\sin x}-1}{e^{x^2}-1}$；

（3）$\lim\limits_{x\to 0}\dfrac{\sqrt[m]{1+\alpha x}\cdot\sqrt[n]{1+\beta x}-1}{x}$；

（4）$\lim\limits_{x\to 0}\left(\dfrac{a^x+b^x+c^x}{3}\right)^{\frac{1}{x}}$，$a,b,c>0$.

5．若函数 $f(x),g(x)$ 在 $x=x_0$ 处都不连续，问 $f(x)+g(x)$, $f(x)\cdot g(x)$ 是否在 $x=x_0$ 处也不连续.

6．若 $f(x)$ 连续，$|f(x)|$, $f^2(x)$ 是否也连续？又若 $|f(x)|$, $f^2(x)$ 连续，$f(x)$ 是否也连续?

7．试证任何三次多项式至少有一个零点.

8．证明方程 $x2^x=1$ 至少有一个小于1的正根.

9．试证方程 $x=a\sin x+b$（$a>0$，$b>0$）至少有一个正根，且它不超过 $a+b$.

10．若 $f(x)$ 在 $[a,b]$ 上连续，$a<x_1<x_2<\cdots<x_n<b$，则在 $[x_1,x_n]$ 中必有 ξ，使

$$f(\xi)=\frac{f(x_1)+f(x_2)+\cdots+f(x_n)}{n}$$

11．证明：若 $f(x)$ 在 $(-\infty,+\infty)$ 内连续，且 $\lim\limits_{x\to\infty}f(x)$ 存在，则 $f(x)$ 必有界.

12．若 $f(x)\in C[0,2a]$，且 $f(0)=f(2a)$，试证在区间 $[0,a]$ 内至少存在一点 ξ，使 $f(\xi)=f(\xi+a)$.

13．设 $|f(x)|\leqslant|g(x)|$，$g(x)$ 在 $x=0$ 处连续，且 $g(0)=0$，试证 $f(x)$ 在 $x=0$ 处连续.

14．设 $f(x)\in C[a,b]$，对 (a,b) 内任意两点 $x_1,x_2(x_1\neq x_2)$，恒有 $f(x_1)\neq f(x_2)$，证明 $f(x)$ 在 $[a,b]$ 上单调.

15．证明：

（1）$f(x)=\begin{cases}-1, & x<0\\ 1, & x>0\end{cases}$ 是初等函数；

（2）符号函数 $\operatorname{sgn}x$ 不是初等函数.

16．设函数 $f(x)$ 在 $[a,b]$ 上单调递增，且其值域为 $[f(a),f(b)]$，证明 $f(x)$ 在 $[a,b]$ 上连续.

17．证明 $\sin x$ 在 $(-\infty,+\infty)$ 上一致连续.

18．证明函数 $\sqrt{x}$ 在 $[0,+\infty)$ 上是一致连续的.

19. 设函数 $f(x)$ 在 $[0,+\infty)$ 上连续，且 $\lim\limits_{x\to+\infty} f(x)$ 存在且有限. 试证 $f(x)$ 在 $[0,+\infty)$ 上一致连续.

20. 设 $f(x)$ 在 $[a,+\infty)$ 上连续，$g(x)$ 在 $[a,+\infty)$ 上一致连续，且 $\lim\limits_{x\to+\infty}(f(x)-g(x))=0$，证明 $f(x)$ 在 $[a,+\infty)$ 上一致连续.

21. 证明：函数 $\sin\dfrac{\pi}{x}$ 在 $(0,1)$ 内连续且有界，但非一致连续.

22. 证明：函数 $\sin x^2$ 在 $(-\infty,+\infty)$ 内连续且有界，但非一致连续. 用 $\varepsilon-\delta$ 语言叙述 $\sin x^2$ 在 $(-\infty,+\infty)$ 上不一致连续.

综合题

1. 求下列极限.

（1）$\lim\limits_{n\to\infty}\sin^2\left(\pi\sqrt{n^2+n}\right)$；

（2）$\lim\limits_{x\to\frac{\pi}{4}}\left[\tan 2x\tan\left(\dfrac{\pi}{4}-x\right)\right]$；

（3）$\lim\limits_{n\to\infty}\left(\dfrac{3}{2}\cdot\dfrac{5}{4}\cdot\dfrac{17}{16}\cdot\cdots\cdot\dfrac{2^{2^n}+1}{2^{2^n}}\right)$；

（4）$\lim\limits_{n\to\infty}\left(\dfrac{2^3-1}{2^3+1}\cdot\dfrac{3^3-1}{3^3+1}\cdot\cdots\cdot\dfrac{n^3-1}{n^3+1}\right)$；

（5）$\lim\limits_{n\to\infty}(1+2x+3x^2+\cdots+nx^{n-1})$，$|x|<1$；

（6）$\lim\limits_{n\to\infty} n(1-x^{\frac{1}{n}})$，$x>0$；

（7）$\lim\limits_{x\to+\infty}[(x+2)\ln(x+2)-2(x+1)\ln(x+1)+x\ln x]x$；

（8）$\lim\limits_{n\to\infty}(n!)^{\frac{1}{n^2}}$；

（9）$\lim\limits_{x\to 0}\left(\dfrac{3-\mathrm{e}^x}{2+x}\right)^{\frac{1}{\sin x}}$；

（10）$\lim\limits_{n\to\infty}\dfrac{\dfrac{1}{n}-\ln\left(\sin\dfrac{1}{n}+\mathrm{e}^{\frac{1}{n}}\right)}{\arcsin\dfrac{1}{n}}$.

2.（1）设 $f(x)$ 在 $x=0$ 附近连续，且 $\lim\limits_{x\to 0}\left[1+x+\dfrac{f(x)}{x}\right]^{\frac{1}{x}}=\mathrm{e}^3$，求 $\lim\limits_{x\to 0}\left[1+\dfrac{f(x)}{x}\right]^{\frac{1}{x}}$；

（2）设 $\lim\limits_{x\to 0}\dfrac{\ln[1+f(x)\cot x]}{2^x-1}=2$，求 $\lim\limits_{x\to 0}\dfrac{f(x)}{x^2}$.

3. 已知当 $x\to 0$ 时，$(1+ax^2)^{\frac{1}{3}}-1$ 与 $\cos x-1$ 是等价无穷小，求 a.

4. 已知当 $x\to 0$ 时，$(1-\cos x)\ln(1+x^2)=o(x\sin x^n)$，$x\sin x^n=o(\mathrm{e}^{x^2}-1)$，求正整数 n.

5.（1）若 $\lim\limits_{n\to\infty}a_n=a$，证明 $\lim\limits_{n\to\infty}\dfrac{a_1+a_2+\cdots+a_n}{n}=a$；

（2）若 $a_n>0$，且 $\lim\limits_{n\to\infty}\dfrac{a_{n+1}}{a_n}=l$，$l>0$，证明 $\lim\limits_{n\to\infty}\sqrt[n]{a_n}=l$.

6. 指出函数 $y=\left[1-\exp\left(\dfrac{x}{x-1}\right)\right]^{-1}$ 的间断点，并说明其类型.

7．设 $f(x)=\dfrac{\mathrm{e}^x-a}{x(x-1)}$，问 a 取何值时，$x=1$ 是可去间断点，此时 $x=0$ 是哪类间断点？

8．若 $\lim\limits_{n\to\infty}\dfrac{x_{n+1}}{x_n}=a$，$|a|<1$，证明 $\lim\limits_{n\to\infty}x_n=0$．并用此结果求下列极限.

（1）$\lim\limits_{n\to\infty}\dfrac{n^n}{3^n\cdot n!}$；　　（2）$\lim\limits_{n\to\infty}\dfrac{n^n}{2^n\cdot n!}$.

9．设 $f(x)$ 对任何实数 x_1,x_2 满足 $f(x_1+x_2)=f(x_1)+f(x_2)$，且 $f(x)$ 在 $x=a$ 处连续，证明 $f(x)$ 是连续函数.

10．若 $f(x)\in C(-\infty,+\infty)$，且 $f(f(x))=x$，证明：必有点 ξ，使 $f(\xi)=\xi$.

11．如果 $f(x)$ 在区间 $[a,b]$ 上处处有定义，且除有限个第一类间断点外处处连续，试证 $f(x)$ 在 $[a,b]$ 上有界.

12．单调有界函数的间断点是哪一类间断点，证明你的结论.

13．设函数 $f(x)\in C[0,1]$，且 $0\leqslant f(x)\leqslant x$．任取一点 $x_1\in(0,1)$，并令 $x_{n+1}=f(x_n)$（$n=1,2,\cdots$），证明：（1）$\lim\limits_{n\to\infty}x_n$ 存在；（2）设 $\lim\limits_{n\to\infty}x_n=a$，则 $f(a)=a$.

14．设点 P 为椭圆内任一点（不在边界线上），证明椭圆过 P 点的弦中至少有一条以 P 为中点.

15．设数列 $\{x_n\}$ 满足 $(2-x_n)\cdot x_{n+1}=1$，$n=1,2,\cdots$．证明：对任意的初值 x_1，$\{x_n\}$ 皆收敛，并求极限 $\lim\limits_{n\to\infty}x_n$.

16．设 $\{a_n\},\{b_n\}$ 均为正整数数列，且满足 $a_1=b_1=1$，$a_n+\sqrt{3}b_n=\left(a_{n-1}+\sqrt{3}b_{n-1}\right)^2$，证明数列 $\left\{\dfrac{a_n}{b_n}\right\}$ 极限存在，并求其极限值.

17．设 $0<x_1<1$，$x_{n+1}=x_n\cdot(1-x_n)$，$n=1,2,\cdots$．证明 $\lim\limits_{n\to\infty}nx_n=1$.

18．求 $\lim\limits_{x\to\infty}\dfrac{3x+\sqrt{\mathrm{e}^x}\sin x}{x^2(1+\mathrm{e}^x)}$.

19．设 $f(x)=\lim\limits_{n\to\infty}\dfrac{\ln(\mathrm{e}^n+x^n)}{n}$（$x>0$），讨论 $f(x)$ 在定义域内的连续性.

20．设 $\varphi\in C(-\infty,+\infty)$，且 $\lim\limits_{x\to\infty}\dfrac{\varphi(x)}{x^n}=0$．证明：

（1）若 n 为奇数，则存在 $\xi\in(-\infty,+\infty)$，使得 $\xi^n+\varphi(\xi)=0$；

（2）若 n 为偶数，则存在 $\eta\in(-\infty,+\infty)$，使得对任意的 $x\in(-\infty,+\infty)$，有 $\eta^n+\varphi(\eta)\leqslant x^n+\varphi(x)$.

21．设 $f(x),g(x)$ 在区间 $[a,b]$ 上连续，并有 $x_n\subset[a,b]$，使得 $f(x_{n+1})=g(x_n)$，$n=1,2,\cdots$．证明存在一点 x_0，使得 $f(x_0)=g(x_0)$.

22．函数 $f(x)$ 在 $[0,+\infty)$ 上有定义且一致连续．对任意的 $x\geqslant0$，$\lim\limits_{n\to\infty}f(x+n)=0$（$n$ 为自然数），证明 $\lim\limits_{x\to\infty}f(x)=0$.

第 2 章

导数与微分

在生产实践和科学研究中，仅仅了解变量之间的函数关系是远远不够的，常常需要考虑由自变量变化而引起的函数变化中的以下两个基本问题：

（1）函数随自变量的变化速度问题，即函数对自变量的变化率问题；

（2）自变量的微小变化导致函数变化多少的问题.

这就是本章所要讨论的两个中心内容：导数与微分. 它们反映了物质运动变化的瞬时形态和局部特征，是研究运动和变化过程必不可少的工具.

2.1 导数的概念

2.1.1 导数的引例

例 2-1 直线运动的速度问题. 质点作直线运动，已知路程 s 与时间 t 的函数关系 $s = s(t)$，试确定 t_0 时的速度 $v(t_0)$.

解： 从时刻 t_0 到 $t_0 + \Delta t$，质点走过的路程为

$$\Delta s = s(t_0 + \Delta t) - s(t_0)$$

这段时间内的平均速度为

$$\overline{v}(\Delta t) = \frac{\Delta s}{\Delta t}$$

若运动是匀速的，平均速度就等于质点在每个时刻的速度.

若运动是非匀速的，平均速度 $\overline{v}(\Delta t)$ 是这段时间内运动快慢的平均值，Δt 越小，它越近似地表示 t_0 时运动的快慢. 因此，人们把 t_0 时的速度 $v(t_0)$ 定义为

$$v(t_0) = \lim_{\Delta t \to 0} \frac{\Delta s}{\Delta t} = \lim_{\Delta t \to 0} \frac{s(t_0 + \Delta t) - s(t_0)}{\Delta t}$$

称之为 t_0 时的瞬时速度.

例 2-2 非均匀棒的线密度. 在物理上，称形状接近直线段的细长物体为棒. 设以棒的左端为起始点（即原点），从原点到点 x 之间的质量为 $m(x)$，试确定棒上点 x 处的密度（即线密度）$\rho(x)$.

解： 从 x 到 $x + \Delta x$ 这一小段棒的质量为

$$\Delta m = m(x + \Delta x) - m(x)$$

可见在这一小段棒的平均线密度是

$$\bar{\rho}=\frac{\Delta m}{\Delta x}=\frac{m(x+\Delta x)-m(x)}{\Delta x}$$

令 $\Delta x \to 0$，若上述比值的极限存在且有限，即可定义点 x 处的线密度$\rho(x)$，即

$$\rho(x)=\lim_{\Delta x\to 0}\frac{m(x+\Delta x)-m(x)}{\Delta x}$$

例 2-3 平面曲线的切线斜率. 设有一平面曲线 c，其方程为 $y=f(x)$，试确定曲线 c 在点 $M_0(x_0,f(x_0))$ 处切线的斜率.

解： 什么是曲线 c 在点 M_0 处的切线呢？在曲线 c 上任取一个异于 M_0 的点 $M(x_0+\Delta x,\ y_0+\Delta y)$，过 M_0, M 的直线称为曲线 c 的割线. 当点 M 沿曲线 c 趋于点 M_0 时，若割线 M_0M 有极限位置 M_0T，则称直线 M_0T 为曲线 c 在点 M_0 处的切线（见图 2.1）.

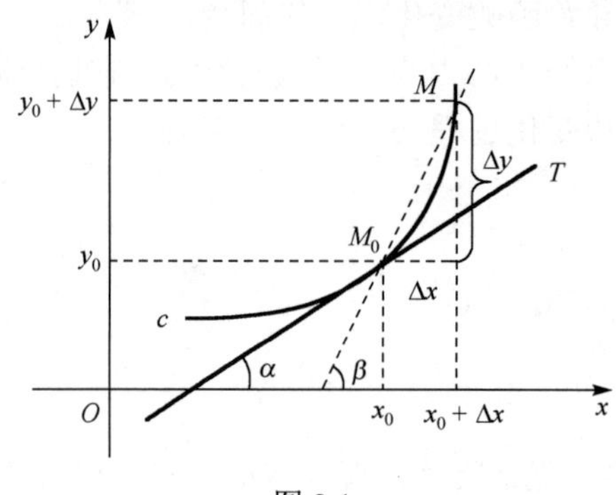

图 2.1

割线 M_0M 的斜率为

$$\tan\beta=\frac{\Delta y}{\Delta x}=\frac{f(x_0+\Delta x)-f(x_0)}{\Delta x}$$

其中，β 为割线 M_0M 的倾仰角.

当点 M 沿曲线 c 趋向 M_0，即 $\Delta x\to 0$ 时，$\beta\to\alpha$，于是切线 M_0T 的斜率 k 为

$$k=\tan\alpha=\lim_{\Delta x\to 0}\frac{\Delta y}{\Delta x}=\lim_{\Delta x\to 0}\frac{f(x_0+\Delta x)-f(x_0)}{\Delta x}$$

例 2-4 电流问题. 已知通过导体横截面的电荷量 Q 与时间 t 的关系 $Q=Q(t)$，试确定电流 $I(t_0)$.

解： 从 t_0 到 $t_0+\Delta t$，流过截面的电荷量为

$$\Delta Q=Q(t_0+\Delta t)-Q(t_0)$$

平均电流为

$$\bar{I}(\Delta t)=\frac{\Delta Q}{\Delta t}$$

对恒定电流（如直流电），$\bar{I}(\Delta t)$ 就是各个时刻的电流.

对非恒定电流（如交流电），Δt 很小时，$\bar{I}(\Delta t)$ 近似地表达了 t_0 时电流的强弱，Δt 越小，近似程度越高，所以把 t_0 时的电流 $I(t_0)$ 定义为

$$I(t_0)=\lim_{\Delta t\to 0}\frac{\Delta Q}{\Delta t}=\lim_{\Delta t\to 0}\frac{Q(t_0+\Delta t)-Q(t_0)}{\Delta t}$$

它是电荷量对时间的变化率.

上面几个实例，其实际意义各不相同，它们分别属于物理学、几何学、电学中的问题，但在数量关系上有如下共性.

（1）在问题提法上，都是已知一个函数 $y=f(x)$，求 y 关于 x 在 x_0 处的变化率.

（2）在计算方法上，

1° 当 y 随 x 均匀变化时，用除法；

2° 当变化非均匀时，需作平均变化率的极限运算

$$\lim_{\Delta x\to 0}\frac{\Delta y}{\Delta x}=\lim_{\Delta x\to 0}\frac{f(x_0+\Delta x)-f(x_0)}{\Delta x} \tag{2.1}$$

在现实生活中，凡涉及变化率的问题，其精确描述和计算都离不开式（2.1）所规定的这一运算.

2.1.2 导数的定义

定义 2.1 设函数 $y=f(x)$ 在 x_0 的某邻域内有定义，当自变量从 x_0 变到 $x_0+\Delta x$ 时，函数 $y=f(x)$ 的增量

$$\Delta y=f(x_0+\Delta x)-f(x_0)$$

与自变量的增量 Δx 之比

$$\frac{\Delta y}{\Delta x}=\frac{f(x_0+\Delta x)-f(x_0)}{\Delta x}$$

称为 $f(x)$ 的**平均变化率**. 如果 $\Delta x\to 0$ 时，平均变化率的极限

$$\lim_{\Delta x\to 0}\frac{\Delta y}{\Delta x}=\lim_{\Delta x\to 0}\frac{f(x_0+\Delta x)-f(x_0)}{\Delta x} \tag{2.2}$$

存在，则称 $f(x)$ 在 x_0 处**可导**或有导数，并称此极限值为函数 $f(x)$ 在 x_0 处的**导数**. 可用下列记号

$$y'|_{x=x_0},\ f'(x_0),\ \left.\frac{\mathrm{d}y}{\mathrm{d}x}\right|_{x=x_0},\ \left.\frac{\mathrm{d}f}{\mathrm{d}x}\right|_{x=x_0}$$

中的任何一个表示，如

$$f'(x_0)=\lim_{\Delta x\to 0}\frac{f(x_0+\Delta x)-f(x_0)}{\Delta x}$$

若记 $x_0+\Delta x=x$，则 $f(x)$ 在 x_0 处的导数可写为

$$f'(x_0)=\lim_{x\to x_0}\frac{f(x)-f(x_0)}{x-x_0}$$

当极限式（2.2）不存在时，就说函数 $f(x)$ 在 x_0 处**不可导**或**导数不存在**. 特别当式（2.2）的极限为正（负）无穷大时，有时也说在 x_0 处导数是正（负）无穷大，但这时导数不存在.

由例 2-3 可知，导数 $f'(x_0)$ 的几何意义是曲线 $y=f(x)$ 在点 $M_0(x_0,y_0)$ 处的切线斜率. 于

是曲线 $y=f(x)$ 在点 M_0 处的切线方程为

$$y-f(x_0)=f'(x_0)(x-x_0)$$

若 $f'(x_0)\neq 0$，则法线方程为

$$y-f(x_0)=-\frac{1}{f'(x_0)}(x-x_0)$$

例 2-5 求曲线 $y=x^2$ 在点(1,1)处的切线方程及法线方程.

解：由导数的几何意义知，$y=x^2$ 在点(1,1)处的切线斜率是 $k=y'\big|_{x=1}=2$，故切线方程为

$$y-1=2(x-1)$$

即

$$2x-y-1=0$$

又法线的斜率为 $-\frac{1}{k}=-\frac{1}{2}$，故法线方程为

$$y-1=-\frac{1}{2}(x-1)$$

即

$$x+2y-3=0$$

在导数定义中，自变量的改变量 Δx 的符号不受限制，但有时也需要考虑 Δx 仅为正或仅为负的情形.

定义 2.2 若极限

$$\lim_{\Delta x\to 0^-}\frac{\Delta y}{\Delta x}=\lim_{\Delta x\to 0^-}\frac{f(x_0+\Delta x)-f(x_0)}{\Delta x}$$

$$\left(\lim_{\Delta x\to 0^+}\frac{\Delta y}{\Delta x}=\lim_{\Delta x\to 0^+}\frac{f(x_0+\Delta x)-f(x_0)}{\Delta x}\right)$$

存在，则称函数 $f(x)$ 在 x_0 处左（右）**可导**，其极限值为函数 $f(x)$ 在 x_0 处的左（右）**导数**，记为 $f'_-(x_0)$ $(f'_+(x_0))$.

显然，函数 $f(x)$ 在 x_0 处可导的充要条件是 $f(x)$ 在 x_0 处的左、右导数都存在且相等. 这时

$$f'_-(x_0)=f'_+(x_0)=f'(x_0)$$

在研究分段函数分段点处的可导性时，常常要分左、右导数来讨论.

例 2-6 已知 $f'(x_0)=5$，求 $\lim\limits_{\Delta x\to 0}\frac{f(x_0+2\Delta x)-f(x_0-3\Delta x)}{\Delta x}$.

解：由已知条件及导数定义，有

$$\begin{aligned}\lim_{\Delta x\to 0}\frac{f(x_0+2\Delta x)-f(x_0-3\Delta x)}{\Delta x}&=\lim_{\Delta x\to 0}\left[\frac{f(x_0+2\Delta x)-f(x_0)}{\Delta x}+\frac{f(x_0)-f(x_0-3\Delta x)}{\Delta x}\right]\\&=2\lim_{\Delta x\to 0}\frac{f(x_0+2\Delta x)-f(x_0)}{2\Delta x}+3\lim_{\Delta x\to 0}\frac{f(x_0)-f(x_0-3\Delta x)}{3\Delta x}\\&=2f'(x_0)+3f'(x_0)=5f'(x_0)=25\end{aligned}$$

定理 2.1 如果函数 $f(x)$ 在 x_0 处有导数 $f'(x_0)$，则 $f(x)$ 在 x_0 处必连续.

证明： 事实上，因 $\Delta y=\dfrac{\Delta y}{\Delta x}\cdot\Delta x$（$\Delta x\neq 0$），故

$$\lim_{\Delta x\to 0}\Delta y=\lim_{\Delta x\to 0}\frac{\Delta y}{\Delta x}\cdot\lim_{\Delta x\to 0}\Delta x=f'(x_0)\cdot 0=0 \quad \square$$

注意，函数的连续性不能保证可导性.

例 2-7 试证函数 $y=|x|$ 在 $x=0$ 处连续，但不可导.

证明： 因为

$$\Delta y=f(0+\Delta x)-f(0)=|\Delta x|$$

显然 $\Delta x\to 0$ 时，$\Delta y\to 0$，即 $y=|x|$ 在 $x=0$ 处连续. 但由于

$$f'_-(0)=\lim_{\Delta x\to 0^-}\frac{\Delta y}{\Delta x}=\lim_{\Delta x\to 0^-}\frac{|\Delta x|}{\Delta x}=-1$$

$$f'_+(0)=\lim_{\Delta x\to 0^+}\frac{\Delta y}{\Delta x}=\lim_{\Delta x\to 0^+}\frac{|\Delta x|}{\Delta x}=1$$

故 $y=|x|$ 在 $x=0$ 处不可导. $\square$

从几何上易知曲线 $y=|x|$ 在 $(0,0)$ 处无切线（见图 2.2）. 当 $x\neq 0$ 时，有 $|x|'=\operatorname{sgn}x$.

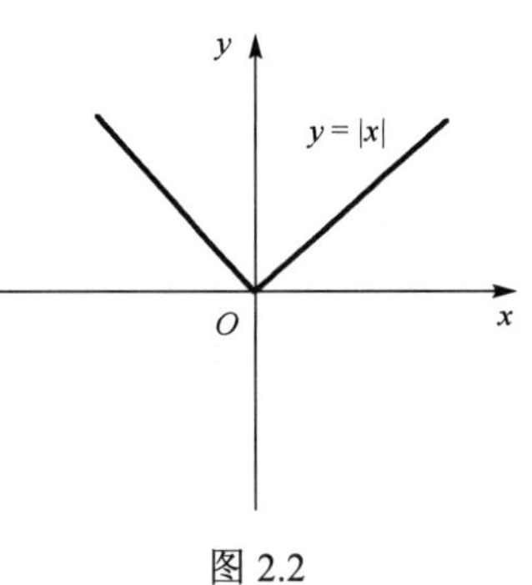

图 2.2

例 2-8 试证函数

$$f(x)=\begin{cases} x\sin\dfrac{1}{x}, & x\neq 0 \\ 0, & x=0 \end{cases}$$

在 $x=0$ 处连续，但不可导.

证明： 因为

$$\lim_{x\to 0}f(x)=\lim_{x\to 0}x\sin\frac{1}{x}=0=f(0)$$

所以函数在 $x=0$ 处连续. 又因为

$$\lim_{\Delta x\to 0}\frac{\Delta y}{\Delta x}=\lim_{\Delta x\to 0}\frac{f(\Delta x)-f(0)}{\Delta x}=\lim_{\Delta x\to 0}\frac{\Delta x\sin\dfrac{1}{\Delta x}}{\Delta x}=\lim_{\Delta x\to 0}\sin\frac{1}{\Delta x}$$

不存在，故函数在 $x=0$ 处不可导. $\square$

例 2-9 设

$$f(x)=\begin{cases} x^2, & x\leqslant x_0 \\ ax+b, & x>x_0 \end{cases}$$

为了使 $f(x)$在 x_0 处可导，应如何选取 a,b?

解： 函数必须在 x_0 处连续，由于

$$f(x_0)=x_0^2,\quad f(x_0^-)=x_0^2,\quad f(x_0^+)=ax_0+b$$

所以应该有

$$ax_0 + b = x_0^2$$

又因

$$f'_-(x_0) = \lim_{\Delta x \to 0^-} \frac{f(x_0 + \Delta x) - f(x_0)}{\Delta x} = \lim_{\Delta x \to 0^-} \frac{(x_0 + \Delta x)^2 - x_0^2}{\Delta x} = 2x_0$$

$$f'_+(x_0) = \lim_{\Delta x \to 0^+} \frac{f(x_0 + \Delta x) - f(x_0)}{\Delta x} = \lim_{\Delta x \to 0^+} \frac{a(x_0 + \Delta x) + b - x_0^2}{\Delta x}$$

$$= \lim_{\Delta x \to 0^+} \frac{a(x_0 + \Delta x) + b - (ax_0 + \Delta x)}{\Delta x} = a$$

于是有

$$a = 2x_0$$

从而，当 $a = 2x_0$，$b = -x_0^2$ 时，$f(x)$在 x_0 处可导.

定义 2.3 如果函数 $y = f(x)$ 在区间内每一点处都有导数，则称 $f(x)$ 在区间 (a,b) 内**可导**，简记为 $f(x) \in D(a,b)$. 这时对 (a,b) 内每一点 x 都有一个确定的导数值

$$f'(x) = \lim_{\Delta x \to 0} \frac{f(x + \Delta x) - f(x)}{\Delta x}$$

与之对应，故在区间 (a,b) 内确定一个新函数，称之为函数 $y = f(x)$ 的**导函数**，记为 $f'(x)$, y', $\dfrac{\mathrm{d}y}{\mathrm{d}x}$ 或 $\dfrac{\mathrm{d}f}{\mathrm{d}x}$，即

$$f'(x) = \lim_{\Delta x \to 0} \frac{f(x + \Delta x) - f(x)}{\Delta x}，\ x \in (a,b)$$

显然，导函数 $f'(x)$ 在 x_0 处的值，就是函数 $f(x)$ 在 x_0 处的导数，即

$$f'(x)|_{x=x_0} = f'(x_0)$$

所以人们习惯将导函数简称为**导数**.

例 2-10 试证函数

$$f(x) = \begin{cases} x, & x\text{为有理数} \\ \sin x, & x\text{为无理数} \end{cases}$$

仅在 $x = 0$ 处可导.

证明： 显然 $f(x)$在 $x = 0$ 处连续，又

$$\lim_{x \to 0} \frac{f(x) - f(0)}{x} = \begin{cases} \lim\limits_{x \to 0} \dfrac{x - 0}{x} = 1, & x\text{为有理数} \\ \lim\limits_{x \to 0} \dfrac{\sin x - 0}{x} = 1, & x\text{为无理数} \end{cases}$$

所以 $f(x)$在 $x = 0$ 处可导，且 $f(0) = 1$.

当 $x \neq 0$ 时，$f(x)$不连续，所以不可导. □

例 2-11 设 $F(x) = f(x)(1 + |\sin x|)$，且 $F(x), f(x)$在 $x = 0$ 处均可导，试求 $f(0)$.

解：表达式中有绝对值的函数在运算时，常常要先去掉绝对值符号，用分段函数表示.

$$F(x)=\begin{cases} f(x)(1-\sin x), & -\dfrac{\pi}{2}<x<0 \\ f(x)(1+\sin x), & 0\leqslant x<\dfrac{\pi}{2} \end{cases}$$

由左、右导数定义，得

$$F'_-(0)=f'_-(0)-f(0),\quad F'_+(0)=f'_+(0)+f(0)$$

因为 $F'_-(0)=F'_+(0)$，$f'_-(0)=f'_+(0)$，所以两式相减得到

$$f(0)=0$$

例 2-12 设 $x\neq 0$ 时，函数 $f(x)$ 有定义，且当 $x,y\neq 0$ 时，恒有

$$f(xy)=f(x)+f(y) \tag{2.3}$$

又 $f'(1)$ 存在，试证：当 $x\neq 0$ 时，$f'(x)$ 存在.

证明：令 $x=y=1$，由式（2.3）得到 $f(1)=0$. 又当 $x\neq 0$ 时，有

$$\lim_{\Delta x\to 0}\frac{f(x+\Delta x)-f(x)}{\Delta x}=\lim_{\Delta x\to 0}\frac{f\left(x\left(1+\dfrac{\Delta x}{x}\right)\right)-f(x)}{\Delta x}$$

$$=\lim_{\Delta x\to 0}\frac{f\left(1+\dfrac{\Delta x}{x}\right)}{\Delta x}=\lim_{\Delta x\to 0}\frac{f\left(1+\dfrac{\Delta x}{x}\right)-f(1)}{\dfrac{\Delta x}{x}}\frac{1}{x}=f'(1)\frac{1}{x}$$

故 $f'(x)$ 存在，且

$$f'(x)=f'(1)\frac{1}{x}\quad \square$$

习题 2.1

1．有一细杆，已知从杆的一端算起长度为 x 的一段的质量为 $m(x)$，给出细杆上距离此端点为 x_0 的点处线密度的定义.

2．设物体绕定轴旋转，其转角 θ 与时间 t 的函数关系为 $\theta=\theta(t)$，如果旋转是匀速的，则称 $\omega=\dfrac{\Delta\theta}{\Delta t}$ 为旋转的角速度；如果旋转是非匀速的，如何定义 t_0 时的角速度？

3．高温物体在低温介质中冷却，已知温度 θ 和时间 t 的关系为 $\theta=\theta(t)$，给出 t_0 时冷却速度的定义式.

4．如果一个轴的轴向热膨胀是均匀的，当温度每升高 1℃时，其单位长的轴的增量称为该轴的线膨胀系数. 如果膨胀过程是非均匀的，设轴长 l 与温度 t 的关系是 $l=l(t)$，指出 t_0 时轴的线膨胀系数.

5．太湖的水量（体积）是水面高度的函数，即 $V=V(h)$，则 $V'(h_0)$ 的实际意义是什么？

6．设 $P(t)$ 表示某油田在 t 年的蕴藏量，则 $P'(t_0)$ 表示什么，t_0 年采油量应如何表示？

7．若 $f'(a)$ 存在，求

（1）$\lim\limits_{h\to 0}\dfrac{f(a-h)-f(a)}{h}$；　　（2）$\lim\limits_{n\to\infty} n\left[f(a)-f\left(a+\dfrac{1}{n}\right)\right]$.

8．按导数定义，求下列函数的导数.

（1）$y=\sqrt{x}$；　　（2）$y=\cot x$.

9．如果 $f(x)$ 为偶函数，且 $f'(0)$ 存在，试证 $f'(0)=0$.

10．讨论下列函数在 $x=0$ 处的连续性与可导性.

（1）$f(x)=\begin{cases} x, & x<0 \\ \ln(1+x), & x\geqslant 0 \end{cases}$；　　（2）$f(x)=\begin{cases} \sqrt[3]{x}\sin\dfrac{1}{x}, & x\neq 0 \\ 0, & x=0 \end{cases}$；

（3）$f(x)=\arctan\dfrac{1}{x}$.

11．设 $F(x)=\begin{cases} f(x), & x\leqslant x_0 \\ ax+b, & x>x_0 \end{cases}$，其中，$f(x)$ 在 x_0 处左导数 $f'_-(x_0)$ 存在，要使 $F(x)$ 在 x_0 处可导，问 a 和 b 应取何值？

12．选择题. 设 $f(x)$ 在区间 $(-\delta,\delta)$ 内有定义，且恒有 $|f(x)|\leqslant x^2$，则 $x=0$ 必是 $f(x)$ 的（　　）.

（A）间断点

（B）连续但不可导的点

（C）可导的点，且 $f'(0)=0$

（D）可导的点，但 $f'(0)\neq 0$

2.2　导数的基本公式与四则运算求导法则

用定义求函数 $y=f(x)$ 在点 x 处的导数的三个步骤如下：

1° 计算函数的增量 $\Delta y=f(x+\Delta x)-f(x)$；

2° 求平均变化率 $\dfrac{\Delta y}{\Delta x}$；

3° 取极限 $\lim\limits_{\Delta x\to 0}\dfrac{\Delta y}{\Delta x}$，如果这个极限存在，它就是所求的导数 $f'(x)$.

2.2.1　导数的基本公式

1．常数的导数

常数 $y=C$ 的导数为零. 计算得

$$\Delta y=C-C=0$$

$$\frac{\Delta y}{\Delta x}=\frac{0}{\Delta x}=0$$

$$(C)'=\lim_{\Delta x\to 0}\frac{\Delta y}{\Delta x}=0$$

2．幂函数的导数

幂函数 $y=x^{\mu}$ 的导数为 $\mu x^{\mu-1}$．计算得

$$\Delta y=(x+\Delta x)^{\mu}-x^{\mu}=x^{\mu}\left[\left(1+\frac{\Delta x}{x}\right)^{\mu}-1\right]$$

$$\frac{\Delta y}{\Delta x}=x^{\mu}\frac{\left(1+\frac{\Delta x}{x}\right)^{\mu}-1}{\Delta x}=x^{\mu-1}\frac{\left(1+\frac{\Delta x}{x}\right)^{\mu}-1}{\frac{\Delta x}{x}}$$

$$(x^{\mu})'=\lim_{\Delta x\to 0}\frac{\Delta y}{\Delta x}=\mu x^{\mu-1}$$

3．正弦函数的导数

正弦函数 $y=\sin x$ 的导数为 $\cos x$，余弦函数 $y=\cos x$ 的导数是 $-\sin x$．计算得

$$\Delta y=\sin(x+\Delta x)-\sin x=2\cos\left(x+\frac{\Delta x}{2}\right)\sin\frac{\Delta x}{2}$$

$$\frac{\Delta y}{\Delta x}=2\cos\left(x+\frac{\Delta x}{2}\right)\frac{\sin\frac{\Delta x}{2}}{\Delta x}$$

利用 $\cos x$ 的连续性及重要极限得到

$$(\sin x)'=\lim_{\Delta x\to 0}\frac{\Delta y}{\Delta x}=\cos x$$

正弦函数的导数是余弦函数.

类似地可推出，余弦函数的导数是负的正弦函数，即

$$(\cos x)'=-\sin x$$

4．指数函数的导数

指数函数 $y=a^x$（$a>0$，$a\neq 1$）的导数为 $a^x\ln a$. 计算得

$$\Delta y=a^{x+\Delta x}-a^x=a^x(a^{\Delta x}-1)$$

$$\frac{\Delta y}{\Delta x}=a^x\frac{a^{\Delta x}-1}{\Delta x}$$

于是有

$$(a^x)'=\lim_{\Delta x\to 0}\frac{\Delta y}{\Delta x}=a^x\ln a$$

特别地，有

$$(e^x)'=e^x$$

即以e为底的指数函数的导数等于它自己.

5．对数函数的导数

对数函数 $y=\log_a x\,(a>0,\ a\neq 1)$ 的导数为 $\dfrac{1}{x\ln a}$. 计算得

$$\Delta y=\log_a(x+\Delta x)-\log_a x=\log_a\left(1+\frac{\Delta x}{x}\right)$$

$$\frac{\Delta y}{\Delta x}=\frac{1}{x}\cdot\frac{x}{\Delta x}\log_a\left(1+\frac{\Delta x}{x}\right)=\frac{1}{x}\log_a\left(1+\frac{\Delta x}{x}\right)^{\frac{x}{\Delta x}}$$

于是有

$$(\log_a x)'=\lim_{\Delta x\to 0}\frac{\Delta y}{\Delta x}=\frac{1}{x\ln a}$$

特别地，有

$$(\ln x)'=\frac{1}{x}$$

即自然对数的导数等于自变量的倒数.

基本初等函数的导数公式如下，其中导数公式（9）～导数公式（16）将在后面给出证明. 请读者务必熟记这些公式.

（1）$(C)'=0$；（2）$(x^\mu)'=\mu x^{\mu-1}$；

（3）$(a^x)'=a^x\ln a$；（4）$(e^x)'=e^x$；

（5）$(\log_a x)'=\dfrac{1}{x\ln a}$；（6）$(\ln x)'=\dfrac{1}{x}$；

（7）$(\sin x)'=\cos x$；（8）$(\cos x)'=-\sin x$；

（9）$(\tan x)'=\dfrac{1}{\cos^2 x}=\sec^2 x$；（10）$(\cot x)'=-\dfrac{1}{\sin^2 x}=-\csc^2 x$；

（11）$(\sec x)'=\sec x\tan x$；（12）$(\csc x)'=-\csc x\cot x$；

（13）$(\arcsin x)'=\dfrac{1}{\sqrt{1-x^2}}$；（14）$(\arccos x)'=-\dfrac{1}{\sqrt{1-x^2}}$；

（15）$(\arctan x)'=\dfrac{1}{1+x^2}$；（16）$(\mathrm{arc}\cot x)'=-\dfrac{1}{1+x^2}$.

2.2.2 四则运算求导法则

导数的定义虽然在原则上提供了求导数的方法，但用这种方法计算导数很麻烦. 因此，有必要研究求导方法. 下面先讨论四则运算求导法则.

定理 2.2 如果函数 $u=u(x),\ v=v(x)$ 在点 x 处均可导，则函数

$$y=u\pm v,\ y=uv,\ y=\frac{u}{v}\ (v\neq 0)$$

在同一点 x 处均可导，且

（i）$(u\pm v)'=u'\pm v'$；

（ii）$(uv)'=u'v+uv'$；

（iii）$\left(\frac{u}{v}\right)'=\frac{u'v-uv'}{v^2}$，$v\neq 0$.

证明：对应 x 的增量 Δx，函数 $u(x)$, $v(x)$ 的增量为

$$\Delta u=u(x+\Delta x)-u(x),\ \Delta v=v(x+\Delta x)-v(x)$$

从而

$$u(x+\Delta x)=u(x)+\Delta u,\ v(x+\Delta x)=v(x)+\Delta v$$

（i）的证明：函数 $y=u\pm v$ 的增量为

$$\Delta y=[u(x+\Delta x)\pm v(x+\Delta x)]-[u(x)\pm v(x)]=\Delta u\pm\Delta v$$

$$\frac{\Delta y}{\Delta x}=\frac{\Delta u}{\Delta x}\pm\frac{\Delta v}{\Delta x}$$

取极限得

$$\lim_{\Delta x\to 0}\frac{\Delta y}{\Delta x}=\lim_{\Delta x\to 0}\frac{\Delta u}{\Delta x}\pm\lim_{\Delta x\to 0}\frac{\Delta v}{\Delta x}=u'\pm v'$$

此即

$$(u\pm v)'=u'\pm v'$$

（ii）的证明：函数 $y=uv$ 的增量为

$$\begin{aligned}\Delta y&=u(x+\Delta x)v(x+\Delta x)-u(x)v(x)\\&=[u(x)+\Delta u][v(x)+\Delta v]-u(x)v(x)\\&=u\Delta v+v\Delta u+\Delta u\Delta v\end{aligned}$$

由于 $u(x)$, $v(x)$ 均可导，又 $v(x)$ 连续，故

$$\lim_{\Delta x\to 0}\frac{\Delta y}{\Delta x}=u\lim_{\Delta x\to 0}\frac{\Delta v}{\Delta x}+v\lim_{\Delta x\to 0}\frac{\Delta u}{\Delta x}+\lim_{\Delta x\to 0}\frac{\Delta u}{\Delta x}\lim_{\Delta x\to 0}\Delta v=uv'+vu'$$

即

$$(uv)'=u'v+uv'$$

（iii）的证明：函数 $y=\frac{u}{v}$ 的增量为

$$\Delta y=\frac{u(x+\Delta x)}{v(x+\Delta x)}-\frac{u(x)}{v(x)}=\frac{u(x)+\Delta u}{v(x)+\Delta v}-\frac{u(x)}{v(x)}=\frac{v\Delta u-u\Delta v}{v(v+\Delta v)}$$

这里用到了 $v\neq 0$，以及由 $v(x)$ 的连续性所得的当 Δx 充分小时，$v(x+\Delta x)\neq 0$，因此

$$\frac{\Delta y}{\Delta x}=\frac{v\dfrac{\Delta u}{\Delta x}-u\dfrac{\Delta v}{\Delta x}}{v(v+\Delta v)}$$

利用 $u(x)$, $v(x)$ 的可导性及 $v(x)$ 的连续性知

$$\lim_{\Delta x\to 0}\frac{\Delta y}{\Delta x}=\frac{v\lim\limits_{\Delta x\to 0}\dfrac{\Delta u}{\Delta x}-u\lim\limits_{\Delta x\to 0}\dfrac{\Delta v}{\Delta x}}{v\left(v+\lim\limits_{\Delta x\to 0}\Delta v\right)}=\frac{vu'-uv'}{v^2}$$

即

$$\left(\frac{u}{v}\right)'=\frac{u'v-uv'}{v^2}\ (v\neq 0)\quad □$$

定理中（i）和（ii）的情形可以推广到有限个函数的情形.

推论 1　若 u,v,w 在点 x 处均可导，则 $u+v+w,uvw$ 在同一点 x 处也可导，且

$$(u+v+w)'=u'+v'+w'$$
$$(uvw)'=u'vw+uv'w+uvw'$$

推论 2　常数因子可以提到导数符号外，即

$$(Cu)'=Cu'$$

例 2-13　求 $(x\sin x+\mathrm{e}^x\cos x)'$.

解：

$$\begin{aligned}(x\sin x+\mathrm{e}^x\cos x)'&=(x\sin x)'+(\mathrm{e}^x\cos x)'\\&=x'\sin x+x(\sin x)'+(\mathrm{e}^x)'\cos x+\mathrm{e}^x(\cos x)'\\&=\sin x+x\cos x+\mathrm{e}^x\cos x-\mathrm{e}^x\sin x\end{aligned}$$

例 2-14　求 $(\tan x)'$.

解：

$$\begin{aligned}(\tan x)'&=\left(\frac{\sin x}{\cos x}\right)'=\frac{(\sin x)'\cos x-\sin x(\cos x)'}{\cos^2 x}\\&=\frac{\cos^2 x+\sin^2 x}{\cos^2 x}=\frac{1}{\cos^2 x}\end{aligned}$$

因此，有导数公式（9）

$$(\tan x)'=\frac{1}{\cos^2 x}=\sec^2 x$$

同样可推出导数公式（10）、导数公式（11）、导数公式（12）

$$(\cot x)'=-\frac{1}{\sin^2 x}=-\csc^2 x$$
$$(\sec x)'=\left(\frac{1}{\cos x}\right)'=\frac{\sin x}{\cos^2 x}=\sec x\tan x$$
$$(\csc x)'=-\csc x\cot x$$

习题 2.2

1．求下列函数的导数.

（1）$y=\sqrt{x\sqrt{x\sqrt{x}}}$；（2）$y=2\lg x-3\arctan x$；

（3）$y=x\tan x-\cot x$；（4）$y=2^x \mathrm{e}^x$；

（5）$y=x\sin x\ln x$；（6）$y=(x-a)(x-b)(x-c)$；

（7）$y=\dfrac{\mathrm{e}^x-1}{\mathrm{e}^x+1}$；（8）$y=\dfrac{1+\sqrt{x}}{1-\sqrt{x}}+\dfrac{3}{\sqrt[3]{x^2}}$.

2．求曲线 $y=\dfrac{1}{\sqrt{x}}$ 在点$\left(\dfrac{1}{4},2\right)$处的切线方程和法线方程.

3．求函数 $y=\dfrac{x^3}{3}+\dfrac{x^2}{2}-2x$ 在 $x=0$ 处的导数和导数为零的点.

4．当 a 取何值时，曲线 $y=a^x$ 和直线 $y=x$ 相切，并求出切点坐标.

2.3 其他求导法则

2.3.1 反函数与复合函数求导法则

定理 2.3（反函数求导法则） 设 $x=\varphi(y)$ 在某区间内单调连续，在该区间内点 y 处可导，且 $\varphi'(y)\neq 0$，则其反函数 $y=f(x)$ 在 y 的对应点 x 处亦可导，且

$$f'(x)=\frac{1}{\varphi'(y)}$$

证明：由 $x=\varphi(y)$ 单调连续知，$y=f(x)$ 也是单调连续的，给 x 以增量 $\Delta x\neq 0$，显然

$$\Delta y=f(x+\Delta x)-f(x)\neq 0$$

于是

$$\frac{\Delta y}{\Delta x}=\frac{1}{\dfrac{\Delta x}{\Delta y}}$$

由于这里 $\Delta x\to 0$ 等价于 $\Delta y\to 0$，又 $\varphi'(y)\neq 0$，故

$$f'(x)=\lim_{\Delta x\to 0}\frac{\Delta y}{\Delta x}=\frac{1}{\lim\limits_{\Delta y\to 0}\dfrac{\Delta x}{\Delta y}}=\frac{1}{x'_y}=\frac{1}{\varphi'(y)}$$ □

从导数的几何意义（见图 2.3）上看，有 $\alpha+\beta=\dfrac{\pi}{2}$，所以 $\tan\alpha=\dfrac{1}{\tan\beta}$，这个结果是很明显的. 简单地说，反函数的导数等于直接函数导数的倒数.

例如，在区间$\left(-\dfrac{\pi}{2},\dfrac{\pi}{2}\right)$内，由于 $x=\sin y$ 单调递增、可导，且 $(\sin y)'=\cos y>0$，于是由定理 2.3 有导数公式（13）

$$(\arcsin x)' = \frac{1}{(\sin y)'} = \frac{1}{\cos y} = \frac{1}{\sqrt{1-\sin^2 y}} = \frac{1}{\sqrt{1-x^2}}, \quad -1 < x < 1$$

同样可得导数公式（14）、导数公式（15）、导数公式（16）.

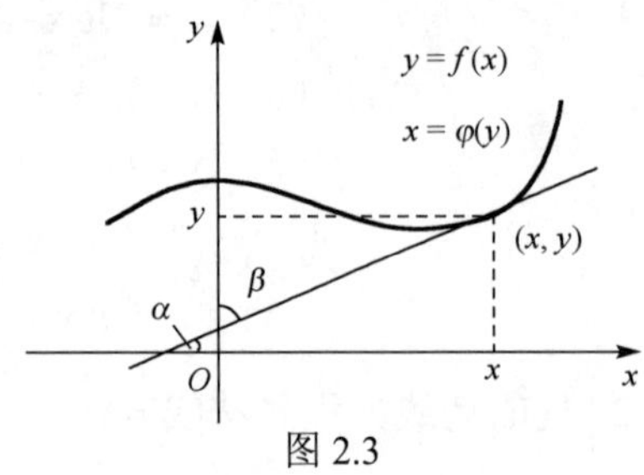

图 2.3

复合是构成函数的重要形式，所以复合函数求导是十分重要的.

定理 2.4（复合函数求导法则） 如果

（i）函数 $u=\varphi(x)$ 在点 x 处可导 $\frac{\mathrm{d}u}{\mathrm{d}x}=\varphi'(x)$；

（ii）函数 $y=f(u)$ 在对应点 u（$u=\varphi(x)$）处也可导 $\frac{\mathrm{d}y}{\mathrm{d}u}=f'(u)$，则复合函数 $y=f(\varphi(x))$ 在该点处可导，且有公式

$$\frac{\mathrm{d}y}{\mathrm{d}x}=\frac{\mathrm{d}y}{\mathrm{d}u}\frac{\mathrm{d}u}{\mathrm{d}x}$$

即

$$\frac{\mathrm{d}y}{\mathrm{d}x}=f'(\varphi(x))\varphi'(x)$$

证明： 给 x 以增量 Δx，设函数 $u=\varphi(x)$ 对应的增量为 Δu，Δu 又引起函数 $y=f(u)$ 的增量 Δy.

由条件（ii）知，有

$$\lim_{\Delta u \to 0}\frac{\Delta y}{\Delta u}=f'(u)$$

根据极限与无穷小的关系，有

$$\frac{\Delta y}{\Delta u}=f'(u)+\alpha$$

当 $\Delta u \to 0$ 时，其中，$\alpha=\alpha(\Delta u)\to 0$，上式中的 $\Delta u \neq 0$，两端同乘 Δu，得到

$$\Delta y = f'(u)\Delta u+\alpha\Delta u \tag{2.4}$$

因为 u 是中间变量，所以 Δu 有等于零的可能. 而当 $\Delta u=0$ 时，必有 $\Delta y=0$，粗看它可以包含在式（2.4）中，但这时 α 无定义. 为简便，当 $\Delta u=0$ 时补充定义 $\alpha(0)=0$. 这样，无论 Δu 是否为零，函数 y 的增量 Δy 都可统一由式（2.4）表达.

用 $\Delta x \neq 0$ 去除式（2.4）两端，得

$$\frac{\Delta y}{\Delta x}=f'(u)\frac{\Delta u}{\Delta x}+\alpha\frac{\Delta u}{\Delta x}$$

令 $\Delta x \to 0$，由条件（i）知 $\Delta u \to 0$，从而 $\alpha \to 0$，于是有

$$y'_x = f'(u)\varphi'(x)$$

即

$$\frac{\mathrm{d}y}{\mathrm{d}x} = \frac{\mathrm{d}y}{\mathrm{d}u}\frac{\mathrm{d}u}{\mathrm{d}x} \quad \square$$

定理 2.4 说明：复合函数对自变量的导数等于它对中间变量的导数乘以中间变量对自变量的导数. 这个法则被形象地称为链导法则.

用数学归纳法，容易将这一法则推广到有限次复合函数上. 例如，设

$$y = f(u),\ u = \varphi(v),\ v = \psi(x)$$

均可导，则复合函数 $y = f(\varphi(\psi(x)))$ 也可导，且

$$\frac{\mathrm{d}y}{\mathrm{d}x} = \frac{\mathrm{d}y}{\mathrm{d}u}\frac{\mathrm{d}u}{\mathrm{d}v}\frac{\mathrm{d}v}{\mathrm{d}x} = f'(u)\varphi'(v)\psi'(x)$$

例如，$(\mathrm{e}^{x^2})' = \mathrm{e}^{x^2}(x^2)' = 2x\mathrm{e}^{x^2}$

$$(\ln|x|)' = \frac{1}{|x|}\operatorname{sgn} x = \frac{1}{x}$$

$$(\ln(\ln(\ln x)))' = \frac{1}{\ln(\ln x)} \cdot \frac{1}{\ln x}(\ln x)' = \frac{1}{x\ln x\ln(\ln x)}$$

$$\left[\ln(x+\sqrt{1+x^2})\right]' = \frac{1}{x+\sqrt{1+x^2}}\left(1+\frac{1}{2\sqrt{1+x^2}}2x\right) = \frac{1}{\sqrt{x^2+1}}$$

例 2-15 已知半径为 r_0 的圆柱形气缸内活塞的运动速度 $v = 2\cos 2t$. 当 $t = 0$ 时，活塞到缸顶的距离 $h_0 = 1.1$（见图 2.4）. 求活塞开始上升时（$t = 0$）气缸内气体压力 p 的增长速度.

解： 由于压力 p 是体积 V 的函数 $p = \dfrac{C}{V}$，其中，C 为常数，体积 V 又是 h 的函数 $V = \pi r_0^2 h$，h 又是时间 t 的函数，所以压力 p 是时间 t 的复合函数. 由题设知 $h'_t = -v = -2\cos 2t$，故由链导法则有

$$\frac{\mathrm{d}p}{\mathrm{d}t} = \frac{\mathrm{d}p}{\mathrm{d}V}\frac{\mathrm{d}V}{\mathrm{d}h}\frac{\mathrm{d}h}{\mathrm{d}t} = -\frac{C}{V^2}\pi r_0^2(-2\cos 2t) = \frac{2C}{\pi r_0^2 h^2}\cos 2t$$

因此，在 $t = 0$ 时压力的增长速度为

$$\left.\frac{\mathrm{d}p}{\mathrm{d}t}\right|_{t=0} = \frac{2C}{1.21\pi r_0^2}$$

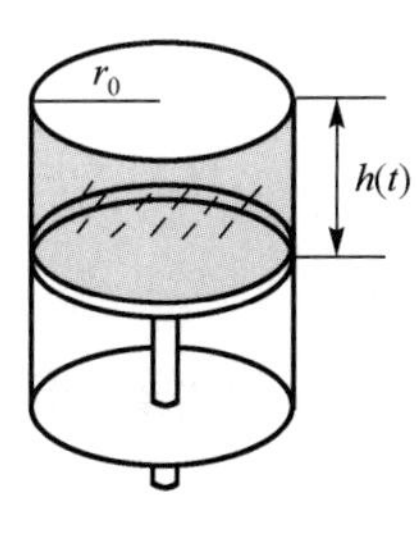

图 2.4

2.3.2 隐函数与参数函数求导法则

下面举例说明求隐函数导数的一般方法.

例 2-16 求隐函数 $xy - \mathrm{e}^x + \mathrm{e}^y = 0$ 的导数.

解： 把 $xy - \mathrm{e}^x + \mathrm{e}^y = 0$ 所确定的函数 $y = y(x)$ 代入方程，则得恒等式

$$xy - e^x + e^y = 0$$

将此恒等式两端同时关于 x 求导，得

$$(xy)' - (e^x)' + (e^y)' = (0)'$$

因为 y 是 x 的函数，所以 e^y 是 x 的复合函数，求导时要用复合函数求导法则，故有

$$y + xy' - e^x + e^y y' = 0$$

由此解得

$$y' = \frac{e^x - y}{e^y + x}$$

例 2-17 试证曲线 $x^2 + 2y^2 = 8$ 与曲线 $x^2 = 2\sqrt{2}y$ 在点 $(2,\sqrt{2})$ 处垂直相交（正交）.

证明： 易见点 $(2,\sqrt{2})$ 是两曲线的交点，下面只需证明两条曲线在该点的切线斜率互为负倒数即可. $x^2 + 2y^2 = 8$ 两端同时关于 x 求导，得

$$2x + 4yy' = 0$$

所以

$$y'|_{(2,\sqrt{2})} = -\frac{1}{\sqrt{2}}$$

再 $x^2 = 2\sqrt{2}y$ 两端同时关于 x 求导，得

$$2x = 2\sqrt{2}y'$$

故

$$y'|_{x=2} = \sqrt{2} \quad \square$$

例 2-18 求函数 $y = x^{\sin x}$（$x > 0$）的导数.

解： 这类函数既不是幂函数，又不是指数函数，称为幂指函数. 可将其化为初等函数，即

$$y = x^{\sin x} = e^{\ln x^{\sin x}} = e^{\sin x \cdot \ln x}$$

则

$$y' = e^{\sin x \ln x} \cdot (\sin x \ln x)' = x^{\sin x}\left(\cos x \cdot \ln x + \frac{\sin x}{x}\right)$$

对一般的幂指函数

$$y = u(x)^{v(x)}，\ u(x) > 0$$

求导，可以采用这种方法. 一般的求导公式可以表示为

$$y' = u(x)^{v(x)} \cdot (v(x)\ln u(x))'$$

此外，对含有多个因式相乘除或带有乘方、开方的函数也可利用这一方法来简化求导过程.

例 2-19 求函数 $y=\sqrt[5]{\dfrac{(x-2)^2(x-7)(x^2+1)}{(x-3)(x^2+x+1)}}$ 在 $x>7$ 时的导数.

解： 套用前面给出的公式

$$
\begin{aligned}
y' &= \sqrt[5]{\frac{(x-2)^2(x-7)(x^2+1)}{(x-3)(x^2+x+1)}}\cdot\left(\frac{1}{5}\ln\frac{(x-2)^2(x-7)(x^2+1)}{(x-3)(x^2+x+1)}\right)' \\
&= \frac{1}{5}\cdot\sqrt[5]{\frac{(x-2)^2(x-7)(x^2+1)}{(x-3)(x^2+x+1)}}[2\ln(x-2)+\ln(x-7)+\ln(x^2+1)-\ln(x-3)-\ln(x^2+x+1)]' \\
&= \frac{1}{5}\cdot\sqrt[5]{\frac{(x-2)^2(x-7)(x^2+1)}{(x-3)(x^2+x+1)}}\left(\frac{2}{x-2}+\frac{1}{x-7}+\frac{2x}{x^2+1}-\frac{1}{x-3}-\frac{2x+1}{x^2+x+1}\right)
\end{aligned}
$$

有时可用参数形式表示变量 y 对变量 x 的函数关系. 例如，函数关系

$$y=\sqrt{a^2-x^2},\quad -a\leqslant x\leqslant a$$

可以用参数表示为

$$x=a\cos t,\ y=a\sin t,\ 0\leqslant t\leqslant \pi$$

参数式也称参数方程. 一般地，设函数 $y=y(x)$ 由参数方程

$$\begin{cases}x=\varphi(t),\\ y=\psi(t),\end{cases}\quad t\in T \tag{2.5}$$

所确定，关于它的求导法则有如下结论.

定理 2.5 若 $x=\varphi(t)$, $y=\psi(t)$ 在点 t 处可导，且 $\varphi'(t)\neq 0$, $x=\varphi(t)$ 在 t 的某邻域内是单调连续函数，则参数方程（2.5）确定的函数在点 x $(x=\varphi(t))$ 处亦可导，且

$$\frac{\mathrm{d}y}{\mathrm{d}x}=\frac{\dfrac{\mathrm{d}y}{\mathrm{d}t}}{\dfrac{\mathrm{d}x}{\mathrm{d}t}}=\frac{\psi'(t)}{\varphi'(t)}$$

证明： 因为 $x=\varphi(t)$ 是单调连续函数，所以有反函数 $t=\varphi^{-1}(x)$，将其代入 $y=\psi(t)$ 得复合函数 $y=\psi(\varphi^{-1}(x))$，利用复合函数求导法则和反函数求导法则得

$$\frac{\mathrm{d}y}{\mathrm{d}x}=\psi'(t)(\varphi^{-1}(x))'=\psi'(t)\frac{1}{\varphi'(t)}=\frac{\psi'(t)}{\varphi'(t)} \quad \square$$

例 2-20 求摆线

$$\begin{cases}x=a(t-\sin t)\\ y=a(1-\cos t)\end{cases}$$

在 $t=\dfrac{\pi}{2}$ 处的切线方程.

解： 由于

$$\frac{\mathrm{d}y}{\mathrm{d}x}=\frac{\dfrac{\mathrm{d}y}{\mathrm{d}t}}{\dfrac{\mathrm{d}x}{\mathrm{d}t}}=\frac{a\sin t}{a(1-\cos t)}=\frac{\sin t}{1-\cos t}\ (t\neq 2k\pi)$$

所以摆线在 $t=\frac{\pi}{2}$ 处的切线斜率为

$$\left.\frac{dy}{dx}\right|_{t=\frac{\pi}{2}}=\left.\frac{\sin t}{1-\cos t}\right|_{t=\frac{\pi}{2}}=1$$

摆线上对应于 $t=\frac{\pi}{2}$ 的点是 $\left(\left(\frac{\pi}{2}-1\right)a,\ a\right)$，故所求切线方程为

$$y-a=x-\left(\frac{\pi}{2}-1\right)a$$

即

$$x-y+\left(2-\frac{\pi}{2}\right)a=0$$

例 2-21　已知弹道曲线方程

$$\begin{cases}x=v_1t\\ y=v_2t-\frac{1}{2}gt^2\end{cases}$$

其中，t 为炮弹运行时间，求炮弹运行速度的大小和方向.

解：水平分速度为

$$\frac{dx}{dt}=v_1$$

垂直分速度为

$$\frac{dy}{dt}=v_2-gt$$

故炮弹速度的大小为

$$v=\sqrt{\left(\frac{dx}{dt}\right)^2+\left(\frac{dy}{dt}\right)^2}=\sqrt{v_1^2+(v_2-gt)^2}$$

炮弹运行的方向就是轨道的切线方向，可由切线斜率反映出来：

$$y'_x=\frac{y'_t}{x'_t}=\frac{v_2-gt}{v_1}$$

*2.3.3　极坐标下导数的几何意义

设曲线 Γ 的极坐标方程为

$$r=r(\theta)$$

利用直角坐标系与极坐标系的关系 $x=r\cos\theta,\ y=r\sin\theta$，得到 Γ 的参数方程为

$$\begin{cases}x=r(\theta)\cos\theta\\ y=r(\theta)\sin\theta\end{cases}$$

其中，参数θ为极角.

由参数方程求导法则，得曲线Γ的切线对x轴的斜率为

$$\frac{\mathrm{d}y}{\mathrm{d}x}=\frac{\frac{\mathrm{d}y}{\mathrm{d}\theta}}{\frac{\mathrm{d}x}{\mathrm{d}\theta}}=\frac{r'(\theta)\sin\theta+r(\theta)\cos\theta}{r'(\theta)\cos\theta-r(\theta)\sin\theta}=\frac{r'\tan\theta+r}{r'-r\tan\theta}$$

设曲线Γ在点$M(r,\theta)$处的极半径OM与切线MT之间的夹角为ψ，则$\psi=\alpha-\theta$（见图 2.5），故有

$$\tan\psi=\tan(\alpha-\theta)=\frac{\frac{\mathrm{d}y}{\mathrm{d}x}-\tan\theta}{1+\frac{\mathrm{d}y}{\mathrm{d}x}\tan\theta}$$

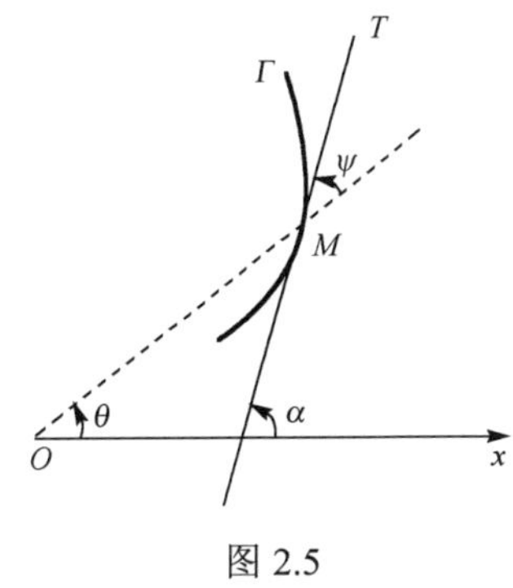

图 2.5

将$\frac{\mathrm{d}y}{\mathrm{d}x}$的表达式代入上式，并化简得

$$\tan\psi=\frac{r(\theta)}{r'(\theta)}$$

这一重要公式说明：在极坐标系下，曲线的极半径$r(\theta)$与其导数$r'(\theta)$之比等于极半径与曲线的切线之夹角的正切.

例 2-22 求对数螺线$r=a\mathrm{e}^{b\theta}$（a,b为正的常数）的ψ解.

解： 由于$r'=(a\mathrm{e}^{b\theta})'=ab\mathrm{e}^{b\theta}=br$，所以

$$\tan\psi=\frac{r}{r'}=\frac{1}{b}$$

故$\psi=\arctan\frac{1}{b}$为常数.

2.3.4 相对变化率问题

设x，y都是t的函数，对函数$y=f(x)$，已知x对t的变化率$\frac{\mathrm{d}x}{\mathrm{d}t}$，求$y$对$t$的变化率$\frac{\mathrm{d}y}{\mathrm{d}t}$，通常称为相对变化率问题. 这实际上是复合函数的求导问题，即

$$\frac{\mathrm{d}y}{\mathrm{d}t}=\frac{\mathrm{d}y}{\mathrm{d}x}\cdot\frac{\mathrm{d}x}{\mathrm{d}t}$$

例 2-23 溶液从深为18cm、顶直径为12cm的正圆锥形漏斗中漏入直径为10cm的圆柱形筒中（见图 2.6），当溶液在漏斗中深为12cm时，液面下降速度为1cm / min，问此时圆柱形筒中液面上升的速度是多少？

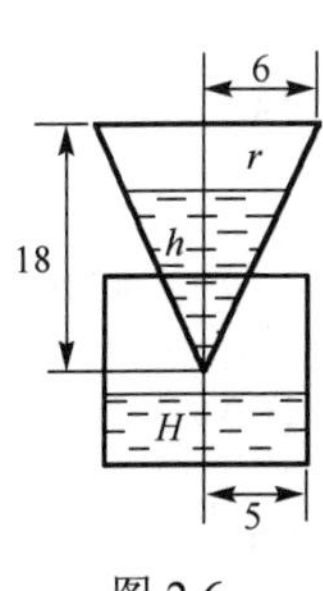

图 2.6

解： 设漏斗中原有溶液K（cm^3），漏的过程中，漏斗内溶液深为h，圆筒内溶液深为H. 由相似比知漏斗内液面的圆半径$r=\frac{h}{3}$，故漏斗内剩余液体体积为

$$V_{锥}=\frac{1}{3}\pi r^2 h=\frac{1}{27}\pi h^3$$

此时圆筒内液体体积为

$$V_{柱}=\pi 5^2 H=25\pi H$$

由于$V_{锥}+V_{柱}=K$，所以h, H之间满足关系式

$$\frac{1}{27}\pi h^3+25\pi H=K$$

上式两端关于t求导得

$$\frac{1}{9}\pi h^2\frac{\mathrm{d}h}{\mathrm{d}t}+25\pi\frac{\mathrm{d}H}{\mathrm{d}t}=0$$

$$\frac{\mathrm{d}H}{\mathrm{d}t}=\frac{-1}{9\times 25}h^2\frac{\mathrm{d}h}{\mathrm{d}t}$$

因此$h=12$, $\frac{\mathrm{d}h}{\mathrm{d}t}=-1$（因$\frac{\mathrm{d}h}{\mathrm{d}t}$表示液面上升速度），圆筒内液面上升速度为

$$\left.\frac{\mathrm{d}H}{\mathrm{d}t}\right|_{h=12}=-\frac{1}{9\times 25}\times 12^2\times(-1)=0.64\,(\mathrm{cm/min})$$

习题 2.3

1．求下列函数的导数.

（1）$y=a^{\sin 3x}$；（2）$y=\cos^2 x^3$；

（3）$y=\sin\cos\frac{1}{x}$；（4）$y=\cot^3\sqrt{1+x^2}$；

（5）$y=\sec^2\mathrm{e}^{x^2+1}$；（6）$y=-\csc^2\mathrm{e}^{8x}$；

（7）$y=\exp(\ln x)^{-1}$；（8）$y=\exp\sqrt{\ln(ax^2+bx+c)}$；

（9）$y=\left(\arcsin\frac{x}{a}\right)^2$，$a>0$；（10）$y=\mathrm{e}^{-x^2}\cos\mathrm{e}^{-x^2}$；

（11）$y=\frac{\sin^2 x}{\sin x^2}$；（12）$y=\arccos\frac{b+a\cos x}{a+b\cos x}$，$a>b>0$；

（13）$y=\log_2\log_3\log_5 x$；（14）$y=\ln(x+\sqrt{a^2+x^2})$；

（15）$y=\sqrt{x+\sqrt{x+\sqrt{x}}}$；（16）$y=\arctan\mathrm{e}^{2x}+\ln\sqrt{\frac{\mathrm{e}^{2x}}{\mathrm{e}^{2x}+1}}$；

（17）$y=\tan x-\frac{1}{3}\tan^3 x+\frac{1}{5}\tan^5 x$；（18）$y=\ln\frac{1+\sqrt{\sin x}}{1-\sqrt{\sin x}}+2\operatorname{arccot}\sqrt{\sin x}$；

（19）$y=a^{b^x}+x^{a^b}+b^{x^a}$，$x,a,b>0$，$a,b$为常数；

（20）$y=\lim\limits_{n\to\infty}x\left(\frac{n+x}{n-x}\right)^n$；（21）$y=\begin{cases}1-x, & x\leqslant 0\\ \mathrm{e}^{-x}\cos 3x, & x>0\end{cases}$.

2．设 $f(x),\ g(x)$ 均可导，且下列函数有意义，求它们的导数.

（1） $y=\sqrt[n]{f^2(x)+g^2(x)}$；（2） $y=f(\sin^2 x)+g(\cos^2 x)$.

3．已知 $y=f\left(\dfrac{3x-2}{3x+2}\right),\ f'(x)=\arctan x^2$，求 $y'_x|_{x=0}$.

4．若 $f(x)=\sin x$，求 $f'(a),\ (f(a))',\ f'(2x),\ (f(2x))'$ 和 $f'(f(x)),\ (f(f(x)))'$.

5．求下列隐函数的导函数或指定点的导数.

（1） $\sqrt{x}+\sqrt{y}=\sqrt{a}$；（2） $\arctan\dfrac{y}{x}=\ln\sqrt{x^2+y^2}$；

（3） $2^x+2y=2^{x+y}$；（4） $x-y=\arcsin x-\arcsin y$；

（5） $x^2+2xy-y^2=2x$，求 $y'|_{x=2}$；

（6） $\arccos(x+2)^{-\frac{1}{2}}+\mathrm{e}^y\sin x=\arctan y$，求 $y'(0)$.

6．设 $x=\varphi(y)$ 与 $y=f(x)$ 互为反函数，$\varphi(2)=1$，且 $f'(1)=3$，求 $\varphi'(2)$.

7．求下列函数的导函数或指定点的导数.

（1） $y=(\sin x)^{\cos x}$；（2） $y=(1+x^2)^{\frac{1}{x}}$，求 $y'(1)$；

（3） $y=\sqrt[3]{\dfrac{x(x^2+1)}{(x^2-1)^2}}$；（4） $x^y+y^x=3$，求 $y'(1)$.

8．求下列参数方程确定的函数的导数 $\dfrac{\mathrm{d}y}{\mathrm{d}x}$.

（1） $\begin{cases}x=t^3+1\\ y=t^2\end{cases}$；（2） $\begin{cases}x=\theta-\sin\theta\\ y=1-\cos\theta\end{cases}$；

（3） $\begin{cases}x=\ln(1+t^2)\\ y=t-\arctan t\end{cases}$；（4） $\begin{cases}x=2t+|t|\\ y=5t^2+4t|t|\end{cases}$.

9．设 $x=f(t)-\pi,\ y=f(\mathrm{e}^{3t}-1)$，其中，$f$ 可导，且 $f'(0)\neq 0$，求 $\left.\dfrac{\mathrm{d}y}{\mathrm{d}x}\right|_{t=0}$.

10．试证：可导的偶函数其导数是奇函数，可导的奇函数其导数是偶函数.

11．球的半径以 5cm/s 的速度匀速增长，问球的半径为 50cm 时，球的表面积和体积的增长速度各是多少？

12．点 M 沿螺线 $r=a\theta$（$a=10\text{cm}$）运动，其极半径转动的角速度（$6°/\text{s}$）不变，确定点 M 的极半径的增长速度.

13．半径为 $\dfrac{1}{2}$ 的圆在抛物线 $x=\sqrt{y}$ 凹的一侧上滚动，（1）求圆心 (ξ,η) 的轨迹方程；（2）当圆心匀速上升（速率为 a）时，求圆心的横坐标 ξ 的增长速度.

14．证明圆的渐伸线 $x=a(\cos t+t\sin t),\ y=a(\sin t-t\cos t)$ 的法线是圆 $x^2+y^2=a^2$ 的切线.

15．求曲线 $x^3+y^3=4xy$ 与曲线 $x=\dfrac{1+t}{t^3},\ y=\dfrac{3}{2t^2}+\dfrac{1}{2t}$ 在交点 $(2,2)$ 处的交角.

16．求对数螺线 $r=\mathrm{e}^\theta$ 在点 $(r,\ \theta)=\left(\mathrm{e}^{\frac{\pi}{2}},\ \dfrac{\pi}{2}\right)$ 处切线的直角坐标方程.

2.4 高阶导数

2.4.1 高阶导数的定义

如果函数 $y=f(x)$ 的导函数 $f'(x)$ 仍可导 $(f'(x))'$，则称 $(f'(x))'$ 为函数 $y=f(x)$ 的二阶导数，记为

$$y'',\ f''(x),\ \frac{\mathrm{d}^2y}{\mathrm{d}x^2} \text{ 或 } \frac{\mathrm{d}^2f}{\mathrm{d}x^2}$$

即

$$f''(x)=\lim_{\Delta x\to 0}\frac{f'(x+\Delta x)-f'(x)}{\Delta x}$$

一般地，把 $y=f'(x)$ 的 $n-1$ 阶导数称为 $f(x)$ 的 n 阶导数，记为

$$y^{(n)},\ f^{(n)}(x),\ \frac{\mathrm{d}^ny}{\mathrm{d}x^n},\ \frac{\mathrm{d}^nf}{\mathrm{d}x^n}$$

即

$$f^{(n)}(x)=\lim_{\Delta x\to 0}\frac{f^{(n-1)}(x+\Delta x)-f^{(n-1)}(x)}{\Delta x}$$

如果函数 $f(x)$ 在点 x 处有 n 阶导数，则 $f(x)$ 在点 x 附近有 $n-1$ 阶导数，且在点 x 处 $n-1$ 阶导数必连续.

函数的二阶及二阶以上的各阶导数统称为**高阶导数**，把函数 $f(x)$ 的导数 $f'(x)$ 称为 $f(x)$ 的**一阶导数**.

高阶导数也是根据实际需要引入的. 例如，已知物体的运动规律 $s=s(t)$，则速度 $v(t)$ 是路程函数 $s(t)$ 对时间 t 的导数，即 $v(t)=s'(t)$. 而加速度 $a(t)$ 又是速度函数 $v(t)$ 对时间 t 的导数，即 $a(t)=v'(t)$. 因此加速度 $a(t)$ 是路程函数 $s(t)$ 对时间 t 的二阶导数.

又如，求自感电动势时，要用到电流对时间的变化率 $\frac{\mathrm{d}I}{\mathrm{d}t}$，而电流又等于通过导体截面的电荷量 $q(t)$ 的导数 $I(t)=\frac{\mathrm{d}q}{\mathrm{d}t}$，所以将用到 $\frac{\mathrm{d}^2q}{\mathrm{d}t^2}$. 下一章还将看到，研究曲线的弯曲程度时也会用到高阶导数.

例 2-24 设 $f(x),g(x)$ 互为反函数，且 $f''(x)$ 存在，又 $f'(x)\neq 0$，求 $g''(x)$.

解： 为清楚表述 $f(x),g(x)$ 的关系，设 $y=g(x)$，则 $x=f(y)$，由定理 2.3，有

$$g'(x)=\frac{1}{f'(y)}$$

则

$$g''(x)=\left(\frac{1}{f'(y)}\right)'=-\frac{f''(y)}{[f'(y)]^2}\cdot g'(x)=-\frac{f''(y)}{[f'(y)]^3}$$

例 2-25 设 $y=\sin\sin\cos x$，求 y''.

解：由复合函数求导法则，得

$$y'=-\sin x\cdot\cos\cos x\cdot\cos\sin\cos x$$

则

$$\begin{aligned}y''=&-\cos x\cdot\cos\cos x\cdot\cos\sin\cos x\\&-\sin^2 x\cdot\sin\cos x\cdot\cos\sin\cos x\\&-\sin^2 x(\cos\cos x)^2\cdot\sin\sin\cos x\end{aligned}$$

例 2-26 设 $y=y(x)$ 由参数方程 $\begin{cases}x=\arctan t\\y=t^2+2t\end{cases}$ 所确定，求 $\dfrac{\mathrm{d}^2y}{\mathrm{d}x^2}$.

解：由定理 2.5，得

$$\frac{\mathrm{d}y}{\mathrm{d}x}=\frac{(t^2+2t)'}{(\arctan t)'}=\frac{2t+2}{\dfrac{1}{1+t^2}}=2(t+1)(t^2+1)$$

由此得到一个新的参数方程

$$\begin{cases}Y=\dfrac{\mathrm{d}y}{\mathrm{d}x}=2(t+1)(t^2+1)\\x=\arctan t\end{cases}$$

再次利用定理 2.5，得

$$\begin{aligned}\frac{\mathrm{d}^2y}{\mathrm{d}x^2}=\frac{\mathrm{d}Y}{\mathrm{d}x}&=\frac{(2(t+1)(t^2+1))'}{(\arctan t)'}\\&=\frac{2(t^2+1)+4t(t+1)}{\dfrac{1}{1+t^2}}\\&=(6t^2+4t+2)(t^2+1)\end{aligned}$$

例 2-27 设 $y=y(x)$ 由隐函数 $x\mathrm{e}^y=y+1$ 确定，求 y''.

解：方程两端关于 x 求导，得

$$(x\mathrm{e}^y)'=(y+1)'$$

则

$$\mathrm{e}^y+x\mathrm{e}^y\cdot y'=y'$$

$$y'=\frac{\mathrm{e}^y}{1-x\mathrm{e}^y}=-\frac{\mathrm{e}^y}{y}$$

故

$$y''=\left(-\frac{\mathrm{e}^y}{y}\right)'=-\frac{y\mathrm{e}^y-\mathrm{e}^y}{y^2}\cdot y'=\frac{(y-1)\mathrm{e}^{2y}}{y^3}$$

2.4.2 高阶导数的公式

根据高阶导数的定义，欲求函数的高阶导数，只需按求导法则和基本公式一阶阶地算下去即可. 有时要利用数学归纳法.

下面给出一些常用的高阶导数公式.

（1）$[f(x)\pm g(x)]^{(n)}=f^{(n)}(x)\pm g^{(n)}(x)$

（2）$[Cf(x)]^{(n)}=Cf^{(n)}(x)$

（3）$[f(x)g(x)]^{(n)}=C_n^0 f^{(n)}g^{(0)}+C_n^1 f^{(n-1)}g^{(1)}+\cdots+C_n^{n-1}f^{(1)}g^{(n-1)}+C_n^n f^{(0)}g^{(n)}$（莱布尼茨公式）

（4）$[f(ax+b)]^{(n)}=a^n f^{(n)}(ax+b)$

（5）$(C)^{(n)}=0$

（6）$(x^{\alpha})^{(n)}=\alpha(\alpha-1)\cdots(\alpha-n+1)x^{\alpha-n}$，$\alpha$ 为常数，$x>0$

（7）$\left(\dfrac{1}{x}\right)^{(n)}=\dfrac{(-1)^n n!}{x^{n+1}}$

（8）$(a^x)^{(n)}=a^x\cdot(\ln a)^n$

（9）$(\mathrm{e}^x)^{(n)}=\mathrm{e}^x$

（10）$(\ln x)^{(n)}=\dfrac{(-1)^{n-1}(n-1)!}{x^n}=\left(\dfrac{1}{x}\right)^{(n-1)}$

（11）$(\sin x)^{(n)}=\sin\left(x+\dfrac{n}{2}\pi\right)$

（12）$(\cos x)^{(n)}=\cos\left(x+\dfrac{n}{2}\pi\right)$

下面给出高阶导数公式（3）、高阶导数公式（7）与高阶导数公式（11）的证明，其余留给读者自证.

证明：（3）当 $n=1$ 时，公式显然成立，假设对自然数 n 公式成立，即

$$(fg)^{(n)}=\sum_{k=0}^{n}C_n^k f^{(n-k)}g^{(k)}$$

当阶数为 n+1 时，有

$$\begin{aligned}(fg)^{(n+1)}&=[(fg)^{(n)}]'\\&=\left(\sum_{k=0}^{n}C_n^k f^{(n-k)}g^{(k)}\right)'\\&=\sum_{k=0}^{n}C_n^k(f^{(n-k+1)}g^{(k)}+f^{(n-k)}g^{(k+1)})\\&=\sum_{k=0}^{n}C_n^k f^{(n-k+1)}g^{(k)}+\sum_{k=0}^{n}C_n^k f^{(n-k)}g^{(k+1)}\end{aligned}$$

令 $k+1=k'$，则

$$\sum_{k=0}^{n} C_n^k f^{(n-k)} g^{(k+1)} = \sum_{k'=1}^{n+1} C_n^{k'-1} f^{(n+1-k')} g^{(k')}$$
$$= \sum_{k=1}^{n+1} C_n^{k-1} f^{(n+1-k)} g^{(k)}$$

代入上式，得

$$(fg)^{(n+1)} = f^{(n+1)}g + \sum_{k=1}^{n} C_n^k f^{(n-k+1)} g^{(k)} + \sum_{k=1}^{n} C_n^{k-1} f^{(n+1-k)} g^{(k)} + fg^{(n+1)}$$
$$= f^{(n+1)}g + \sum_{k=1}^{n} (C_n^k + C_n^{k-1}) f^{(n+1-k)} g^{(k)} + fg^{(n+1)}$$
$$= f^{(n+1)}g + \sum_{k=1}^{n} C_{n+1}^k f^{(n+1-k)} g^{(k)} + fg^{(n+1)}$$
$$= \sum_{k=0}^{n+1} C_{n+1}^k f^{(n+1-k)} g^{(k)}$$

（7）由高阶导数公式（4）得

$$\left(\frac{1}{x}\right)^{(n)} = \left[x^{-1}\right]^{(n)} = (-1)(-2)\cdots(-n)x^{-1-n}$$
$$= (-1)^n \frac{n!}{x^{n+1}}$$

（11）由于

$$(\sin x)' = \cos x = \sin\left(x + \frac{\pi}{2}\right)$$
$$(\sin x)'' = \cos\left(x + \frac{\pi}{2}\right) = \sin\left(x + 2 \cdot \frac{\pi}{2}\right)$$

假定 $(\sin x)^{(k)} = \sin\left(x + k \cdot \frac{\pi}{2}\right)$ 成立，则

$$(\sin x)^{(k+1)} = \left[\sin\left(x + k \cdot \frac{\pi}{2}\right)\right]' = \cos\left(x + k \cdot \frac{\pi}{2}\right)$$
$$= \sin\left(x + (k+1)\frac{\pi}{2}\right)$$

由数学归纳法知高阶导数公式（11）对任何正整数 n 都成立. □

例 2-28 求多项式 $P_n(x) = a_0 + a_1(x - x_0) + a_2(x - x_0)^2 + \cdots + a_n(x - x_0)^n$ 在点 x 和 x_0 处的各阶导数.

解：

$$P_n'(x) = a_1 + 2a_2(x - x_0) + \cdots + na_n(x - x_0)^{n-1}$$
$$P_n''(x) = 2!a_2 + 3 \cdot 2a_3(x - x_0) + \cdots + n(n-1)a_n(x - x_0)^{n-2}$$
$$\vdots$$

$$P_n^{(n)}(x) = n!a_n$$

$$P_n^{(n+1)}(x) = P_n^{(n+2)}(x) = \cdots = 0$$

由此可见，多项式的导数是低一次的多项式；n 次多项式的 n 阶导数为常数，高于 n 阶的导数均为零. 此外，在点 x_0 处有

$$P_n(x_0) = a_0，P_n'(x_0) = a_1，P''(x_0) = 2!a_2，\cdots，P_n^{(n)}(x_0) = n!a_n$$

即有

$$a_0 = P_n(x_0),\ a_1 = P_n'(x_0),\ a_2 = \frac{1}{2!}P_n''(x_0),\ \cdots,\ a_n = \frac{1}{n!}P_n^{(n)}(x_0)$$

从而有

$$P_n(x) = P_n(x_0) + P_n'(x_0)(x - x_0) + \frac{P_n''(x_0)}{2!}(x - x_0)^2 + \cdots + \frac{P_n^{(n)}(x_0)}{n!}(x - x_0)^n$$

这说明了 $(x - x_0)$ 的多项式 $P_n(x)$（或系数）完全由它在点 x_0 处的函数值和各阶导数值确定.

例 2-29 求 $y = x^2\sin x$ 的 100 阶导数.

解： 由莱布尼茨公式，得

$$\begin{aligned}
y^{(100)} &= x^2(\sin x)^{(100)} + 100(x^2)'(\sin x)^{(99)} + \frac{100\times 99}{2!}(x^2)''(\sin x)^{(98)} \\
&= x^2\sin\left(x + 100\cdot\frac{\pi}{2}\right) + 200x\sin\left(x + 99\cdot\frac{\pi}{2}\right) + 100\times 99\sin\left(x + 98\cdot\frac{\pi}{2}\right) \\
&= x^2\sin x - 200x\cos x - 9900\sin x
\end{aligned}$$

例 2-30 设 $y = \sin x\cos 3x$，求 $y^{(n)}$.

解： 由积化和差公式，得

$$y = \frac{1}{2}(\sin 4x - \sin 2x)$$

故

$$\begin{aligned}
y^{(n)} &= \frac{1}{2}(\sin 4x)^{(n)} - \frac{1}{2}(\sin 2x)^{(n)} \\
&= \frac{1}{2}\left[4^n\sin\left(4x + \frac{n}{2}\pi\right) - 2^n\sin\left(2x + \frac{n}{2}\pi\right)\right]
\end{aligned}$$

注意，此题一般不采用莱布尼茨公式来求 y 的 n 阶导数. 因为当 n 较大时，项数也随之增多，在实际应用中并不方便.

例 2-31 设 $y = \dfrac{x^3}{x^2 + 3x + 2}$，求 $y^{(n)}$.

解：

$$\begin{aligned}
\frac{x^3}{x^2 + 3x + 2} &= \frac{(x^3 + 3x^2 + 2x) - (3x^2 + 9x + 6) + 7x + 6}{x^2 + 3x + 2} \\
&= (x - 3) + \frac{7x + 6}{(x + 1)(x + 2)} = (x - 3) + \frac{8}{x + 2} - \frac{1}{x + 1}
\end{aligned}$$

当 $n=1$ 时，$y'=1-\frac{8}{(x+2)^2}+\frac{1}{(x+1)^2}$；

当 $n\geqslant 2$ 时，$y^{(n)}=8\frac{(-1)^n n!}{(x+2)^{n+1}}-\frac{(-1)^n n!}{(x+1)^{n+1}}$.

例 2-32 证明勒让德（Legendre）多项式

$$P_n(x)=\frac{1}{2^n n!}\frac{\mathrm{d}^n}{\mathrm{d}x^n}[(x^2-1)^n]$$

满足下面关系式

$$(x^2-1)P_n''+2xP_n'-n(n+1)P_n=0$$

证明： 设 $y=(x^2-1)^n$，得 $y'=2nx(x^2-1)^{n-1}$.

则
$$(x^2-1)y'=2nx(x^2-1)^n=2nxy$$

方程两端关于 x 求 $(n+1)$ 阶导数，利用莱布尼茨公式，得

$$(x^2-1)y^{(n+2)}+2(n+1)xy^{(n+1)}+n(n+1)y^{(n)}=2nxy^{(n+1)}+2n(n+1)y^{(n)}$$

整理得

$$(x^2-1)y^{(n+2)}+2xy^{(n+1)}-n(n+1)y^{(n)}=0$$

由 $P_n=\frac{1}{2^n n!}y^{(n)}$，$P_n'=\frac{1}{2^n n!}y^{(n+1)}$，$P_n''=\frac{1}{2^n n!}y^{(n+2)}$，代入即得所需证明的关系式. □

例 2-33 试求函数 $f(x)=|\sin x|^3$ 在 $x=0$ 处的最高阶导数.

解： 在 $x=0$ 的邻域 $U(0)=\left(-\frac{\pi}{2},\frac{\pi}{2}\right)$ 中改写 $f(x)$ 为分段函数：

$$f(x)=\begin{cases}\sin^3 x, & x\in\left[0,\frac{\pi}{2}\right)\\ -\sin^3 x, & x\in\left(-\frac{\pi}{2},0\right)\end{cases}$$

先考虑 $f'(x)$，当 $x\neq 0$ 时，有

$$f'(x)=\begin{cases}3\sin^2 x\cos x, & x\in\left(0,\frac{\pi}{2}\right)\\ -3\sin^2 x\cos x, & x\in\left(-\frac{\pi}{2},0\right)\end{cases}$$

而

$$f'(0)=\lim_{x\to 0}\frac{f(x)-f(0)}{x}=\lim_{x\to 0}\frac{|\sin x|^3}{x}=0$$

再考虑 $f''(x)$，当 $x\neq 0$ 时，有

$$f''(x)=\begin{cases}6\sin x\cos^2 x-3\sin^3 x, & x\in\left(0,\dfrac{\pi}{2}\right)\\ -6\sin x\cos^2 x+3\sin^3 x, & x\in\left(-\dfrac{\pi}{2},0\right)\end{cases}$$

而

$$f''_+(0)=\lim_{x\to0^+}\frac{f'(x)-f'(0)}{x}=\lim_{x\to0^+}\frac{3\sin^2 x\cos x}{x}=0$$

$$f''_-(0)=\lim_{x\to0^-}\frac{f'(x)-f'(0)}{x}=\lim_{x\to0^-}\frac{-3\sin^2 x\cos x}{x}=0$$

于是有 $f''(0)=0$.

最后说明 $f'''(0)$ 不存在. 因为

$$f'''_+(0)=\lim_{x\to0^+}\frac{f''(x)-f''(0)}{x}=\lim_{x\to0^+}\frac{6\sin x\cos^2 x-3\sin^3 x}{x}=6$$

$$f'''_+(0)=\lim_{x\to0^-}\frac{f''(x)-f''(0)}{x}=\lim_{x\to0^-}\frac{-6\sin x\cos^2 x+3\sin^3 x}{x}=-6$$

所以 $f'''(0)$ 不存在. 可见 $f(x)=|\sin x|^3$ 在 $x=0$ 处的最高阶导数是二阶导数.

不过应该注意，上述函数在 $\mathring{U}(0)$ 中是任意阶可导的.

例 2-34 设函数 $y=\arcsin x$，求 $y^{(n)}(0)$.

解： 因为

$$y'=\frac{1}{\sqrt{1-x^2}}，\quad y''=\frac{x}{(1-x^2)\sqrt{1-x^2}}$$

由此得出

$$(1-x^2)y''=xy'$$

对上式两端同时求 n 阶导数，由莱布尼茨公式即有

$$(1-x^2)y^{(n+2)}-2nxy^{(n+1)}-n(n-1)y^{(n)}=xy^{(n+1)}+ny^{(n)}$$

将 $x=0$ 代入上式，即得递推公式

$$y^{(n+2)}(0)=n^2y^{(n)}(0)$$

因为 $y(0)=0$，$y'(0)=1$，故当 $n=2k$ 时，有 $y^{(2k)}(0)=0$，$k=0,1,\cdots$；当 $n=2k-1$ 时，有

$$\begin{aligned}y^{(2k+1)}(0)&=(2k-1)^2y^{(2k-1)}(0)=(2k-1)^2(2k-3)^2y^{(2k-3)}(0)\\&=\cdots=(2k-1)^2(2k-3)^2\cdot\cdots\cdot3^2\cdot1^2\cdot y'(0)\\&=((2k-1)(2k-3)\cdot\cdots\cdot3\cdot1)^2\\&=((2k-1)!!)^2,\quad k=0,1,2,\cdots\end{aligned}$$

此处规定 $(-1)!!=1$.

习题 2.4

1．求下列函数的二阶导数.

（1） $y=\sqrt{x^2-1}$；（2） $y=x\ln(x+\sqrt{x^2+a^2})-\sqrt{x^2+a^2}$；

（3） $b^2x^2+a^2y^2=a^2b^2$；（4） $y=\tan(x+y)$；

（5） $\begin{cases}x=a\cos t\\ y=b\sin t\end{cases}$；（6） $\begin{cases}x=\ln(1+t^2)\\ y=t-\arctan t\end{cases}$；

（7） $\begin{cases}x=f'(t)\\ y=tf'(t)-f(t)\end{cases}$，其中，$f(t)$ 有二阶导数，且不等于零.

2．设 $y=y(x)$ 由 $\begin{cases}x=3t^2+2t+3\\ \mathrm{e}^y\sin t-y+1=0\end{cases}$ 确定，求 $\left.\dfrac{\mathrm{d}^2y}{\mathrm{d}x^2}\right|_{t=0}$.

3．设 $u=f(\varphi(x)+y^2)$，其中，$y=y(x)$ 由方程 $y+\mathrm{e}^y=x$ 确定，且 $f(x)$, $\varphi(x)$ 均有二阶导数，求 $\dfrac{\mathrm{d}u}{\mathrm{d}x}$ 和 $\dfrac{\mathrm{d}^2u}{\mathrm{d}x^2}$.

4．求下列函数的 n 阶导数.

（1） $y=\sin^2 x$；（2） $y=x\mathrm{e}^x$；

（3） $y=\dfrac{2x-1}{(x-1)(x^2-x-2)}$；（4） $y=\ln\dfrac{1+x}{1-x}$；

（5） $y=\sin x\sin 2x\sin 3x$.

5．对下列函数求指定的导数.

（1） $y=x^2\mathrm{e}^x$，求 $y^{(100)}$；（2） $y=x(2x-1)^2(x+3)^3$，求 $y^{(6)}$；

（3） $y=\sin\dfrac{x}{2}+\cos 2x$，求 $y^{(27)}|_{x=\pi}$；（4） $y=\dfrac{x^{10}}{1-x}$，求 $y^{(10)}$.

6．设 $f(x)$ 具有各阶导数，且 $f'(x)=[f(x)]^2$，求 $f^{(n)}(x)$.

7．设 $y=P(x)$ 是 x 的多项式，满足关系

$$xy''+(1-x)y'+3y=0$$

且 $P(0)=-6$，求函数 $P(x)$.

8．选择题.

（1）函数 $f(x)=(x^2-x-2)|x^3-x|$ 的不可导的点的个数为（　　）.

（A）0　（B）1　（C）2　（D）3

（2）设 $f(x)=3x^3+x^2|x|$，则使 $f^{(n)}(0)$ 存在的最高阶数 n 为（　　）.

（A）0　（B）1　（C）2　（D）3

2.5 微分

2.5.1 微分的定义

前几节介绍了函数的变化率——导数和它的运算法则. 工作中有时还需要计算自变量的

微小变化所引起的函数变化是多少的问题，也就是求函数增量的问题. 设函数 $y=f(x)$ 在 x 的某邻域内有定义，给 x 以增量 Δx，则函数相应的增量为

$$\Delta y=f(x+\Delta x)-f(x)$$

用上式计算增量，看起来很容易，但实际上常常会碰到不少困难. 例如，函数 $f(x)$是未知而待求的；又如，函数值 $f(x), f(x+\Delta x)$ 计算麻烦，甚至算不出准确的值. 这样人们从实际需要出发，提出“能否既简单又较精确地近似计算出 Δy ”的问题. 先来分析一个简单例子.

一个正方形的金属薄片，受热胀冷缩，当温度变化时，其长由 x_0 变到 $x_0+\Delta x$，此时该薄片的面积 A 则相应地有一个改变量 ΔA，即

$$\Delta A=(x_0+\Delta x)^2-x_0^2=2x_0\Delta x+(\Delta x)^2$$

可见，ΔA 由两部分组成，第一部分是 $2x_0\Delta x$，它是 Δx 的线性函数；第二部分是 $(\Delta x)^2$，它是比 Δx 高阶的无穷小. 由于计算 $2x_0\Delta x$ 较方便，如果用它作为计算 ΔA 的近似值，则当 $|\Delta x|$ 很小时，所产生的误差也很小. 因此在表达式

$$\Delta A=2x_0\Delta x+(\Delta x)^2$$

中，第一部分是主要的，第二部分是次要的，如果略去次要部分，就有近似表达式

$$\Delta A\approx 2x_0\Delta x$$

一般情况下，对函数 $y=f(x)$，当自变量 x 有增量 Δx 时，相应的函数有增量 Δy，即

$$\Delta y=f(x_0+\Delta x)-f(x_0)$$

对 Δy 是否也可以分成两部分：

$$\Delta y=A\Delta x+o(\Delta x)$$

其中，A 是与 Δx 无关的常数. 下面将证明，如果函数 $f(x)$ 在该点的导数存在，增量 Δy 就一定能表示成这样的形式.

定义 2.4 设函数 $y=f(x)$ 在 x 附近有定义，若自变量从 x 变到 $x+\Delta x$ 时，函数的增量可表示为 $\Delta y=A\Delta x+o(\Delta x)$ 的形式，其中 A 与 Δx 无关，则称函数 $f(x)$ 在点 x 处**可微**，并把 $A\Delta x$ 称为函数 $y=f(x)$ 在 x 处的**微分**，记为 $\mathrm{d}y$ 或 $\mathrm{d}f(x)$，即

$$\mathrm{d}y=A\Delta x$$

要强调以下两点：

1° 函数的微分是与自变量增量 Δx 成比例的，它是 Δx 的线性函数，容易得到；

2° 函数的微分与函数的增量之差是比 Δx 高阶的无穷小. 当 $A\neq 0$ 时，微分是增量的主部，可以用微分来近似代替增量.

通俗地说“**微分是增量的线性主部**”（当 $A\neq 0$ 时）.

满足什么条件的函数是可微的呢？微分的系数 A 如何确定？微分与导数有何关系？下面的定理回答了这些问题.

定理 2.6 函数 $y=f(x)$ 在点 x 处可微的充要条件是它在该点处的导数 $y'=f'(x)$ 存在. 此时有 $A=f'(x)$，即有

$$\mathrm{d}y=f'(x)\Delta x$$

证明：必要性. 若 $f(x)$ 在点 x 处可微，根据定义有

$$\Delta y = A\Delta x + o(\Delta x)$$

于是有

$$\frac{\Delta y}{\Delta x} = A + \frac{o(\Delta x)}{\Delta x}$$

令 $\Delta x \to 0$，就得到 $y' = f'(x) = A$.

充分性. 若在点 x 处函数 $f(x)$ 有导数

$$f'(x) = \lim_{\Delta x \to 0} \frac{\Delta y}{\Delta x}$$

由极限与无穷小的关系有

$$\frac{\Delta y}{\Delta x} = f'(x) + \alpha$$

其中，$\alpha \to 0$，当 $\Delta x \to 0$ 时. 于是

$$\Delta y = f'(x)\Delta x + \alpha \Delta x = f'(x)\Delta x + o(\Delta x)$$

故 $f(x)$ 可微，且微分系数 $A = f'(x)$，与 x 有关，与 Δx 无关. □

微分的几何意义 设曲线 l 的方程为 $y = f(x)$，当横坐标由 x 变到 $x+\Delta x$ 时，曲线上动点的纵坐标的增量 NM' 就是 Δy，点 $M(x, f(x))$ 处的切线 MT 的纵坐标的增量 NT 就是 $\mathrm{d}y$（见图 2.7）. Δy 与 $\mathrm{d}y$ 之差在图中是 TM'；随着 $\Delta x \to 0$，TM' 很快地趋于零. 用微分近似增量，本质上是在局部上用切线代替曲线，或者说是函数的局部线性化.

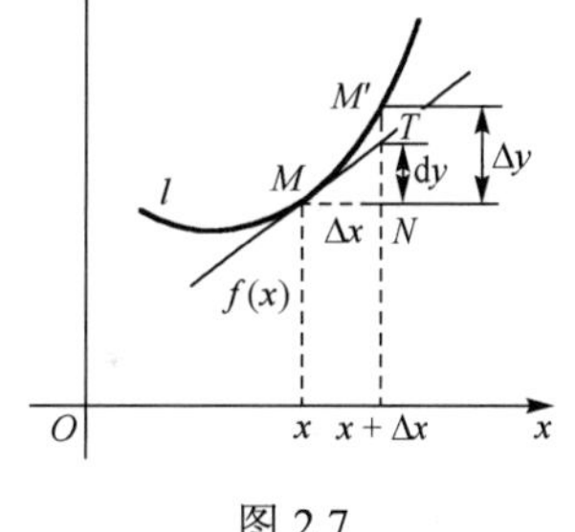

图 2.7

若把自变量 x 作为它自己的函数 $x = x$，由等式

$$\Delta x = 1 \cdot \Delta x + 0$$

及微分的定义知

$$\mathrm{d}x = \Delta x$$

即自变量的微分与其增量相等. 因此，函数 $y = f(x)$ 的微分 $\mathrm{d}y = y'\Delta x$ 通常写为

$$\mathrm{d}y = y'\mathrm{d}x$$

这样，导数 y' 就等于函数的微分与自变量的微分之商

$$y' = \frac{\mathrm{d}y}{\mathrm{d}x}$$

所以导数也称微商.

2.5.2 微分的运算

因为微分 $\mathrm{d}y$ 与导数 y' 只差一个因子 $\mathrm{d}x$，所以微分运算和求导运算是相仿的，并统称为微分法则. 由导数公式和运算法则，立刻就能得到微分公式和微分法则.

1. 微分基本公式

（1）$\mathrm{d}C = 0$；　　（2）$\mathrm{d}x^{\mu} = \mu x^{\mu-1}\mathrm{d}x$；

（3） $\mathrm{d}a^x = a^x \ln a\mathrm{d}x$；（4） $\mathrm{de}^x = \mathrm{e}^x\mathrm{d}x$；

（5） $\mathrm{d}(\log_a x) = \dfrac{\mathrm{d}x}{x\ln a}$；（6） $\mathrm{d}(\ln x) = \dfrac{1}{x}\mathrm{d}x$；

（7） $\mathrm{d}(\sin x) = \cos x\mathrm{d}x$；（8） $\mathrm{d}(\cos x) = -\sin x\mathrm{d}x$；

（9） $\mathrm{d}(\tan x) = \dfrac{\mathrm{d}x}{\cos^2 x} = \sec^2 x\mathrm{d}x$；（10） $\mathrm{d}(\cot x) = \dfrac{-\mathrm{d}x}{\sin^2 x} = -\csc^2 x\mathrm{d}x$；

（11） $\mathrm{d}(\sec x) = \sec x\tan x\mathrm{d}x$；（12） $\mathrm{d}(\csc x) = -\csc x\cot x\mathrm{d}x$；

（13） $\mathrm{d}(\arcsin x) = \dfrac{\mathrm{d}x}{\sqrt{1-x^2}}$；（14） $\mathrm{d}(\arccos x) = \dfrac{-\mathrm{d}x}{\sqrt{1-x^2}}$；

（15） $\mathrm{d}(\arctan x) = \dfrac{\mathrm{d}x}{1+x^2}$；（16） $\mathrm{d}(\mathrm{arccot}x) = \dfrac{-\mathrm{d}x}{1+x^2}$.

2．四则运算的微分法则

当u, v均可微时，有

（i） $\mathrm{d}(u \pm v) = \mathrm{d}u \pm \mathrm{d}v$；

（ii） $\mathrm{d}(uv) = u\mathrm{d}v + v\mathrm{d}u$，$\mathrm{d}(Cu) = C\mathrm{d}u$ （C为常数）；

（iii） $\mathrm{d}\left(\dfrac{u}{v}\right) = \dfrac{v\mathrm{d}u - u\mathrm{d}v}{v^2}$（$v \neq 0$）.

这些法则容易从对应的求导法则推出，如法则（ii）中

$$\mathrm{d}(uv) = (uv)'\mathrm{d}x = (uv' + u'v)\mathrm{d}x = u(v'\mathrm{d}x) + v(u'\mathrm{d}x) = u\mathrm{d}v + v\mathrm{d}u$$

3．复合函数的微分法则

设$y = f(u)$是可微的，当u为自变量时，函数$y = f(u)$的微分为

$$\mathrm{d}y = f'(u)\mathrm{d}u$$

当u不是自变量，而是另一个变量x的可微函数$u = \varphi(x)$时，则$y = f(\varphi(x))$的微分为

$$\mathrm{d}y = (f(\varphi(x)))'\mathrm{d}x = f'(u)\varphi'(x)\mathrm{d}x = f'(u)\mathrm{d}u$$

由此可见，无论u是自变量还是中间变量，函数$y = f(u)$的微分形式都是一样的，这个性质称为一阶微分形式不变性. 由这个性质，将前面微分公式中的x换成任何可微函数$u = \varphi(x)$，这些公式仍然成立.

例 2-35 求$\mathrm{d}(\mathrm{e}^{\sin^2 x})$和$\mathrm{d}(x\arctan 2x)$.

解：

$$\mathrm{d}(\mathrm{e}^{\sin^2 x}) = \mathrm{e}^{\sin^2 x}\mathrm{d}(\sin^2 x) = \mathrm{e}^{\sin^2 x} \cdot 2\sin x\cos x\mathrm{d}x = \mathrm{e}^{\sin^2 x}\sin 2x\mathrm{d}x$$

$$\begin{aligned}\mathrm{d}(x\arctan 2x) &= \arctan 2x\mathrm{d}x + x\mathrm{d}(\arctan 2x)\\ &= \arctan 2x\mathrm{d}x + \frac{x}{1+(2x)^2}\mathrm{d}(2x)\\ &= \left(\arctan 2x + \frac{2x}{1+4x^2}\right)\mathrm{d}x\end{aligned}$$

例 2-36 求一函数，使其微分等于$\dfrac{1}{x\cos^2 \ln x}\mathrm{d}x$.

解：因为

$$\frac{1}{x\cos^2\ln x}\mathrm{d}x=\frac{1}{\cos^2\ln x}\mathrm{d}(\ln x)=\mathrm{d}(\tan\ln x)$$

故函数 $f(x)=\tan\ln x$ 满足要求.

例 2-37 已知 $x^2y+xy^2=1$，求 $\mathrm{d}y$.

解： 方程两端取微分，利用微分法则得

$$x^2\mathrm{d}y+y\mathrm{d}x^2+x\mathrm{d}y^2+y^2\mathrm{d}x=0$$

即

$$x^2\mathrm{d}y+2xy\mathrm{d}x+2xy\mathrm{d}y+y^2\mathrm{d}x=0$$

由此解出

$$\mathrm{d}y=-\frac{2xy+y^2}{x^2+2xy}\mathrm{d}x$$

*2.5.3 微分在近似计算中的应用

我们知道，当 $f'(x_0)\neq 0$ 时，函数 $y=f(x)$ 在点 x_0 处的微分 $\mathrm{d}y=f'(x_0)\Delta x$ 是增量 $\Delta y=f(x_0+\Delta x)-f(x_0)$ 的线性主部（当 $\Delta x\to 0$ 时）. 故当 $|\Delta x|$ 充分小时，可以用微分 $\mathrm{d}y$ 来近似计算增量 Δy，即有

$$\Delta y\approx \mathrm{d}y \tag{2.6}$$

将式（2.6）写成

$$f(x_0+\Delta x)-f(x_0)\approx f'(x_0)\Delta x$$

就可得到计算函数值的近似公式：当 $|\Delta x|$ 充分小时，有

$$f(x_0+\Delta x)\approx f(x_0)+f'(x_0)\Delta x \tag{2.7}$$

这表明如果已知 $f(x)$ 在点 x_0 处的值 $f(x_0)$ 和导数值 $f'(x_0)$，则 x_0 附近的函数值 $f(x_0+\Delta x)$ 可近似地由线性运算式（2.7）求得. 特别当 $x_0=0$ 时（这时 $\Delta x=x-0=x$），由式（2.7）知在 $|x|$ 充分小时，有

$$f(x)\approx f(0)+f'(0)x \tag{2.8}$$

利用近似式（2.8）容易得到工程上常用的近似公式：当 $|x|$ 充分小时，有

$$\sin x\approx x,\quad \tan x\approx x,\quad \mathrm{e}^x\approx 1+x$$

$$\ln(1+x)\approx x,\quad (1+x)^{\mu}\approx 1+\mu x$$

例 2-38 求 $\sqrt[3]{1.021}$ 的近似值.

解： 由近似公式 $(1+x)^{\mu}\approx 1+\mu x$ 知

$$\sqrt[3]{1.021}=(1+0.021)^{\frac{1}{3}}\approx 1+\frac{1}{3}\times 0.021=1.007$$

例 2-39 求 $\tan 46^\circ$ 的近似值.

解：因三角函数的导数公式是在弧度制下得到的，所以要把 $46°$ 化为弧度 $\frac{\pi}{4}+\frac{\pi}{180}$. 故 $\tan 46° = \tan\left(\frac{\pi}{4}+\frac{\pi}{180}\right)$ 就是函数 $f(x)=\tan x$ 在 $x=\frac{\pi}{4}+\frac{\pi}{180}$ 处的值. 由于 $f\left(\frac{\pi}{4}\right)=\tan\frac{\pi}{4}=1$，$f'\left(\frac{\pi}{4}\right)=(\tan x)'\Big|_{x=\frac{\pi}{4}}=\frac{1}{\cos^2\frac{\pi}{4}}=2$，令 $x_0=\frac{\pi}{4}$，$\Delta x=\frac{\pi}{180}$，则由式（2.7）得

$$\tan 46° = \tan\left(\frac{\pi}{4}+\frac{\pi}{180}\right)\approx 1+2\cdot\frac{\pi}{180}\approx 1.035$$

应用式（2.7）时，要先明确所求的是哪个函数在哪一点处的函数值，再确定 x_0 及 Δx，应当使 $f(x_0)$ 和 $f'(x_0)$ 容易得到，而且 $|\Delta x|$ 尽可能地小.

*2.5.4　微分在误差估计中的应用

实际工作中，有些量的数值是通过直接测量或实验得到的；有些量的数值是在测试得到的数据基础上，再通过函数关系的计算得到的. 例如，圆盘的面积，通常先测量其直径 D 的值，然后用公式 $S=\frac{1}{4}\pi D^2$ 计算面积值. 在测试时，因仪器质量、精度、测试条件和方法等存在误差，所得到的数据不可避免地要出现误差. 依据这个有误差的数据计算其他量的值，必然有误差，我们把这个误差称为间接测量误差. 由于中学阶段物理课程已经介绍过误差概念和它的估计，下面仅说明如何利用微分估计间接测量误差.

设测试未知量 x 得到的近似值 x_0，通过关系式 $y=f(x)$ 计算出另一个未知量 y 的近似值 $y_0=f(x_0)$. 若已知 x_0 的绝对误差（限）为 δ，即 $|\Delta x|=|x-x_0|\leqslant\delta$，因为一般 δ 很小，所以 y_0 的绝对误差 $|\Delta y|$ 可通过微分来估计

$$|\Delta y|\approx|\mathrm{d}y|=|f'(x_0)|\cdot|\Delta x|\leqslant|f'(x_0)|\delta$$

即 y_0 的绝对误差（限）为 $|f'(x_0)|\delta$. 而 y_0 的相对误差（限）为

$$\left|\frac{\Delta y}{y_0}\right|\approx\left|\frac{\mathrm{d}y}{y_0}\right|\leqslant\left|\frac{f'(x_0)}{f(x_0)}\right|\delta$$

相对误差通常用百分比表示.

例 2-40　用游标卡尺测得圆钢直径为 $D=(50.2\pm 0.05)\mathrm{mm}$，利用公式 $S=\frac{\pi}{4}D^2$ 计算圆钢断面面积时，它的绝对误差和相对误差分别是多少？

解：由于 $S'=\frac{\pi}{2}D$，$\delta=0.05\mathrm{mm}$，所以面积的绝对误差为

$$|\Delta S|\approx|\mathrm{d}S|\leqslant\frac{\pi}{2}D\big|_{D=50.2}\times\delta=\frac{\pi}{2}\times 50.2\times 0.05\approx 3.94\ (\mathrm{mm}^2)$$

相对误差为

$$\left|\frac{\Delta S}{S_0}\right|\leqslant\frac{\frac{\pi}{2}\times 50.2\times 0.05}{\frac{\pi}{4}\times 50.2^2}\approx 0.2\%$$

例 2-41 在图 2.8 所示的电路中，已知电阻 $R=22\Omega$，使用电流表测得电流 $I=10\text{A}$，测量误差不超过 0.1A，问由公式

$$P=I^2R$$

计算电功率时，所产生的绝对误差和相对误差分别是多少？

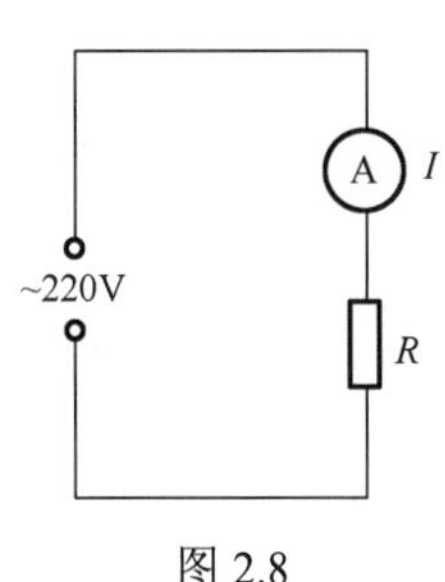

图 2.8

解：绝对误差为

$$|\Delta P|\approx|\mathrm{d}P|=\left|\frac{\mathrm{d}P}{\mathrm{d}I}\right|\cdot|\Delta I|\leqslant 2IR\delta=2\times10\times22\times0.1=44\text{（W）}$$

相对误差为

$$\left|\frac{\Delta P}{P}\right|\leqslant\left|\frac{2IR\delta}{I^2R}\right|=\frac{2\delta}{I}=\frac{0.2}{10}=2\%$$

2.5.5 高阶微分

高阶微分的定义与高阶导数完全类似. 函数 $y=f(x)$ 的一阶微分 $\mathrm{d}y=f'(x)\mathrm{d}x$ 仍为 x 的函数，因此可以继续讨论求微分的问题.

定义 2.5 函数 $y=f(x)$ 的一阶微分 $\mathrm{d}y=f'(x)\mathrm{d}x$ 在点 x 处的微分称为 $y=f(x)$ 在该点的二阶微分，记为 d^2y，即

$$\mathrm{d}^2y=\mathrm{d}(\mathrm{d}y)\quad \text{或}\quad \mathrm{d}^2f(x)=\mathrm{d}[\mathrm{d}f(x)]$$

同样，函数 $y=f(x)$ 在点 x 处的二阶微分 d^2y 的微分称为 $y=f(x)$ 在该点的三阶微分，记为 $\mathrm{d}^2y=\mathrm{d}(\mathrm{d}^2y)$.一般地，函数 $y=f(x)$ 在点 x 处的 $n-1$ 阶微分 $\mathrm{d}^{n-1}y$ 的微分称为 $y=f(x)$ 在该点的 n 阶微分，记为

$$\mathrm{d}^ny=\mathrm{d}(\mathrm{d}^{n-1}y)\quad \text{或}\quad \mathrm{d}^nf(x)=\mathrm{d}[\mathrm{d}^{n-1}f(x)]$$

二阶及二阶以上的微分，统称为**高阶微分**. 那么如何计算高阶微分呢？当 x 是自变量时，函数 $y=f(x)$ 的一阶微分为

$$\mathrm{d}y=f'(x)\mathrm{d}x$$

其中，一阶导数 $f'(x)$ 仍是 x 的函数，而自变量的微分 $\mathrm{d}x=\Delta x$ 与 x 无关，所以在对 $\mathrm{d}y$ 进行微分时，$\mathrm{d}x$ 可像常数因子一样提到微分符号外. 于是有

$$\mathrm{d}^2y=\mathrm{d}(\mathrm{d}y)=(\mathrm{d}y)'\mathrm{d}x=(f'(x)\mathrm{d}x)'\mathrm{d}x=f''(x)(\mathrm{d}x)^2$$

同样可得

$$\mathrm{d}^3y=\mathrm{d}(\mathrm{d}^2y)=[f''(x)(\mathrm{d}x)^2]'\mathrm{d}x=f'''(x)(\mathrm{d}x)^3$$

一般地，有

$$\mathrm{d}^ny=f^{(n)}(x)(\mathrm{d}x)^n$$

习惯上，把 $(\mathrm{d}x)^n$ 记为 $\mathrm{d}x^n$. 于是有

$$\mathrm{d}^ny=f^{(n)}(x)\mathrm{d}x^n$$

这里的 $\mathrm{d}x^n$ 表示 $\mathrm{d}x$ 的 n 次幂. 从而可见，函数 $y=f(x)$ 的 n 阶微分等于它的 n 阶导数与 $\mathrm{d}x$ 的

n 次幂的乘积. 因此，求函数的 n 阶微分 $\mathrm{d}^n y$ 也不需用什么新方法，而且又可得到

$$\frac{\mathrm{d}^n y}{\mathrm{d}x^n} = f^{(n)}(x)$$

这就是说，当 x 为自变量时，函数的 n 阶导数就是它的 n 阶微分与自变量的微分 $\mathrm{d}x$ 的 n 次幂之商.

一阶微分具有形式上的不变性，即不论 x 是自变量还是中间变量，函数 $y = f(x)$ 的微分都可写为

$$\mathrm{d}y = f'(x)\mathrm{d}x$$

一阶微分的这种性质对高阶微分是否还成立呢？换句话说，当 x 不是自变量时，函数的高阶微分是否还可表示成

$$\mathrm{d}^n y = f^{(n)}(x)\mathrm{d}x^n$$

回答一般是否定的. 因为当确定高阶微分时，$\mathrm{d}x$ 已不能再作为常量，从而得到的表达式完全不同. 例如，应用乘积的微分公式，二阶微分这时可以表示成

$$\begin{aligned}\mathrm{d}^2 y &= \mathrm{d}[f'(x)\mathrm{d}x] = \mathrm{d}[f'(x)]\mathrm{d}x + f'(x)\mathrm{d}(\mathrm{d}x)\\ &= f''(x)\mathrm{d}x^2 + f'(x)\mathrm{d}^2 x\end{aligned}$$

显然，与 x 为自变量时的二阶微分相比，它多了一项 $f'(x)\mathrm{d}^2 x$. 但是，若 x 是 t 的线性函数，即 $x = at + b$，则 $\mathrm{d}x = a\mathrm{d}t$ 仍可作为常量，这样的复合函数的高阶微分又化成以前的表达式了. 于是有下述结论：

若 x 是自变量的线性函数，则高阶微分的形式仍具有不变的性质，而在其他情形下，微分形式的不变性就不再成立了.

例 2-42 设 $y = \sin x$，x 为自变量 t 的三次可微函数，求 $\mathrm{d}^2 y$ 与 $\mathrm{d}^3 y$.

解： 由一阶微分形式不变性得

$$\mathrm{d}y = \cos x\mathrm{d}x$$

故

$$\begin{aligned}\mathrm{d}^2 y &= \mathrm{d}(\cos x\mathrm{d}x) = \mathrm{d}(\cos x)\cdot\mathrm{d}x + \cos x\mathrm{d}(\mathrm{d}x)\\ &= -\sin x\mathrm{d}x^2 + \cos x\mathrm{d}^2 x\\ \mathrm{d}^3 y &= \mathrm{d}(-\sin x\mathrm{d}x^2 + \cos x\mathrm{d}^2 x)\\ &= \mathrm{d}(-\sin x)\mathrm{d}x^2 - \sin x\mathrm{d}(\mathrm{d}x^2) + \mathrm{d}(\cos x)\mathrm{d}^2 x + \cos x\mathrm{d}(\mathrm{d}^2 x)\\ &= -\cos x\mathrm{d}x\mathrm{d}x^2 - \sin x\cdot 2\mathrm{d}x\mathrm{d}^2 x - \sin x\mathrm{d}x\mathrm{d}^2 x + \cos x\mathrm{d}^3 x\\ &= -\cos x\mathrm{d}x^3 - 3\sin x\mathrm{d}x\mathrm{d}^2 x + \cos x\mathrm{d}^3 x\end{aligned}$$

习题 2.5

1．求函数 $y = 5x + x^2$ 当 $x = 2$ 而 $\Delta x = 0.001$ 时的增量 Δy 与微分 $\mathrm{d}y$.

2．用微分法则，求下列函数的微分.

（1）$y=\dfrac{x}{1-x}$；　　（2）$y=x\ln x-x$；

（3）$y=\cot x-\csc x$；　　（4）$y=\mathrm{e}^{-\frac{x}{y}}$；

（5）$y=\sin^2 u$，$u=\ln(3x+1)$　　（6）$y=\arctan\dfrac{u(x)}{v(x)}$，$u',v'$ 存在.

3．设 $y=y(x)$ 由方程 $\varphi(\sin x)+\sin\varphi(y)=\varphi(x+y)$ 所确定，其中，$\varphi(t)$ 处处可导，求 $\mathrm{d}y$.

4．将适当的函数填入括号内，使下列各式成为等式.

（1）$x\mathrm{d}x=\mathrm{d}$（　　）；　　（2）$\dfrac{1}{x}\mathrm{d}x=\mathrm{d}$（　　）；

（3）$\sin x\mathrm{d}x=\mathrm{d}$（　　）；　　（4）$\sec^2 x\mathrm{d}x=\mathrm{d}$（　　）；

（5）$\dfrac{1}{\sqrt{x}}\mathrm{d}x=\mathrm{d}$（　　）；　　（6）$\dfrac{1}{\sqrt{1-x^2}}\mathrm{d}x=\mathrm{d}$（　　）；

（7）$\mathrm{d}(\arctan \mathrm{e}^{2x})=$（　　）$\mathrm{d}\mathrm{e}^{2x}$；　　（8）$\mathrm{d}(\sin\sqrt{\cos x})=$（　　）$\mathrm{d}\cos x$；

（9）$f(\sin x)\cos x\mathrm{d}x=f(\sin x)\mathrm{d}$（　　）；　　（10）$x^2\mathrm{e}^{-x^3}\mathrm{d}x=$（　　）$\mathrm{d}(-x^3)$.

5．若 $f'(x_0)=\dfrac{1}{2}$，则 $\Delta x\to 0$ 时，$f(x)$ 在点 x_0 处的微分 $\mathrm{d}y$ 是 Δx 的（　　）.

（A）高阶无穷小　　（B）低阶无穷小

（C）同阶但不等价的无穷小　　（D）等价无穷小

6．设 $f(u)$ 可导，函数 $y=f(x^2)$ 当自变量在 $x=-1$ 处取得增量 $\Delta x=-0.1$ 时，相应的函数增量 Δy 的线性主部为 0.1，求 $f'(1)$.

7．利用微分近似计算下列各数（结果取到小数点后第四位，中间运算均取小数点后第五位，最后结果在第五位上四舍五入）.

（1）$\sqrt[3]{998}$；　　（2）$\cos 59°$；

（3）$\ln 0.99$；　　（4）$\mathrm{e}^{1.01}$.

8．单摆振动周期 $T=2\pi\sqrt{\dfrac{l}{g}}$，其中，$l$ 为摆长，$g=980\mathrm{cm/s^2}$ 为重力加速度，为使周期增大 0.052s，需将 $l=20\mathrm{cm}$ 的摆长改变多少？

9．试证根据欧姆定律 $I=\dfrac{E}{R}$ 计算电流时，如果电阻的绝对误差为 ΔR，则电流的绝对误差可按公式 $\Delta I=\dfrac{-I\Delta R}{R}$ 近似计算.

10．证明：计算圆面积或球表面积时，当半径的长度有 1%的相对误差时，圆面积或球表面积的相对误差均为 2%（注：表面积 $S=4\pi r^2$，r 为球的半径）.

综合题

1．问 n 在什么条件下，函数

$$f(x)=\begin{cases} x^n\sin\dfrac{1}{x}, & x\neq 0 \\ 0, & x=0 \end{cases}$$

在 $x=0$ 处（1）连续；（2）可导；（3）导数连续；（4）有二阶导数.

2．设 $f(x)$ 满足关系 $af(x)+bf\left(\dfrac{1}{x}\right)=\dfrac{c}{x}$，$|a|\neq|b|$，求 $f'(x)$.

3．设 $f(x+y)=\dfrac{f(x)+f(y)}{1-f(x)f(y)}$，且 $f'(0)=1$，求 $f'(x)$.

4．设 $f'(0)$ 存在，$f(0)=0$，试求 $\lim\limits_{x\to 0}\dfrac{f(1-\cos x)}{\tan x^2}$.

5．设 $f(0)=0$，则 $f(x)$ 在 $x=0$ 处可导的充要条件为（　　）.

（A）$\lim\limits_{h\to 0}\dfrac{1}{h^2}f(1-\cos h)$ 存在　　（B）$\lim\limits_{h\to 0}\dfrac{1}{2h}f(1-\mathrm{e}^h)$ 存在

（C）$\lim\limits_{h\to 0}\dfrac{1}{h^2}f(\tan h-\sin h)$ 存在　　（D）$\lim\limits_{h\to 0}\dfrac{1}{h}[f(h)-f(-h)]$ 存在

6．设 $f(a)>0$，$f'(a)$ 存在，求 $\lim\limits_{n\to\infty}\left[\dfrac{f\left(a+\dfrac{1}{n}\right)}{f(a)}\right]^n$.

7．设曲线 $y=f(x)$ 在原点与 $y=\sin x$ 相切，求 $\lim\limits_{n\to\infty}\sqrt{nf\left(\dfrac{2}{n}\right)}$.

8．若 $f(x)<g(x)$，能否推出 $f'(x)<g'(x)$，证明你的结论.

9．设 $y=|x|^3$，$x\in(-\infty,+\infty)$，试证 $y''(x)=6|x|$.

10．设 $f(x)=\arctan x$，求 $f^{(n)}(0)$.

11．设 $f(x)=\max\{x,x^2\}$，$x\in(0,2)$，求 $f'(x)$.

12．设 $y=\arctan(u-1)$，$u=\begin{cases}x^2-2x+2, & x\leqslant 0\\ 2\mathrm{e}^{-x}, & x>0\end{cases}$，求 $\left.\dfrac{\mathrm{d}y}{\mathrm{d}x}\right|_{x=0}$.

13．已知函数 $f(x)$ 满足 $f(x_1+x_2)=f(x_1)f(x_2)$，其中 x_1,x_2 为任意实数，且 $f'(0)=2$，求 $f'(x)$.

14．已知 $f(x)$ 是周期为 5 的连续函数，在 $x=1$ 处可导，在 $\mathring{U}_\delta(0)$ 内满足关系 $f(1+\sin x)-3f(1-\sin x)=8x+o(x)$，求曲线 $y=f(x)$ 在点 $(6,f(6))$ 处的切线方程.

15．设飞机降落过程的轨道方程为三次多项式，开始降落点为 $A(x_0,y_0)$，着陆点为 $O(0,0)$，A,O 两点处飞机飞行方向是水平的，速度为 v_0，降落过程中飞机的水平分速度不变.

（1）求此轨道方程；

（2）如果垂直方向加速度的绝对值不超过 $\dfrac{g}{10}$，问 x_0 不得小于多少？

第3章

微分中值定理及导数应用

导数是函数随自变量变化的瞬时变化率，本章借助导数来研究函数的各种性质，包括函数的局部性质，如函数极值、泰勒展开等；以及函数在某个区间上的全局性质，包括中学阶段就已经研究过的单调性、极值、最值等. 所有这些结果对今后的理论研究和实际应用都是非常重要的.

3.1 微分中值定理

本节介绍的微分中值定理包含罗尔中值定理、拉格朗日中值定理和柯西中值定理. 它们揭示了函数在某个区间上的整体性质与函数在该区间内某一点导数之间的关系. 下面先给出函数 $f(x)$ 在点 x_0 处的极值概念.

3.1.1 罗尔中值定理

定义 3.1 设函数 $f(x)$ 在点 x_0 处及其附近有定义，如果存在 x_0 的邻域 $U(x_0)$，使得对所有的 $x\in U(x_0)$，都有

$$f(x)\leqslant f(x_0)\ (f(x)\geqslant f(x_0))$$

则称 $f(x_0)$ 为函数 $f(x)$ 的一个**极大（小）值**.

极大值、极小值统称为**极值**，使函数 $f(x)$ 取极值的点 x_0（自变量）称为**极值点**.

关于函数的极值，有以下必要条件。

定理 3.1（费马定理） 设函数 $f(x)$ 定义在区间 I 上，x_0 是它的极值点，若 $f(x)$ 在点 x_0 处可导，则必有 $f'(x_0)=0$.

证明：不妨设 $f(x)$ 在点 x_0 处取极大值，则 $\exists\delta>0$，使得 $\forall x\in U_\delta(x_0)$，有 $f(x)\leqslant f(x_0)$.

若 $x\in(x_0-\delta,\ x_0)$，则

$$\frac{f(x)-f(x_0)}{x-x_0}\geqslant 0$$

从而有

$$f'_-(x_0)=\lim_{x\to x_0^-}\frac{f(x)-f(x_0)}{x-x_0}\geqslant 0$$

若 $x\in(x_0,\ x_0+\delta)$，则

$$\frac{f(x)-f(x_0)}{x-x_0}\leqslant 0$$

从而有

$$f'_+(x_0)=\lim_{x\to x_0^+}\frac{f(x)-f(x_0)}{x-x_0}\leqslant 0$$

由于 $f(x)$ 在点 x_0 处可导，故必有 $f'(x_0)=f'_-(x_0)=f'_+(x_0)=0$. □

把使得 $f'(x_0)=0$ 的点 x_0 称为函数 $f(x)$ 的**驻点**.

注意，函数 $f(x)$ 在极值点处可以没有导数. 例如，函数 $f(x)=|x|$ 在 $x=0$ 处取得极小值，但在这点处不可导. 如果函数 $f(x)$ 在极值点 x_0 处可导，那么由费马定理可知 x_0 是 $f(x)$ 的驻点. 但驻点不一定是极值点. 例如，$f(x)=x^3$，有 $f'(0)=0$，但 $x=0$ 不是 $f(x)=x^3$ 的极值点.

定理 3.2（罗尔中值定理） 若函数 $f(x)$ 满足：

（i）在闭区间 $[a,b]$ 上连续；

（ii）在开区间 (a,b) 内可导；

（iii）$f(a)=f(b)$，

则至少存在一点 $\xi\in(a,b)$，使 $f'(\xi)=0$.

证明：根据定理 3.1，只需证明 $f(x)$ 在开区间 (a,b) 内有极值点即可. 由已知，$f(x)$ 在闭区间 $[a,b]$ 上连续，故 $\exists x_1,x_2\in[a,b]$ 使

$$f(x_1)=\max_{x\in[a,b]}f(x)=M，f(x_2)=\min_{x\in[a,b]}f(x)=m$$

若 $M=m$，则 $f(x)$ 为一常数，因此对区间 $[a,b]$ 上每个点 ξ 都有 $f'(\xi)=0$. 若 $M\neq m$，则 M 和 m 中至少有一个不等于 $f(a)$，不妨设 $M\neq f(a)$. 由条件（iii），$M\neq f(b)$，故最大值只能在 (a,b) 内取得，即 $x_1\in(a,b)$，显然 x_1 是函数 $f(x)$ 的一个极值点，由费马定理，取 $\xi=x_1$ 即可. □

罗尔中值定理的几何意义 如果光滑曲线 $y=f(x)(a\leqslant x\leqslant b)$ 的两个端点 $(a,f(a))$, $(b,f(b))$ 的高度（即纵坐标）相等，也就是说，如果连接该曲线两个端点的弦是水平的，并且该曲线任一点都有切线，那么必有一点的切线也是水平的（见图 3.1）.

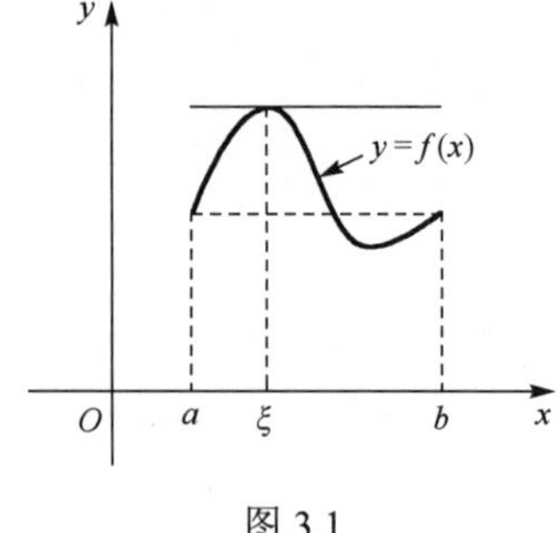

图 3.1

例 3-1 设 $f(x)$ 在[0,1]上连续，在(0,1)内可导，$f(1)=0$. 证明：存在 $\xi\in(0,1)$，使得 $f(\xi)+\xi f'(\xi)=0$.

证明：构造函数 $F(x)=xf(x)$，则 $F(x)$ 满足在[0,1]上连续，在(0,1)内可导，$F(0)=0=F(1)=f(1)$，满足罗尔中值定理的条件，故存在一点 $\xi\in(0,1)$，使得

$$F'(\xi)=0=f(\xi)+\xi f'(\xi)$$ □

例 3-2 设 $f(x)$ 在[a,b]上连续，在(a,b)内可导，且 $f(a)=f(b)=0$，证明：存在 $\xi\in(a,b)$，使得 $f(\xi)=f'(\xi)$.

证明：构造函数 $F(x)=\mathrm{e}^{-x}f(x)$，$F(x)$ 在[a,b]上连续，在(a,b)内可导，且 $F(a)=F(b)=0$，满足罗尔中值定理的条件，故存在一点 $\xi\in(a,b)$，使得

$$F'(\xi)=0=\mathrm{e}^{-\xi}f'(\xi)-\mathrm{e}^{-\xi}f(\xi)=0$$

则

$$f(\xi)=f'(\xi)$$ □

例 3-3 设 $f(x)$ 在[0,1]上有二阶导数，且 $f(0)=f(1)=0$，又 $F(x)=(x-1)^2f(x)$，证明：

存在 $\xi \in (0,1)$，使得 $F''(\xi) = 0$.

证明： $F'(x) = 2(x-1)f(x) + (x-1)^2 f'(x)$，$F(x)$ 在 $[0,1]$ 上连续，在 $(0,1)$ 内可导，$F(0) = F(1) = 0$，满足罗尔中值定理的条件，则 $\exists c \in (0,1)$，s.t. $F'(c) = 0$.

又 $F'(x)$ 在$[0,1]$上连续，在$(0,1)$内可导，$F'(c) = F'(1) = 0$，$F'(x)$ 也满足罗尔中值定理的条件，故 $\exists \xi \in (c,1) \subset (0,1)$，s.t. $F''(\xi) = 0$. □

例 3-4 设 $f(x), g(x)$ 在区间 $[a,b]$ 上可导，且有

$$f(x)g'(x) \neq f'(x)g(x)$$

证明：介于 $f(x)$ 的两个零点 x_1, x_2 之间至少有一个 $g(x)$ 的零点，其中 x_1, x_2 均在区间 (a,b) 内.

证明： 用反证法. 若在 x_1, x_2 之间没有 $g(x)$ 的零点，又考虑到给定的条件知 $g(x_1) \neq 0$，$g(x_2) \neq 0$，从而当 $x \in [x_1, x_2]$ 时，$g(x) \neq 0$.

设 $F(x) = \dfrac{f(x)}{g(x)}$，显然它在 $[x_1, x_2]$ 上满足罗尔中值定理的条件，从而至少存在一点 $\xi \in (x_1, x_2)$，使

$$F'(\xi) = \frac{f'(\xi)g(\xi) - g'(\xi)f(\xi)}{g^2(\xi)} = 0$$

这与给定的条件矛盾. □

例 3-5 试证勒让德（Legendre）多项式

$$P_n(x) = \frac{1}{2^n \cdot n!} \frac{\mathrm{d}^n}{\mathrm{d}x^n}(x^2 - 1)^n$$

的所有根皆为实根，且都在区间 $(-1,1)$ 内.

证明： 设多项式

$$Q_{2n}(x) = (x^2 - 1)^n = (x+1)^n (x-1)^n$$

显然 $Q_{2n}(x)$ 和它的 1 阶至 $n-1$ 阶导数在 $x = \pm 1$ 处皆为零. 由罗尔中值定理，$Q'_{2n}(x)$ 在区间 $(-1,1)$ 内至少有一实根；同样，$Q''_{2n}(x)$ 在区间 $(-1,1)$ 内至少有两个实根. 依次推下去，$Q_{2n}^{(n-1)}(x)$ 在它的两个相邻实根之间再用罗尔中值定理，便知函数 $Q_{2n}^{(n)}(x)$ 在 $(-1,1)$ 内至少有 n 个实根，而 $Q_{2n}^{(n)}(x)$ 是 n 次多项式，只能有 n 个根，故所有根均为实数，且在区间 $(-1,1)$ 内. 这些根就是 $P_n(x) = \dfrac{1}{2^n \cdot n!} Q_{2n}^{(n)}(x)$ 的所有根. □

3.1.2 拉格朗日中值定理

从罗尔中值定理的几何意义，自然地联想到这样的推广：若曲线 $y = f(x)$ $(a \leqslant x \leqslant b)$ 上的任一点处都有切线，那么是否有一点的切线与连接两端点的弦平行呢（见图 3.2）？由此可以得到罗尔中值定理的一个推广——拉格朗日中值定理.

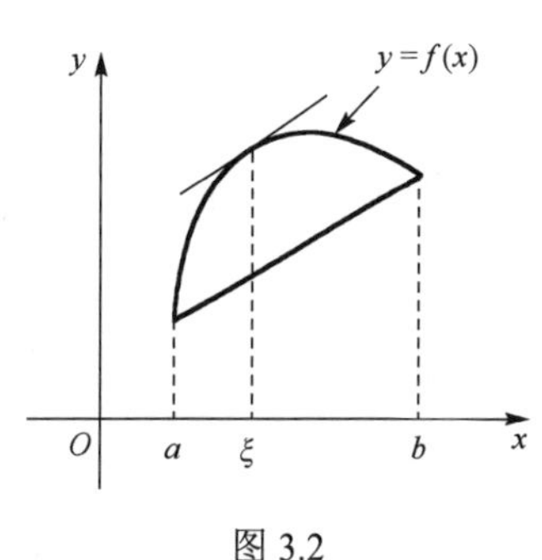

图 3.2

定理 3.3（拉格朗日中值定理） 若函数 $f(x)$ 满足：

（i）在闭区间 $[a,b]$ 上连续；

（ii）在开区间 (a,b) 内可导，

则在开区间 (a,b) 内至少存在一点 ξ，使得

$$f(b)-f(a)=f'(\xi)(b-a) \tag{3.1}$$

证明：引进辅助函数

$$\varphi(x)=f(x)-\frac{f(b)-f(a)}{b-a}x$$

易知$\varphi(x)$满足罗尔中值定理的条件：$\varphi(x)$在闭区间$[a,b]$上连续，在开区间(a,b)内可导，且

$$\varphi(a)=\varphi(b)=\frac{1}{b-a}[bf(a)-af(b)]$$

故在开区间(a,b)内至少存在一点ξ，使得

$$\varphi'(\xi)=f'(\xi)-\frac{f(b)-f(a)}{b-a}=0$$

由此得到

$$f(b)-f(a)=(b-a)f'(\xi) \quad \square$$

式（3.1）称为拉格朗日中值公式，在微分学中占有极其重要的地位，表明了函数在两点处的函数值与导数间的关系. 以后将不止一次用到它，特别可利用它研究函数的单调性及某些等式与不等式的证明.

显然，当$f(x)$在区间(a,b)内可导时，若x，$x+\Delta x\in(a,b)$，则有ξ介于x，$x+\Delta x$之间，使得

$$f(x+\Delta x)-f(x)=f'(\xi)\Delta x \tag{3.2}$$

由于ξ可表示为

$$\xi=x+\theta\Delta x，0<\theta<1$$

式（3.2）又可写成

$$f(x+\Delta x)-f(x)=f'(x+\theta\Delta x)\Delta x \tag{3.3}$$

即

$$\Delta y=f'(x+\theta\Delta x)\Delta x$$

与用微分近似替代增量的式子

$$\Delta y\approx f'(x)\Delta x$$

比较，后者需要$|\Delta x|$充分小，而且是近似式，但它简单好算，是Δx的线性函数. 而前者是一个准确的增量公式，且$|\Delta x|$不必很小，只要是一个有限量即可，这就是它的重要性所在. 式（3.2）和式（3.3）也称有限增量公式. 虽然这里只肯定了ξ或θ的存在性，未能说明其确切的值，但不妨碍它在理论上的作用.

推论 1　如果函数$f(x)$在区间I内可导，且$f'(x)\equiv 0$，则

$$f(x)=C \quad （C为常数）$$

证明：在区间I内任意取二点x_1，x_2，由拉格朗日中值定理，有

$$f(x_2)-f(x_1)=(x_2-x_1)f'(\xi)，\ \xi 介于 x_1,x_2 之间$$

因为$f'(x)\equiv 0$，所以$f(x_1)=f(x_2)$，即在区间I内任意两点的函数值都相等，故

$$f(x)=C \quad \square$$

推论 2 在区间 I 上，若 $f'(x)>0$（<0），则 $f(x)$ 单调递增（单调递减）.

证明： 任取二点 $x_1,x_2\in I$，设 $x_1<x_2$，由拉格朗日中值定理，有

$$f(x_2)-f(x_1)=(x_2-x_1)f'(\xi),\ x_1<\xi<x_2$$

因为 $f'(x)>0,\ x\in I$，所以，$f'(\xi)>0$，从而

$$f(x_2)>f(x_1)$$

同法可证明推论的另一部分. □

例 3-6 试证当 $x>0$ 时，

$$\frac{x}{1+x}<\ln(1+x)<x$$

证明： 令 $f(x)=\ln(1+x)$，容易验证 $f(x)$ 在 $[0,x]$ 上满足拉格朗日中值定理的条件，因而存在 $\xi\in(0,x)$，使

$$f(x)-f(0)=f'(\xi)x$$

即

$$\ln(1+x)=\frac{x}{1+\xi}$$

注意 $0<\xi<x$，故

$$\frac{x}{1+x}<\frac{x}{1+\xi}<x$$

即

$$\frac{x}{1+x}<\ln(1+x)<x \quad \square$$

例 3-7 若 $f(x)$ 在有限区间 (a,b) 内可微，但 $f(x)$ 无界，试证 $f'(x)$ 在 (a,b) 内也无界.

证明： 用反证法. 设 $|f'(x)|\leqslant M$，任意取定一点 $x_0\in(a,b)$，$\forall x\in(a,b)$. 在以 x_0，x 为端点的区间上应用拉格朗日中值定理有

$$|f(x)-f(x_0)|=|f'(\xi)|\cdot|x-x_0|<M(b-a)$$

从而

$$|f(x)|<|f(x_0)|+M(b-a)$$

这与 $f(x)$ 无界矛盾. □

例 3-8 设 $f(x)$ 在闭区间 $[0,1]$ 上连续，在开区间 $(0,1)$ 内可导，且 $f(0)=0$，$f(1)=\frac{1}{3}$. 证明：存在 $\xi\in\left(0,\frac{1}{2}\right)$，$\eta\in\left(\frac{1}{2},1\right)$，使得

$$f'(\xi)+f'(\eta)=\xi^2+\eta^2$$

证明： 设函数 $F(x)=f(x)-\frac{1}{3}x^3$，由题意知

$$F(0)=0,\ F(1)=0$$

容易验证 $F(x)$ 在 $\left[0,\frac{1}{2}\right]$ 和 $\left[\frac{1}{2},1\right]$ 上满足拉格朗日中值定理的条件，故有

$$F\left(\frac{1}{2}\right)-F(0)=F'(\xi)\left(\frac{1}{2}-0\right)=\frac{1}{2}(f'(\xi)-\xi^2),\ \xi\in\left(0,\frac{1}{2}\right)$$

$$F(1)-F\left(\frac{1}{2}\right)=F'(\eta)\left(1-\frac{1}{2}\right)=\frac{1}{2}(f'(\eta)-\eta^2),\ \eta\in\left(\frac{1}{2},1\right)$$

二式相加，得

$$F(1)-F(0)=\frac{1}{2}(f'(\xi)-\xi^2)+\frac{1}{2}(f'(\eta)-\eta^2)=0$$

即

$$f'(\xi)+f'(\eta)=\xi^2+\eta^2 \quad \square$$

例 3-9 证明：$\arcsin x+\arccos x=\frac{\pi}{2}$（$|x|\leqslant 1$）.

证明：令 $f(x)=\arcsin x+\arccos x$，那么当 $|x|<1$ 时，$f'(x)\equiv 0$．由推论 1 知，$f(x)\equiv C$（常数）．令 $x=0$，得 $c=\frac{\pi}{2}$，从而得到

$$\arcsin x+\arccos x=\frac{\pi}{2},\ |x|<1$$

显然，当 $|x|=\pm 1$ 时，上述等式仍然成立． □

3.1.3 柯西中值定理

定理 3.4（柯西中值定理） 设函数 $f(x)$ 与 $g(x)$ 满足：

（i）在闭区间 $[a,b]$ 上连续；

（ii）在开区间 (a,b) 内可导，且 $g'(x)\neq 0$，

则在开区间 (a,b) 内至少存在一点 ξ，使得

$$\frac{f(b)-f(a)}{g(b)-g(a)}=\frac{f'(\xi)}{g'(\xi)} \tag{3.4}$$

证明：由定理条件知 $g(x)$ 满足拉格朗日中值定理的条件，于是有

$$g(b)-g(a)=g'(\eta)(b-a),\ \eta\in(a,b)$$

因为 $g'(\eta)\neq 0$，所以 $g(b)-g(a)\neq 0$．

类似拉格朗日中值定理的证明，引进辅助函数

$$\varphi(x)=f(x)-f(a)-\frac{f(b)-f(a)}{g(b)-g(a)}(g(x)-g(a))$$

则 $\varphi(x)$ 在 $[a,b]$ 上连续，在 (a,b) 内可导，且 $\varphi(a)=\varphi(b)=0$．由罗尔中值定理知，在 (a,b) 内至少存在一点 ξ，使

$$\varphi'(\xi)=f'(\xi)-\frac{f(b)-f(a)}{g(b)-g(a)}g'(\xi)=0$$

整理上式便得式（3.4）. □

式（3.4）称为柯西中值公式. 如果取 $g(x)=x$，式（3.4）就是拉格朗日中值公式，这说明拉格朗日中值定理是柯西中值定理的特例.

例 3-10 设 $f(x)$在闭区间$[x_1,x_2]$上可微，且 $x_1x_2>0$，试证：至少有一点 $\xi\in(x_1,x_2)$，使

$$\frac{x_1f(x_2)-x_2f(x_1)}{x_1-x_2}=f(\xi)-\xi f'(\xi)$$

证明：因 $x_1x_2>0$，所以 $x_1,x_2\neq 0$，且 x_1,x_2 同号. 由于

$$\frac{x_1f(x_2)-x_2f(x_1)}{x_1-x_2}=\frac{\dfrac{f(x_2)}{x_2}-\dfrac{f(x_1)}{x_1}}{\dfrac{1}{x_2}-\dfrac{1}{x_1}}$$

所以令

$$F(x)=\frac{f(x)}{x},\quad g(x)=\frac{1}{x}$$

显然，$F(x)$和 $g(x)$在闭区间$[x_1,x_2]$上可导，且 $g'(x)=\dfrac{-1}{x^2}\neq 0$，由柯西中值定理知至少存在一点 $\xi\in(x_1,x_2)$，使

$$\frac{\dfrac{f(x_2)}{x_2}-\dfrac{f(x_1)}{x_1}}{\dfrac{1}{x_2}-\dfrac{1}{x_1}}=\frac{\dfrac{\xi f'(\xi)-f(\xi)}{\xi^2}}{-\dfrac{1}{\xi^2}}=f(\xi)-\xi f'(\xi)$$

即原式成立. □

作为费马定理的一个应用，下面证明达布定理.

定理 3.5（达布定理） 设 $f(x)$在$[a,b]$上可导，则其导函数 $f'(x)$在$[a,b]$上具有零值性质和介值性质，即

（i）若 $f'(a)f'(b)<0$，则必存在一点 $\xi\in(a,b)$，使得 $f'(\xi)=0$；

（ii）若常数 C 介于 $f'(a)$与 $f'(b)$之间，则必存在一点 $\xi\in(a,b)$，使得 $f'(\xi)=C$.

证明：（i）不妨设 $f'(a)<0$，$f'(b)>0$. 因为

$$f'(a)=\lim_{x\to a^+}\frac{f(x)-f(a)}{x-a}<0$$

又极限的保号性，存在正数 $\delta_1(0<\delta_1<b-a)$，使得当 $x\in(a,a+\delta_1)$ 时，有 $\dfrac{f(x)-f(a)}{x-a}<0$. 注意到 $x>a$，这时就有 $f(x)<f(a)$. 类似可证：存在正数 $\delta_2(0<\delta_2<b-a)$，使当 $x\in(b-\delta_2,b)$ 时，有 $f(x)<f(b)$. 这说明 $f(x)$只能在(a,b)内取到它在$[a,b]$上的最小值. 由于 $f(x)$在$[a,b]$上可导，所以必连续，由闭区间上连续函数的最值性质，必存在一点 $\xi\in(a,b)$，使得 $f(\xi)$是 $f(x)$在$[a,b]$上的最小值. 由费马定理得 $f'(\xi)=0$.

（ii）不妨设 $f'(a)<C<f'(b)$．令 $F(x)=f(x)-Cx$，则 $F'(x)=f'(x)-C$．由所设条件得 $F'(a)=f'(a)-C<0$，$F'(b)=f'(b)-C>0$．对 $F(x)$用（i）中的结论可知，存在一点 $\xi\in(a,b)$，使得 $F'(\xi)=0$，即 $f'(\xi)=C$． □

注意，导函数的介值性质和函数的介值性质的重要区别是，函数的介值性质要求函数本身在区间 I 上连续，而导函数的介值性质并不要求 $f'(x)$ 必须在区间 I 上连续．例如，函数 $f(x)=x^2\sin\dfrac{1}{x}(x\neq 0)$，当 $x=0$ 时，令其值为零，则 $f(x)$在包含点 $x=0$ 在内的任意区间$[a,b]$上可导，但其导函数 $f'(x)$在点 $x=0$ 处不连续，但由达布定理，它在$[a, b]$上有介值性质.

例 3-11 设 $f(x)$ 在闭区间 $[a,b]$ 上连续，在开区间 (a,b) 内可导．试证：若 $\lim\limits_{x\to a^+}f'(x)=r$，则 $f'_+(a)=r$；若 $\lim\limits_{x\to b^-}f'(x)=l$，则 $f'_-(b)=l$．

证明：由拉格朗日中值定理知，对 $\forall x\in(a,b)$, $\exists\xi\in(a,x)$，使得

$$\frac{f(x)-f(a)}{x-a}=f'(\xi)$$

因为当 $x\to a^+$ 时，$\xi\to a^+$，且 $\lim\limits_{x\to a^+}f'(x)=r$，所以

$$f'_+(a)=\lim_{x\to a^+}\frac{f(x)-f(a)}{x-a}=\lim_{\xi\to a^+}f'(\xi)=\lim_{x\to a^+}f'(x)=r$$

同理可证，$f'_-(b)=\lim\limits_{x\to b^-}f'(x)=l$． □

由此可见，若已知 $f(x)$ 在 x_0 的某去心邻域内可导，在点 x_0 处连续，且 $\lim\limits_{x\to x_0}f'(x)$ 存在，则 $f(x)$ 在点 x_0 处也可导，且 $f'(x_0)=\lim\limits_{x\to x_0}f'(x)$．

例 3-12 若函数 $f(x)$ 在区间 $(0,a)$ 内某点处取得最大值，且函数 $f(x)$ 在区间 $[0,a]$ 上二阶导数有界，$|f''(x)|\leqslant M$，试证：$|f'(0)|+|f'(a)|\leqslant aM$．

分析：要证所指的不等式，显然应从 $f'(0)$ 与 $f'(a)$ 的估计入手．注意到题设，若 $f(x)$ 在 $x_0\in(0,a)$ 处取最大值，则 $f'(x_0)=0$，从而可转为考虑 $f'(x_0)-f'(0)$ 和 $f'(a)-f'(x_0)$ 的估计.

证明：设 $f(x)$ 在 $x_0\in(0,a)$ 处取最大值，则有

$$f'(x_0)=0$$

分别在区间 $[0,x_0]$ 和 $[x_0,a]$ 上，对 $f'(x)$ 应用拉格朗日中值定理，得

$$f'(x_0)-f'(0)=f''(\xi_1)(x_0-0),\quad 0<\xi_1<x_0$$

$$f'(a)-f'(x_0)=f''(\xi_2)(a-x_0),\quad x_0<\xi_2<a$$

于是

$$|f'(0)|\leqslant Mx_0,\quad |f'(a)|\leqslant M(a-x_0)$$

两式相加得

$$|f'(0)|+|f'(a)|\leqslant Ma \quad \square$$

习题 3.1

1．下列函数在指定区间上是否满足罗尔中值定理的条件，在区间内是否有点 ξ，使

$f'(\xi)=0$？

（1）$y=x^3+4x^2-7x-10$，$[-1,2]$；（2）$y=\ln\sin x$，$\left[\dfrac{\pi}{6},\dfrac{5\pi}{6}\right]$；

（3）$y=1-\sqrt[3]{x^2}$，$[-1,1]$；（4）$y=\left|\sin\left(\dfrac{\pi}{2}-x\right)\right|$，$\left[-\dfrac{\pi}{4},\dfrac{3\pi}{4}\right]$.

2．试证：对二次函数 $y=px^2+qx+r$ 应用拉格朗日中值定理时，点 ξ 总是位于区间的正中间.

3．设 $f(x)=\begin{cases}3-x^2, & 0\leqslant x\leqslant 1\\ \dfrac{2}{x}, & 1<x\leqslant 2\end{cases}$，在区间 $[0,2]$ 上 $f(x)$ 是否满足拉格朗日中值定理的条件，满足等式

$$f(2)-f(0)=f'(\xi)(2-0)$$

的 ξ 共有几个？

4．证明多项式 $P(x)=x(x-1)(x-2)(x-3)(x-4)$ 的导函数的根（零点）都是实根，并指出这些根所在的范围.

5．证明：当 $x\geqslant 1$ 时，$\arctan x-\dfrac{1}{2}\arccos\dfrac{2x}{1+x^2}=\dfrac{\pi}{4}$.

6．证明下列不等式.

（1）$\dfrac{\beta-\alpha}{\cos^2\alpha}\leqslant\tan\beta-\tan\alpha\leqslant\dfrac{\beta-\alpha}{\cos^2\beta}$，当 $0<\alpha<\beta<\dfrac{\pi}{2}$ 时；

（2）$(x^\alpha+y^\alpha)^{\frac{1}{\alpha}}>(x^\beta+y^\beta)^{\frac{1}{\beta}}$，当 $x,y>0$，$\beta>\alpha>0$ 时.

7．设 $f(x)$ 在 $[a,b]$ 上连续，在 (a,b) 内可导，$a>0$，试证存在点 $\xi\in(a,b)$，使得

$$f(b)-f(a)=\xi f'(\xi)\ln\frac{b}{a}$$

8．设 $f(x)$ 在 $[a,b]$ 上连续，在 (a,b) 内有二阶导数，连接点 $(a,f(a))$ 和点 $(b,f(b))$ 的直线与曲线 $y=f(x)$ 相交于点 $(c,f(c))$，其中，$a<c<b$. 试证方程 $f''(x)=0$ 在 (a,b) 内至少有一个实根. 如果将直线换为曲线 $y=g(x)$，且 $g(x)$ 在 (a,b) 内有二阶导数，将有什么类似的结论呢？

9．设 $f'(x)$ 在 $[a,b]$ 上连续，$f''(x)$ 在 (a,b) 内存在. 若 $f(a)=f(b)=0$，且有 $c\in(a,b)$，使 $f(c)<0$，证明存在点 $\xi\in(a,b)$，使 $f''(\xi)>0$.

10．设 $f(x),g(x)$ 都在区间 I 上可导，证明在 $f(x)$ 的任意两个零点之间，必有方程

$$f'(x)+g'(x)f(x)=0$$

的实根.

11．设 $f(x)$ 在区间 $\left[0,\dfrac{\pi}{2}\right]$ 上可导，且 $f(0)f\left(\dfrac{\pi}{2}\right)<0$，证明 $\exists\xi\in\left(0,\dfrac{\pi}{2}\right)$，使得

$$f'(\xi)=f(\xi)\tan\xi$$

12．若有常数 $L>0$，使得

$$|f(x_2)-f(x_1)|\leqslant L|x_2-x_1|,\quad \forall x_1,x_2\in I$$

则称函数$f(x)$在区间I上满足利普希茨（Lipschitz）条件. 你认为它与$f(x)$在I上连续、可导有何关系？证明你的结论.

13．设$f(x)$在闭区间$[0,1]$上连续，在开区间$(0,1)$内可导，且$f(0)=f(1)=0$，$f\left(\frac{1}{2}\right)=1$，试证在开区间$(0,1)$内存在两个不同的点$\xi,\eta$，使$f'(\xi)=-1$，$f'(\eta)=1$.

14．设$f(x)\in C^2[0,1]$，且$f(0)=f(1)=0$，证明至少存在$\xi\in(0,1)$，使

$$f''(\xi)=\frac{2f'(\xi)}{1-\xi}$$

注：用记号C^n表示n次连续可微的函数类，即n阶导数连续的所有函数.

15．设$f(x)$在闭区间$[0,1]$上可导，且$f(0)=0$，$f(1)=1$，证明在开区间$(0,1)$内存在两个不同的点ξ,η，使$\frac{1}{f'(\xi)}+\frac{1}{f'(\eta)}=2$.

3.2 洛必达法则

如果函数$f(x)$及$g(x)$在$x\to x_0$（或$x\to\infty$）时均趋于零或均趋于无穷大，则极限

$$\lim_{x\to x_0}\frac{f(x)}{g(x)}\text{（或}\lim_{x\to\infty}\frac{f(x)}{g(x)}\text{）}$$

的计算，不能应用"商的极限等于极限的商"这一法则. 这种极限通常称为不定式，并分别记为$\frac{0}{0}$或$\frac{\infty}{\infty}$. 前面利用重要极限与等价无穷小代换可以部分解决此类问题，本节给出解决这个问题的另一个有效方法，即根据柯西中值定理建立起来的洛必达法则.

3.2.1 $\frac{0}{0}$和$\frac{\infty}{\infty}$型未定式

洛必达法则 如果$\lim\frac{f(x)}{g(x)}$为$\frac{0}{0}$或$\frac{\infty}{\infty}$型不定式，而$\lim\frac{f'(x)}{g'(x)}$存在或为无穷大，则有

$$\lim\frac{f(x)}{g(x)}=\lim\frac{f'(x)}{g'(x)}$$

法则中的极限过程，可以是函数极限的任何一种，但同一问题中的极限过程相同.

证明：（仅对$x\to x_0$时的$\frac{0}{0}$型给出证明）定义$f(x_0)=g(x_0)=0$，则$f(x)$, $g(x)$在点x_0处连续. 这样对充分靠近x_0的点x, $f(x)$, $g(x)$在以x_0和x为端点的区间上满足柯西中值定理的条件，故有

$$\frac{f(x)}{g(x)}=\frac{f(x)-f(x_0)}{g(x)-g(x_0)}=\frac{f'(\xi)}{g'(\xi)}\text{，}\xi\text{ 介于 }x_0,x\text{ 之间}$$

令$x\to x_0$，取极限，注意此时$\xi\to x_0$，故

$$\lim_{x\to x_0}\frac{f(x)}{g(x)}=\lim_{\xi\to x_0}\frac{f'(\xi)}{g'(\xi)}=\lim_{x\to x_0}\frac{f'(x)}{g'(x)}\quad\square$$

例 3-13 求极限 $\lim\limits_{x\to+\infty}\dfrac{x^{\mu}}{\ln x}$，$\mu>0$.

解： $\lim\limits_{x\to+\infty}\dfrac{x^{\mu}}{\ln x}\overset{\frac{\infty}{\infty}}{=}\lim\limits_{x\to+\infty}\dfrac{\mu x^{\mu-1}}{\frac{1}{x}}=\lim\limits_{x\to+\infty}\mu x^{\mu}=+\infty$

例 3-14 求极限 $\lim\limits_{x\to+\infty}\dfrac{x^{\mu}}{\alpha^{\lambda x}}$，$\lambda,\mu>0$，$\alpha>0$.

解： 因 $\mu>0$，必有正整数 n_0，使 $n_0-1<\mu\leqslant n_0$，连续使用洛必达法则 n_0 次得

$$\lim_{x\to+\infty}\frac{x^{\mu}}{\alpha^{\lambda x}}\overset{\frac{\infty}{\infty}}{=}\lim_{x\to+\infty}\frac{\mu x^{\mu-1}}{\lambda\alpha^{\lambda x}\ln\alpha}=\cdots=\lim_{x\to+\infty}\frac{\mu(\mu-1)\cdots(\mu-n_0+1)}{\lambda^{n_0}\alpha^{\lambda x}x^{n_0-\mu}\ln^{n_0}\alpha}=0$$

由例 3-13 和例 3-14 知，当 $x\to+\infty$ 时，函数趋于无穷大的速度相比较的结果如下：

指数函数（底数大于 1，指数为正）> 任何幂函数 > 对数函数

例 3-15 求极限 $\lim\limits_{x\to0}\dfrac{\mathrm{e}^{x}-\mathrm{e}^{-x}-2x}{x-\sin x}$.

解： $\lim\limits_{x\to0}\dfrac{\mathrm{e}^{x}-\mathrm{e}^{-x}-2x}{x-\sin x}\overset{\frac{0}{0}}{=}\lim\limits_{x\to0}\dfrac{\mathrm{e}^{x}+\mathrm{e}^{-x}-2}{1-\cos x}\overset{\frac{0}{0}}{=}\lim\limits_{x\to0}\dfrac{\mathrm{e}^{x}-\mathrm{e}^{-x}}{\sin x}$

$\overset{\frac{0}{0}}{=}\lim\limits_{x\to0}\dfrac{\mathrm{e}^{x}+\mathrm{e}^{-x}}{\cos x}=2$

例 3-16 求极限 $\lim\limits_{x\to0}\dfrac{\mathrm{e}^{-\frac{1}{x^2}}}{x}$.

解： $\lim\limits_{x\to0}\dfrac{\mathrm{e}^{-\frac{1}{x^2}}}{x}\overset{\frac{0}{0}}{=}\lim\limits_{x\to0}\dfrac{\frac{1}{x}}{\mathrm{e}^{\frac{1}{x^2}}}\overset{\frac{1}{x}=t}{=}\lim\limits_{t\to\infty}\dfrac{t}{\mathrm{e}^{t^2}}\overset{\frac{\infty}{\infty}}{=}\lim\limits_{t\to\infty}\dfrac{1}{2t\mathrm{e}^{t^2}}=0$

例 3-17 求极限 $\lim\limits_{x\to0}\left(\dfrac{1}{x^2}-\cot^2 x\right)$.

解： $\lim\limits_{x\to0}\left(\dfrac{1}{x^2}-\cot^2 x\right)=\lim\limits_{x\to0}\left(\dfrac{1}{x^2}-\dfrac{\cos^2 x}{\sin^2 x}\right)$

$=\lim\limits_{x\to0}\dfrac{\sin^2 x-x^2\cos^2 x}{x^2\sin^2 x}$

$=\lim\limits_{x\to0}\dfrac{\sin x+x\cos x}{x}\cdot\lim\limits_{x\to0}\dfrac{\sin x-x\cos x}{x^3}$

$=2\lim\limits_{x\to0}\dfrac{\sin x-x\cos x}{x^3}$

$\overset{\frac{0}{0}}{=}2\lim\limits_{x\to0}\dfrac{\cos x-\cos x+x\sin x}{3x^2}$

$=\dfrac{2}{3}$

最后指出，当导数比的极限不存在时，不能断定函数比的极限不存在，这时不能使用洛必达法则，例如

$$\lim_{x\to\infty}\frac{x+\sin x}{x}=\lim_{x\to\infty}\left(1+\frac{\sin x}{x}\right)=1$$

然而

$$\frac{(x+\sin x)'}{x'}=1+\cos x$$

当 $x\to\infty$ 时无极限.

3.2.2　其他类型未定式

除上述两种未定式外，还有 $0\cdot\infty$，$\infty-\infty$，0^0，1^∞，∞^0 等五种未定式，它们都可转化为 $\frac{0}{0}$ 或 $\frac{\infty}{\infty}$ 型未定式，具体转化步骤如下：

（1）$0\cdot\infty=\frac{0}{\frac{1}{\infty}}=\frac{0}{0}$ 或 $0\cdot\infty=\frac{\infty}{\frac{1}{0}}=\frac{\infty}{\infty}$；

（2）$\infty-\infty=\frac{1}{\frac{1}{\infty}}-\frac{1}{\frac{1}{\infty}}=\frac{\frac{1}{\infty}-\frac{1}{\infty}}{\frac{1}{\infty\cdot\infty}}=\frac{0}{0}$，这两个无穷大正负号相同；

（3）$1^\infty=\mathrm{e}^{\infty\cdot\ln 1}=\mathrm{e}^{\infty\cdot 0}$；

（4）$0^0=\mathrm{e}^{0\ln 0}=\mathrm{e}^{0\cdot\infty}$；

（5）$\infty^0=\mathrm{e}^{0\ln\infty}=\mathrm{e}^{0\cdot\infty}$.

后三种情形的 $0\cdot\infty$ 型可按第一种情形化为 $\frac{0}{0}$ 或 $\frac{\infty}{\infty}$ 型.

例 3-18　求极限 $\lim\limits_{x\to0^+}x^x$.

解： 为表达简便，利用函数记号 $\mathrm{e}^x=\exp\{x\}$.

$$\lim_{x\to0^+}x^x\overset{0^0}{=}\lim_{x\to0^+}\exp\{x\ln x\}=\exp\left\{\lim_{x\to0^+}\frac{\ln x}{\frac{1}{x}}\right\}$$

$$\overset{\frac{\infty}{\infty}}{=}\exp\left\{\lim_{x\to0^+}\frac{\frac{1}{x}}{-\frac{1}{x^2}}\right\}=\exp\left\{\lim_{x\to0^+}(-x)\right\}=1$$

例 3-19　求极限 $\lim\limits_{x\to0^+}(\cot x)^{\frac{1}{\ln x}}$.

解： $\lim\limits_{x\to0^+}(\cot x)^{\frac{1}{\ln x}}\overset{\infty^0}{=}\lim\limits_{x\to0^+}\exp\left\{\frac{\ln\cot x}{\ln x}\right\}=\exp\left\{\lim\limits_{x\to0^+}\frac{\ln\cot x}{\ln x}\right\}$

$$\overset{\frac{\infty}{\infty}}{=}\exp\left\{\lim_{x\to0^+}\frac{\tan x\cdot\left(-\dfrac{1}{\sin^2 x}\right)}{\dfrac{1}{x}}\right\}=\exp\left\{\lim_{x\to0^+}\frac{-x}{\sin x\cos x}\right\}=\exp\{-1\}=\mathrm{e}^{-1}$$

例 3-20 求极限 $\lim\limits_{x\to\infty}\left(\sin\dfrac{2}{x}+\cos\dfrac{1}{x}\right)^x$.

解： $\lim\limits_{x\to\infty}\left(\sin\dfrac{2}{x}+\cos\dfrac{1}{x}\right)^x\overset{1^\infty}{=}\lim\limits_{x\to\infty}\exp\left\{x\ln\left(\sin\dfrac{2}{x}+\cos\dfrac{1}{x}\right)\right\}$

$$=\exp\left\{\lim_{x\to\infty}\frac{\ln\left(\sin\dfrac{2}{x}+\cos\dfrac{1}{x}\right)}{\dfrac{1}{x}}\right\}$$

$$\overset{y=\frac{1}{x}}{=}\exp\left\{\lim_{y\to0}\frac{\ln(\sin 2y+\cos y)}{y}\right\}$$

$$\overset{\frac{0}{0}}{=}\exp\left\{\lim_{y\to0}\frac{\dfrac{2\cos 2y-\sin y}{\sin 2y+\cos y}}{1}\right\}=\exp\{2\}=\mathrm{e}^2$$

例 3-21 求极限 $\lim\limits_{x\to+\infty}\left[x-x^2\ln\left(1+\dfrac{1}{x}\right)\right]$.

解： $\lim\limits_{x\to+\infty}\left[x-x^2\ln\left(1+\dfrac{1}{x}\right)\right]=\lim\limits_{x\to+\infty}\dfrac{\dfrac{1}{x}-\ln\left(1+\dfrac{1}{x}\right)}{\dfrac{1}{x^2}}$

$$\overset{\frac{1}{x}=t}{=}\lim_{t\to0^+}\frac{t-\ln(1+t)}{t^2}$$

$$\overset{\frac{0}{0}}{=}\lim_{t\to0^+}\frac{1-\dfrac{1}{1+t}}{2t}$$

$$=\lim_{t\to0^+}\frac{t}{2t(1+t)}=\frac{1}{2}$$

例 3-22 求极限 $\lim\limits_{n\to\infty}n\left[\left(1+\dfrac{1}{n}\right)^n-\mathrm{e}\right]$.

解： 这是 $0\cdot\infty$ 型未定式，但数列极限不能直接应用洛必达法则.

由于

$$\lim_{x\to+\infty}\frac{\left(1+\dfrac{1}{x}\right)^x-\mathrm{e}}{\dfrac{1}{x}}\overset{\frac{1}{x}=t}{=}\lim_{t\to0^+}\frac{(1+t)^{\frac{1}{t}}-\mathrm{e}}{t}\overset{\frac{0}{0}}{=}\lim_{t\to0}\frac{(1+t)^{\frac{1}{t}}\left[-\dfrac{1}{t^2}\ln(1+t)+\dfrac{1}{t(t+1)}\right]}{1}$$

$$=\lim_{t\to0}\frac{(1+t)^{\frac{1}{t}}}{1+t}\cdot\lim_{t\to0}\frac{t-(t+1)\ln(1+t)}{t^2}$$

$$\overset{\frac{0}{0}}{=}\mathrm{e}\cdot\lim_{t\to0}\frac{1-\ln(1+t)-1}{2t}=-\frac{\mathrm{e}}{2}\lim_{t\to0}\frac{\ln(1+t)}{t}=-\frac{\mathrm{e}}{2}$$

又 $n\to\infty$ 是 $x\to+\infty$ 的特殊情况，故有

$$\lim_{n\to\infty}n\left[\left(1+\frac{1}{n}\right)^n-\mathrm{e}\right]=-\frac{\mathrm{e}}{2}$$

例 3-23 设 $f(x)$ 在 $[0,t]$ 上有二阶导数，且 $f''(0)\neq0$，由微分中值定理，$\exists\xi\in(0,t)$，s.t. $f(t)-f(0)=tf'(\xi)$，求 $\lim\limits_{t\to0^+}\frac{\xi}{t}$.

解：由题设，有

$$f'(\xi)=\frac{f(t)-f(0)}{t}$$

则

$$\frac{f'(\xi)-f'(0)}{t}=\frac{\frac{f(t)-f(0)}{t}-f'(0)}{t}$$

$$\frac{f'(\xi)-f'(0)}{\xi}\cdot\frac{\xi}{t}=\frac{f(t)-f(0)-tf'(0)}{t^2}$$

在上式中，令 $t\to0$，有

$$左=\lim_{t\to0^+}\left(\frac{f'(\xi)-f'(0)}{\xi}\cdot\frac{\xi}{t}\right)=f''(0)\lim_{t\to0^+}\frac{\xi}{t}$$

$$右=\lim_{t\to0^+}\frac{f(t)-f(0)-tf'(0)}{t^2}=\lim_{t\to0^+}\frac{f'(t)-f'(0)}{2t}=\frac{1}{2}f''(0)$$

又 $f''(0)\neq0$，有

$$\lim_{t\to0^+}\frac{\xi}{t}=\frac{1}{2}$$

习题 3.2

1．求下列极限.

（1）$\lim\limits_{x\to0}\frac{x-\arcsin x}{x^3}$；（2）$\lim\limits_{x\to+\infty}\frac{\ln\left(1+\frac{1}{x}\right)}{\operatorname{arccot}x}$；

（3）$\lim\limits_{x\to0^+}\frac{\ln\tan7x}{\ln\tan2x}$；（4）$\lim\limits_{x\to0^+}\frac{\ln(\arcsin x)}{\cot x}$；

（5）$\lim\limits_{x\to-1^+}\frac{\sqrt{\pi}-\sqrt{\arccos x}}{\sqrt{x+1}}$；（6）$\lim\limits_{x\to0}\frac{\mathrm{e}^x-\mathrm{e}^{\sin x}}{x^3}$；

(7) $\lim\limits_{x\to0}\dfrac{(1+x)^{\frac{1}{x}}-\mathrm{e}}{x}$；　　(8) $\lim\limits_{x\to0}\dfrac{\ln|\cot x|}{\csc x}$；

(9) $\lim\limits_{x\to1}\left[(1-x)\tan\dfrac{\pi x}{2}\right]$；　　(10) $\lim\limits_{x\to+\infty}\left[\ln(1+\mathrm{e}^{ax})\ln\left(1+\dfrac{b}{x}\right)\right]$，$a>0$，$b\neq0$；

(11) $\lim\limits_{x\to1}\left(\dfrac{m}{1-x^m}-\dfrac{n}{1-x^n}\right)$；　　(12) $\lim\limits_{x\to1}\left(\dfrac{x}{x-1}-\dfrac{1}{\ln x}\right)$；

(13) $\lim\limits_{x\to0^+}\left(\dfrac{1}{x}\right)^{\tan x}$；　　(14) $\lim\limits_{x\to+\infty}(x+\mathrm{e}^x)^{\frac{1}{x}}$；

(15) $\lim\limits_{x\to\frac{\pi}{2}^-}(\cos x)^{\frac{\pi}{2}-x}$；　　(16) $\lim\limits_{x\to0^+}x^{\frac{1}{\ln(\mathrm{e}^x-1)}}$；

(17) $\lim\limits_{n\to+\infty}\left(\cos\dfrac{t}{n}\right)^n$；　　(18) $\lim\limits_{x\to0}\left[\dfrac{(1+x)^{\frac{1}{x}}}{\mathrm{e}}\right]^{\frac{1}{x}}$.

2．验证极限 $\lim\limits_{x\to\infty}\dfrac{x-\sin x}{x+\sin x}$ 存在，但不能用洛必达法则计算.

3．当 $x\to0$ 时，$\dfrac{2}{3}(\cos x-\cos 2x)$ 是 x 的几阶无穷小？

4．若 $\lim\limits_{x\to0}\dfrac{\tan x-\sin x}{x^p}=\dfrac{1}{2}$，求常数 p.

5．设函数 $f(x)=\begin{cases}\dfrac{g(x)-\cos x}{x}, & x\neq0\\ a, & x=0\end{cases}$，其中，$g(x)$ 有二阶连续导函数，且 $g(0)=1$.

(1) 求 a，使 $f(x)$ 在 $x=0$ 处连续；

(2) 求 $f'(x)$；

(3) 讨论 $f'(x)$ 在 $x=0$ 处的连续性.

6．设 $f(x)$ 有二阶导数，当 $x\neq0$ 时，$f(x)\neq0$，且 $\lim\limits_{x\to0}\dfrac{f(x)}{x}=0$，$f''(0)=4$，求

$$\lim_{x\to0}\left(1+\frac{f(x)}{x}\right)^{\frac{1}{x}}$$

3.3 泰勒中值定理

无论是在理论研究上，还是在实际工作中，以简单熟悉的函数形式来近似表达复杂的函数都是常用的手段，我们最熟悉的简单函数就是多项式函数，它不仅容易计算函数值，而且它的导数仍为多项式. 在 2.4 节例 2-28 中看到，多项式由它的系数完全确定，而多项式的系数又由它在一点处的函数值及导数值确定. 那么用怎样的多项式去逼近给定的函数呢？误差又是怎样呢？

在学习微分时，我们知道，若 $f'(x_0)$ 存在，在 x_0 附近有

$$f(x)\approx f(x_0)+f'(x_0)(x-x_0) \tag{3.5}$$

当 $x \to x_0$ 时，其误差是比 $(x-x_0)$ 高阶的无穷小. 但是用一次多项式来近似表达函数 $f(x)$ 常常不能满足精度要求，如造三角函数表，若用式（3.5）近似计算函数值就太粗糙了，而且对式（3.5）的误差没有定量的估计. 因此人们希望在 x_0 附近用适当的高次多项式

$$P_n(x)=a_0+a_1(x-x_0)+a_2(x-x_0)^2+\cdots+a_n(x-x_0)^n$$

即

$$P_n(x)=P_n(x_0)+P_n'(x_0)(x-x_0)+\frac{P_n''(x_0)}{2!}(x-x_0)^2+\cdots+\frac{P_n^{(n)}(x_0)}{n!}(x-x_0)^n \tag{3.6}$$

来近似表达函数 $f(x)$.

假设函数 $f(x)$ 在 x_0 处有 n 阶导数，类比式（3.5），自然希望多项式（3.6）在 x_0 处的值及它的各阶导数在 x_0 处的值分别与 $f(x_0), f'(x_0), \cdots, f^{(n)}(x_0)$ 相等（从几何角度讲，就是在 x_0 处有相同的纵坐标、相同的切线、相同的弯曲方向和弯曲程度等；从运动学角度讲，就是要有相同的起点、相同的初始速度、相同的加速度等），所以，多项式（3.6）应为

$$P_n(x)=f(x_0)+f'(x_0)(x-x_0)+\frac{f''(x_0)}{2!}(x-x_0)^2+\cdots+\frac{f^{(n)}(x_0)}{n!}(x-x_0)^n \tag{3.7}$$

称式（3.7）为 $f(x)$ 的泰勒多项式.

下面将证明确实可以用泰勒多项式逼近函数 $f(x)$，并估计它的误差.

定理 3.6（泰勒定理） 设函数 $f(x)$ 在点 x_0 处有 n 阶导数，则在点 x_0 附近 $f(x)$ 可表示为

$$f(x)=f(x_0)+f'(x_0)(x-x_0)+\frac{f''(x_0)}{2!}(x-x_0)^2+\cdots+\frac{f^{(n)}(x_0)}{n!}(x-x_0)^n+R_n(x) \tag{3.8}$$

其中，

$$R_n(x)=o((x-x_0)^n) \tag{3.9}$$

分析：要证明的是 $R_n(x)$ 为 $(x-x_0)^n$ 的高阶无穷小. 自然想到高阶无穷小的定义和洛必达法则.

证明：显然

$$R_n(x)=f(x)-P_n(x)$$

在点 x_0 处有 n 阶导数，且

$$R_n(x_0)=R_n'(x_0)=R_n''(x_0)=\cdots=R_n^{(n)}(x_0)=0 \tag{3.10}$$

据此，连续使用洛必达法则 $n-1$ 次，再用 n 阶导数定义，可推得

$$\lim_{x\to x_0}\frac{R_n(x)}{(x-x_0)^n}=\lim_{x\to x_0}\frac{R_n^{(n-1)}(x)}{n!(x-x_0)}=\frac{1}{n}\lim_{x\to x_0}\frac{R_n^{(n-1)}(x)-R_n^{(n-1)}(x_0)}{x-x_0}=\frac{1}{n!}R_n^{(n)}(x_0)=0$$

这说明，当 $x \to x_0$ 时，$R_n(x)$ 是 $(x-x_0)^n$ 的高阶无穷小，即

$$R_n(x)=o((x-x_0)^n) \quad \square$$

称式（3.8）为函数 $f(x)$ 按 $(x-x_0)$ 的幂（或在 x_0 处）展开到 n 阶的**泰勒公式**，称式（3.9）为**佩亚诺型余项**. 定理 3.6 说明当 $|x-x_0|$ 充分小时，可以用泰勒多项式（3.6）逼近函数 $f(x)$.

定理 3.7（泰勒中值定理）设函数 $f(x)$ 在区间 I 上有 $n+1$ 阶导数，$x_0 \in I$，则在区间 I 上

$f(x)$的 n 阶泰勒公式（3.8）成立，且其余项 $R_n(x)$可表示为

$$R_n(x)=\frac{f^{(n+1)}(\xi)}{(n+1)!}(x-x_0)^{n+1},\quad x\in I \tag{3.11}$$

其中，ξ 是介于 x_0 和 x 之间的某个（与 x 有关的）数.

分析：将要证的式（3.11）变形为

$$\frac{R_n(x)}{(x-x_0)^{n+1}}=\frac{f^{(n+1)}(\xi)}{(n+1)!}$$

等式一端为两个函数比，另一端为它们的 n+1 阶导数比．自然联想到柯西中值定理.

证明：注意式（3.10），对函数 $R_n(x)$及（x–x_0）$^{n+1}$ 在以 x_0 及 $x\in I$ 为端点的区间上应用柯西中值定理，得

$$\frac{R_n(x)}{(x-x_0)^{n+1}}=\frac{R_n(x)-R_n(x_0)}{(x-x_0)^{n+1}-0}=\frac{R_n'(\xi_1)}{(n+1)(\xi_1-x_0)^n}\text{，}\xi_1\text{ 在 }x_0,x\text{ 之间}$$

再对函数 $R_n'(x)$ 及 $(n+1)(x-x_0)^n$ 在以 x_0 及 ξ_1 为端点的区间上应用柯西中值定理，有

$$\frac{R_n'(\xi_1)}{(n+1)(\xi_1-x_0)^n}=\frac{R_n'(\xi_1)-R_n'(x_0)}{(n+1)(\xi_1-x_0)^n-0}=\frac{R_n''(\xi_2)}{n(n+1)(\xi_2-x_0)^{n-1}}\text{，}\xi_2\text{ 在 }x_0,\xi_1\text{ 之间}$$

如此，连续应用柯西中值定理 n+1 次，得到

$$\frac{R_n(x)}{(x-x_0)^{n+1}}=\frac{R_n^{(n+1)}(\xi)}{(n+1)!}\text{，}\xi\text{ 在 }x_0,x\text{ 之间}$$

又因为 $R_n^{(n+1)}(x)=f^{(n+1)}(x)$（因 $P_n^{(n+1)}(x)=0$），所以

$$R_n(x)=\frac{f^{(n+1)}(\xi)}{(n+1)!}(x-x_0)^{n+1}\text{，}\xi\text{ 在 }x_0,x\text{ 之间}\quad \square$$

称式（3.11）为**拉格朗日型余项**.

容易看出：

1° 当 $n=0$ 时，泰勒公式就是拉格朗日中值公式.

2° 若用 $f(x)$的 n 阶泰勒多项式近似表达 $f(x)$，其误差为

$$|R_n(x)|=\frac{|f^{(n+1)}(\xi)|}{(n+1)!}|x-x_0|^{n+1}$$

特别地，当 $x\in I$ 时，$|f^{(n+1)}(x)|<M$，则

$$|R_n(x)|\leqslant\frac{M}{(n+1)!}|x-x_0|^{n+1} \tag{3.12}$$

所以，只要 $|x-x_0|$ 适当小，误差 $|R_n(x)|$ 就能小于预先指定的数.

3° 若在区间 I 内，$f(x)$有各阶导数，且有共同的界，则对固定的 $x\in I$，因为

$$\lim_{n\to\infty}\frac{|x-x_0|^{n+1}}{(n+1)!}=0$$

所以只要泰勒公式（3.8）中多项式的次数 n 适当大，误差$|R_n(x)|$也能小于预先指定的数.

在泰勒公式（3.8）中，若 $x_0=0$，则 ξ 介于 0, x 之间，故 ξ 可表示为 $\xi=\theta x(0<\theta<1)$，这时的式（3.8），即按 x 的幂（在零点）展开的泰勒公式称为**麦克劳林公式**

$$f(x)=f(0)+f'(0)x+\frac{f''(0)}{2!}x^2+\cdots+\frac{f^{(n)}(0)}{n!}x^n+\frac{f^{(n+1)}(\theta x)}{(n+1)!}x^{n+1},\quad 0<\theta<1 \tag{3.13}$$

由此得到近似公式

$$f(x)\approx f(0)+f'(0)x+\frac{f''(0)}{2!}x^2+\cdots+\frac{f^{(n)}(0)}{n!}x^n$$

此时误差估计式（3.12）变为

$$|R_n(x)|\leqslant\frac{M}{(n+1)!}|x|^{n+1}$$

由 2.4 节的高阶导数公式，不难得到下列初等函数的麦克劳林公式：

（1）$\mathrm{e}^x=1+x+\dfrac{x^2}{2!}+\cdots+\dfrac{x^n}{n!}+\dfrac{\mathrm{e}^{\theta x}}{(n+1)!}x^{n+1}$；

（2）$\sin x=x-\dfrac{x^3}{3!}+\dfrac{x^5}{5!}-\cdots+(-1)^m\dfrac{x^{2m+1}}{(2m+1)!}+(-1)^{m+1}\dfrac{\cos\theta x}{(2m+3)!}x^{2m+3}$；

（3）$\cos x=1-\dfrac{x^2}{2!}+\dfrac{x^4}{4!}-\cdots+(-1)^m\dfrac{x^{2m}}{(2m)!}+(-1)^{m+1}\dfrac{\cos\theta x}{(2m+2)!}x^{2m+2}$；

（4）$\ln(1+x)=x-\dfrac{x^2}{2}+\dfrac{x^3}{3}-\cdots+(-1)^{n-1}\dfrac{x^n}{n}+(-1)^n\dfrac{x^{n+1}}{(n+1)(1+\theta x)^{n+1}}$；

（5）$(1+x)^\mu=1+\mu x+\dfrac{\mu(\mu-1)}{2!}x^2+\cdots+\dfrac{\mu(\mu-1)\cdots(\mu-n+1)}{n!}x^n$

$$+\frac{\mu(\mu-1)\cdots(\mu-n)}{(n+1)!}(1+\theta x)^{\mu-n-1}x^{n+1}.$$

其中，$\theta\in(0,1)$，在包含原点且函数及各阶导数都存在的区间上，上述 5 个公式都成立.

下面仅证（2）与（5）两式.

（2）的证明：

因为 $f^{(n)}(x)=\sin\left(x+n\cdot\dfrac{\pi}{2}\right)$，$n=0,1,2,\cdots$，所以 $f(0)=0$，$f'(0)=1$，$f''(0)=0$，$f'''(0)=-1,\cdots$，从而 $\sin x$ 的 $2m+2$ 阶麦克劳林公式为

$$\sin x=x-\frac{x^3}{3!}+\frac{x^5}{5!}-\cdots+(-1)^m\frac{x^{2m+1}}{(2m+1)!}+R_{2m+2}$$

其中，

$$R_{2m+2}=\frac{\sin\left[\theta x+(2m+3)\dfrac{\pi}{2}\right]}{(2m+3)!}x^{2m+3}=(-1)^{m+1}\frac{\cos\theta x}{(2m+3)!}x^{2m+3}$$ □

由麦克劳林公式（2）知，$\sin x$ 可用多项式近似表示为

$$\sin x \approx x - \frac{x^3}{3!} + \frac{x^5}{5!} - \cdots + (-1)^m \frac{x^{2m+1}}{(2m+1)!}$$

其误差为

$$|R_{2m+2}| = \left|(-1)^{m+1} \frac{\cos\theta x}{(2m+3)!} x^{2m+3}\right| \leqslant \frac{|x|^{2m+3}}{(2m+3)!}, \quad -\infty < x < +\infty$$

图 3.3 表示不同次数的泰勒多项式逼近函数 $\sin x$ 的情形. 当 $m=0$ 时，有 $\sin x \approx x$，误差 $|R_2| \leqslant \frac{|x|^3}{6}$，要使误差小于 0.001，必须使 $|x| < 0.1817$（约10°）. 当 $m=1$ 时，有 $\sin x \approx x - \frac{x^3}{3!}$，误差 $|R_4| \leqslant \frac{|x|^5}{120}$，要使误差小于 0.001，只需使 $|x| < 0.6544$（约 37.5°）即可.

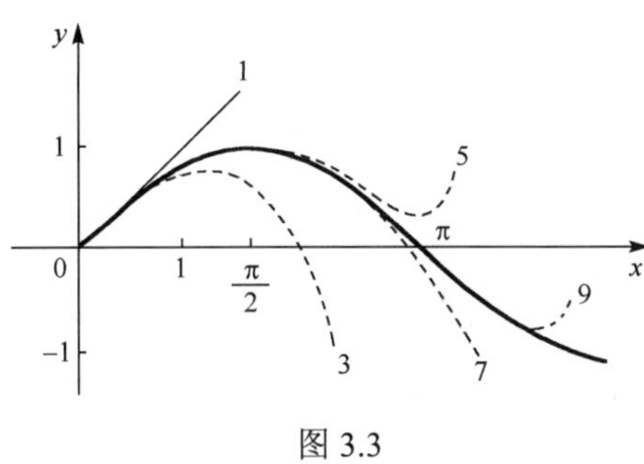

图 3.3

（5）的证明：

因为 $f^{(n)}(x) = \mu(\mu-1)\cdots(\mu-n+1)(1+x)^{\mu-n} (n=1,2,\cdots)$，所以

$$f(0)=1, \ f^{(n)}(0) = \mu(\mu-1)\cdots(\mu-n+1)$$

$$f^{(n+1)}(\theta x) = \mu(\mu-1)\cdots(\mu-n)(1+\theta x)^{\mu-n-1}$$

于是

$$(1+x)^\mu = 1 + \mu x + \frac{\mu(\mu-1)}{2!}x^2 + \cdots + \frac{\mu(\mu-1)\cdots(\mu-n+1)}{n!}x^n + \frac{\mu(\mu-1)\cdots(\mu-n)}{(n+1)!}(1+\theta x)^{\mu-n-1}x^{n+1}, \quad \theta \in (0,1) \quad \square$$

当 μ 为正整数 n 时，因为 $(1+x)^n$ 的 n 阶以上的导数恒为零，所以 $(1+x)^n$ 的 n 阶麦克劳林公式就是它的牛顿二项公式

$$(1+x)^n = 1 + nx + \frac{n(n-1)}{2!}x^2 + \cdots + x^n$$

泰勒公式给出具有高阶导数的函数的另一种表示，为计算函数值和用简单函数逼近给定函数提供了有效的方法，在其他方面也是很有用的. 下面仅举几个例子.

例 3-24 计算 ln1.2 的值，准确到小数点后四位.

解： 由麦克劳林公式（3）余项的表达式，通过试算知 $n=5$ 时满足精度要求，即

$$|R_5(0.2)| = \left|\frac{(0.2)^6}{6(1+\xi)^6}\right| < \frac{1}{6} \cdot (0.2)^6 < 0.000\,011$$

故

$$\ln 1.2 = \ln(1+0.2) \approx 0.2 - \frac{1}{2}\cdot(0.2)^2 + \frac{1}{3}\cdot(0.2)^3 - \frac{1}{4}\cdot(0.2)^4 + \frac{1}{5}\cdot(0.2)^5 \approx 0.182\,3$$

例 3-25 当 $x \to 0$ 时，$\cos x - \mathrm{e}^{-\frac{x^2}{2}}$ 是 x 的几阶无穷小？并求其幂函数形主部.

解：因

$$\cos x = 1 - \frac{x^2}{2!} + \frac{x^4}{4!} + o(x^5)$$

$$\mathrm{e}^{-\frac{x^2}{2}} = 1 - \frac{x^2}{2} + \frac{1}{2!}\left(\frac{-x^2}{2}\right)^2 + o(x^4)$$

故由于 $o(x^5) \pm o(x^4) = o(x^4)$，有

$$\cos x - \mathrm{e}^{-\frac{x^2}{2}} = -\frac{x^4}{12} + o(x^4)$$

显然，它是 x 的四阶无穷小，幂函数形主部是 $-\frac{x^4}{12}$.

例 3-26 已知 $f(x)$ 连续，$\lim\limits_{x\to 0}\frac{f(x)}{x} = 1$，且 $f''(x) > 0$，证明：当 $x \neq 0$ 时，$f(x) > x$.

证明：因为 $\lim\limits_{x\to 0}\frac{f(x)}{x} = 1$，所以 $f(0)=0$，$f'(0)=1$. 故 $f(x)$ 的一阶麦克劳林公式为

$$f(x) = x + \frac{f''(\xi)}{2!}x^2，\ \xi \text{ 介于 } 0, x \text{ 之间}$$

由于 $f''(x) > 0$，所以当 $x \neq 0$ 时，有

$$f(x) > x \quad \square$$

例 3-27 已知 $f(x) = 2x^2(x - \sin^2 x \cos x^2 \mathrm{e}^{\tan x})$，求 $f''(0)$, $f'''(0)$.

解：因为 $2x^2 \sin^2 x \cos x^2 \mathrm{e}^{\tan x}$ 是 x 的四阶无穷小，所以 $f(x)$ 的三阶麦克劳林公式为

$$f(x) = 2x^3 + o(x^3)$$

故

$$f''(0) = 0，\ f'''(0) = 2\cdot 3! = 12$$

例 3-28 设 $f(x)$ 在 $[-1,1]$ 上有连续三阶导数，且 $f(-1)=0$，$f(1)=1$，$f'(0)=0$，证明：$\exists \xi \in (-1,1)$，s.t. $f'''(\xi) = 3$.

证明：由泰勒公式，有

$$f(x) = f(0) + f'(0)x + \frac{1}{2!}f''(0)x^2 + \frac{1}{3!}f'''(\eta)x^3，\ \eta \text{ 介于 } 0, x \text{ 之间}$$

将$-1,1$ 代入上式，得

$$f(-1) = 0 = f(0) + \frac{1}{2}f''(0) - \frac{1}{6}f'''(\xi_1)，\ \xi_1 \in (-1,0)$$

$$f(1)=1=f(0)+\frac{1}{2}f''(0)+\frac{1}{6}f'''(\xi_2),\ \ \xi_2\in(0,1)$$

上述两式相减，得

$$1=\frac{1}{6}[f'''(\xi_1)+f'''(\xi_2)]$$

则

$$3=\frac{1}{2}[f'''(\xi_1)+f'''(\xi_2)]$$

又 $f'''(x)$ 连续，由闭区间连续函数的介值定理，$\exists\xi\in(\xi_1,\xi_2)\subset(-1,1)$，s.t. $f'''(\xi)=\frac{1}{2}[f'''(\xi_1)+f'''(\xi_2)]=3$. □

例 3-29 设 $f(x)$ 在 $[a,b]$ 上有二阶导数，且 $f(a)=f(b)=0$，$M=\max\limits_{x\in[a,b]}f(x)>0$，证明：$\exists\xi\in(a,b)$，s.t. $f''(\xi)\leqslant-\frac{8M}{(b-a)^2}$.

证明： 设 $M=f(c)>0$，显然 $c\in(a,b)$. 由费马定理知 $f'(c)=0$. 另外，

$$f(x)=f(c)+f'(c)(x-c)+\frac{1}{2!}f''(\xi_0)(x-c)^2,\ \ \xi_0 \text{ 介于 } x,c \text{ 之间}$$

整理得

$$f(x)=M+\frac{1}{2}f''(\xi_0)(x-c)^2$$

将 a,b 两点代入

$$f(a)=M+\frac{1}{2}f''(\xi_1)(a-c)^2,\ \ \xi_1\in(a,c) \tag{3.14}$$

$$f(b)=M+\frac{1}{2}f''(\xi_2)(b-c)^2,\ \ \xi_2\in(c,b) \tag{3.15}$$

故当 $c\in\left[a,\frac{a+b}{2}\right]$ 时，由式（3.14）有

$$f''(\xi_1)=\frac{-2M}{(c-a)^2}=\frac{-8M}{[2(c-a)]^2}\leqslant\frac{-8M}{(b-a)^2}$$

ξ_1 即为所求.

同理，当 $c\in\left[\frac{a+b}{2},b\right]$ 时，利用式（3.15）可得，ξ_2 即为所求. □

习题 3.3

1．求下列函数在指定点处的 n 阶泰勒公式.

（1）$f(x)=\frac{x}{x-1},\ x_0=2$；　　（2）$f(x)=x^2\ln x,\ x_0=1$.

2．求下列函数的二阶麦克劳林公式．

（1）$f(x)=xe^x$；　　　　（2）$f(x)=\tan x$．

3．设 $f(x)$ 有三阶导数，当 $x\to x_0$ 时，$f(x)$ 是 $x-x_0$ 的二阶无穷小，问 $f(x)$ 在 x_0 处的二阶泰勒公式有何特点，并求 $\lim\limits_{x\to x_0}\dfrac{f(x)}{(x-x_0)^2}$．

4．应用三阶泰勒公式求下列各数的近似值，并估计误差．

（1）$\sqrt[3]{30}$；　　　　（2）$\sin 18^0$．

5．利用泰勒公式求下列极限．

（1）$\lim\limits_{x\to 0}\dfrac{e^x\sin x-x(1+x)}{x^3}$；　　　　（2）$\lim\limits_{x\to\infty}\left[x-x^2\ln\left(1+\dfrac{1}{x}\right)\right]$．

6．当 $x\to 0$ 时，下列无穷小是 x 的几阶无穷小，其幂函数形主部如何．

（1）$\alpha(x)=\tan x-\sin x$；　　　　（2）$\beta(x)=(e^x-1-x)^2$．

7．确定 a,b，使 $x-(a+b\cos x)\sin x$ 当 $x\to 0$ 时为 x 的五阶无穷小．

8．设 $f(x)=\dfrac{x}{\sqrt{1+x^2}}$，求 $f^{(4)}(0)$ 和 $f^{(5)}(0)$．

9．设 $f(x)$ 在区间 $[a,b]$ 上有二阶导数，$f'(a)=-f'(b)$，证明在区间 (a,b) 内至少存在一点 ξ，使

$$|f''(\xi)|\geqslant 4\frac{|f(b)-f(a)|}{(b-a)^2}$$

10．已知函数 $f(x)$ 有三阶导数，且 $\lim\limits_{x\to 0}\dfrac{f(x)}{x^2}=0$，$f(1)=0$，试证在区间 $(0,1)$ 内至少存在一点 ξ，使

$$f'''(\xi)=0$$

3.4　极值、最值、凹凸性及函数作图

导数在研究函数形态中有很重要的作用，中学阶段已经接触到很多相关的知识，本节将把中学所学定理严格化，同时做相应的拓展和延伸．

3.4.1　极值与最值

3.1 节已给出了函数极值的定义，费马定理又给出了函数 $f(x)$ 在 x_0 处取得极值的必要条件：$f'(x_0)=0$．本节将给出充分性判别．

定理 3.8（第一充分判别法）　设 $f(x)$ 在 x_0 的某一去心邻域 $\mathring{U}(x_0)$ 内可微，在 x_0 处连续，那么在 $\mathring{U}(x_0)$ 内，

（i）如果 $x<x_0$ 时，$f'(x)>0$（<0）；$x>x_0$ 时，$f'(x)<0$（>0），则 $f(x_0)$ 为极大值（极小值）；

（ii）如果 $f'(x)$ 是定号的，则 $f(x_0)$ 不是极值．

证明：（i）当 $x<x_0$ 时，$f'(x)>0$，故 $f(x)\uparrow$，$f(x)<f(x_0)$；当 $x>x_0$ 时，$f'(x)<0$，故 $f(x)\downarrow$，$f(x)<f(x_0)$．总之，$f(x_0)$ 为极大值（括号内的情况同理可证）．

（ii）当 $f'(x)$ 定号时，$f(x)$ 是单调的，所以 $f(x_0)$ 不是极值．□

根据定理 3.1 和定理 3.8，求函数 $f(x)$ 的极值可按下面步骤进行：

1° 求导数 $f'(x)$；

2° 找嫌疑点——驻点及导数不存在的点；

3° 考察嫌疑点附近导数的符号，确定极值点并算出极值.

定理 3.9（第二充分判别法） 设 $f(x)$ 在 x_0 处有 $f'(x_0)=0$，$f''(x)$ 存在，且 $f''(x_0)\neq 0$，则

（i）当 $f''(x_0)<0$ 时，$f(x_0)$ 为极大值；

（ii）当 $f''(x_0)>0$ 时，$f(x_0)$ 为极小值.

证明：（i）因 $f'(x_0)=0$，$f''(x_0)<0$，由二阶导数定义，有

$$f''(x_0)=\lim_{x\to x_0}\frac{f'(x)-f'(x_0)}{x-x_0}=\lim_{x\to x_0}\frac{f'(x)}{x-x_0}<0$$

由极限的保号性知，$\exists\delta>0$，当 $0<|x-x_0|<\delta$ 时，有

$$\frac{f'(x)}{x-x_0}<0$$

于是，当 $x<x_0$ 时，$f'(x)>0$；当 $x>x_0$ 时，$f'(x)<0$. 由定理 3.8 知，$f(x_0)$ 是 $f(x)$ 的极大值.

类似地可证（ii）. □

对闭区间上的连续函数，可知函数最大值与最小值一定存在，则最值一定在极值点或端点处取到.

例 3-30 求函数 $f(x)=x^{\frac{2}{3}}-(x^2-1)^{\frac{1}{3}}$ 在 $[-2,2]$ 上的最大值与最小值（见图 3.4）.

解： $f'(x)=\dfrac{2}{3}x^{-\frac{1}{3}}-\dfrac{1}{3}(x^2-1)^{-\frac{2}{3}}(2x)=\dfrac{2\left[(x^2-1)^{\frac{2}{3}}-x^{\frac{4}{3}}\right]}{3x^{\frac{1}{3}}(x^2-1)^{\frac{2}{3}}}$

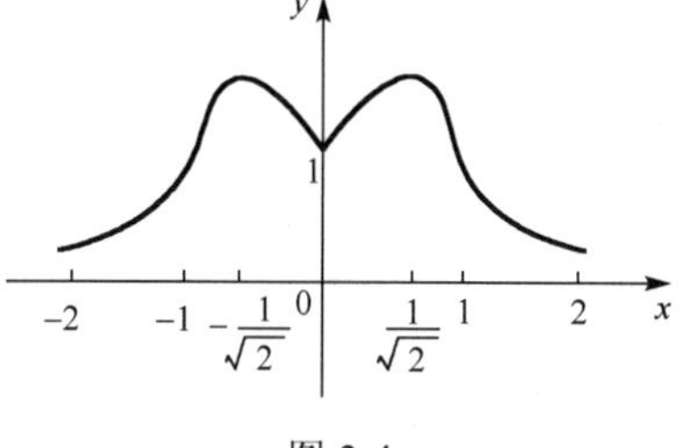

图 3.4

令 $f'(x)=0$，得驻点 $x=\pm\dfrac{1}{\sqrt{2}}$，导数不存在的点有 $x=0,\ x=\pm1$. 因 $f(x)$ 是偶函数，所以仅需计算

$$f(0)=1,\ f\left(\frac{1}{\sqrt{2}}\right)=\sqrt[3]{4},\ f(1)=1,\ f(2)=\sqrt[3]{4}-\sqrt[3]{3}$$

比较它们的大小可知，$f(x)$ 在 $[-2,2]$ 上的最大值为 $\sqrt[3]{4}$，最小值为 $\sqrt[3]{4}-\sqrt[3]{3}$.

在研究函数的最值时，常常遇到一些特殊情况. 例如，（1）设 $f\in C[a,b]$，在 (a,b) 内可导，在 (a,b) 内有唯一驻点 x_0，若 x_0 是极大（小）值点，则 $f(x_0)$ 是 $[a,b]$ 上的最大（小）值；（2）在实际问题中，若已判定 $f(x)$ 必有最大（小）值，若 x_0 是唯一驻点，则 $f(x_0)$ 便是最大（小）值.

例 3-31 将边长为 a 的正方形铁皮于四角处剪去相同的小正方形，然后折起各边焊成一个无盖的盒，问剪去的小正方形之边长为多少时，盒的容积最大？

解： 如图 3.5 所示.

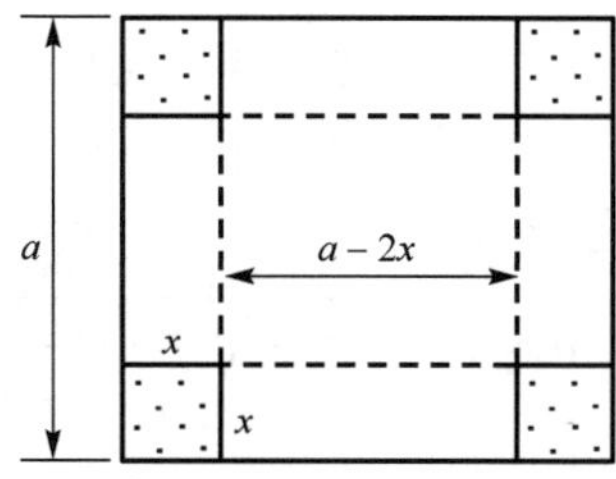

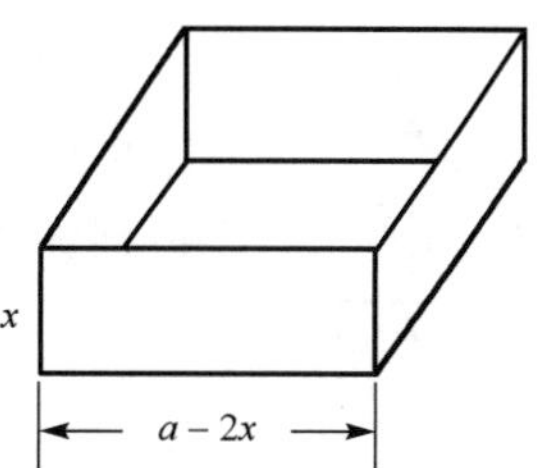

图 3.5

设剪去的小正方形边长为 x，则盒的底面边长为 $a-2x$，于是盒的容积为

$$V=(a-2x)^2x,\ 0<x<\frac{a}{2}$$

问题变为求 $V(x)$ 在 $\left(0,\frac{a}{2}\right)$ 内的最大值. 由于

$$V'=(a-2x)^2-4x(a-2x)=(a-2x)(a-6x)$$

所以在 $\left(0,\frac{a}{2}\right)$ 内只有唯一驻点 $x=\frac{a}{6}$. 因为

$$V''\Big|_{\frac{a}{6}}=(-8a+24x)\Big|_{\frac{a}{6}}=-4a<0$$

故 $x=\frac{a}{6}$ 时，容积 V 最大，$V\left(\frac{a}{6}\right)=\frac{2a^3}{27}$.

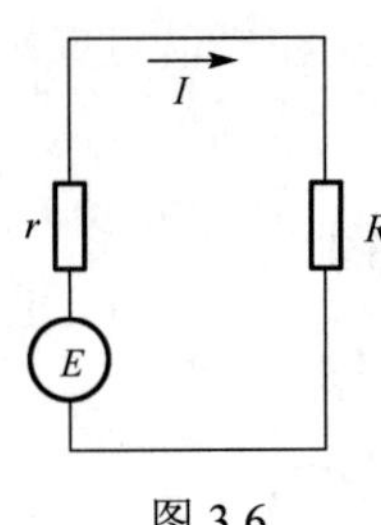

图 3.6

例 3-32 阻抗匹配问题. 图 3.6 为一稳压电源回路，电动势为 E，内阻为 r，负载电阻为 R，问 R 多大时输出功率最大？

解： 由电学知，输出功率即消耗在负载上的功率为 $P=I^2R$，其中，I 为回路电流. 又由欧姆定律有 $I=\frac{E}{r+R}$，故输出功率 P 与负载电阻 R 间的函数关系为

$$P=\frac{E^2R}{(r+R)^2},\ R>0$$

因为

$$P'=E^2\frac{(r+R)^2-2R(r+R)}{(r+R)^4}=\frac{E^2(r-R)}{(r+R)^3}$$

所以有唯一的极值嫌疑点 $R=r$. 可以肯定，对某一 R 值功率能达到最大，所以当负载电阻 R 等于电源内阻 r 时，输出功率最大，其值为

$$P_{\max}=\frac{E^2r}{(2r)^2}=\frac{E^2}{4r}$$

例 3-33 光的反射问题. 根据光学中的费马原理，光线在两点间的传播必取时间最短的路线. 问光源 S（见图 3.7）的光线射到平面镜 Ox 上的哪一点，才能反射到 A 点？

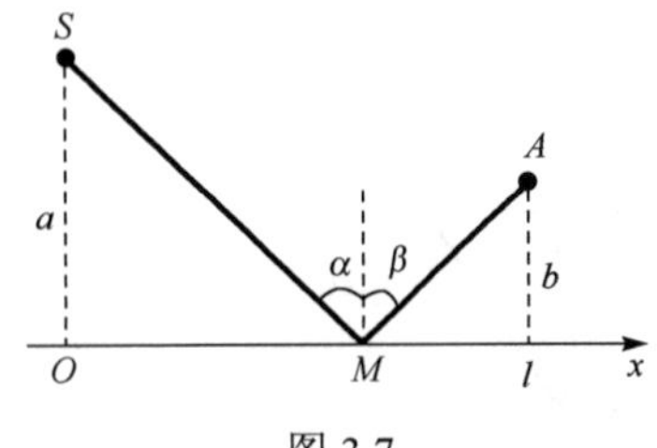

图 3.7

解： 在同一介质中光速相同，这时，时间最短路线就是距离最短路线. 设 M 为 x 轴上任一点，$OM=x$，则由 S 到 M 再到 A 的折线之长为

$$d=\sqrt{a^2+x^2}+\sqrt{b^2+(l-x)^2}$$

令 $d'=0$，即

$$d' = \frac{x}{\sqrt{a^2 + x^2}} - \frac{l - x}{\sqrt{b^2 + (l - x)^2}} = 0$$

求得唯一极值嫌疑点 $x_0 = \dfrac{al}{a+b}$. 当 $x < x_0$ 时，$d'(x) < 0$（因 $d'(0) < 0$）；当 $x > x_0$ 时，$d'(x) > 0$（因 $d'(l) > 0$）. 因此 x_0 为 d 的最小值点，此时有

$$\tan\beta = \frac{l - x_0}{b} = \frac{l}{a+b} = \frac{x_0}{a} = \tan\alpha$$

这就导出了光线的反射定律：反射角 β 等于入射角 α；反射光线与入射光线分别位于 x 轴在 x_0 处法线的两侧.

利用求最大值和最小值的方法还可以证明不等式，这种例子在中学数学中已经十分常见，这里不再赘述.

例 3-34 指出数列 $\{\sqrt[n]{n}\}$ 中最大的数，并说明理由.

解： 设 $f(x) = x^{\frac{1}{x}}$（$x > 0$），先研究它的单调性. 由取对数求导法得

$$f'(x) = \frac{x^{\frac{1}{x}}(1 - \ln x)}{x^2}$$

故 $f'(\mathrm{e}) = 0$. 当 $0 < x < \mathrm{e}$ 时，$f'(x) > 0$，$f(x)\uparrow$；当 $x > \mathrm{e}$ 时，$f'(x) < 0$，$f(x)\downarrow$，又 $2 < \mathrm{e} < 3$，因此

$$1 < \sqrt{2}$$

$$\sqrt[3]{3} > \sqrt[4]{4} > \cdots > \sqrt[n]{n} > \cdots, \quad n > 3$$

由此可见，$\sqrt{2}$ 和 $\sqrt[3]{3}$ 中最大的数就是数列 $\{\sqrt[n]{n}\}$ 中最大的数. 因为

$$\sqrt{2} = \sqrt[6]{8}, \quad \sqrt[3]{3} = \sqrt[6]{9}$$

所以，数列 $\{\sqrt[n]{n}\}$ 中最大的数是 $\sqrt[3]{3}$.

例 3-35 讨论方程 $f(x) = x\ln x + a = 0$ 有几个实根.

解： 连续函数在单调区间的端点处，若函数值异号，则在区间内有唯一零点，否则无零点. 所以先求出 $f(x)$ 的单调区间，由

$$f'(x) = \ln x + 1, \quad f''(x) = \frac{1}{x} > 0, \quad x > 0$$

故 $x_0 = \dfrac{1}{\mathrm{e}}$ 处函数取最小值

$$\min f(x) = f\left(\frac{1}{\mathrm{e}}\right) = a - \frac{1}{\mathrm{e}}$$

且当 $0 < x < \dfrac{1}{\mathrm{e}}$ 时，$f'(x) < 0$，$f(x)\downarrow$；当 $x > \dfrac{1}{\mathrm{e}}$ 时，$f'(x) > 0$，$f(x)\uparrow$.

又因

$$\lim_{x\to 0^+} f(x) = \lim_{x\to 0^+}(x\ln x + a) = a, \quad \lim_{x\to +\infty} f(x) = \lim_{x\to +\infty}(x\ln x + a) = +\infty$$

所以，

1° 当$a>\frac{1}{\mathrm{e}}$时，方程无实根；

2° 当$a=\frac{1}{\mathrm{e}}$时，方程只有一个实根，$x_0=\frac{1}{\mathrm{e}}$；

3° 当$0<a<\frac{1}{\mathrm{e}}$时，方程有两个实根，在区间$\left(0,\frac{1}{\mathrm{e}}\right)$和$\left(\frac{1}{\mathrm{e}},+\infty\right)$内各一个；

4° 当$a\leqslant 0$时，方程仅有一个实根，在区间$\left(\frac{1}{\mathrm{e}},+\infty\right)$内.

3.4.2 凸函数、曲线的凸向及拐点

若曲线上任意两点之间的曲线段都位于其弦的下（上）方，则称此曲线是下凸（上凸）的. 图 3.8（a）中的曲线是下凸的，图 3.8（b）中的曲线是上凸的.

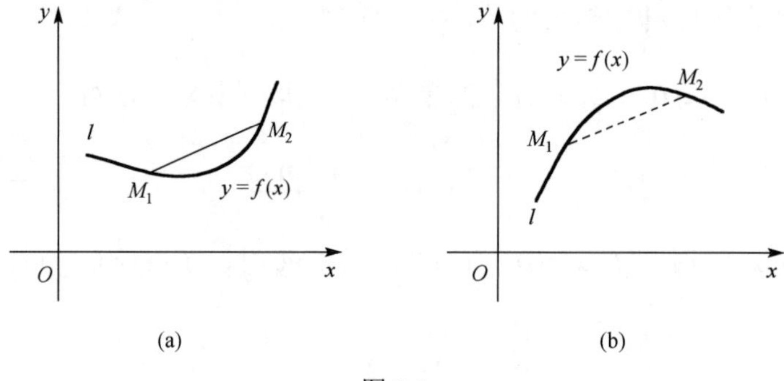

图 3.8

设曲线l的方程$y=f(x)$，$x\in I$. $M_1(x_1,y_1)$，$M_2(x_2,y_2)$为l上任意二点. 由解析几何知，弦$\overline{M_1M_2}$的参数方程为$X=x_1+t(x_2-x_1)$，$Y=y_1+t(y_2-y_1)$，$t\in[0,1]$. 记$\lambda_1=1-t$，$\lambda_2=t$，则弦$\overline{M_1M_2}$的方程为

$$X=\lambda_1x_1+\lambda_2x_2,\ Y=\lambda_1y_1+\lambda_2y_2$$

其中，$\lambda_1,\lambda_2\in[0,1]$，$\lambda_1+\lambda_2=1$. 若曲线$l$是下凸的，即$Y\geqslant f(x)(x=X)$，亦即

$$\lambda_1f(x_1)+\lambda_2f(x_2)\geqslant f(\lambda_1x_1+\lambda_2x_2),\ \forall x_1,x_2\in I \tag{3.16}$$

满足不等式（3.16）的函数，称为区间I上的下凸函数. 下凸函数的图形为下凸曲线. 使式（3.16）中不等号方向相反的函数，称为I上的上凸函数，上凸函数的图形是上凸曲线. 例如，$y=x^2$，$y=\mathrm{e}^x$是下凸函数，$y=\sqrt{x}$，$y=\ln x$是上凸函数.

定理 3.10 设$f(x)$在区间I上有二阶导数，若$f''(x)\geqslant 0(\leqslant 0)$，则$f(x)$为区间$I$上的下凸函数（上凸函数）.

证明： $\forall x_1,x_2\in I$，$\forall\lambda_1,\lambda_2\in[0,1]$，$\lambda_1+\lambda_2=1$，记$x_0=\lambda_1x_1+\lambda_2x_2$，由泰勒公式

$$f(x)=f(x_0)+f'(x_0)(x-x_0)+\frac{f''(\xi)}{2!}(x-x_0)^2,\ \xi\text{介于}x_0,x\text{之间} \tag{3.17}$$

得

$$f(x_1)=f(x_0)+f'(x_0)(x_1-x_0)+\frac{f''(\xi_1)}{2!}(x_1-x_0)^2$$

$$f(x_2)=f(x_0)+f'(x_0)(x_2-x_0)+\frac{f''(\xi_2)}{2!}(x_2-x_0)^2$$

于是

$$\lambda_1 f(x_1)+\lambda_2 f(x_2)=f(x_0)+f'(x_0)(\lambda_1 x_1+\lambda_2 x_2-x_0)+\frac{\lambda_1 f''(\xi_1)}{2!}(x_1-x_0)^2+\frac{\lambda_2 f''(\xi_2)}{2!}(x_2-x_0)^2$$

因为 $f''(x)\geqslant 0$ 及 $x_0=\lambda_1 x_1+\lambda_2 x_2$，所以有

$$\lambda_1 f(x_1)+\lambda_2 f(x_2)\geqslant f(\lambda_1 x_1+\lambda_2 x_2) \quad \square$$

因为曲线 $y=f(x)$ 上点 $(x_0,f(x_0))$ 处的切线方程为

$$y=f(x_0)+f'(x_0)(x-x_0)$$

由式（3.17）不难看出以下定理.

定理 3.11 若 $f(x)$ 在区间 I 上是有二阶导数的下凸（上凸）函数，则曲线 $y=f(x)$ 位于其上任一点处的切线的上（下）方.

显然，有二阶导数的下凸（上凸）函数，它的一阶导数是单调递增（单调递减）的. 下凸函数若有极值，必是最小值；如果下凸函数有最大值，只能在区间端点处取得. 上凸函数若有极值，必是最大值；如果上凸函数有最小值，只能在区间端点处取得.

在连续曲线 $y=f(x)$ 上，不同凸向曲线段的分界点称为**拐点**.

若 $f(x)$ 有二阶导数，则点 $(x_0,f(x_0))$ 是拐点的必要条件为 $f''(x_0)=0$. 当然，拐点也可能出现在二阶导数不存在的点处.

例 3-36 求曲线 $y=(x-2)^{\frac{5}{3}}-\frac{5}{9}x^2$ 的拐点及凸向区间.

解： 1° $y'=\frac{5}{3}(x-2)^{\frac{2}{3}}-\frac{10}{9}x$

$$y''=\frac{10}{9}(x-2)^{-\frac{1}{3}}-\frac{10}{9}=\frac{10}{9}\ \frac{1-(x-2)^{\frac{1}{3}}}{(x-2)^{\frac{1}{3}}}$$

2° y'' 的零点是 $x_1=3$，y'' 不存在的点是 $x_2=2$.

3° 列表讨论如下：

x	$(-\infty,2)$	2	$(2,3)$	3	$(3,+\infty)$
$f''(x)$	−	不存在	+	0	−
$f(x)$	$\cap$	拐点 $\left(2,-\frac{20}{9}\right)$	$\cup$	拐点 $(3,-4)$	$\cap$

例 3-37 设 $a,\ b\geqslant 0$，$\mu\geqslant 1$，试证

$$\frac{a^\mu+b^\mu}{2}\geqslant\left(\frac{a+b}{2}\right)^\mu$$

证明： 设 $f(x)=x^\mu$，则

$$f'(x)=\mu x^{\mu-1}$$

$$f''(x)=\mu(\mu-1)x^{\mu-2}$$

因为 $\mu\geqslant 1$，所以当 $x\geqslant 0$ 时，$f''(x)\geqslant 0$，因此 $f(x)$ 在区间 $(0,+\infty)$ 上是下凸函数，由下凸函数的定义知

$$\frac{a^\mu+b^\mu}{2}\geqslant\left(\frac{a+b}{2}\right)^\mu \quad \square$$

3.4.3 曲线的渐近线

若动点 $M(x,f(x))$ 沿着曲线 $y=f(x)$ 无限远离坐标原点时，它与某一直线 l 的距离趋于零，则称直线 l 为曲线 $y=f(x)$ 的一条**渐近线**.

渐近线有以下三种类型.

1．水平渐近线

若 $\lim\limits_{x\to\infty}f(x)=A$，或 $\lim\limits_{x\to+\infty}f(x)=A$，或 $\lim\limits_{x\to-\infty}f(x)=A$，则称 $y=A$ 是曲线 $y=f(x)$ 的一条水平渐近线. 例如，$y=\mathrm{e}^{-x}$，由于 $\lim\limits_{x\to+\infty}\mathrm{e}^{-x}=0$，所以 $y=0$ 是曲线 $y=\mathrm{e}^{-x}$ 的一条水平渐近线.

2．垂直渐近线

若 $\lim\limits_{x\to x_0}f(x)=\infty$，或 $\lim\limits_{x\to x_0^+}f(x)=\infty$，或 $\lim\limits_{x\to x_0^-}f(x)=\infty$，则称 $x=x_0$ 为曲线 $y=f(x)$ 的一条垂直渐近线. 例如，$y=\dfrac{1}{x-1}$，由于 $\lim\limits_{x\to 1}\dfrac{1}{x-1}=\infty$，所以 $x=1$ 是曲线 $y=\dfrac{1}{x-1}$ 的一条垂直渐近线.

3．斜渐近线

设曲线 $y=f(x)$ 的斜渐近线方程为

$$y=ax+b$$

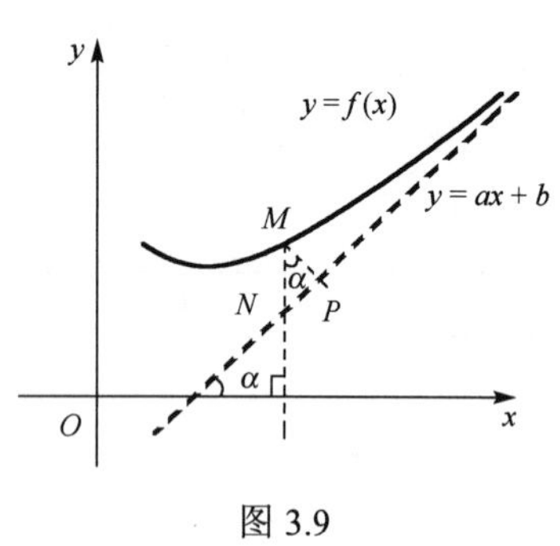

图 3.9

其仰角 $\alpha\neq\dfrac{\pi}{2}$，其图形如图 3.9 所示. 因为

$$|MP|=|MN|\cdot|\cos\alpha|$$

所以

$$\lim_{r\to+\infty}|MP|=0\Leftrightarrow\lim_{r\to+\infty}|MN|=0$$

r 是动点 M 到原点的距离，后一极限就是

$$\lim_{\substack{x\to+\infty\\(x\to-\infty)}}[f(x)-ax-b]=0 \tag{3.18}$$

由此得

$$\lim_{\substack{x\to+\infty\\(x\to-\infty)}}\frac{f(x)-ax-b}{x}=\lim_{\substack{x\to+\infty\\(x\to-\infty)}}\left[\frac{f(x)}{x}-a-\frac{b}{x}\right]=0$$

即有

$$\lim_{\substack{x\to+\infty\\(x\to-\infty)}}\frac{f(x)}{x}=a \tag{3.19}$$

而式（3.18）又等价于

$$\lim_{\substack{x\to+\infty\\(x\to-\infty)}}[f(x)-ax]=b \tag{3.20}$$

总之，若极限式（3.19）与极限式（3.20）同时存在，则曲线 $y=f(x)$ 有斜渐近线 $y=ax+b$. 极限式（3.19）与极限式（3.20）只要有一个不存在，曲线 $y=f(x)$ 就没有斜渐近线. 此外，水平渐近线已含在斜渐近线内.

例 3-38 求曲线 $y=\dfrac{x^2}{1+x}$ 的渐近线.

解： 1° 因为 $\lim\limits_{x\to-1}\dfrac{x^2}{1+x}=\infty$，所以 $x=-1$ 为曲线的垂直渐近线.

2° 因为 $\lim\limits_{x\to\infty}\dfrac{f(x)}{x}=\lim\limits_{x\to\infty}\dfrac{x}{1+x}=1$，即 $a=1$；又因为 $\lim\limits_{x\to\infty}[f(x)-x]=\lim\limits_{x\to\infty}\dfrac{-x}{1+x}=-1$，即 $b=-1$，所以 $y=x-1$ 为曲线的斜渐近线（见图 3.10）.

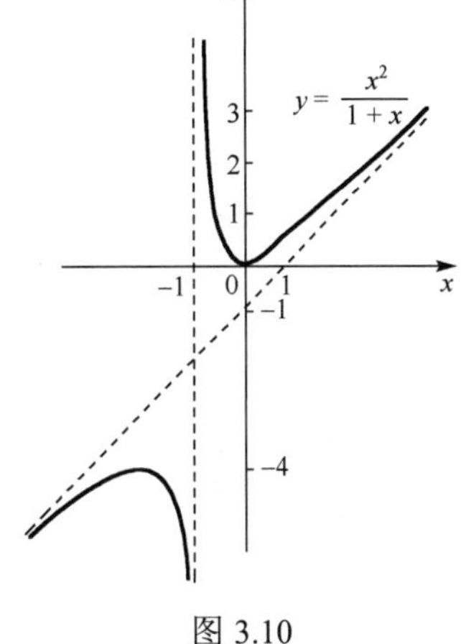

图 3.10

3.4.4 函数的分析作图法

为了较准确地描绘函数的图形，只使用描点法是不够的，还应该分析函数的性态. 作函数 $y=f(x)$ 的图形，一般应遵循如下步骤：

1° 确定函数的定义域、值域、间断点及函数的奇偶性、周期性；

2° 求出 $f'(x)=0$ 和 $f''(x)=0$ 在定义域的全部实根及使 $f'(x)$ 和 $f''(x)$ 不存在的所有点，用这些根和导数不存在的点把函数定义域分成若干小区间，确定在这些小区间内 $f'(x)$ 和 $f''(x)$ 的符号，并由此确定函数的单调区间、凸向区间、极值和拐点；

3° 求曲线所有的渐近线，并将以上信息列入表格中；

4° 求出一些特殊点处的函数值，如与坐标轴的交点、极值点、拐点等，结合前面的结果，用平滑的曲线连接这些点，画出 $y=f(x)$ 的图形.

例 3-39 作函数 $y=\dfrac{x^2(x-1)}{(x+1)^2}$ 的图形.

讨论： 1° 定义域为 $x\neq-1$. 无奇偶性.

2° $y'=\dfrac{x(x^2+3x-2)}{(x+1)^3}=\dfrac{x(x-x_2)(x-x_3)}{(x+1)^3}$，$y''=\dfrac{2(5x-1)}{(x+1)^4}$.

令 $y'=0$，解得驻点：

$$x_1=0，x_2=\frac{-3-\sqrt{17}}{2}\approx-3.56，x_3=\frac{-3+\sqrt{17}}{2}\approx0.56$$

令 $y''=0$，解得 $x_4=\dfrac{1}{5}$，即点 $\left(\dfrac{1}{5},-\dfrac{1}{45}\right)$ 是拐点嫌疑点. 列表如下：

x	$(-\infty, x_2)$	x_2	$(x_2, -1)$	-1	$(-1, 0)$	0
$f'(x)$	+	0	−		+	0
$f''(x)$	−	−	−		−	−
曲线 $y=f(x)$		极大值 A		无穷间断点		极大值 0
x	$\left(0, \frac{1}{5}\right)$	$\frac{1}{5}$	$\left(\frac{1}{5}, x_3\right)$	x_3	$(x_3, +\infty)$	
$f'(x)$	−	−	−	0	+	
$f''(x)$	−	0	+	+	+	
曲线 $y=f(x)$		拐点 $\left(\frac{1}{5}, -\frac{1}{45}\right)$		极小值 B		

表中，$A=\dfrac{-71-17\sqrt{17}}{16}\approx -8.82$，$B=\dfrac{17\sqrt{17}-71}{16}\approx -0.057$.

3° 因为 $\lim\limits_{x\to -1}\dfrac{x^2(x-1)}{(x+1)^2}=-\infty$，所以 $x=-1$ 为曲线的垂直渐近线；又因为

$$\lim_{x\to\infty}\frac{f(x)}{x}=\lim_{x\to\infty}\frac{x(x-1)}{(x+1)^2}=1$$

$$\lim_{x\to\infty}[f(x)-x]=\lim_{x\to\infty}\frac{-x(3x+1)}{(x+1)^2}=-3$$

所以 $y=x-3$ 为曲线的斜渐近线. 列表如下：

x	-2	0	1	2	3
y	-12	0	0	$\frac{4}{9}$	$\frac{9}{8}$

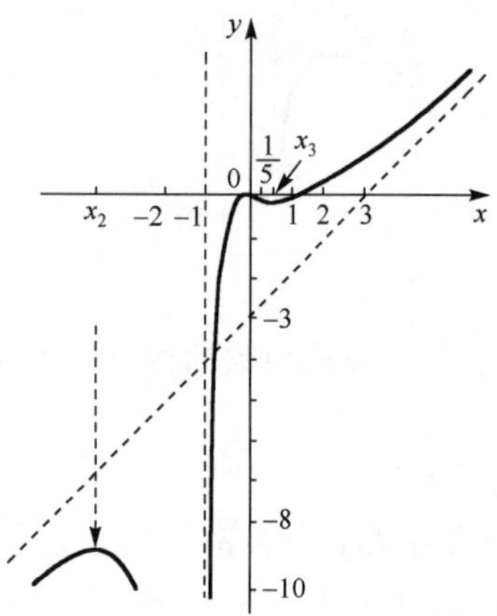

图 3.11

结合上面的分析便可作出函数的图形，如图 3.11 所示. 如果只用描点法，在区间 $(0,1)$ 内图形的微妙变化就可能被忽略，曲线如何伸向无穷远也不清楚.

习题 3.4

1．求下列函数的极值.

（1）$f(x)=2x^3-6x^2-18x+7$；　　（2）$f(x)=(x-5)^2\sqrt[3]{(x+1)^2}$；

（3）$f(x)=\dfrac{x}{\ln x}$.

2．求函数 $f(x)=\begin{cases} x, & x\leqslant 0 \\ x\ln x, & x>0 \end{cases}$ 的极值.

3．讨论下列方程实根的个数.

（1）$|x|+\sqrt{|x|}-\cos x=0$；　　（2）$\ln x=ax$，$a>0$.

4．选择题.

（1）若连续函数 $f(x)$ 在 x_0 处取极大值，则在 x_0 的某邻域 $U(x_0)$ 内，必有（　　）.

（A）$(x-x_0)[f(x)-f(x_0)]\geqslant 0$　　（B）$(x-x_0)[f(x)-f(x_0)]\leqslant 0$

（C） $\lim\limits_{t \to x_0} \dfrac{f(t)-f(x)}{(t-x)^2} \geqslant 0$，$x \neq x_0$　　（D） $\lim\limits_{t \to x_0} \dfrac{f(t)-f(x)}{(t-x)^2} \leqslant 0$，$x \neq x_0$

（2）设函数 $f(x)$ 连续，且 $\lim\limits_{x \to 0} \dfrac{f(x)}{x^3}=1$，则（　　）.

（A） $x=0$ 不是 $f(x)$ 的驻点　　（B） $x=0$ 是 $f(x)$ 的驻点，但不是极值点

（C） $f(0)$ 是极小值　　（D） $f(0)$ 是极大值

5．求下列函数在指定区间上的最大值和最小值.

（1） $y=x+2\sqrt{x}$，$[0,4]$；　　（2） $y=x^x$，$[0.1,1]$.

6．求下列指定区间上函数的值域.

（1） $y=2\tan x-\tan^2 x$，$\left[0,\dfrac{\pi}{2}\right)$；　　（2） $y=\arctan\dfrac{1-x}{1+x}$，$(0,1]$.

7．把直径为 d 的圆木锯成截面为矩形的梁，矩形截面的高 h 和宽 b 应如何选取，才能使梁的抗弯强度最大（由材料力学知，这个强度与积 bh^2 成正比）？

8．已知轮船运输消耗的燃料与速度的立方成正比，当速度为10km/h时，每小时的燃料费为80元，又每小时需其他费用380元，问轮船的速度多大时，才能使20km航程的总费用最少？这时每小时的总费用等于多少？

9．在地平面上，以倾角 α 、初速度 v_0 斜抛一物体，若忽略空气阻力，问 α 为多大时，能把物体抛得最远？

10．制作一个容积固定的圆柱形有盖大桶，问高 h 及底半径 r 取多大时，用料最省？

11．半径为 R 的圆上截去中心角为 α 的扇形，余下部分可卷成一圆锥形漏斗，问 α 取何值时，漏斗的容积最大？

12．用某种仪器测量某零件的长度 n 次，所得的数据（长度）为 $x_1,x_2,\cdots,x_n$. 验证：应用表达式 $x=\dfrac{x_1+x_2+\cdots+x_n}{n}$ 算得的长度才能较好地表达该零件的长度，即它使 n 个数据的差的平方和 $(x-x_1)^2+(x-x_2)^2+\cdots+(x-x_n)^2$ 最小.

13．证明下列不等式.

（1） $1+x\ln(x+\sqrt{1+x^2})>\sqrt{1+x^2}$，$x>0$；

（2） $\ln(1+x) \geqslant \dfrac{\arctan x}{1+x}$，$x \geqslant 0$；

（3） $2^{1-p} \leqslant x^p+(1-x)^p \leqslant 1$，　$0 \leqslant x \leqslant 1$，$p>1$；

（4） $\mathrm{e}^x \leqslant \dfrac{1}{1-x}$，$x<1$.

14．设 $\alpha>\beta>\mathrm{e}$，证明不等式 $\beta^\alpha>\alpha^\beta$.

15．有一质量为 m 的物体放在水平桌面上，用力使它沿桌面由静止开始移动. 已知物体与桌面之间的摩擦系数 $\mu=0.4$，问力与桌面之间的角度 θ 为何值时所用的力最小？

16. 已知函数 $y=f(x)$ 的导数的图形是开口向上的抛物线(二次曲线)，且与 x 轴交于 $x=0$ 和 $x=2$. 又 $f(x)$ 的极大值为3，极小值为0，求 $f(x)$.

17．求下列曲线的凸向区间及拐点.

（1） $y=1+x^2-\dfrac{1}{2}x^4$；　　（2） $y=\ln(1+x^2)$；

（3） $y=\begin{cases}\ln x-x, & x\geqslant 1\\ x^2-2x, & x<1\end{cases}$；　　　　（4） $y=x|x|$.

18．求曲线 $x=t^2$，$y=3t+t^3$ 的拐点.

19．设 $y=f(x)$ 在 x_0 的某邻域内有三阶连续导数，且 $f'(x_0)=f''(x_0)=0$，而 $f'''(x_0)\neq 0$，试问点 x_0 是否为极值点？为什么？又 $(x_0, f(x_0))$ 是否为拐点？为什么？推广一下，猜想有什么一般结论.

20．设 $f(x)$ 在 $[a,b]$ 上是下凸函数. 证明：$\forall x_1,\cdots,x_n\in[a,b]$，$\forall \lambda_1,\cdots,\lambda_n\in[0,1]$，只要 $\lambda_1+\lambda_2+\cdots+\lambda_n=1$，就有不等式

$$f(\lambda_1 x_1+\cdots+\lambda_n x_n)\leqslant \lambda_1 f(x_1)+\cdots+\lambda_n f(x_n)$$

（称为詹生不等式）成立.

21. 证明 $f(x)=-\ln x$ 在 $(0,+\infty)$ 上是下凸函数，进一步证明：当 $x_i>0$，$\lambda_i\geqslant 0$，$i=1,2,\cdots,n$，且 $\sum\limits_{i=1}^{n}\lambda_i=1$ 时，有

（1） $\lambda_1 x_1+\lambda_2 x_2+\cdots+\lambda_n x_n\geqslant x_1^{\lambda_1}x_2^{\lambda_2}\cdots x_n^{\lambda_n}$；

（2） $\dfrac{x_1+x_2+\cdots+x_n}{n}\geqslant \sqrt[n]{x_1x_2\cdots x_n}$.

22．求下列曲线的渐近线.

（1） $y=\dfrac{a}{(x-b)^2}+c$，$a\neq 0$；　　　　（2） $y=x+\dfrac{\ln x}{x}$；

（3） $y^2(x^2+1)=x^2(x^2-1)$；　　　　（4） $y=x\ln\left(\mathrm{e}+\dfrac{1}{x}\right)$.

23．用分析法作下列函数的图形.

（1） $y=\sqrt[3]{x^2}+2$；　　　　（2） $y=\mathrm{e}^{-\frac{1}{x}}$；

（3） $y=\dfrac{(1+x)^3}{(x-1)^2}$.

3.5　平面曲线的曲率

本节继续讨论微分学在几何上的应用，研究平面曲线的另一些性质，这些性质都可以推广到空间曲线上.

3.5.1　弧微分

设函数 $f(x)$在区间(a,b)内具有连续导数，x_0 为(a,b)内一个定点，$x,x+\Delta x$ 为(a,b)内两个邻近的点. M_0,M,M'分别为曲线 $y=f(x)$上与 $x_0,x,x+\Delta x$ 对应的点（见图 3.12）. 以 s 表示曲线由基点 M_0 到点 M 的一段弧 $\overset{\frown}{M_0M}$ 的长度（当 M 在 M_0 右边时规定 s 为正，当 M 在 M_0 左边时规定 s 为负）.

需要强调的是，这里定义的曲线弧长是可度的，即要求满足弧长与弦长比值的极限为 1，即

$$\lim_{M'\to M}\frac{\widehat{MM'}}{|MM'|}=1$$

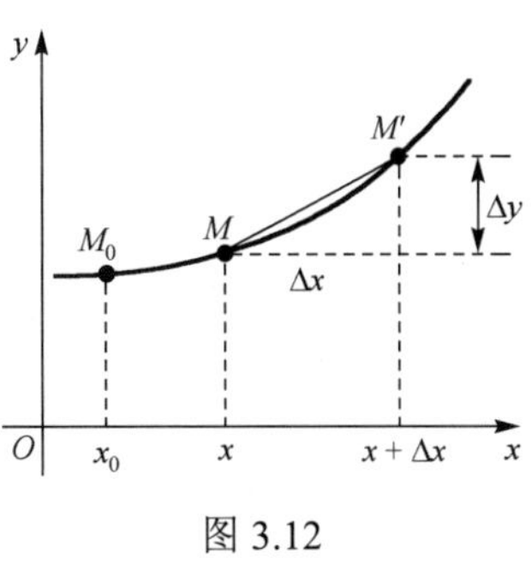

图 3.12

显然，s 是 x 的函数，且为单调递增函数. 设对应于 x 的增量为 Δx，弧长 s 的增量为 Δs，则 $\Delta s = s(x+\Delta x)-s(x)$. 于是

$$\left(\frac{\Delta s}{\Delta x}\right)^2=\left(\frac{\widehat{MM'}}{\Delta x}\right)^2=\left(\frac{\widehat{MM'}}{|MM'|}\right)^2\cdot\left(\frac{|MM'|}{\Delta x}\right)^2$$

$$=\left(\frac{\widehat{MM'}}{|MM'|}\right)^2\cdot\frac{(\Delta x)^2+(\Delta y)^2}{(\Delta x)^2}$$

$$=\left(\frac{\widehat{MM'}}{|MM'|}\right)^2\cdot\left[1+\left(\frac{\Delta y}{\Delta x}\right)^2\right]$$

上式两端开方后，令 $\Delta x\to 0$ 取极限，并利用上面的条件，即得

$$\frac{\mathrm{d}s}{\mathrm{d}x}=\pm\sqrt{1+y'^2}$$

又 s 是 x 的单调递增函数，因此得到弧微分的表达式为

$$\mathrm{d}s=\sqrt{1+y'^2}\,\mathrm{d}x \tag{3.21}$$

若函数曲线由参数方程

$$\begin{cases}x=\varphi(t)\\ y=\psi(t)\end{cases},\quad \alpha\leqslant t\leqslant\beta$$

给出，且 $\varphi(t),\psi(t)$ 均有连续导数，则此时

$$\mathrm{d}s=\sqrt{[\varphi'(t)]^2+[\psi'(t)]^2}\,\mathrm{d}t \tag{3.22}$$

若函数曲线由极坐标方程

$$r=r(\theta),\quad \alpha\leqslant\theta\leqslant\beta$$

给出，且 $r(\theta)$ 有连续导数，则将 $x=r(\theta)\cos\theta$， $y=r(\theta)\sin\theta$ 代入式（3.20），即得

$$\mathrm{d}s=\sqrt{[r(\theta)]^2+[r'(\theta)]^2}\,\mathrm{d}\theta \tag{3.23}$$

3.5.2 曲线的曲率

我们都有这样的体验，当火车、汽车转弯时，弯曲越大离心力就越大；建筑中的梁、车床上的轴等都会发生弯曲，如果弯曲得太厉害，就会造成断裂，如此等等. 在数学上，就需要研究曲线的弯曲程度. 如何用数量来描述曲线的弯曲程度（即曲率），无论是在理论上还是在实践中，都是十分有意义的.

我们先来看如何比较两条曲线的弯曲程度.

假如两条曲线段（见图 3.13）的长度一样，都是 Δs ，但它们的切线变化不同. 对第一条曲线段来说，在 A 点有一条切线 τ_A . 假设当 A 沿着曲线变到 B 点，切线 τ_A 也跟着连续变动到 B 点的切线 τ_B . 切线 τ_A 与 τ_B 之间的夹角 $\Delta\varphi_1$ 就是从 A 到 B 切线转角变化的大小. 同样，对第二条曲线段，$\Delta\varphi_2$ 是从 A' 到 B' 切线方向变化的大小. 在图 3.13 上可见 $\Delta\varphi_1 < \Delta\varphi_2$，它表示曲线弧 $\overset{\frown}{A'B'}$ 比曲线弧 $\overset{\frown}{AB}$ 弯曲得厉害. 因此，角度变化越大，弯曲程度越大，即 Δs 一定时，弯曲程度与 $\Delta\varphi$ 成正比.

需要注意的是，切线方向变化的角度不能完全反映曲线的弯曲程度. 如图 3.14 所示，两段圆弧的切线都改变了同一角度，但可以看出弧长小的弯曲大. 对同一角度，弧长越小，弯曲越大，即 $\Delta\varphi$ 一定时，弯曲程度与 Δs 成反比.

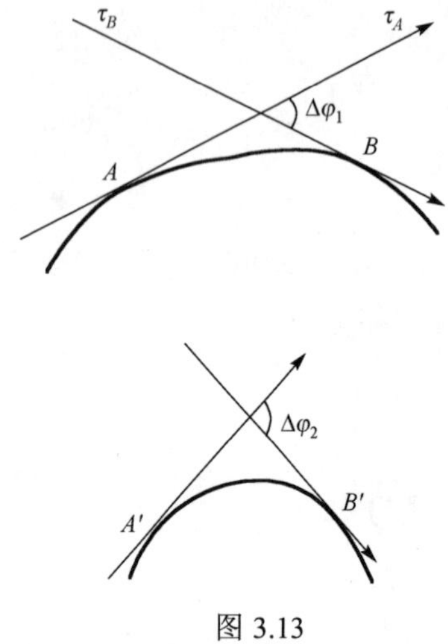

图 3.13

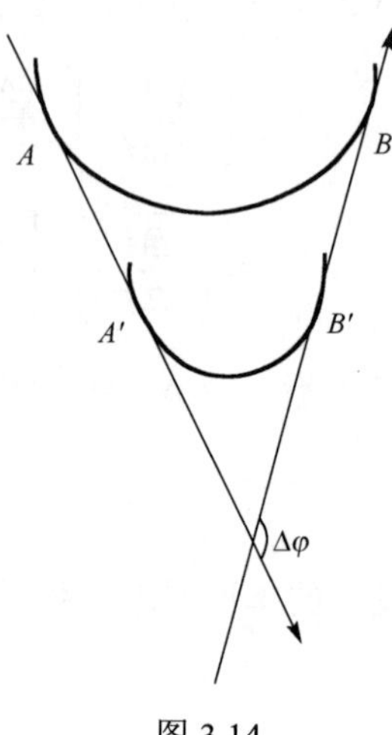

图 3.14

因此，一段曲线的平均弯曲程度可以用

$$\bar{k} = \left|\frac{\Delta\varphi}{\Delta s}\right|$$

来衡量，称之为曲线段的平均曲率.

为了说明曲线上点 A 处的弯曲程度，让 B 沿曲线趋近于点 A（$\Delta s \to 0$），称平均曲率的极限，即倾角 φ 对 s 的导数

$$\frac{\mathrm{d}\varphi}{\mathrm{d}s} = \lim_{B\to A}\frac{\Delta\varphi}{\Delta s}$$

其绝对值为曲线在 A 点处的曲率，记为 k，即

$$k = \lim_{B\to A}\left|\frac{\Delta\varphi}{\Delta s}\right| = \lim_{\Delta s\to 0}\left|\frac{\Delta\varphi}{\Delta s}\right| = \left|\frac{\mathrm{d}\varphi}{\mathrm{d}s}\right| \tag{3.24}$$

就是说，曲率等于切线倾角随弧长变化的变化率的绝对值，或者说曲率是切线方向随弧长变化的变化率的模.

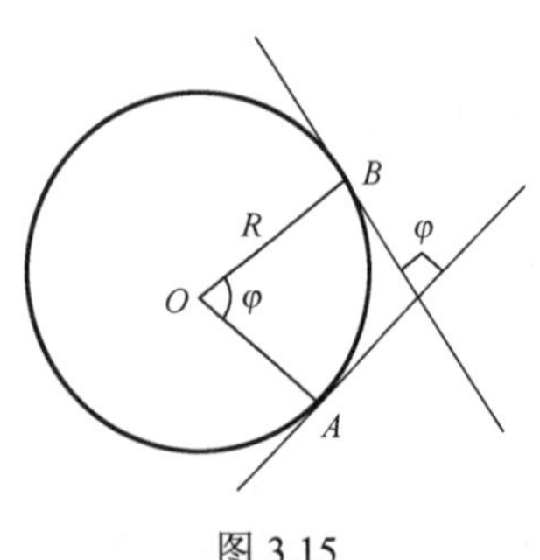

图 3.15

例 3-40 求半径为 R 的圆周上各点处的曲率.

解：如图 3.15 所示.

$$\angle AOB = \Delta\varphi = \frac{\Delta s}{R}$$

于是

$$\frac{\Delta\varphi}{\Delta s} = \frac{1}{\Delta s}\cdot\Delta\varphi = \frac{1}{\Delta s}\cdot\frac{\Delta s}{R} = \frac{1}{R}$$

所以

$$k=\lim_{\Delta s\to 0}\left|\frac{\Delta\varphi}{\Delta s}\right|=\frac{1}{R}$$

即圆周上各点处的曲率都等于半径的倒数，因此经半径越大曲率越小.

例 3-41 求直线上各点处的曲率.

解： 由于直线上任一点的切线就是直线本身，故恒有 $\Delta\varphi=0$，因而 $\frac{\Delta\varphi}{\Delta s}=0$，所以

$$k=\lim_{\Delta s\to 0}\left|\frac{\Delta\varphi}{\Delta s}\right|=0$$

即直线的曲率为零.

在直角坐标系下，设曲线方程是 $y=f(x)$，且 $f(x)$ 具有二阶导数. 根据导数的几何意义 $y'=\tan\varphi$，有

$$\varphi=\arctan y'$$

其微分为

$$\mathrm{d}\varphi=\frac{1}{1+y'^2}\mathrm{d}y'=\frac{y''}{1+y'^2}\mathrm{d}x$$

由式（3.21）知 $\mathrm{d}s=\sqrt{1+y'^2}\mathrm{d}x$，用 $\mathrm{d}s$ 去除 $\mathrm{d}\varphi$，再取绝对值，就得到曲率的计算公式

$$k=\left|\frac{y''}{(1+y'^2)^{\frac{3}{2}}}\right| \tag{3.25}$$

例 3-42 抛物线 $y=x^2$ 上哪一点的曲率最大？

解： 因为 $y'=2x$，$y''=2$，故

$$k=\frac{2}{[1+(2x)^2]^{\frac{3}{2}}}$$

若要 k 最大，只需 $1+(2x)^2$ 最小，显然当 $x=0$ 时，在点 $(0,0)$ 处抛物线 $y=x^2$ 的曲率最大，即

$$k_{\max}=2$$

有了曲率的概念和计算公式，曲线上任一点处的弯曲程度就可以通过一个数表示出来，但是到底弯曲到什么程度还没有一个直观形象. 由例 3-40 知，半径为 R 的圆周上任一点处的曲率为半径的倒数 $\frac{1}{R}$，故若曲线上某点的曲率为 k，则曲线在这点处的弯曲程度和以 $\frac{1}{k}$ 为半径的圆周相同. 例如，抛物线 $y=x^2$ 在原点处的曲率为 2，那么它在原点处的弯曲程度与半径为 $\frac{1}{2}$ 的圆周一样.

定义 3.2 若曲线 c 上点 M 处的曲率 $k\neq 0$，则称 $R=\frac{1}{k}$ 为曲线 c 在点 M 处的**曲率半径**.

定义 3.3 在点 M 处曲线凹向的法线上取一点 D，使 $|MD|=R=\frac{1}{k}$，则以 D 为圆心、以 R 为半径的圆称为曲线在点 M 处的**曲率圆**（或密切圆），点 D 称为曲线在点 M 处的**曲率中心**.

由于曲率圆与曲线 c 在点 M 处有公切线，有相同的曲率、相同的弯曲方向，所以在工程上常常以曲率圆的弧段来近似代替复杂的小曲线段.

设曲线方程是 $y=f(x)$，且 $f''(x)\neq 0$，则曲线在点 $M(x,y)$ 处的曲率中心 $D(\xi,\eta)$ 的坐标为

$$\begin{cases}\xi = x-\dfrac{y'(1+y'^2)}{y''}\\ \eta = y+\dfrac{(1+y'^2)}{y''}\end{cases} \tag{3.26}$$

读者可参照图 3.16 自己推证.

当点 $M(x,f(x))$ 沿曲线 c 移动时，曲率中心 D 的轨迹 G 称为 c 的**渐屈线**，式（3.26）为其参数方程，其中，$y=f(x)$，$y'=f'(x)$，$y''=f''(x)$，x 为参数，如图 3.17 所示.

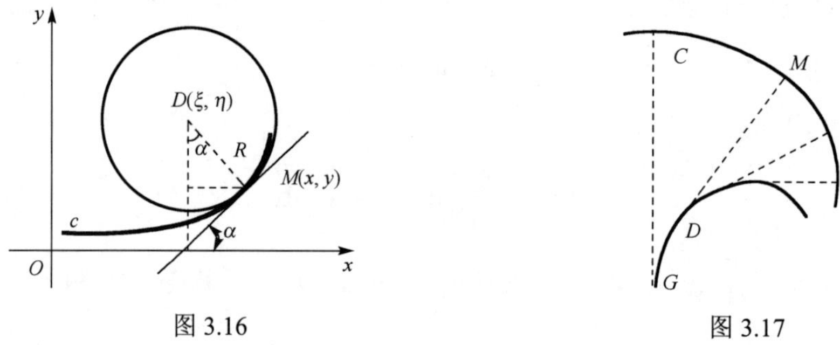

图 3.16　　　　图 3.17

例 3-43　求椭圆 $x=a\cos t$，$y=b\sin t$ 的渐屈线方程.

解：由于

$$\frac{\mathrm{d}y}{\mathrm{d}x}=\frac{b\cos t}{-a\sin t}=-\frac{b}{a}\cot t,\quad \frac{\mathrm{d}^2y}{\mathrm{d}x^2}=-\frac{b}{a^2}\frac{1}{\sin^3 t}$$

代入式（3.26）得

$$\begin{cases}\xi=\dfrac{1}{a}(a^2-b^2)\cos^3 t\\ \eta=-\dfrac{1}{b}(a^2-b^2)\sin^3 t\end{cases}$$

消去 t，得渐屈线方程

$$(a\xi)^{\frac{2}{3}}+(b\eta)^{\frac{2}{3}}=(a^2-b^2)^{\frac{2}{3}}$$

它是星形线，如图 3.18 所示.

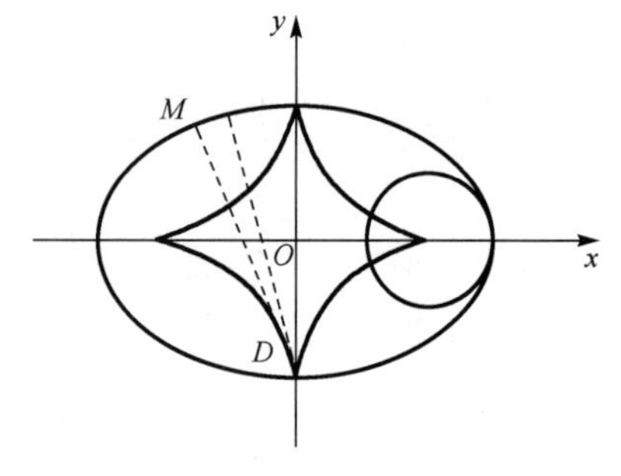

图 3.18

例 3-44　设计铁路时通常用立方抛物线 $y=\dfrac{1}{6Rl}x^3$ 作为缓和曲线，如图 3.19 所示. 连接直道 AO 和圆弧弯道 BC，其中，R 是圆弧弯道的半径，l 是缓和曲线 OB 在 x 轴上投影的长，且 $\dfrac{l}{R}\ll 1$（表示 $\dfrac{l}{R}$ 远小于 1），求缓和曲线两端点 $O(0,0)$ 及 $B\left(l,\dfrac{l^2}{6R}\right)$ 处的曲率.

解：因 $y'=\dfrac{x^2}{2Rl}$，$y''=\dfrac{x}{Rl}$，所以

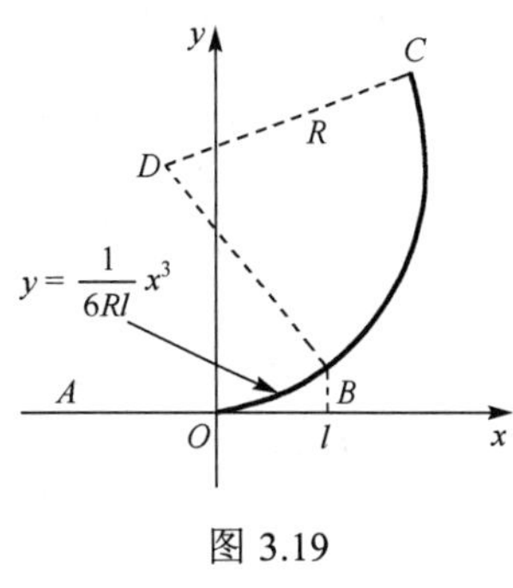

图 3.19

$$k(0,0)=\left.\frac{|y''|}{(1+y'^2)^{\frac{3}{2}}}\right|_{x=0}=0$$

$$k\left(l,\frac{l^2}{6R}\right)=\frac{\frac{l}{Rl}}{\left[1+\left(\frac{l^2}{2Rl}\right)^2\right]^{\frac{3}{2}}}=\frac{\frac{1}{R}}{\left[1+\left(\frac{l}{2R}\right)^2\right]^{\frac{3}{2}}}\approx\frac{1}{R}$$

最后一步用到 $\dfrac{l}{2R}\ll 1$ 而把它忽略了. 这样的路轨在两个连接点 O 及 B 处的曲率都近似于连续变化，再使外轨适当地高于内轨，才能确保行车平稳安全.

习题 3.5

1．求下列曲线在指定点处的曲率.

（1）$y=\ln(x+\sqrt{1+x^2})$，在点 $(0,0)$ 处；　　（2）$xy=1$，在点 $(1,1)$ 处；

（3）$x=3t^2$，$y=3t-t^3$，在 $t=1$ 对应的点处；

（4）$x=x(y)$ 是 $y=x+\mathrm{e}^x$ 的反函数，在 $x=0$，$y=1$ 处.

2．导出极坐标下曲线的曲率公式，求心形线 $r=a(1+\cos\theta)$ 在任一点 (r,θ) 处的曲率半径.

3．求 $y=\mathrm{e}^x$ 在点 $(0,1)$ 处的曲率中心.

4．求 $y^2=4x$ 在原点处的曲率圆.

5．求曲线 $y=\ln x$ 上曲率最大的点，并在该点附近用抛物线 $y=ax^2+bx+c$ 近似代替 $y=\ln x$，求 a,b,c.

6．设 $f(x)$ 有二阶导数，证明曲线 $y=f(x)$ 在点 $P(x,y)$ 处的曲率可以用 $k=\left|\dfrac{\mathrm{d}\sin\alpha}{\mathrm{d}x}\right|$ 表示，其中，α 是曲线在点 P 处的切线的倾角.

7．曲线 $y=\ln(1+x^2)$ 上哪一点附近线性最好，且 y 随 x 变化率最大？

综合题

1．已知 $f(x)$ 在 $[a,b]$ 上可导，且 $b-a\geqslant 4$，证明 $\exists x_0\in(a,b)$，使得 $f'(x_0)<1+f^2(x_0)$.

2．设 $f(x)\in C[a,b]$，在 (a,b) 内可导，且 $f(a)f(b)>0$，$f(a)f\left(\dfrac{a+b}{2}\right)<0$，试证：在 (a,b) 内存在 ξ，使 $f'(\xi)=f(\xi)$.

3．设 $f(x)$ 在 $(0,+\infty)$ 上有界、可导，则（　　）.

（A）当 $\lim\limits_{x\to+\infty}f(x)=0$ 时，必有 $\lim\limits_{x\to+\infty}f'(x)=0$

（B）当 $\lim\limits_{x\to+\infty} f'(x)=0$ 时，必有 $\lim\limits_{x\to+\infty} f'(x)=0$

（C）当 $\lim\limits_{x\to0^+} f(x)=0$ 时，必有 $\lim\limits_{x\to0^+} f'(x)=0$

（D）当 $\lim\limits_{x\to0^+} f'(x)=0$ 时，必有 $\lim\limits_{x\to0^+} f'(x)=0$

4．设 $f(x)$ 在 $[-1,1]$ 上有二阶导数，且 $f(-1)=1$，$f(0)=0$，$f(1)=3$，证明在区间 $(-1,1)$ 内至少存在一点 ξ，使 $f''(\xi)=4$．

5．设 $f(x)$ 在 $[0,1]$ 上有二阶导数，$f(0)=f(1)=0$，且 $\max\limits_{x\in(0,1)} f(x)=2$．证明 $\exists\xi\in(0,1)$，使 $f''(\xi)\leqslant-16$．

6．设 $f(x)$ 在 x_0 处有二阶导数 $f''(x_0)$，试证：

$$\lim_{h\to0}\frac{f(x_0+h)-2f(x_0)+f(x_0-h)}{h^2}=f''(x_0)$$

7．设 $f(x)\in C^2(U(0))$，且 $f(0)f'(0)f''(0)\neq0$，证明存在唯一的一组实数 $\lambda_1,\lambda_2,\lambda_3$，使 $\lambda_1 f(h)+\lambda_2 f(2h)+\lambda_3 f(3h)-f(0)=o(h^2)$．

8．已知 $\lim\limits_{x\to1}\dfrac{\sqrt{x^4+3}-[A+B(x-1)+C(x-1)^2]}{(x-1)^2}=0$，求 A,B,C．

9．设 $\lim\limits_{n\to\infty} a_n=a>0$，求 $\lim\limits_{n\to\infty} n(\sqrt[n]{a_n}-1)$．

10．设 $\lim\limits_{x\to0}\dfrac{\sin6x+xf(x)}{x^3}=0$，求 $\lim\limits_{x\to0}\dfrac{6+f(x)}{x^2}$．

11．设 ξ_a 为函数 $\arctan x$ 在区间 $[0,a]$ 上使用拉格朗日中值定理时的中值，求 $\lim\limits_{a\to0^+}\dfrac{\xi_a}{a}$．

12．证明：$\dfrac{1}{2}(\mathrm{e}^x+\mathrm{e}^{-x})\geqslant x^2+\cos x$，$x\in\mathbb{R}$．

13．证明不等式：

$$\sqrt[3]{abc}\leqslant\frac{a+b+c}{3}，\quad a,b,c \text{ 均为正数}$$

14．若用 $\dfrac{2(x-1)}{x+1}$ 来近似 $\ln x$，证明当 $x\in[1,2]$ 时，其误差不超过 $\dfrac{1}{12}(x-1)^3$．

15．证明方程 $\mathrm{e}^x-x^2-3x-1=0$ 有且仅有三个实根.

16．讨论方程 $2^x=1+x^2$ 的实根个数.

17．设函数 $\varphi(x)$ 可微，且 $|\varphi'(x)|<r<1$（r 为常数），试证：若方程 $x=\varphi(x)$ 有解 x_0，则解必唯一，而且可以用如下的“迭代法”来求 x_0：

任取 x_1，作数列

$$x_2=\varphi(x_1),\quad x_3=\varphi(x_2),\quad\cdots,\quad x_{n+1}=\varphi(x_n),\quad\cdots$$

则

$$\lim_{n\to\infty} x_n=x_0$$

用本题指出的迭代法，用计算器求方程 $x=\dfrac{\pi}{4}\left(\dfrac{2}{3}\sin x+1\right)$ 在区间 $\left[0,\dfrac{\pi}{2}\right]$ 上的近似解.

第4章 不定积分

本章求不定积分其实为求导的逆运算，是为下一章介绍定积分基本定理提前铺垫的内容，因此本章更多的是计算的方法和计算的技巧.

4.1 原函数与不定积分

4.1.1 原函数与不定积分的概念

第3章介绍了求已知函数的导数和微分的运算. 但在许多实际事件中要解决相反的问题，就是已知导数或微分，求原来那个函数的问题. 例如：

（1）已知某曲线的切线斜率为 $2x$，求此曲线的方程；

（2）某质点作直线运动，已知运动速度函数 $v=at+v_0$，求路程函数.

这些是微分运算的逆运算问题，是微积分学中的一个基本内容.

定义 4.1 如果在区间 I 上，

$$F'(x)=f(x) \quad 或 \quad \mathrm{d}F(x)=f(x)\mathrm{d}x$$

则称 $F(x)$ 为 $f(x)$ 在区间 I 上的一个**原函数**.

例如，由 $(\sin x)'=\cos x$ 知，$F(x)=\sin x$ 是 $f(x)=\cos x$ 在 $(-\infty,+\infty)$ 上的一个原函数. 不难看出 $F(x)+C=\sin x+C$ 也是 $f(x)=\cos x$ 的原函数，其中，C 为任意常数.

显然，若函数 $F(x)$ 是函数 $f(x)$ 的一个原函数，则利用导数的运算性质，对任意常数 C，有

$$[F(x)+C]'=F'(x)=f(x)$$

可见函数 $F(x)+C$ 也是函数 $f(x)$ 的原函数. 由此可见，一个函数如果有原函数，它必有无穷多个原函数，并有结论如下。

定理 4.1 如果 $F(x)$ 是 $f(x)$ 在区间 I 上的一个原函数，则 $f(x)$ 在 I 上的任一个原函数都可表示为 $F(x)+C$ 的形式，其中，C 为某一常数.

此定理表明形如 $F(x)+C$ 的一族函数是 $f(x)$ 的全部原函数.

证明： 设 $\Phi(x)$ 为 $f(x)$ 在 I 上的任一原函数，则

$$\Phi'(x)=f(x)$$

又因 $F'(x)=f(x)$，所以

$$[\Phi(x)-F(x)]'=\Phi'(x)-F'(x)=f(x)-f(x)\equiv 0，\quad \forall x\in I$$

故 $\Phi(x)-F(x)=C$，即

$$\Phi(x)=F(x)+C$$ □

可见，只要找到 $f(x)$ 的一个原函数，就知道它的全部原函数.

定义 4.2 设 $F(x)$ 是 $f(x)$ 的任一原函数，则 $f(x)$ 的全部原函数的一般表达式

$$F(x)+C$$

称为函数 $f(x)$ 的**不定积分**，记为 $\int f(x)\mathrm{d}x$，即

$$\int f(x)\mathrm{d}x=F(x)+C$$

其中，$\int$ 称为**积分符号**，$f(x)\mathrm{d}x$ 称为**被积表达式**，$f(x)$ 称为**被积函数**，x 称为**积分变量**，任意常数 C 称为**积分常数**.

要强调指出的是，

（i）被积函数是原函数的导数，被积表达式是原函数的微分；

（ii）不定积分表示那些导数等于被积函数的所有函数，或者说其微分等于被积表达式的所有函数，因此绝对不能漏写积分常数 C；

（iii）求已知函数的原函数或不定积分的运算称为积分运算，它是微分运算的逆运算.

例 4-1 求 $\int\cos x\mathrm{d}x$.

解： $\int\cos x\mathrm{d}x=\sin x+C$.

例 4-2 求 $\int x^3\mathrm{d}x$.

解： $\int x^3\mathrm{d}x=\frac{1}{4}x^4+C$.

不定积分的几何意义 设 $F(x)$是 $f(x)$的一个原函数，则 $y=F(x)$ 的图形称为 $f(x)$的一条**积分曲线**. 因为 $F'(x)=f(x)$，所以积分曲线上任一点 $(x,F(x))$ 处的切线斜率恰好等于 $f(x)$. 若把这条积分曲线沿 y 轴方向平移 C 个单位，就得到另一条积分曲线 $y=F(x)+C$. 因此，不定积分就是这样一族积分曲线通用的方程. 曲线族中各条曲线在横坐标相同的点处的切线平行，如图 4.1 所示.

在求原函数的实际问题中，有时要从全部原函数中确定出所需要的具有某种特性的一个原函数，这时应根据这个特性确定常数 C 的值，从而找出需要的原函数.

例 4-3 求通过点(2,5)且其切线斜率为 $2x$ 的曲线.

解： 切线斜率为 $2x$，即 $y'=2x$ 的曲线族为

$$y=\int 2x\mathrm{d}x=x^2+C$$

又因所求曲线通过点(2,5)，即当 $x=2$ 时，$y=5$，所以有

$$5=2^2+C\text{，}\quad C=1$$

故所求的曲线方程为

$$y=x^2+1$$

如图 4.2 所示.

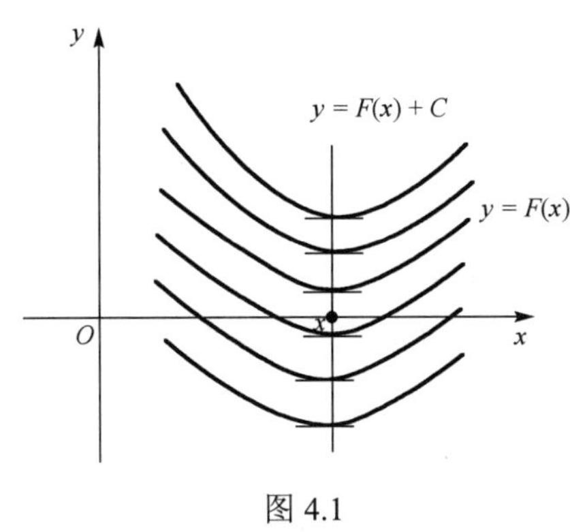

图 4.1

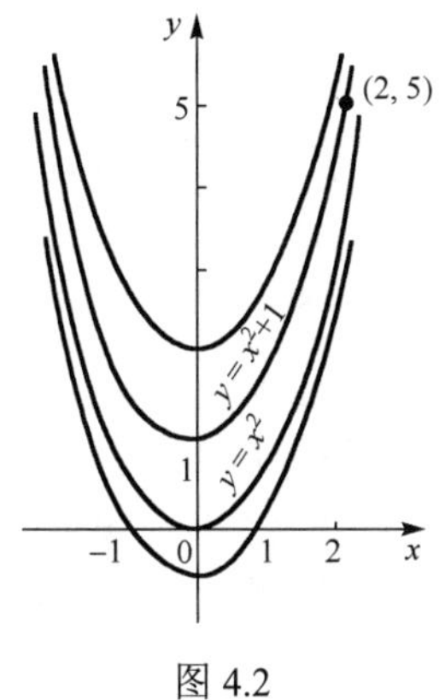

图 4.2

例 4-4 已知物体运动速度 $v = at + v_0$，求路程函数.

解： 因为 $\dfrac{\mathrm{d}s}{\mathrm{d}t} = v = at + v_0$，所以

$$s = \int (at + v_0)\mathrm{d}t = \frac{1}{2}at^2 + v_0 t + s_0$$

其中，s_0 为任意常数. 若 $t = 0$ 时，$s = 0$，则 $s_0 = 0$，这时路程函数为

$$s = \frac{1}{2}at^2 + v_0 t$$

哪些函数有原函数？又如何求其原函数呢？第一个问题由下面的定理回答.

定理 4.2 若 $f(x) \in C[a,b]$，则它必有原函数.

这个原函数存在性定理的证明将在下一章给出，至于第二个问题正是下面几节所要研究的. 顺便指出，不定积分与导数的定义方法大不相同，导数的定义是构造性的，定义本身就指明了计算方法；而不定积分的定义仅指出所要求的函数的特性，没有指明如何寻找它，所以积分运算原则上比微分运算困难得多. 因此在学习中，应熟记基本积分公式，适当做练习并不断总结，搜索求不定积分的方法和技巧.

4.1.2 不定积分的性质与基本公式

由不定积分的定义和微分法则，可以很容易推出不定积分的以下几个性质.

性质 4.1 $\left(\int f(x)\mathrm{d}x\right)' = f(x)$ 或 $\mathrm{d}\int f(x)\mathrm{d}x = f(x)\mathrm{d}x$.

证明： 设 $F(x)$ 是 $f(x)$ 的一个原函数，则

$$\int f(x)\mathrm{d}x = F(x) + C$$

于是

$$\left(\int f(x)\mathrm{d}x\right)' = (F(x) + C)' = F'(x) = f(x) \quad \square$$

性质 4.1 说明不定积分的导数（微分）等于被积函数（被积表达式）.

性质 4.2 $\int F'(x)\mathrm{d}x = F(x)+C$ 或 $\int \mathrm{d}F(x) = F(x)+C.$

证明： 由于 $F(x)$ 是 $F'(x)$ 的一个原函数，根据定义 4.2，有

$$\int F'(x)\mathrm{d}x = F(x)+C \quad \square$$

性质 4.2 说明对一个函数 $F(x)$，先微分得到 $F'(x)\mathrm{d}x$，再求不定积分等于 $F(x)+C.$

总之，先积分后微分，则两个运算抵消；反之，先微分后积分，则抵消后差一个常数. 这就是微分与积分互为逆运算的含义.

性质 4.3 设函数 $f_1(x)$, $f_2(x)$ 在区间 I 上都有原函数，则

$$\int[k_1f_1(x)+k_2f_2(x)]\mathrm{d}x = k_1\int f_1(x)\mathrm{d}x + k_2\int f_2(x)\mathrm{d}x$$

其中，k_1,k_2 是不同时为零的常数.

证明： 由微分法则和性质 4.1，有

$$\begin{aligned}\left[k_1\int f_1(x)\mathrm{d}x + k_2\int f_2(x)\mathrm{d}x\right]' &= k_1\left(\int f_1(x)\mathrm{d}x\right)' + k_2\left(\int f_2(x)\mathrm{d}x\right)' \\ &= k_1f_1(x)+k_2f_2(x)\end{aligned}$$

所以，$\left[k_1\int f_1(x)\mathrm{d}x + k_2\int f_2(x)\mathrm{d}x\right]$ 是 $k_1f_1(x)+k_2f_2(x)$ 的原函数，且在不定积分中已含有任意常数，由不定积分定义知性质 4.3 成立. $\square$

性质 4.3 称为积分的线性性质，它是和微分运算的线性性质相对应的.

根据微分基本公式，可直接得到如下不定积分基本公式.

（1）$\int 0\mathrm{d}x = C$；（2）$\int 1\mathrm{d}x = x+C$；

（3）$\int x^\mu \mathrm{d}x = \dfrac{1}{\mu+1}x^{\mu+1}+C$，$\mu\neq -1$；（4）$\int \dfrac{1}{x}\mathrm{d}x = \ln|x|+C$；

（5）$\int a^x\mathrm{d}x = \dfrac{a^x}{\ln a}+C$，$a>0$，$a\neq 1$；（6）$\int \mathrm{e}^x\mathrm{d}x = \mathrm{e}^x+C$；

（7）$\int \sin \mathrm{d}x = -\cos x+C$；（8）$\int \cos x\mathrm{d}x = \sin x+C$；

（9）$\int \sec^2 x\mathrm{d}x = \int \dfrac{1}{\cos^2 x}\mathrm{d}x = \tan x+C$；（10）$\int \csc^2 x\mathrm{d}x = \int\dfrac{1}{\sin^2 x}\mathrm{d}x = -\cot x+C$；

（11）$\int \sec x\tan x\mathrm{d}x = \sec x+C$；（12）$\int \csc x\cot x\mathrm{d}x = -\csc x+C$；

（13）$\int \dfrac{\mathrm{d}x}{\sqrt{1-x^2}} = \arcsin x+C$；（14）$\int \dfrac{1}{1+x^2}\mathrm{d}x = \arctan x+C.$

熟记以上基本公式，才能顺利地进行积分运算.

例 4-5 求 $\int(\mathrm{e}^x+2\sin x)\mathrm{d}x$.

解： $\int(\mathrm{e}^x+2\sin x)\mathrm{d}x = \int \mathrm{e}^x\mathrm{d}x + 2\int\sin x\mathrm{d}x = \mathrm{e}^x - 2\cos x + C$

例 4-6 求 $\int x\left(\sqrt{x}-\dfrac{2}{x^2}\right)\mathrm{d}x$.

解： $\int x\left(\sqrt{x}-\frac{2}{x^2}\right)dx=\int\left(x^{\frac{3}{2}}-\frac{2}{x}\right)dx=\int x^{\frac{3}{2}}dx-2\int\frac{1}{x}dx$

$$=\frac{1}{\frac{3}{2}+1}x^{\frac{3}{2}+1}-2\ln|x|+C$$

$$=\frac{2}{5}x^{\frac{5}{2}}-2\ln|x|+C$$

例 4-7 求 $\int\frac{dx}{x^2(x^2+1)}$.

解： $\int\frac{dx}{x^2(x^2+1)}=\int\left(\frac{1}{x^2}-\frac{1}{x^2+1}\right)dx=\int\frac{1}{x^2}dx-\int\frac{1}{x^2+1}dx$

$$=-\frac{1}{x}-\arctan x+C$$

例 4-8 求 $\int\frac{1}{\sin^2 x\cos^2 x}dx$.

解： $\int\frac{1}{\sin^2 x\cos^2 x}dx=\int\frac{\sin^2 x+\cos^2 x}{\sin^2 x\cos^2 x}dx=\int\left(\frac{1}{\cos^2 x}+\frac{1}{\sin^2 x}\right)dx$

$$=\tan x-\cot x+C$$

例 4-9 求 $\int(10^x+\cot^2 x)dx$.

解： $\int(10^x+\cot^2 x)dx=\int 10^x dx+\int\frac{\cos^2 x}{\sin^2 x}dx=\frac{10^x}{\ln 10}+\int\frac{1-\sin^2 x}{\sin^2 x}dx$

$$=\frac{10^x}{\ln 10}+\int\csc^2 x dx-\int dx=\frac{10^x}{\ln 10}-\cot x-x+C$$

习题 4.1

1．写出下列函数的原函数.

（1）$\sin 2x$；（2）a^{2x}；（3）$(ax+b)^n$，$n\neq-1$.

2．设 $f(x)$ 为可微函数，下列各式中正确的是（　　）.

（A）$d\int f(x)dx=f(x)$　　（B）$\int f'(x)dx=f(x)$

（C）$\left(\int f(x)dx\right)'=f(x)$　　（D）$\left(\int f(x)dx\right)'=f(x)+C$

3．应用不定积分基本公式求下列不定积分.

（1）$\int(x^2-3x^{-0.7}+1)dx$；（2）$\int\sqrt[m]{x^n}dx$；

（3）$\int\sqrt{x\sqrt{x\sqrt{x}}}dx$；（4）$\int\frac{3x^4+3x^2+1}{x^2+1}dx$；

（5）$\int 3^{2x}e^x dx$；（6）$\int\frac{2^x+5^x}{10^x}dx$；

（7）$\int\cos^2\frac{x}{2}dx$；（8）$\int\tan^2 x dx$；

（9）$\int\frac{\cos 2x}{\sin^2 x\cos^2 x}\mathrm{d}x$；（10）$\int\frac{1+\cos^2 x}{1+\cos 2x}\mathrm{d}x$；

（11）$\int\left(\sin\frac{x}{2}-\cos\frac{x}{2}\right)^2\mathrm{d}x$；（12）$\int\frac{\sqrt{1+x^2}}{\sqrt{1-x^4}}\mathrm{d}x$.

4．试证

$$\int\frac{a_1\sin x+b_1\cos x}{a\sin x+b\cos x}\mathrm{d}x=Ax+B\ln|a\sin x+b\cos x|+C$$

其中，$a^2+b^2\neq 0$，$A=\frac{aa_1+bb_1}{a^2+b^2}$，$B=\frac{ab_1-a_1b}{a^2+b^2}$.

4.2 换元积分法

微分运算中有两个重要的法则：复合函数微分法则和乘积微分法则. 在积分运算中，与它们对应的是本节和下节将要介绍的换元积分法与分部积分法.

换元积分公式 设 $f(x)$ 连续，$x=\varphi(t)$ 有连续的导数，则

$$\int f(\varphi(t))\varphi'(t)\mathrm{d}t=\int f(\varphi(t))\mathrm{d}\varphi(t)\overset{x=\varphi(t)}{=}\int f(x)\mathrm{d}x \tag{4.1}$$

证明：由于

$$f(\varphi(t))\varphi'(t)\mathrm{d}t=f(\varphi(t))\mathrm{d}\varphi(t)=f(x)\mathrm{d}x$$

所以根据不定积分定义知式（4.1）成立. □

第一换元积分法 若遇到积分 $\int f(\varphi(t))\varphi'(t)\mathrm{d}t$ 不易计算时，先通过变换 $x=\varphi(t)$，由式（4.1）化为不定积分 $\int f(x)\mathrm{d}x$ 来计算，积分后再将 $x=\varphi(t)$ 代入.

第二换元积分法 若遇到积分 $\int f(x)\mathrm{d}x$ 不易计算时，可选取适当的变换 $x=\varphi(t)$，由式（4.1）化为不定积分 $\int f(\varphi(t))\varphi'(t)\mathrm{d}t$ 来计算. 由于积分后还要将 t 换为 x 的函数，所以这时要求变换 $x=\varphi(t)$ 有反函数 $t=\varphi^{-1}(x)$.

先举几个第一换元积分法的例题.

例 4-10 求 $\int\frac{1}{x\ln x}\mathrm{d}x$.

解：$\int\frac{1}{x\ln x}\mathrm{d}x=\int\frac{1}{\ln x}\mathrm{d}\ln x\overset{u=\ln x}{=}\int\frac{1}{u}\mathrm{d}u=\ln|u|+C=\ln|\ln x|+C$

例 4-11 求 $\int\frac{\arctan x}{1+x^2}\mathrm{d}x$.

解：$\int\frac{\arctan x}{1+x^2}\mathrm{d}x=\int\arctan x\mathrm{d}\arctan x\overset{u=\arctan x}{=}\int u\mathrm{d}u=\frac{1}{2}u^2+C=\frac{1}{2}(\arctan x)^2+C$

做过一定数量的练习对第一换元积分法熟练后，可以不再写出中间变量，但要明白将积分公式中的积分变量换为可微函数时，公式依然成立.

例 4-12 求 $\int\tan x\mathrm{d}x$.

解：$\int \tan x\mathrm{d}x = \int \frac{\sin x}{\cos x}\mathrm{d}x = -\int \frac{1}{\cos x}\mathrm{d}\cos x = -\ln|\cos x| + C$

例 4-13 求 $\int \frac{\mathrm{d}x}{\sqrt{a^2 - x^2}}$.

解：$\int \frac{\mathrm{d}x}{\sqrt{a^2-x^2}} = \int \frac{\mathrm{d}x}{a\sqrt{1-\left(\frac{x}{a}\right)^2}} = \int \frac{\mathrm{d}\left(\frac{x}{a}\right)}{\sqrt{1-\left(\frac{x}{a}\right)^2}} = \arcsin\frac{x}{a} + C$，$a > 0$

例 4-14 求 $\int \frac{\mathrm{d}x}{x^2 - a^2}$.

解：$\int \frac{\mathrm{d}x}{x^2-a^2} = \frac{1}{2a}\int\left(\frac{1}{x-a} - \frac{1}{x+a}\right)\mathrm{d}x = \frac{1}{2a}\ln\left|\frac{x-a}{x+a}\right| + C$，$a \neq 0$

例 4-15 求 $\int \frac{\mathrm{d}x}{x^2+a^2}$.

解：$\int \frac{\mathrm{d}x}{x^2+a^2} = \frac{1}{a}\int \frac{1}{1+\left(\frac{x}{a}\right)^2}\mathrm{d}\frac{x}{a} = \frac{1}{a}\arctan\frac{x}{a} + C$，$a > 0$

例 4-16 求 $\int \csc \mathrm{d}x$.

解：$\int \csc \mathrm{d}x = \int \frac{\mathrm{d}x}{\sin x} = \int \frac{\sin x}{\sin^2 x}\mathrm{d}x = \int \frac{\mathrm{d}\cos x}{\cos^2 x - 1} = \frac{1}{2}\ln\left|\frac{1-\cos x}{1+\cos x}\right| + C$

$$= \ln\left|\frac{1-\cos x}{\sin x}\right| + C = \ln|\csc x - \cot x| + C$$

换种算法有

$$\int \csc x\mathrm{d}x = \int \frac{\mathrm{d}x}{\sin x} = \int \frac{\mathrm{d}x}{2\sin\frac{x}{2}\cos\frac{x}{2}} = \int \frac{1}{\tan\frac{x}{2}}\mathrm{d}\tan\frac{x}{2} = \ln\left|\tan\frac{x}{2}\right| + C$$

同一个积分用不同的方法计算，可能得到表面上不一致的结果，但实际上都表示同一族函数. 检验积分结果是否正确的方法是求其导数，看它是否与被积函数相等. 另外，从这几个例子看到，有时被积表达式不明显含有 $\varphi'(t)$ 的因式，只要把被积函数适当变形，就可出现 $\varphi'(t)$.

例 4-17 求 $\int \sin^2 x\cos^3 x\mathrm{d}x$.

解：$\int \sin^2 x\cos^3 x\mathrm{d}x = \int \sin^2 x(1-\sin^2 x)\mathrm{d}\sin x = \frac{1}{3}\sin^3 x - \frac{1}{5}\sin^5 x + C$

例 4-18 求 $\int \sin^2 x\mathrm{d}x$.

解：$\int \sin^2 x\mathrm{d}x = \frac{1}{2}\int(1-\cos 2x)\mathrm{d}x = \frac{1}{2}\int \mathrm{d}x - \frac{1}{4}\int \cos 2x\mathrm{d}(2x)$

$$= \frac{x}{2} - \frac{1}{4}\sin 2x + C$$

由例 4-15 和例 4-18 知，$\sin^m x\cos^n x$ 的积分，当 m, n 中有一个是奇数时，容易用第一换元积分法积分；当 m, n 都是偶数时，可选用倍角公式降幂，再积分.

例 4-19 求 $\int\cos 3x\cos 2x\mathrm{d}x$.

解： $\int\cos 3x\cos 2x\mathrm{d}x=\frac{1}{2}\int(\cos x+\cos 5x)\mathrm{d}x=\frac{1}{2}\sin x+\frac{1}{10}\sin 5x+C$

不同角度的正弦函数、余弦函数之积的积分，通常用积化和差公式来拆项化简. 如果中间变量的导数是常数，很容易凑出它来.

例 4-20 求 $\int\frac{\mathrm{d}x}{a^2\sin^2 x+b^2\cos^2 x}$.

解：
$$\int\frac{\mathrm{d}x}{a^2\sin^2 x+b^2\cos^2 x}=\int\frac{\mathrm{d}x}{\left[\left(\frac{a}{b}\tan x\right)^2+1\right]b^2\cos^2 x}$$
$$=\frac{1}{ab}\int\frac{\mathrm{d}\left(\frac{a}{b}\tan x\right)}{\left(\frac{a}{b}\tan x\right)^2+1}=\frac{1}{ab}\arctan\left(\frac{a}{b}\tan x\right)+C，\quad a,b\neq 0$$

例 4-21 求 $\int\tan^3 x\mathrm{d}x$.

解：
$$\int\tan^3 x\mathrm{d}x=\int\tan x(\sec^2 x-1)\mathrm{d}x=\int\tan x\sec^2 x\mathrm{d}x-\int\tan x\mathrm{d}x$$
$$=\int\tan x\mathrm{d}\tan x+\ln|\cos x|=\frac{1}{2}\tan^2 x+\ln|\cos x|+C$$

例 4-22 求 $\int\sec^6 x\mathrm{d}x$.

解：
$$\int\sec^6 x\mathrm{d}x=\int(\tan^2 x+1)^2\sec^2 x\mathrm{d}x=\int(\tan^2 x+1)^2\mathrm{d}\tan x$$
$$=\int(\tan^4 x+2\tan^2 x+1)\mathrm{d}\tan x=\frac{1}{5}\tan^5 x+\frac{2}{3}\tan^3 x+\tan x+C$$

例 4-23 求 $\int\tan^5 x\sec^3 x\mathrm{d}x$.

解：
$$\int\tan^5 x\sec^3 x\mathrm{d}x=\int\tan^4 x\sec^2 x\sec x\tan x\mathrm{d}x$$
$$=\int(\sec^2 x-1)^2\sec^2 x\mathrm{d}\sec x$$
$$=\int(\sec^6 x-2\sec^4 x+\sec^2 x)\mathrm{d}\sec x$$
$$=\frac{1}{7}\sec^7 x-\frac{2}{5}\sec^5 x+\frac{1}{3}\sec^3 x+C$$

例 4-24 求 $\int\frac{2x+3}{x^2+3x+8}\mathrm{d}x$.

解： $\int\frac{2x+3}{x^2+3x+8}\mathrm{d}x=\int\frac{\mathrm{d}(x^2+3x+8)}{x^2+3x+8}=\ln|x^2+3x+8|+C$

例 4-25 求 $\int\frac{x}{x^2+2x+2}\mathrm{d}x$.

解：$$\int\frac{x}{x^2+2x+2}\mathrm{d}x=\frac{1}{2}\int\frac{\mathrm{d}(x^2+2x+2)}{x^2+2x+2}-\int\frac{\mathrm{d}x}{x^2+2x+2}$$
$$=\frac{1}{2}\ln(x^2+2x+2)-\int\frac{\mathrm{d}x}{(x+1)^2+1}$$
$$=\frac{1}{2}\ln(x^2+2x+2)-\arctan(x+1)+C$$

再举几个第二换元积分法的例题.

例 4-26 求 $\int\frac{1}{1+\sqrt{x}}\mathrm{d}x$.

解：此题的难点在于有根式，为消除它，作变换，令 $t=\sqrt{x}$，即 $x=t^2$（$t\geqslant 0$），则 $\mathrm{d}x=2t\mathrm{d}t$，故

$$\int\frac{1}{1+\sqrt{x}}\mathrm{d}x=\int\frac{2t}{1+t}\mathrm{d}t=\int\left(2-\frac{2}{1+t}\right)\mathrm{d}t$$
$$=2t-2\ln(1+t)+C=2\sqrt{x}-2\ln(1+\sqrt{x})+C$$

例 4-27 求 $\int\sqrt{a^2-x^2}\mathrm{d}x$，$a>0$.

解：设 $x=a\sin t\left(-\frac{\pi}{2}\leqslant t\leqslant\frac{\pi}{2}\right)$，则 $\sqrt{a^2-x^2}=a\sqrt{1-\sin^2 t}=a\cos t$，$\mathrm{d}x=a\cos t\mathrm{d}t$，于是

$$\int\sqrt{a^2-x^2}\mathrm{d}x=\int a^2\cos^2 t\mathrm{d}t=a^2\int\frac{1+\cos 2t}{2}\mathrm{d}t$$
$$=\frac{a^2}{2}\left(t+\frac{1}{2}\sin 2t\right)+C$$
$$=\frac{a^2}{2}(t+\sin t\cos t)+C$$

还需要将结果表示成原变量 x 的函数，由图 4.3 知，在三角变换 $\sin t=\frac{x}{a}$ 下，有

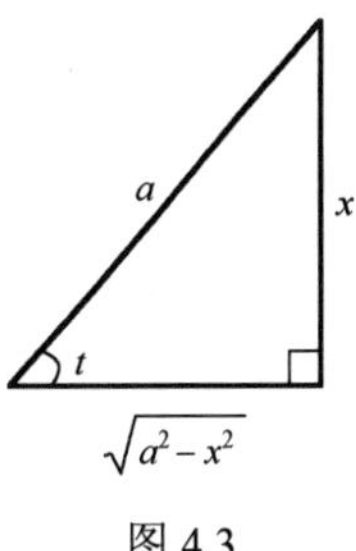

图 4.3

$$\cos t=\frac{\sqrt{a^2-x^2}}{a},\quad t=\arcsin\frac{x}{a}$$

故

$$\int\sqrt{a^2-x^2}\mathrm{d}x=\frac{a^2}{2}\left(\arcsin\frac{x}{a}+\frac{x}{a}\frac{\sqrt{a^2-x^2}}{a}\right)+C$$
$$=\frac{a^2}{2}\arcsin\frac{x}{a}+\frac{x}{a^2}\sqrt{a^2-x^2}+C$$

例 4-28 求 $\int\frac{\mathrm{d}x}{\sqrt{x^2+a^2}}$，$a>0$.

解：设 $x=a\tan t\left(-\frac{\pi}{2}<t<\frac{\pi}{2}\right)$，则 $\sqrt{x^2+a^2}=a\sec t$，$\mathrm{d}x=a\sec^2 t\mathrm{d}t$，于是

$$\int\frac{\mathrm{d}x}{\sqrt{x^2+a^2}}=\int\frac{a\sec^2 t}{a\sec t}\mathrm{d}t=\int\sec t\mathrm{d}t=\ln\left|\sec t+\tan t\right|+C_1$$

$$=\ln\left|\frac{\sqrt{x^2+a^2}}{a}+\frac{x}{a}\right|+C_1=\ln\left|x+\sqrt{x^2+a^2}\right|+C$$

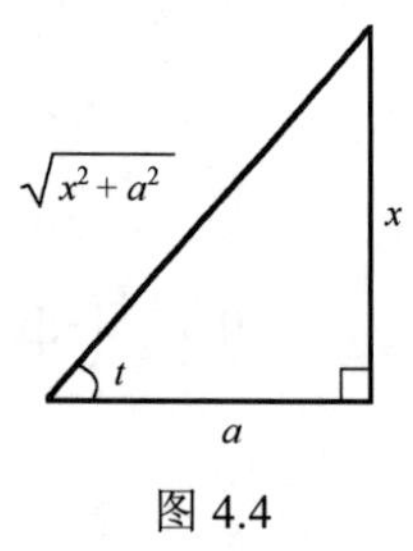

图 4.4

如图 4.4 所示，最后一步把 $-\ln a$ 归入任意常数 C 内.

相仿地，通过变换 $x=a\sec t$ 可算出

$$\int\frac{\mathrm{d}x}{\sqrt{x^2-a^2}}=\ln\left|x+\sqrt{x^2-a^2}\right|+C$$

总结例 4-27 和例 4-28，有如下规律：

1° 含有 $\sqrt{a^2-x^2}$ 时，作变换 $x=a\sin t$；

2° 含有 $\sqrt{a^2+x^2}$ 时，作变换 $x=a\tan t$；

3° 含有 $\sqrt{x^2-a^2}$ 时，作变换 $x=a\sec t$.

例 4-29 求 $\int\frac{1}{\sqrt{\mathrm{e}^x-1}}\mathrm{d}x$.

解：设 $\sqrt{\mathrm{e}^x-1}=t$，即 $x=\ln(1+t^2)$（$t>0$），$\mathrm{d}x=\frac{2t}{1+t^2}\mathrm{d}t$，故

$$\int\frac{1}{\sqrt{\mathrm{e}^x-1}}\mathrm{d}x=\int\frac{1}{t}\frac{2t}{1+t^2}\mathrm{d}t=2\int\frac{\mathrm{d}t}{1+t^2}=2\arctan t+C$$

$$=2\arctan\sqrt{\mathrm{e}^x-1}+C$$

例 4-30 求 $\int\frac{\sqrt{a^2-x^2}}{x^4}\mathrm{d}x$，$x>0$.

解：作倒变换 $x=\frac{1}{t}$，则 $x=-\frac{1}{t^2}\mathrm{d}t$，故

$$\int\frac{\sqrt{a^2-x^2}}{x^4}\mathrm{d}x=\int\frac{\sqrt{a^2-\frac{1}{t^2}}}{\frac{1}{t^4}}\frac{-\mathrm{d}t}{t^2}=-\int(a^2t^2-1)^{\frac{1}{2}}t\mathrm{d}t$$

$$=-\frac{1}{3a^2}(a^2t^2-1)^{\frac{3}{2}}+C=-\frac{(a^2-x^2)^{\frac{3}{2}}}{3a^2x^3}+C$$

一些情况下（如被积函数是分式，分母为次数较高的幂函数时），倒变换可以消去分母中的变量.

由本节例题得到几个常用的不定积分基本公式，汇集如下.

（1） $\int\tan x\mathrm{d}x=-\ln|\cos x|+C$；

（2） $\int\cot x\mathrm{d}x=\ln|\sin x|+C$；

（3） $\int\sec x\mathrm{d}x=\ln|\sec x+\tan x|+C$；

（4） $\int\csc x\mathrm{d}x=\ln|\csc x-\cot x|+C$；

（5） $\int\frac{1}{x^2+a^2}\mathrm{d}x=\frac{1}{a}\arctan\frac{x}{a}+C$；

（6） $\int\frac{1}{x^2-a^2}\mathrm{d}x=\frac{1}{2a}\ln\left|\frac{x-a}{x+a}\right|+C$；

（7）$\int\frac{1}{\sqrt{a^2-x^2}}dx=\arcsin\frac{x}{a}+C$；（8）$\int\frac{1}{\sqrt{x^2\pm a^2}}dx=\ln\left|x+\sqrt{x^2\pm a^2}\right|+C$；

（9）$\int\sqrt{a^2-x^2}dx=\frac{x}{2}\sqrt{a^2-x^2}+\frac{a^2}{2}\arcsin\frac{x}{a}+C$；

（10）$\int\sqrt{x^2\pm a^2}dx=\frac{x}{2}\sqrt{x^2\pm a^2}\pm\frac{a^2}{2}\ln\left|x+\sqrt{x^2\pm a^2}\right|+C.$

以上各式中 $a>0$.

习题 4.2

1．用第一换元积分法计算下列积分.

（1）$\int\frac{dx}{a-x}$；（2）$\int\frac{1}{\sqrt{7-5x^2}}dx$；

（3）$\int(ax+b)^{100}dx$；（4）$\int\frac{3-2x}{5x^2+7}dx$；

（5）$\int\frac{1}{x}\sin(\lg x)dx$；（6）$\int\frac{e^{\frac{1}{x}}}{x^2}dx$；

（7）$\int\frac{\sqrt{x}}{\sqrt{a^3-x^3}}dx$；（8）$\int\frac{\arctan\sqrt{x}}{\sqrt{x}(1+x)}dx$；

（9）$\int\sqrt{\frac{\arcsin x}{1-x^2}}dx$；（10）$\int\frac{x-\sqrt{\arctan 2x}}{1+4x^2}dx$；

（11）$\int\frac{a^x}{1+a^{2x}}dx$；（12）$\int\frac{1}{2^x+3}dx$；

（13）$\int\frac{1+\sin 3x}{\cos^2 3x}dx$；（14）$\int\frac{dx}{\sin x\cos x}$；

（15）$\int\tan^3\frac{x}{3}\sec^2\frac{x}{3}dx$；（16）$\int\sin^4 xdx$；

（17）$\int\cos x\cos\frac{x}{2}dx$；（18）$\int\sin 5x\sin 7xdx$；

（19）$\int\sec^4 xdx$；（20）$\int\tan^4 xdx$；

（21）$\int\sec^3 x\tan xdx$；（22）$\int\frac{1+\ln x}{(x\ln x)^2}dx$；

（23）$\int\frac{\sin x-\cos x}{\sin x+\cos x}dx$；（24）$\int\frac{1-\sin x}{x+\cos x}dx$；

（25）$\int\frac{dx}{x(\ln x)(\ln\ln x)}$；（26）$\int\frac{\cot x}{\ln\sin x}dx$；

（27）$\int\sqrt{1+3\cos^2 x}\sin 2xdx$；（28）$\int\frac{\sin x\cos x}{\sqrt{a^2\cos^2 x+b^2\sin^2 x}}dx$，$a^2\neq b^2$；

（29）$\int\frac{dx}{1+\sin x}$；（30）$\int\frac{\sin x+\cos x}{3+\sin x2x}dx$；

（31）$\int\frac{\mathrm{d}x}{\sqrt{x-b}+\sqrt{x-a}}$，$a\neq b$；　（32）$\int\frac{x+1}{\sqrt{3+4x-4x^2}}\mathrm{d}x$；

（33）$\int\frac{\mathrm{e}^x(1+\mathrm{e}^x)}{\sqrt{1-\mathrm{e}^{2x}}}\mathrm{d}x$；　（34）$\int\frac{x}{1-x\cot x}\mathrm{d}x$.

2．用第二换元积分法计算下列积分.

（1）$\int\frac{x^2}{(x-1)^{10}}\mathrm{d}x$；　（2）$\int x(2x+5)^{10}\mathrm{d}x$；

（3）$\int\frac{1}{1+\sqrt{1+x}}\mathrm{d}x$；　（4）$\int\frac{\sqrt{x}}{\sqrt{x}-\sqrt[3]{x}}\mathrm{d}x$；

（5）$\int\frac{1}{\sqrt{1+\mathrm{e}^x}}\mathrm{d}x$；　（6）$\int\frac{\mathrm{d}x}{(x^2-a^2)^{\frac{3}{2}}}$；

（7）$\int\frac{x^2}{\sqrt{a^2-x^2}}\mathrm{d}x$；　（8）$\int\frac{\sqrt{x^2+a^2}}{x^2}\mathrm{d}x$；

（9）$\int\frac{\sqrt{x^2-a^2}}{x}\mathrm{d}x$；　（10）$\int\frac{1}{x\sqrt{1-x^2}}\mathrm{d}x$；

（11）$\int\frac{1}{x^2\sqrt{x^2+1}}\mathrm{d}x$；　（12）$\int x^5(2-5x^3)^{\frac{2}{3}}\mathrm{d}x$.

3．若 $F(x)=\int\frac{x^3-a}{x-a}\mathrm{d}x$ 为 x 的多项式，求 a 及 $F(x)$.

4.3　分部积分法

我们知道，两个连续可微函数 $u=u(x)$, $v=v(x)$ 乘积的微分为

$$\mathrm{d}(uv)=u\mathrm{d}v+v\mathrm{d}u$$

从而有

$$u\mathrm{d}v=\mathrm{d}(uv)-v\mathrm{d}u$$

上式两端取积分，根据不定积分性质 4.1 和性质 4.2 有

$$\int u\mathrm{d}v=uv-\int v\mathrm{d}u \tag{4.2}$$

即

$$\int uv'\mathrm{d}x=uv-\int vu'\mathrm{d}x \tag{4.3}$$

式（4.2）或式（4.3）称为**分部积分公式**. 它把一个积分转换为另一个积分，用它计算不定积分的方法称为**分部积分法**：

$$\int uv'\mathrm{d}x=\int u\mathrm{d}v=uv-\int v\mathrm{d}u=uv-\int vu'\mathrm{d}x$$

例 4-31　求 $\int x\cos x\mathrm{d}x$.

解：设 $u = x$，$v' = \cos x$，则

$$\underset{\substack{\uparrow\ \ \uparrow\\ u\ \ v'}}{\int x\cos x\mathrm{d}x} = \underset{\substack{\uparrow\ \ \uparrow\\ u\ \ v}}{\int x\mathrm{d}\sin x} = \underset{\substack{\uparrow\ \ \uparrow\\ u\ \ v}}{x\sin x} - \underset{\substack{\uparrow\ \ \uparrow\\ v\ \ u}}{\int \sin x\mathrm{d}x} = x\sin x + \cos x + C$$

例 4-32 求 $\int \arcsin x\mathrm{d}x$.

解：$\int \arcsin x\mathrm{d}x = x\arcsin x - \int \frac{x}{\sqrt{1-x^2}}\mathrm{d}x = x\arcsin x + \sqrt{1-x^2} + C$

例 4-33 求 $\int x\arctan x\mathrm{d}x$.

解：$\int x\arctan x\mathrm{d}x = \frac{1}{2}\int \arctan x\mathrm{d}x^2 = \frac{1}{2}x^2\arctan x - \frac{1}{2}\int \frac{x^2}{1+x^2}\mathrm{d}x$

$$= \frac{1}{2}x^2\arctan x - \frac{1}{2}x + \frac{1}{2}\arctan x + C$$

例 4-34 求 $\int x^2\mathrm{e}^x\mathrm{d}x$.

解：

$$\int x^2\mathrm{e}^x\mathrm{d}x = \int x^2\mathrm{d}\mathrm{e}^x = x^2\mathrm{e}^x - \int \mathrm{e}^x\mathrm{d}x^2 = x^2\mathrm{e}^x - 2\int x\mathrm{e}^x\mathrm{d}x$$

对积分 $\int x\mathrm{e}^x\mathrm{d}x$ 再用分部积分法，有

$$\int x\mathrm{e}^x\mathrm{d}x = \int x\mathrm{d}\mathrm{e}^x = x\mathrm{e}^x - \int \mathrm{e}^x\mathrm{d}x = x\mathrm{e}^x - \mathrm{e}^x + C$$

故

$$\int x^2\mathrm{e}^x\mathrm{d}x = x^2\mathrm{e}^x - 2x\mathrm{e}^x + 2\mathrm{e}^x + C = (x^2 - 2x + 2)\mathrm{e}^x + C$$

此例说明，有时要多次应用分部积分法.

应用分部积分法时，需要把被积函数看成两个因式 u 及 v' 之积，如何选取 u 和 v' 是很关键的，选取不当将使积分愈化愈繁. 因为分部积分第一步要将 $v'\mathrm{d}x$ 变为 $\mathrm{d}v$，实质就是先积分 v'，所以选取 v' 应使它好积. u 的选取应使其导数 u' 比 u 简单. 这两方面都要兼顾到.

例 4-35 求 $\int \mathrm{e}^x\sin x\mathrm{d}x$.

解：因为

$$\int \mathrm{e}^x\sin x\mathrm{d}x = \mathrm{e}^x\sin x - \int \mathrm{e}^x\cos x\mathrm{d}x$$

又

$$\int \mathrm{e}^x\cos x\mathrm{d}x = \mathrm{e}^x\cos x + \int \mathrm{e}^x\sin x\mathrm{d}x$$

所以，将后式代入前式，解得

$$\int \mathrm{e}^x\sin x\mathrm{d}x = \frac{1}{2}\mathrm{e}^x(\sin x - \cos x) + C$$

若将前式代入后式，又可解得

$$\int e^x \cos x dx = \frac{1}{2}e^x(\sin x + \cos x) + C$$

有一条经验值得一提，当被积函数形如

$e^{ax}\sin bx$，$e^{ax}\cos bx$，$P_m(x)e^{ax}$，$P_m(x)\sin bx$，$P_m(x)\cos bx$，$P_m(x)(\ln x)^n$，$P_m(x)\arctan x$

时，用分部积分法便可求出不定积分，其中，$P_m(x)$ 表示 m 次多项式. 这些情况下，选取 $v'(x)$ 的顺序通常是指数函数→三角函数→幂函数(因为它们好积，特别是 e^{ax})，其余因式作为 $u(x)$；如果被积函数中含有对数函数、反三角函数因式，常常把它们取成 $u(x)$（因为它们的导数比它们自身简单)，其余因式作为 $v'(x)$.

例 4-36 求 $\int x\tan^2 x dx$.

解：
$$\begin{aligned}\int x\tan^2 x dx &= \int x(\sec^2 x - 1)dx = \int x d\tan x - \int x dx \\ &= x\tan x - \int \tan x dx - \frac{1}{2}x^2 \\ &= x\tan x - \frac{x^2}{2} + \ln|\cos x| + C\end{aligned}$$

例 4-37 求 $\int \sec^3 x dx$.

解：
$$\begin{aligned}\int \sec^3 x dx &= \int \sec x \sec^2 x dx = \int \sec x d\tan x \\ &= \sec x\tan x - \int \tan x d\sec x \\ &= \sec x\tan x - \int \tan^2 x \sec x dx \\ &= \sec x\tan x - \int (\sec^2 x - 1)\sec x dx \\ &= \sec x\tan x + \int \sec x dx - \int \sec^3 x dx \\ &= \sec x\tan x + \ln|\sec x + \tan x| - \int \sec^3 x dx\end{aligned}$$

由此解得

$$\int \sec^3 x dx = \frac{1}{2}\sec x\tan x + \frac{1}{2}\ln|\sec x + \tan x| + C$$

有时经过分部积分后又出现了原来的不定积分，这时可以通过解方程的方法得出所求的积分. 注意，解出的不定积分必须加上任意常数 C .

例 4-38 求 $\int \sqrt{x^2 + a^2} dx$.

解： 因为
$$\begin{aligned}\int \sqrt{x^2 + a^2} dx &= x\sqrt{x^2 + a^2} - \int \frac{x^2}{\sqrt{x^2 + a^2}} dx \\ &= x\sqrt{x^2 + a^2} - \int \sqrt{x^2 + a^2} dx + a^2 \int \frac{dx}{\sqrt{x^2 + a^2}} \\ &= x\sqrt{x^2 + a^2} - \int \sqrt{x^2 + a^2} dx + a^2 \ln(x + \sqrt{x^2 + a^2})\end{aligned}$$

所以

$$\int\sqrt{x^2+a^2}\mathrm{d}x=\frac{x}{2}\sqrt{x^2+a^2}+\frac{a^2}{2}\ln(x+\sqrt{x^2+a^2})+C$$

例 4-39 求 $\int\frac{x\arctan x}{\sqrt{1+x^2}}\mathrm{d}x$.

解： $\int\frac{x\arctan x}{\sqrt{1+x^2}}\mathrm{d}x=\int\frac{\arctan x}{2\sqrt{1+x^2}}\mathrm{d}(1+x^2)=\int\arctan x\mathrm{d}\sqrt{1+x^2}$

$$=\sqrt{1+x^2}\arctan x-\int\frac{1}{\sqrt{1+x^2}}\mathrm{d}x$$

$$=\sqrt{1+x^2}\arctan x-\ln\left|x+\sqrt{1+x^2}\right|+C$$

例 4-40 求 $\int\frac{\ln(1+\mathrm{e}^x)\mathrm{d}x}{\mathrm{e}^x}$.

解： 此处有对数函数及指数函数两类，考虑利用分部积分法进行尝试.

$$\int\frac{\ln(1+\mathrm{e}^x)\mathrm{d}x}{\mathrm{e}^x}=-\int\ln(1+\mathrm{e}^x)\mathrm{d}\mathrm{e}^{-x}=\mathrm{e}^{-x}\ln(1+\mathrm{e}^x)-\int\mathrm{e}^{-x}\frac{\mathrm{e}^x}{1+\mathrm{e}^x}\mathrm{d}x$$

$$=-\mathrm{e}^{-x}\ln(1+\mathrm{e}^x)-\int\frac{1}{\mathrm{e}^x(1+\mathrm{e}^x)}\mathrm{d}\mathrm{e}^x$$

$$=-\mathrm{e}^{-x}\ln(1+\mathrm{e}^x)-\int\frac{1}{\mathrm{e}^x}\mathrm{d}\mathrm{e}^x+\int\frac{1}{1+\mathrm{e}^x}\mathrm{d}\mathrm{e}^x$$

$$=-\mathrm{e}^{-x}\ln(1+\mathrm{e}^x)-x+\ln(1+\mathrm{e}^x)+C$$

例 4-41 求 $\int\cos\ln x\mathrm{d}x$.

解： 利用分部积分法多次进行尝试，就会发现一定的规律.

$$\int\cos\ln x\mathrm{d}x=x\cos\ln x+\int\sin\ln x\mathrm{d}x$$

$$=x\cos\ln x+x\sin\ln x-\int\cos\ln x\mathrm{d}x$$

移项可得

$$\int\cos\ln x\mathrm{d}x=\frac{1}{2}(x\cos\ln x+x\sin\ln x)+C$$

利用分部积分法可得到一些递推公式.

例 4-42 试证递推公式：

$$\int\frac{\mathrm{d}x}{(x^2+a^2)^{n+1}}=\frac{1}{2na^2}\frac{x}{(x^2+a^2)^n}+\frac{2n-1}{2na^2}\int\frac{\mathrm{d}x}{(x^2+a^2)^n},\quad n=1,2,\cdots$$

证明： 设 $J_n=\int\frac{\mathrm{d}x}{(x^2+a^2)^n}$，由分部积分法得

$$J_n=\frac{x}{(x^2+a^2)^n}-\int x\frac{-2nx}{(x^2+a^2)^{n+1}}\mathrm{d}x$$

$$= \frac{x}{(x^2+a^2)^n} + 2n\int \frac{1}{(x^2+a^2)^n}dx - 2na^2\int \frac{1}{(x^2+a^2)^{n+1}}dx$$

$$= \frac{x}{(x^2+a^2)^n} + 2nJ_n - 2na^2 J_{n+1}$$

由此推出

$$J_{n+1} = \frac{1}{2na^2}\frac{x}{(x^2+a^2)^n} + \frac{2n-1}{2na^2}J_n, \quad n=1,2,\cdots$$ □

利用这个递推公式及公式

$$J_1 = \int \frac{1}{x^2+a^2}dx = \frac{1}{a}\arctan\frac{x}{a} + C$$

就可以求出每个积分 J_n. 例如，

$$J_2 = \frac{1}{2a^2}\frac{x}{x^2+a^2} + \frac{1}{2a^3}\arctan\frac{x}{a} + C$$

在积分过程中常常兼用各种方法.

例 4-43 求 $\int \frac{\arcsin x}{\sqrt{(1-x^2)^3}}dx$.

解： 令 $x=\sin t$，则 $\arcsin x = t$， $dx=\cos t dt$，有

$$\int \frac{\arcsin x}{\sqrt{(1-x^2)^3}}dx = \int \frac{t}{\cos^2 t}dt = \int t d\tan t = t\tan t - \int \tan t dt$$

$$= t\tan t + \ln|\cos t| + C$$

$$= \frac{x\arcsin x}{\sqrt{1-x^2}} + \ln\sqrt{1-x^2} + C$$

求不定积分的基本思路是，先想方设法将被积函数化为积分常用基本公式中被积函数的线性组合的形式，再用积分公式和分项积分法计算不定积分. 因此，积分公式和不定积分的线性性质是计算不定积分的基础，而换元积分法、分部积分法及对被积函数作代数、三角恒等变换等，都是将被积表达式向已知积分公式转化的手段，这是非常灵活的，技巧性很高.

顺便指出，虽然初等函数的导数仍为初等函数，但初等函数的不定积分不一定是初等函数. 例如，下列初等函数

$$\sqrt{1+x^3}, \quad e^{x^2}, \quad \frac{e^x}{x}, \quad \sin(x^2), \quad \frac{\sin x}{x}, \quad \frac{1}{\ln x}, \quad \sqrt{1-\varepsilon\sin^2 t} \quad (0<\varepsilon<1)$$

在其连续的区间上不定积分是存在的，但用初等函数表达不出来，所以它们的不定积分是非初等函数，我们在学了定积分和函数项级数后，在扩展的函数集中，就可以研究它们的积分问题.

例 4-44 求 $\int \left(\frac{\sin x}{x} + \cos x \ln|x|\right)dx$.

解： 被积表达式中出现了 $\frac{\sin x}{x}$，需要先处理其他部分，再相消.

$$\int\left(\frac{\sin x}{x}+\cos x\ln|x|\right)\mathrm{d}x=\int\frac{\sin x}{x}\mathrm{d}x+\int\ln|x|\,\mathrm{d}\sin x$$

$$=\int\frac{\sin x}{x}\mathrm{d}x+\sin x\ln|x|-\int\frac{\sin x}{x}\mathrm{d}x$$

$$=\sin x\ln|x|+C$$

习题 4.3

1．利用分部积分法计算下列积分.

（1）$\int 3^x\cos x\mathrm{d}x$；

（2）$\int x\sin x\mathrm{d}x$；

（3）$\int(x^2+5x+6)\cos 2x\mathrm{d}x$；

（4）$\int x\sin x\cos x\mathrm{d}x$；

（5）$\int\frac{x}{\sin^2 x}\mathrm{d}x$；

（6）$\int x^3\mathrm{e}^{x^2}\mathrm{d}x$；

（7）$\int x2^{-x}\mathrm{d}x$；

（8）$\int(x^2-2x+5)\mathrm{e}^{-x}\mathrm{d}x$；

（9）$\int x^2\ln x\mathrm{d}x$；

（10）$\int\ln^2 x\mathrm{d}x$；

（11）$\int\ln(x+\sqrt{1+x^2})\mathrm{d}x$；

（12）$\int\sin x\ln(\tan x)\mathrm{d}x$；

（13）$\int\frac{\arcsin x}{\sqrt{1+x}}\mathrm{d}x$；

（14）$\int\frac{x\ln(x+\sqrt{1+x^2})}{(1-x^2)^2}\mathrm{d}x$.

2．设 $f'(\mathrm{e}^x)=1+x$，求 $f(x)$.

3．试证递推公式：

$$\int\sin^n x\mathrm{d}x=-\frac{1}{n}\sin^{n-1}x\cos x+\frac{n-1}{n}\int\sin^{n-2}x\mathrm{d}x$$

4．设 $I_n=\int\frac{\mathrm{d}x}{\sin^n x}$，其中，$n$ 为大于 2 的自然数，试导出 I_n 的递推公式.

5．已知 $(1+\sin x)\ln x$ 是 $f(x)$ 的一个原函数，求 $\int xf'(x)\mathrm{d}x$.

6．当 $x\geqslant 0$ 时，$F(x)$ 是 $f(x)$ 的一个原函数. 已知 $f(x)F(x)=\sin^2(2x)$，且 $F(0)=1$，$F(x)\geqslant 0$，求函数 $f(x)$.

4.4 几类函数的积分

4.4.1 有理函数的积分

有理函数是两个多项式的商所表示的函数

$$\frac{P(x)}{Q(x)}=\frac{a_0x^n+a_1x^{n-1}+\cdots+a_{n-1}x+a_n}{b_0x^m+b_1x^{m-1}+\cdots+b_{m-1}x+b_m}\tag{4.4}$$

其中，m,n 均为正整数或零，$a_0,a_1,\cdots,a_n$ 及 $b_0,b_1,\cdots,b_m$ 都是实常数，且 $a_0\neq 0$，$b_0\neq 0$.

当 $n<m$ 时，称式（4.4）为真分式；当 $n\geqslant m$ 时，称式（4.4）为假分式. 因为任何一个假分式都可以表示为一个多项式与一个真分式之和，多项式的积分是容易计算的，因此，下面只讨论真分式的积分.

对一般有理真分式的积分，代数学中的下述定理起着关键性作用.

定理 4.3 任何既约有理真分式 $\dfrac{P(x)}{Q(x)}$ 均可表示为有限个最简分式之和. 如果分母多项式 $Q(x)$ 在实数域上的质因式分解式为

$$Q(x)=b_0(x-a)^{\lambda}\cdots(x^2+px+q)^{\mu}\cdots$$

其中，λ,μ 为正整数，则 $\dfrac{P(x)}{Q(x)}$ 可唯一地分解为

$$\begin{aligned}\frac{P(x)}{Q(x)}=&\frac{A_1}{(x-a)^{\lambda}}+\frac{A_2}{(x-a)^{\lambda-1}}+\cdots+\frac{A_{\lambda}}{x-a}+\cdots\\&+\frac{M_1x+N_1}{(x^2+px+q)^{\mu}}+\frac{M_2x+N_2}{(x^2+px+q)^{\mu-1}}+\cdots+\frac{M_{\mu}x+N_{\mu}}{x^2+px+q}+\cdots\end{aligned}$$

其中，A_i,M_i,N_i 都是常数，可由待定系数法确定，式中每个分式称为 $\dfrac{P(x)}{Q(x)}$ 的部分分式.

证明略，可查阅有关代数教材. 利用这个定理，有理函数的积分就容易计算了，且由下面的例题可以看出，有理函数的积分是初等函数.

例 4-45 求 $\displaystyle\int\frac{x^3+x+1}{x+1}\mathrm{d}x$.

解：由多项式除法，有

$$\frac{x^3+x+1}{x+1}=x^2-x+2-\frac{1}{x+1}$$

所以

$$\begin{aligned}\int\frac{x^3+x+1}{x+1}\mathrm{d}x&=\int(x^2-x+2)\mathrm{d}x-\int\frac{1}{x+1}\mathrm{d}x\\&=\frac{x^3}{3}-\frac{x^2}{2}+2x-\ln|x+1|+C\end{aligned}$$

这说明当被积函数是假分式时，应把它分为一个多项式和一个真分式，再分别积分.

例 4-46 求 $\displaystyle\int\frac{x^2+1}{x(x-1)^2}\mathrm{d}x$.

解：设

$$\frac{x^2+1}{x(x-1)^2}=\frac{A}{x}+\frac{B}{(x-1)^2}+\frac{D}{x-1}$$

通分并去分母得

$$x^2+1=A(x-1)^2+Bx+Dx(x-1)$$

赋值，令 $x=0$，得 $A=1$；令 $x=1$，得 $B=2$；再令 $x=2$，并将 $A=1,\ B=2$ 代入上式，得 $D=0$. 于是

$$\int\frac{x^2+1}{x(x-1)^2}\mathrm{d}x=\int\frac{1}{x}\mathrm{d}x+\int\frac{2}{(x-1)^2}\mathrm{d}x=\ln|x|-\frac{2}{x-1}+C$$

由此例可知，分母为一次质因式、分子为常数的最简分式的积分，可由幂函数积分公式直接算出.

例 4-47 求 $\int\frac{4\mathrm{d}x}{x^3+2x^2+4x}$.

解：因 $x^3+2x^2+4x=x(x^2+2x+4)$，设

$$\frac{4}{x^3+2x^2+4x}=\frac{A}{x}+\frac{Bx+D}{x^2+2x+4}$$

通分并去分母得

$$4=(A+B)x^2+(2A+D)x+4A$$

比较 x 同次幂的系数，得

$$A+B=0,\quad 2A+D=0,\quad 4A=4$$

由此解得

$$A=1,\quad B=-1,\quad D=-2$$

所以

$$\begin{aligned}\int\frac{4}{x^3+2x^2+4x}\mathrm{d}x&=\int\frac{1}{x}\mathrm{d}x-\int\frac{x+2}{x^2+2x+4}\mathrm{d}x\\&=\ln|x|-\frac{1}{2}\int\frac{2x+2}{x^2+2x+4}\mathrm{d}x-\int\frac{1}{x^2+2x+4}\mathrm{d}x\\&=\ln|x|-\frac{1}{2}\ln(x^2+2x+4)-\int\frac{\mathrm{d}x}{(x+1)^2+3}\\&=\ln\frac{|x|}{\sqrt{x^2+2x+4}}-\frac{1}{\sqrt{3}}\arctan\frac{x+1}{\sqrt{3}}+C\end{aligned}$$

例 4-48 求 $\int\frac{5x-3}{(x^2-2x+2)^2}\mathrm{d}x$.

解：因 $x^2-2x+2=(x-1)^2+1$ 是二次质因式，被积函数不能再分解. 设 $u=x-1$，则 $x=u+1$，$\mathrm{d}x=\mathrm{d}u$，于是

$$\begin{aligned}\int\frac{5x-3}{(x^2-2x+2)^2}\mathrm{d}x&=\int\frac{5u+2}{(u^2+1)^2}\mathrm{d}u=\frac{5}{2}\int\frac{\mathrm{d}(u^2+1)}{(u^2+1)^2}+2\int\frac{\mathrm{d}u}{(u^2+1)^2}\\&=-\frac{5}{2}\frac{1}{u^2+1}+\frac{u}{u^2+1}+\arctan u+C\end{aligned}$$

$$=\frac{2x-7}{2(x^2-2x+2)}+\arctan(x-1)+C$$

计算中用到了例 4-42 的递推公式.

对分母为二次质因式、分子为一次式的最简分式的积分，可先将分子表示为分母的导数与常数的线性组合，再拆项积分. 对分母为二次质因式、分子为常数的积分，可先将分母配方，再用例 4-42 的递推公式计算.

4.4.2 三角函数有理式的积分

对 $\sin x$, $\cos x$ 及常数只进行四则运算所构成的式子称为**三角函数有理式**. 对它的积分，在无简单方法的情况下，可以通过半角变换（或称万能代换）$u=\tan\frac{x}{2}$，将积分化为 u 的有理函数的积分. 这时

$$\sin x=2\sin\frac{x}{2}\cos\frac{x}{2}=\frac{2\tan\left(\frac{x}{2}\right)}{\sec^2\left(\frac{x}{2}\right)}=\frac{2u}{1+u^2}$$

$$\cos x=\cos^2\frac{x}{2}-\sin^2\frac{x}{2}=\frac{1-\tan^2\left(\frac{x}{2}\right)}{\sec^2\left(\frac{x}{2}\right)}=\frac{1-u^2}{1+u^2}$$

$$\mathrm{d}x=\frac{2}{1+u^2}\mathrm{d}u$$

例 4-49 求 $\int\frac{1+\sin x}{\sin x(1+\cos x)}\mathrm{d}x$.

解：设 $u=\tan\frac{x}{2}$，则

$$\begin{aligned}\int\frac{1+\sin x}{\sin x(1+\cos x)}\mathrm{d}x&=\frac{1}{2}\int(u+2+u^{-1})\mathrm{d}u=\frac{1}{2}\left(\frac{u^2}{2}+2u+\ln|u|\right)+C\\&=\frac{1}{4}\tan^2\frac{x}{2}+\tan\frac{x}{2}+\frac{1}{2}\ln\left|\tan\frac{x}{2}\right|+C\end{aligned}$$

例 4-50 求 $\int\frac{\mathrm{d}x}{5+4\sin 2x}$.

解：设 $u=\tan x$，则

$$\int\frac{\mathrm{d}x}{5+4\sin 2x}=\frac{1}{2}\int\frac{\mathrm{d}(2x)}{5+4\sin 2x}=\frac{1}{2}\int\frac{\frac{2}{1+u^2}}{5+4\frac{2u}{1+u^2}}\mathrm{d}u=\int\frac{\mathrm{d}u}{5u^2+8u+5}$$

$$=\frac{1}{5}\frac{\mathrm{d}u}{\left(u+\frac{4}{5}\right)^2+\left(\frac{3}{5}\right)^2}=\frac{1}{3}\arctan\left(\frac{u+\frac{4}{5}}{\frac{3}{5}}\right)+C$$

$$=\frac{1}{3}\arctan\left(\frac{5}{3}\tan x+\frac{4}{3}\right)+C$$

4.4.3 简单无理函数的积分

当被积函数是 x 与 $\sqrt[n]{\frac{ax+b}{cx+d}}$ 的有理式时，采用变换 $u=\sqrt[n]{\frac{ax+b}{cx+d}}$，就可化为有理函数的积分.

例 4-51 求 $\int\frac{\sqrt{1+x}}{\sqrt{x^3}}\mathrm{d}x$.

解： 设 $u=\sqrt{\frac{1+x}{x}}$，即 $x=\frac{1}{u^2-1}$，则 $\mathrm{d}x=\frac{-2u}{(u^2-1)^2}\mathrm{d}u$，故

$$\int\frac{\sqrt{1+x}}{\sqrt{x^3}}\mathrm{d}x=\int\frac{1}{x}\sqrt{\frac{1+x}{x}}\mathrm{d}x=-2\int\frac{u^2}{u^2-1}\mathrm{d}u$$

$$=-2u-\ln\left|\frac{u-1}{u+1}\right|+C=-2\sqrt{\frac{1+x}{x}}-\ln(\sqrt{1+x}-\sqrt{x})^2+C$$

当被积函数是 x 与 $\sqrt{ax^2+bx+c}$ 的有理式时，通常先将 ax^2+bx+c 配方，再采用三角变换化为三角函数有理式的积分或直接利用积分公式计算.

例 4-52 求 $\int\frac{\mathrm{d}x}{1+\sqrt{x^2+2x+2}}$.

解： 因 $\sqrt{x^2+2x+2}=\sqrt{(x+1)^2+1}$，令 $x+1=\tan t\left(-\frac{\pi}{2}<t<\frac{\pi}{2}\right)$，则 $\mathrm{d}x=\sec^2 t\mathrm{d}t$，于是

$$\int\frac{\mathrm{d}x}{1+\sqrt{x^2+2x+2}}=\int\frac{\sec^2 t}{1+\sec t}\mathrm{d}t=\int\frac{\mathrm{d}t}{\cos t(1+\cos t)}$$

$$=\int\left(\frac{1}{\cos t}-\frac{1}{1+\cos t}\right)\mathrm{d}t$$

$$=\int\sec t\mathrm{d}t-\frac{1}{2}\int\sec^2\frac{t}{2}\mathrm{d}t$$

$$=\ln|\sec t+\tan t|-\tan\frac{t}{2}+C$$

$$=\ln\left|x+1+\sqrt{x^2+2x+2}\right|-\frac{\sqrt{x^2+2x+2}-1}{x+1}+C$$

运算中用到

$$\tan\frac{t}{2}=\frac{1-\cos t}{\sin t}=\frac{\sec t-1}{\tan t}$$

例 4-53 求 $\int\frac{\mathrm{d}x}{(x+1)^3\sqrt{x^2+2x}}$.

解： 求不定积分时，需要考虑到被积函数及原函数的定义域. 在前面几节中，为了集中精力研究积分方法，没有着重提出这一要求，从现在开始，提醒大家注意.

这里被积函数的定义域是 $\{x\,|\,x<-2 \text{ 或 } x>0\}$. 因为倒变换可以消除分母上的因式 $(x+1)^3$，故令 $t=\frac{1}{x+1}$，即 $x=\frac{1}{t}-1$，则 $\mathrm{d}x=-\frac{1}{t^2}\mathrm{d}t$，于是

$$\int\frac{\mathrm{d}x}{(x+1)^3\sqrt{x^2+2x}}=\int\frac{-\frac{1}{t^2}\mathrm{d}t}{\frac{1}{t^3}\sqrt{\frac{1}{t^2}-1}}=\int\frac{-t\mathrm{d}t}{\frac{1}{|t|}\sqrt{1-t^2}}=\begin{cases}-\int\frac{t^2\mathrm{d}t}{\sqrt{1-t^2}}, & 0<t<1\\ \int\frac{t^2\mathrm{d}t}{\sqrt{1-t^2}}, & -1<t<0\end{cases}$$

由于

$$\int\frac{-t^2}{\sqrt{1-t^2}}\mathrm{d}t=\int\sqrt{1-t^2}\,\mathrm{d}t-\int\frac{1}{\sqrt{1-t^2}}\mathrm{d}t=\frac{t|t|}{2}\sqrt{\frac{1}{t^2}-1}-\frac{1}{2}\arcsin t+C$$

所以

$$\int\frac{\mathrm{d}x}{(x+1)^3\sqrt{x^2+2x}}=\begin{cases}\frac{1}{2(x+1)^2}\sqrt{x^2+2x}-\frac{1}{2}\arcsin\frac{1}{x+1}+C, & x>0\\ \frac{1}{2(x+1)^2}\sqrt{x^2+2x}+\frac{1}{2}\arcsin\frac{1}{x+1}+C, & x<-2\end{cases}$$

例 4-54 设 $f(x)=\begin{cases}\ln x, & x\geqslant 1\\ \frac{1}{2}-\frac{1}{1+x^2}, & x<1\end{cases}$，求 $\int f(x)\mathrm{d}x$.

解： 由于这个分段函数在 $(-\infty,+\infty)$ 上连续，所以原函数在 $(-\infty,+\infty)$ 上存在.

$$\int f(x)\mathrm{d}x=\begin{cases}\int\ln x\mathrm{d}x=x\ln x-x+C, & x\geqslant 1\\ \int\left(\frac{1}{2}-\frac{1}{1+x^2}\right)\mathrm{d}x=\frac{x}{2}-\arctan x+C_1, & x<1\end{cases}$$

由于原函数可导，所以在 $x=1$ 处必连续，于是有

$$1\cdot\ln 1-1+C=\frac{1}{2}-\frac{\pi}{4}+C_1$$

解得 $C_1=C+\frac{\pi}{4}-\frac{3}{2}$，故

$$\int f(x)\mathrm{d}x=\begin{cases}x\ln x-x+C, & x\geqslant 1\\ \frac{x}{2}-\arctan x+\frac{\pi}{4}-\frac{3}{2}+C, & x<1\end{cases}$$

例 4-55 确定系数 A,B，使下式成立：

$$\int\frac{\mathrm{d}x}{(a+b\cos x)^2}=\frac{A\sin x}{a+b\cos x}+B\int\frac{\mathrm{d}x}{a+b\cos x}$$

解：结论中的等式等价于

$$\left(\frac{A\sin x}{a+b\cos x}+B\int\frac{\mathrm{d}x}{a+b\cos x}\right)'=\frac{1}{(a+b\cos x)^2}$$

即

$$\frac{A(a+b\cos x)\cos x+Ab\sin^2 x}{(a+b\cos x)^2}+\frac{B}{a+b\cos x}=\frac{1}{(a+b\cos x)^2}$$

亦即

$$Ab+Ba+(Aa+Bb)\cos x=1$$

从而有

$$\begin{cases}Ab+Ba=1\\Aa+Bb=0\end{cases}$$

当 $a^2\neq b^2$ 时，解得

$$A=-\frac{b}{a^2-b^2},\quad B=\frac{a}{a^2-b^2}$$

当 $a^2=b^2$ 时，无解. 此时，题设等式不成立.

显然，掌握较多的不定积分基本公式会给不定积分运算带来方便，为此，人们把常用的积分公式汇集起来，按被积函数分类，并列成表，称之为积分表，以便查阅. 在计算机上，使用数学软件包 Mathematica 可以实现大部分初等函数的积分运算，但求不定积分的基本方法还必须掌握.

以下类型的积分：

$$\int R(x,\sqrt{ax^3+bx^2+cx+d})\mathrm{d}x$$

$$\int R(x,\sqrt{ax^4+bx^3+cx^2+dx+e})\mathrm{d}x$$

其中，a, b, c, d, e 都是常数，$a\neq 0$，一般统称为椭圆积分，椭圆积分不能用初等函数来表示，本书不再过多叙述.

习题 4.4

1．计算下列有理函数的积分.

（1）$\int\frac{x^3}{x+3}\mathrm{d}x$； （2）$\int\frac{2x+3}{x^2+3x-10}\mathrm{d}x$；

（3）$\int\frac{x+2}{x^2(x-1)}\mathrm{d}x$； （4）$\int\frac{5x^2+6x+9}{(x-3)^2(x+1)^2}\mathrm{d}x$；

（5）$\int\frac{x^4}{x^4-1}dx$；（6）$\int\frac{x+1}{x^2+4x+13}dx$；

（7）$\int\frac{4x}{(x+1)(x^2+1)^2}dx$.

2．计算下列三角函数有理式的积分.

（1）$\int\frac{1}{3+5\cos x}dx$；（2）$\int\frac{1}{\cos x+2\sin x+3}dx$；

（3）$\int\frac{1}{\sin x+\tan x}dx$；（4）$\int\frac{1}{(\sin x+\cos x)^2}dx$.

3．计算下列无理函数的积分.

（1）$\int x\sqrt{3x+2}dx$；（2）$\int\frac{x^{\frac{1}{3}}}{x^{\frac{3}{2}}+x^{\frac{4}{3}}}dx$；

（3）$\int\sqrt{\frac{1-x}{1+x}}\frac{dx}{x}$；（4）$\int\frac{dx}{\sqrt[3]{(x-4)^4(x-2)^2}}$；

（5）$\int\frac{dx}{\sqrt{5-4x+4x^2}}$；（6）$\int\frac{1-x+x^2}{\sqrt{1+x-x^2}}dx$；

（7）$\int\frac{\sqrt{x^2+2x}}{x^2}dx$.

综合题

1．计算下列积分.

（1）$\int\sqrt{1+\csc x}dx$；（2）$\int\frac{x}{1-\cos x}dx$；

（3）$\int\frac{\cos\sqrt{x}-1}{\sqrt{x}\sin^2\sqrt{x}}dx$；（4）$\int\frac{\ln x-1}{\ln^2 x}dx$；

（5）$\int\frac{x^2+1}{x^4+1}dx$，$x\neq 0$；（6）$\int\frac{x^2-1}{x^4+1}dx$；

（7）$\int\frac{2-\sin x}{2+\cos x}dx$；（8）$\int\frac{1+\sin x}{1+\cos x}e^x dx$；

（9）$\int\frac{x}{\cos^2 x\tan^3 x}dx$；（10）$\int\frac{1}{\sqrt[4]{\sin^3 x\cos^5 x}}dx$；

（11）$\int\frac{x\ln x}{(1+x^2)^2}dx$；（12）$\int\sqrt{\frac{\ln(x+\sqrt{1+x^2})}{1+x^2}}dx$；

（13）$\int\frac{dx}{x(x^6+4)}$；（14）$\int\frac{x+1}{x(1+xe^x)}dx$；

（15）$\int\frac{\cos\sqrt{x}+\ln x}{\sqrt{x}}dx$；（16）$\int x^2(e^{3x}-\sqrt{4-3x^3})dx$；

（17）$\int \frac{x\cos x+\cot^{\frac{2}{3}}x}{\sin^2 x}\mathrm{d}x$；

（18）$\int \frac{\arctan \mathrm{e}^x}{\mathrm{e}^{2x}}\mathrm{d}x$；

（19）$\int \frac{x^2+\ln^4 x}{(x\ln x)^3}\mathrm{d}x$；

（20）$\int \frac{\mathrm{d}x}{\sin(x+\alpha)\sin(x+\beta)}$，$\alpha \neq \beta$；

（21）$\int \tan(x+\alpha)\tan(x+\beta)\mathrm{d}x$，$\alpha \neq \beta$；

（22）$\int \arcsin x \arccos x \mathrm{d}x$；

（23）$\int \frac{\arcsin x}{x^2}\frac{1+x^2}{\sqrt{1-x^2}}\mathrm{d}x$；

（24）$\int \sqrt{\tan x}\mathrm{d}x$，$0<x<\frac{\pi}{2}$.

2．求下列两个函数在指定区间上的不定积分.

（1）$f(x)=\sqrt{1+\sin x}$，$x\in[0,2\pi]$；

（2）$f(x)=\begin{cases} x^2, & -1\leqslant x<0 \\ \sin x, & 0\leqslant x<1 \end{cases}$.

第 5 章

定积分及其应用

上一章介绍了不定积分，本章介绍定积分的相关定义、计算方法与应用实例.

5.1 定积分的概念与性质

5.1.1 定积分的概念

定积分的概念也是从大量的实际问题中抽象出来的，先举两例.

1．曲边梯形的面积

求由连续曲线 $y=f(x)>0$ 及直线 $x=a, x=b$ 和 $y=0$ 围成的曲边梯形的面积 S.

当 $f(x)\equiv h$（常数）时，由矩形面积公式知 $S=(b-a)h$. 对 $f(x)$ 的一般情况，曲线上各点处高度是变化的，可采取如下步骤来求面积 S.

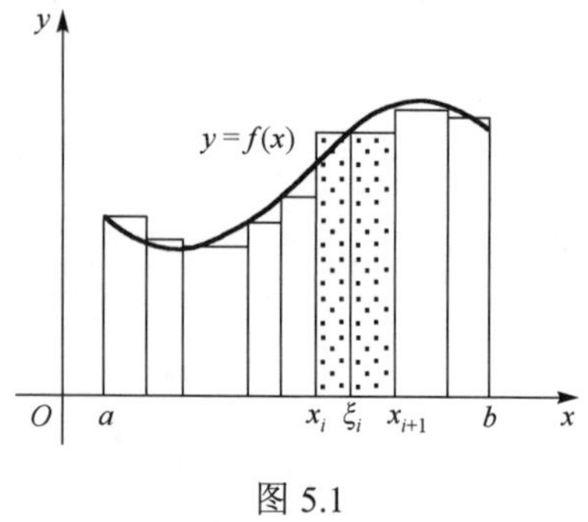

图 5.1

1° 分割：用分点

$$a=x_1<x_2<\cdots<x_i<x_{i+1}<\cdots<x_n<x_{n+1}=b$$

把区间 $[a,b]$ 分为 n 个小区间，使每个小区间 $[x_i, x_{i+1}]$ 上 $f(x)$ 变化较小，记 $\Delta x_i=x_{i+1}-x_i$，用 ΔS_i 表示 $[x_i, x_{i+1}]$ 上对应的窄曲边梯形的面积（见图 5.1）.

2° 作积：在每个区间 $[x_i, x_{i+1}]$ 上任取一点 ξ_i，以 $f(\xi_i)$ 为高、以 Δx_i 为底的矩形面积近似代替 ΔS_i，有

$$\Delta S_i \approx f(\xi_i)\Delta x_i\text{，}\quad i=1,2,\cdots,n$$

3° 求和：这些窄矩形面积之和可以作为曲边梯形面积 S 的近似值，即

$$S\approx\sum_{i=1}^{n} f(\xi_i)\Delta x_i$$

4° 取极限：为得到 S 的精确值，让分割无限细密，设 $\lambda=\max\limits_{1\leqslant i\leqslant n}\{|\Delta x_i|\}$，令 $\lambda\to 0$（蕴含着 $n\to\infty$），取极限，极限值就是给定图形的面积，即

$$S=\lim_{\lambda\to 0}\sum_{i=1}^{n} f(\xi_i)\Delta x_i$$

可见，为了求曲边梯形的面积，需对 $f(x)$ 进行如上的乘积和式的极限运算.

2. 变速直线运动的路程

已知某物体作直线运动，其速度$v=v(t)$，求该物体从$t=a$到$t=b$时间间隔内走过的路程s.

我们知道，匀速直线运动的路程等于速度乘以时间. 现在遇到的是变速运动，在较大的时间范围内速度可能有较大的变化，但在很短的时间间隔内速度变化不会很大，因此在很短的时间范围内可以把变速运动近似地当成匀速运动处理.

1° 分割：用分点

$$a=t_1<t_2<\cdots<t_i<t_{i+1}<\cdots<t_n<t_{n+1}=b$$

把时间区间$[a,b]$分为n个小区间，记$\Delta t_i=t_{i+1}-t_i$，Δs_i表示在时间区间$[t_i,t_{i+1}]$内走过的路程.

2° 作积：在每个区间$[t_i,t_{i+1}]$内任取一时刻ξ_i，以ξ_i时的瞬时速度$v(\xi_i)$代替$[t_i,t_{i+1}]$上各时刻的速度$v(t)$，则有

$$\Delta s_i\approx v(\xi_i)\Delta t_i，\quad i=1,2,\cdots,n$$

3° 求和：各个小的时间区间内走过路程的近似值累加起来，可以作为时间区间$[a,b]$内走过路程的近似值，即

$$s\approx\sum_{i=1}^{n}v(\xi_i)\Delta t_i$$

4° 取极限：为得到路程s的精确值，让分割无限细密，设$\lambda=\max\limits_{1\leqslant i\leqslant n}\{|\Delta t_i|\}$，令$\lambda\to 0$，就得到

$$s=\lim_{\lambda\to 0}\sum_{i=1}^{n}v(\xi_i)\Delta t_i$$

与前一问题一样，二者最终归结为函数$v(t)$在$[a,b]$上的上述乘积和式的极限运算.

类似的例子有很多，如变力做功的计算、电容器充电量的计算等.

定义 5.1 设函数$f(x)$在区间$[a,b]$上有定义，用分点

$$a=x_1<x_2<\cdots<x_i<x_{i+1}<\cdots<x_n<x_{n+1}=b$$

将$[a,b]$分为n个小区间$[x_i,x_{i+1}]$，记$\Delta x_i=x_{i+1}-x_i$，$\lambda=\max\limits_{1\leqslant i\leqslant n}\{|\Delta x_i|\}$. 任取$\xi_i\in[x_i,x_{i+1}]$，$i=1,2,\cdots,n$. 如果乘积的和式

$$\sum_{i=1}^{n}f(\xi_i)\Delta x_i$$

（称为积分和）的极限

$$\lim_{\lambda\to 0}\sum_{i=1}^{n}f(\xi_i)\Delta x_i$$

存在，且这个极限值与x_i和ξ_i的取法无关，则称$f(x)$在$[a,b]$上**可积**，并称此极限值为$f(x)$在区间$[a,b]$上由a到b的**定积分**，用记号$\int_a^b f(x)\mathrm{d}x$表示，即

$$\int_a^b f(x)\mathrm{d}x = \lim_{\lambda\to 0}\sum_{i=1}^{n} f(\xi_i)\Delta x_i$$

称 $f(x)$ 为**被积函数**，$f(x)\mathrm{d}x$ 为**被积表达式**，x 为**积分变量**，a 为**积分下限**，b 为**积分上限**，$[a,b]$ 为积分区间，$\int$ 为积分符号.

根据定积分定义，曲边梯形的面积等于曲边上的点的纵坐标在底边区间 $[a,b]$ 上的定积分，即

$$S = \int_a^b f(x)\mathrm{d}x$$

从 $t=a$ 到 $t=b$ 时间间隔内物体走过的路程，等于速度函数在时间区间 $[a,b]$ 上的定积分，即

$$s = \int_a^b v(t)\mathrm{d}t$$

总之，分布在某区间上的量的总量问题，当分布均匀时，只需用乘法（分布密度×区间的度量）便可解决；当分布不均匀时，就需用定积分即分布密度函数在区间上的定积分来计算.

难怪有人说：定积分是常量数学中的乘法在变量数学中的发展. 在定积分的记号内，还保留着乘积的痕迹 $f(x)\mathrm{d}x$，它来自第二步“作积”，是局部量的线性近似.

因此，在 x 轴方向上的变力 $F(x)$ 作用下，物体从 $x=a$ 移到 $x=b$，变力做的功 W 等于变力在路程区间 $[a,b]$ 上的定积分，即

$$W = \int_a^b F(x)\mathrm{d}x$$

从时刻 t_1 到 t_2，电容器极板上增加的电荷量 Q 等于电流 $I(t)$ 在时间区间 $[t_1,t_2]$ 上的定积分

$$Q = \int_{t_1}^{t_2} I(t)\mathrm{d}t$$

定积分的几何意义 当 $f(x)>0$ 时，由前边的讨论知 $\int_a^b f(x)\mathrm{d}x$ 表示由曲线 $y=f(x)$ 和直线 $x=a$, $x=b$ 及 $y=0$ 围成的曲边梯形的面积；当 $f(x)<0$ 时，由于 $f(\xi_i)\Delta x_i<0$，所以 $\int_a^b f(x)\mathrm{d}x$ 表示曲边梯形面积的负值. 因此，对一般函数 $f(x)$，定积分 $\int_a^b f(x)\mathrm{d}x$ 的几何意义是，介于 x 轴、曲线 $y=f(x)$ 和直线 $x=a$, $x=b$ 之间的各部分图形面积的代数和，即在 x 轴上方的图形面积与下方的图形面积数之差，如图 5.2 所示.

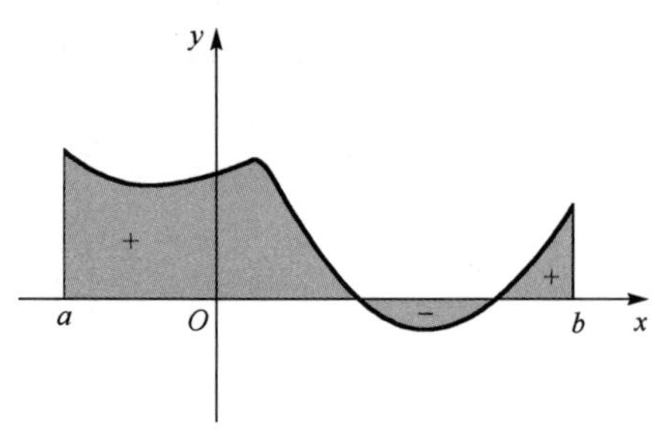

图 5.2

哪些函数可积呢？

定理 5.1 如果 $f(x)$ 在 $[a,b]$ 上可积，则 $f(x)$ 在 $[a,b]$ 上必有界.

事实上，无界函数在任何一个分割下都至少有一个小区间 $[x_j,x_{j+1}]$，在其上函数无界，这样 $|f(\xi_j)\Delta x_j|$ 就可以任意大，所以积分和没有极限，即 $f(x)$ 在 $[a,b]$ 上不可积.

这个定理说明无界函数一定不可积. 但有界函数不一定可积，例如，狄利克雷函数 $D(x)$，

虽然是有界的，但在任何区间$[a,b]$上都不是可积的. 这是因为无论怎样分割区间$[a,b]$，只要选取的ξ_i均为无理数，积分和就等于零；而选取的ξ_i均为有理数时，积分和为$b-a$，所以$\lambda \to 0$时，积分和没有确定的极限.

那么，什么有界函数才是可积的？为了给出这一问题的回答，下面引入积分理论中十分重要的达布上和与达布下和的概念，由此导出判断定积分存在的准则.

5.1.2 达布上和与达布下和

1. 达布和及其性质

由定积分定义知，积分和$\sum_{i=1}^{n} f(\xi_1)(x_i - x_{i-1})$这个变量的变化较复杂，它不仅与分法 T 有关，还与点ξ_i的取法有关，这自然给我们讨论积分和的变化趋势带来一定的困难. 为此，首先讨论对掌握积分和的变化非常有用的达布上和与达布下和的概念及其性质.

设函数$f(x)$是区间$[a, b]$上的有界函数，在此区间上它的上确界与下确界分别记为M与m，即

$$M = \sup_{a \leqslant x \leqslant b} \{f(x)\}, \qquad m = \inf_{a \leqslant x \leqslant b} \{f(x)\}$$

T表示区间$[a, b]$的一个由分点

$$a = x_0 < x_1 < x_2 < \cdots < x_n = b$$

所确定的分法. 在每个小区间$[x_{i-1}, x_i]$上任取一点ξ_i，并构成积分和

$$\sigma(T) = \sum_{i=1}^{n} f(\xi_i)\Delta x_i$$

其中，$\Delta x_i = x_i - x_{i-1}$. 又设函数$f(x)$在小区间$[x_{i-1}, x_i]$上的上确界与下确界分别为$M_i$与$m_i$，即

$$M_i = \sup_{x_{i-1} \leqslant x \leqslant x_i} \{f(x)\}, \qquad m_i = \inf_{x_{i-1} \leqslant x \leqslant x_i} \{f(x)\}$$

因此，又可以引出下面两个和数：

$$S(T) = \sum_{i=1}^{n} M_i \Delta x_i, \qquad s(T) = \sum_{i=1}^{n} m_i \Delta x_i$$

它们分别称为对应于分法 T 的**达布上和与达布下和**，简称为上和与下和，总称**达布和**. 由于当分法 T 给定后，函数$f(x)$在每个小区间上的上确界与下确界是唯一的，所以上和$S(T)$与下和$s(T)$也就随分法 T 而确定，即它们都只与分法 T 有关. 而积分和不仅与分法 T 有关，还与ξ_i的选取有关. 但对任意的积分和$\sigma(T)$，显然有

$$s(T) \leqslant \sigma(T) \leqslant S(T)$$

若对$[a, b]$上所有可能的分法 T，总有

$$m \leqslant m_i \leqslant f(\xi_i) \leqslant M_i \leqslant M$$

或

$$m(b-a)=m\sum_{i=1}^{n}\Delta x_i \leqslant s(T)\leqslant \sigma(T)\leqslant S(T)\leqslant M\sum_{i=1}^{n}\Delta x_i = M(b-a)$$

即

$$m(b-a)\leqslant s(T)\leqslant \sigma(T)\leqslant S(T)\leqslant M(b-a)$$

则数集$\{S(T)\}$与$\{s(T)\}$是有界的.

下面将继续讨论这三个和之间的关系.

性质 5.1 设 T 是区间$[a, b]$上的一个分法，则其上和是对应于这个分法的全部积分和的上确界，下和是对应于这个分法的全部积分和的下确界，即

$$S(T)=\sup_{\xi_i}\{\sigma(T)\}, \qquad s(T)=\inf_{\xi_i}\{\sigma(T)\}$$

证明：由下确界的定义，对任意的正数ε，在每个小区间$[x_{i-1},x_i]$上必存在一点ξ_i，使得

$$m_i\leqslant f(\xi_i)<m_i+\varepsilon, \qquad i=1,2,\cdots,n$$

因而

$$\sum_{i=1}^{n}m_i\Delta x_i\leqslant\sum_{i=1}^{n}f(\xi_i)\Delta x_i<\sum_{i=1}^{n}m_i\Delta x_i+\varepsilon\sum_{i=1}^{n}\Delta x_i$$

即

$$s(T)\leqslant\sum_{i=1}^{n}f(\xi_i)\Delta x_i<s(T)+\varepsilon(b-a)$$

从而得到

$$s(T)=\inf_{\xi_i}\{\sigma(T)\}$$

同理

$$S(T)=\sup_{\xi_i}\{\sigma(T)\} \quad \square$$

性质 5.2 设在分法 T 中加入新的分点后所得分法为 T'，则

$$s(T)\leqslant s(T')\leqslant S(T')\leqslant S(T)$$

即当添加新分点时，上和不增加，下和不减少.

证明：不失一般性，只需讨论在分法 T 的基础上仅增加一个新分点 x'的情形. 设新增加的一个分点 x'位于分法 T 的第 i 个小区间$[x_{i-1},x_i]$内，即$x_{i-1}<x'<x_i$，并用 T'表示这个分法. 在两个下和$s(T)$与$s(T')$中，不相同的项仅可能在$[x_{i-1},x_i]$上出现，下和$s(T)$在$[x_{i-1},x_i]$上的项是$m_i(x_i-x_{i-1})$，下和$s(T')$在$[x_{i-1},x_i]$上的项是$m_i'(x'-x_{i-1})+m_i''(x_i-x')$，其中，$m_i'$与$m_i''$分别是函数$f(x)$在$[x_{i-1},x']$与$[x',x_i]$上的下确界. 因为

$$m_i\leqslant m_i', \quad m_i\leqslant m_i''$$

所以

$$m_i(x_i-x_{i-1})=m_i(x_i-x')+m_i(x'-x_{i-1})$$

$$\leqslant m_i''(x_i - x') + m_i'(x' - x_{i-1})$$

再对 i 求和，即有

$$s(T) \leqslant s(T')$$

同样，也有

$$S(T') \leqslant S(T)$$

但

$$s(T') \leqslant S(T')$$

故有

$$s(T) \leqslant s(T') \leqslant S(T') \leqslant S(T) \quad \square$$

性质 5.3 设 T 与 T' 是区间 $[a, b]$ 上的任意两个分法，则总有

$$s(T') \leqslant S(T), \qquad s(T) \leqslant S(T')$$

即任一下和不大于任一上和.

证明： 现将区间 $[a, b]$ 上的两个分法 T 与 T' 的分点放在一起，构成 $[a, b]$ 上的一个新的分法，用 T'' 表示. 于是，分法 T'' 的分点是在分法 T（或 T'）分点的基础上增加分法 T'（或 T）的分点所构成的. 由性质 5.2 知，有

$$s(T) \leqslant s(T''), \qquad S(T'') \leqslant S(T')$$

再由性质 5.1 知，对分法 T''，有

$$s(T'') \leqslant S(T'')$$

故有

$$s(T) \leqslant s(T'') \leqslant S(T'') \leqslant S(T')$$

即

$$s(T) \leqslant S(T')$$

同样可得

$$s(T') \leqslant S(T) \quad \square$$

性质 5.4 对区间 $[a, b]$ 上的各种可能的分法 T，下和的上确界不超过上和的下确界，即

$$l = \sup_T \{s(T)\} \leqslant \inf_T \{S(T)\} = L$$

证明： 由性质 5.3 知，对区间 $[a, b]$ 上的各种可能的分法 T 的下和集合 $\{s(T)\}$ 有上界，即任意一个上和都是它的上界. 再由确界定理知，下和集合 $\{s(T)\}$ 必有上确界，记为 l.

已知对任意的上和，总有 $l \leqslant S(T)$，即 l 是上和集合 $\{S(T)\}$ 的下界. 于是，上和集合 $\{S(T)\}$ 必有下确界，记为 L，即有

$$l = \sup_T \{s(T)\} \leqslant \inf_T \{S(T)\} = L \quad \square$$

2．定积分存在的准则

现在利用前面叙述的上和与下和的性质证明判别函数可积性的一个重要准则.

定理 5.2 设函数$f(x)$是定义在区间$[a, b]$上的有界函数，则$f(x)$在区间$[a, b]$上可积的充要条件是

$$\lim_{\lambda(T)\to 0}[S(T)-s(T)]=0$$

证明：必要性. 设函数$f(x)$在区间$[a, b]$上是可积的，并以I表示它的定积分，即有

$$\lim_{\lambda(T)\to 0}\sigma(T)=I$$

于是,对任给的正数ε,总存在正数δ,对任意的分法T,当$\lambda(T)<\delta$时,对任意$\xi_i\in[x_{i-1},x_i]$（$i=1,2,\cdots,n$），都有

$$|\sigma(T)-I|<\varepsilon$$

或

$$I-\varepsilon<\sigma(T)<I+\varepsilon$$

成立. 根据性质 5.1,下和$s(T)$与上和$S(T)$分别是积分和$\sigma(T)$的下确界与上确界,故当$\lambda(T)<\delta$时，有

$$I-\varepsilon\leqslant s(T)\leqslant S(T)\leqslant I+\varepsilon$$

因此，当$\lambda(T)<\delta$时，有

$$0\leqslant S(T)-s(T)\leqslant 2\varepsilon$$

从而得到

$$\lim_{\lambda(T)\to 0}[S(T)-s(T)]=0$$

充分性. 若$\lim\limits_{\lambda(T)\to 0}[S(T)-s(T)]=0$，即对任给的正数$\varepsilon$，总存在正数$\delta$，对任意的分法$T$，当$\lambda(T)<\delta$时，都有

$$S(T)-s(T)<\varepsilon$$

由性质 5.4 知，当$\lambda(T)<\delta$时，有

$$s(T)\leqslant l\leqslant L\leqslant S(T)$$

或

$$0\leqslant L-l\leqslant S(T)-s(T)<\varepsilon$$

令$\lambda(T)\to 0$，由于差$S(T)-s(T)\to 0$，所以

$$l=L=I$$

于是，对任意的分法T，都有

$$s(T)\leqslant I\leqslant S(T)$$

而由性质 5.1 知

$$s(T) \leqslant \sigma(T) \leqslant S(T)$$

其中，$\sigma(T)$ 是对应分法 T 的任意一个积分和. 由这两个不等式就得到

$$|\sigma(T) - I| \leqslant S(T) - s(T) < \varepsilon$$

故有

$$\lim_{\lambda(T)\to 0} \sigma(T) = I$$

从而证明了函数 $f(x)$在区间$[a, b]$上是可积的，且定积分为

$$I = L = l \quad \square$$

定义 5.2 若函数 $f(x)$ 在区间 $[a, b]$ 上有定义且有界，记 $M = \sup\limits_{a\leqslant x\leqslant b}\{f(x)\}$，$m = \inf\limits_{a\leqslant x\leqslant b}\{f(x)\}$，则称 $\omega = M - m$ 是函数 $f(x)$在区间$[a, b]$上的振幅.

对区间$[a, b]$上的一个确定的分法 T，$\omega_i = M_i - m_i$ 是函数 $f(x)$在小区间 $[x_{i-1}, x_i]$ 上的振幅. 其中，$m_i = \inf\limits_{x_{i-1}\leqslant x\leqslant x_i}\{f(x)\}$，$M_i = \sup\limits_{x_{i-1}\leqslant x\leqslant x_i}\{f(x)\}$，$i = 1, 2, \cdots, n$.

推论 设函数 $f(x)$是定义在区间$[a, b]$上的有界函数，则 $f(x)$在区间$[a, b]$上可积的充要条件是

$$\lim_{\lambda(T)\to 0}\sum_{i=1}^{n}\omega_i \Delta x_i = 0$$

其中，ω_i 是函数 $f(x)$在小区间 $[x_{i-1}, x_i]$（$i = 1, 2, \cdots, n$）上的振幅.

5.1.3 可积函数

应用达布和的性质，可以给出以下几类可积函数.

定理 5.3 如果 $f(x) \in C[a,b]$，则 $f(x)$ 在 $[a,b]$ 上可积.

证明： 根据假设，函数 $f(x)$在闭区间$[a, b]$上连续，故它在这个区间上一致连续. 于是，对任给的正数 ε，总存在正数 δ，使在$[a, b]$上的任意两点 x'与 x''，只要 $|x' - x''| < \delta$，就有

$$|f(x') - f(x'')| < \varepsilon$$

用分法 T 将$[a, b]$分成 n 个小区间 $[x_{i-1}, x_i]$（$i = 1, 2, \cdots, n$），并使 $\lambda(T) < \delta$. 由于函数 $f(x)$ 是连续的，所以它在每个小区间 $[x_{i-1}, x_i]$ 上必取到最大值 $f(\xi_i')$ 与最小值 $f(\xi_i'')$，而且有 $M_i = f(\xi_i')$，$m_i = f(\xi_i'')$，其中，$\xi_i', \xi_i'' \in [x_{i-1}, x_i]$. 因为 $\lambda(T) < \delta$，所以 $|\xi_i' - \xi_i''| \leqslant x_i - x_{i-1} < \delta$，故有

$$\omega_i = M_i - m_i = f(\xi_i') - f(\xi_i'') < \varepsilon, \quad i = 1, 2, \cdots, n$$

从而得到

$$\sum_{i=1}^{n}\omega_i \Delta x_i < \varepsilon \sum_{i=1}^{n}\Delta x_i = \varepsilon(b - a)$$

根据可积准则的充分性，就证明了连续函数 $f(x)$在$[a, b]$上可积. $\square$

定理 5.4 如果 $f(x)$ 在 $[a,b]$ 上除有限个第一类间断点外处处连续，则 $f(x)$ 在 $[a,b]$ 上可积.

证明： 为了叙述简便且易于掌握，又不失一般性，可设函数 $f(x)$在区间$[a, b]$上只有一个

间断点 c. 对任给的正数 ε，以点 c 为中心作长度为 2ε 的区间 $[a_1, b_1]$，即 $a_1 = c-\varepsilon$，$b_1 = c+\varepsilon$. 在区间 $[a, a_1]$ 与 $[b_1, b]$ 上函数 $f(x)$ 都连续，因此，$f(x)$ 在 $[a, a_1]$ 与 $[b_1, b]$ 上都一致连续. 这时，总存在正数 δ，对属于 $[a, a_1]$ 与 $[b_1, b]$ 的任意小区间，只要它的长度小于 δ，函数 $f(x)$ 在其上的振幅就小于 ε.

设 T 是区间 $[a, b]$ 上的任意一个使 $\lambda(T)<\delta$ 的分法. 这时，可把由这个分法分成的小区间 $[x_{i-1}, x_i]$ 分成两类：一类是整个属于区间 $[a, a_1]$ 或 $[b_1, b]$ 的小区间；另一类是与区间 $[a_1, b_1]$ 有公共点的小区间. 于是，和数为

$$\sum_{i=1}^{n}\omega_i\Delta x_i=\sum{}'\omega_i\Delta x_i+\sum{}''\omega_i\Delta x_i$$

其中，$\sum{}'$ 是全部包含在 $[a, a_1]$ 与 $[b_1, b]$ 内的小区间作出的和，$\sum{}''$ 是与 $[a_1, b_1]$ 有公共点的小区间作出的和. 由于 $\lambda(T)<\delta$，所以对任何包含在 $[a, a_1]$ 与 $[b_1, b]$ 内的小区间 $[x_{i-1}, x_i]$，都有 $\omega_i<\varepsilon$，即

$$\sum{}'\omega_i\Delta x_i<\varepsilon\sum{}'\Delta x_i\leqslant\varepsilon\sum_{i=1}^{n}\Delta x_i=\varepsilon(b-a)$$

因为与 $[a_1, b_1]$ 有公共点的小区间全部位于区间 $[a_1-\delta, b_1+\delta]$ 内，其长度为 $b_1+\delta-(a_1-\delta)=b_1-a_1+2\delta=2\varepsilon+2\delta$. 若取 $\delta<\varepsilon$，则总长度小于 4ε，又因为有界函数 $f(x)$ 在任何小区间 $[x_{i-1}, x_i]$ 上的振幅都不超过它在整个区间 $[a, b]$ 上的振幅，即 $\omega_i=M_i-m_i\leqslant M-m$，故有

$$\sum{}''\omega_i\Delta x_i\leqslant(M-m)\sum{}''\Delta x_i\leqslant 4(M-m)\varepsilon$$

于是有

$$\sum_{i=1}^{n}\omega_i\Delta x_i<\varepsilon[b-a+4(M-m)]$$

由可积性定理的推论知，函数 $f(x)$ 在 $[a, b]$ 上是可积的. □

定理 5.5　设 $f(x)$ 是定义在区间 $[a, b]$ 上的单调有界函数，则 $f(x)$ 在区间 $[a, b]$ 上可积.

证明：不妨设函数 $f(x)$ 在区间 $[a, b]$ 上是单调不减的. 则对区间 $[a, b]$ 上的任意分法 T，单调不减函数 $f(x)$ 在每个小区间 $[x_{i-1}, x_i]$ 上的上确界与下确界显然分别为

$$M_i=f(x_i),\quad m_i=f(x_{i-1}),\quad i=1,2,\cdots,n$$

从而

$$\sum_{i=1}^{n}\omega_i\Delta x_i=\sum_{i=1}^{n}(M_i-m_i)\Delta x_i=\sum_{i=1}^{n}[f(x_i)-f(x_{i-1})]\Delta x_i$$

对任给的正数 ε，取正数 $\delta=\varepsilon$，对 $[a, b]$ 上的任意分法 T，当 $\lambda(T)<\delta$ 时，有

$$\begin{aligned}\sum_{i=1}^{n}\omega_i\Delta x_i&=\sum_{i=1}^{n}[f(x_i)-f(x_{i-1})]\Delta x_i\\&<\delta\sum_{i=1}^{n}[f(x_i)-f(x_{i-1})]\end{aligned}$$

$$
\begin{aligned}
&= \delta[f(x_n) - f(x_0)] \\
&= \varepsilon[f(b) - f(a)]
\end{aligned}
$$

根据可积准则的充分性，任何单调有界函数$f(x)$在$[a, b]$上可积. □

注意，在区间$[a,b]$上的单调有界函数，可以存在无穷多个间断点.

例如，函数

$$
f(x) = \begin{cases} 0, & x = 0 \\ \dfrac{1}{n}, & \dfrac{1}{n+1} < x \leqslant \dfrac{1}{n} \end{cases}
$$

显然，它在区间[0,1]上是单调不减的有界函数，并以

$$
\frac{1}{2}, \frac{1}{3}, \frac{1}{4}, \cdots
$$

为间断点. 但是由定理 5.5 知，这个函数在区间[0,1]上可积.

由定积分定义，$\lim\limits_{n\to\infty}\sum\limits_{i=1}^{n} f(\xi_i)\Delta x_i = \int_a^b f(x)\mathrm{d}x$. 若 $f(x)$在[0, 1]上可积，可以选取一个特殊的分割，将[0, 1]区间 n 等分，则 $\Delta x_i = \dfrac{1}{n}$.

取 $\xi_i = \dfrac{i}{n}$，则有

$$
\lim_{n\to\infty} \frac{1}{n} \sum_{i=1}^{n} f\left(\frac{i}{n}\right) = \int_0^1 f(x)\mathrm{d}x \tag{5.1}
$$

常常利用式（5.1）来计算某些特殊的极限.

例 5-1 利用定积分的概念，求极限

$$
\lim_{n\to\infty}\left(\frac{1}{n+1} + \frac{1}{n+2} + \cdots + \frac{1}{n+n}\right)
$$

解： 由式（5.1），有

$$
\begin{aligned}
&\lim_{n\to\infty}\left(\frac{1}{n+1} + \frac{1}{n+2} + \cdots + \frac{1}{n+n}\right) \\
&= \lim_{n\to\infty} \frac{1}{n}\left(\frac{1}{1+\frac{1}{n}} + \frac{1}{1+\frac{2}{n}} + \cdots + \frac{1}{1+\frac{n}{n}}\right) \\
&= \int_0^1 \frac{1}{1+x}\mathrm{d}x
\end{aligned}
$$

例 5-2 利用定积分的概念，求极限

$$
\lim_{n\to\infty} \frac{1}{n} \sqrt[n]{(n+1)(n+2)\cdots(n+n)}
$$

解： 先将无穷多项乘积转化为无穷多项和，即

$$\lim_{n\to\infty}\frac{1}{n}\sqrt[n]{(n+1)(n+2)\cdots(n+n)}$$

$$=\lim_{n\to\infty}e^{\ln\frac{1}{n}\sqrt[n]{(n+1)(n+2)\cdots(n+n)}}=\lim_{n\to\infty}e^{\ln\sqrt[n]{\left(1+\frac{1}{n}\right)\left(1+\frac{2}{n}\right)\cdots\left(1+\frac{n}{n}\right)}}$$

$$=\lim_{n\to\infty}e^{\frac{1}{n}\left[\ln\left(1+\frac{1}{n}\right)+\ln\left(1+\frac{2}{n}\right)+\cdots+\ln\left(1+\frac{n}{n}\right)\right]}$$

$$=\exp\left\{\lim_{n\to\infty}\frac{1}{n}\left[\ln\left(1+\frac{1}{n}\right)+\ln\left(1+\frac{2}{n}\right)+\cdots+\ln\left(1+\frac{n}{n}\right)\right]\right\}$$

$$=e^{\int_0^1\ln(1+x)dx}$$

两个例题中最后得到的定积分 $\int_0^1\frac{1}{1+x}dx$ 和 $\int_0^1\ln(1+x)dx$，我们将在后面给出其计算方法.

5.1.4 定积分的性质

定积分是由被积函数与积分区间所确定的一个数

$$\int_a^b f(x)dx=\lim_{\lambda\to 0}\sum_{i=1}^{n}f(\xi_i)\Delta x_i$$

由此不难得到下列性质. 本节假定所涉及的定积分都存在.

1° （有向性）$\int_b^a f(x)dx=-\int_a^b f(x)dx$.

2° $\int_a^a f(x)dx=0$.

3° $\int_a^b 1dx=b-a$.

4° （定积分的线性性质）$\int_a^b[kf(x)+lg(x)]dx=k\int_a^b f(x)dx+l\int_a^b g(x)dx$，$k,l$ 为常数.

5° （区间可加性）$\int_a^b f(x)dx=\int_a^c f(x)dx+\int_c^b f(x)dx$，其中，$c$ 可以在区间 $[a,b]$ 内，也可以在区间外.

若 c 在区间 $[a,b]$ 内，只要先将 c 取成一个分点，将积分和按 c 点分成两部分，再取极限就得到此性质. 若 c 在区间 $[a,b]$ 外，当 $c>b$ 时，可将 $[a,c]$ 上的积分用 b 分为两部分；当 $c<a$ 时，可将 $[c,b]$ 上的积分用 a 分为两部分.

6° 若在区间 $[a,b]$ 上 $f(x)\leqslant g(x)$，则有

$$\int_a^b f(x)dx\leqslant\int_a^b g(x)dx \quad \text{（保序性）}$$

7° 若在区间 $[a,b]$ 上，$m\leqslant f(x)\leqslant M$，则有

$$m(b-a)\leqslant\int_a^b f(x)dx\leqslant M(b-a)$$

利用性质 3°、性质 4° 及性质 5°，便可推得 7° 的估值.

例 5-3 估计积分值 $\int_0^{\frac{1}{2}} e^{-x^2} dx$.

解：显然函数 e^{-x^2} 在区间 $\left[0,\frac{1}{2}\right]$ 上是单调递减的，因此有

$$e^{-\frac{1}{4}} \leqslant e^{-x^2} \leqslant 1, \quad x \in \left[0,\frac{1}{2}\right]$$

由性质 7° 有估计式

$$\frac{1}{2}e^{-\frac{1}{4}} \leqslant \int_0^{\frac{1}{2}} e^{-x^2} dx \leqslant \frac{1}{2}$$

例 5-4 设函数 $f(x)$ 非负连续，则 $\int_a^b f(x)dx = 0$ 的充要条件是 $f(x) \equiv 0$， $x \in [a,b]$.

证明：必要性. 若不然，则必有 $x_0 \in (a,b)$，使

$$f(x_0) = \lambda > 0$$

由此及 $f(x)$ 的连续性知，存在 $\delta > 0$，使得 $[x_0-\delta,\ x_0+\delta] \subset [a,b]$，且当 $x \in [x_0-\delta,\ x_0+\delta]$ 时，有

$$f(x) > \frac{\lambda}{2}$$

于是由性质 5° 和性质 7° 有

$$\begin{aligned}\int_a^b f(x)dx &= \int_a^{x_0-\delta} f(x)dx + \int_{x_0-\delta}^{x_0+\delta} f(x)dx + \int_{x_0+\delta}^b f(x)dx \\ &\geqslant \int_{x_0-\delta}^{x_0+\delta} f(x)dx > \frac{\lambda}{2}2\delta > 0\end{aligned}$$

这与假设矛盾.

充分性. 由定积分定义或性质 7° 知它是显然的. □

由此例题不难得出下面推论.

推论 若 $f(x) \in C[a,b]$，且 $f(x) \geqslant 0$，但 $f(x) \not\equiv 0$，则有 $\int_a^b f(x)dx > 0$.

8° $\left|\int_a^b f(x)dx\right| \leqslant \int_a^b |f(x)|dx$， $a < b$.

由不等式 $-|f(x)| \leqslant f(x) \leqslant |f(x)|$ 和性质 5° 不难推出这个结果.

9° 定积分值与积分变量的记号无关，即

$$\int_a^b f(x)dx = \int_a^b f(t)dt \tag{5.2}$$

10° （**定积分中值定理**） 设 $f(x) \in C[a,b]$，则至少存在一点 $\xi \in (a,b)$，使得

$$\int_a^b f(x)dx = f(\xi)(b-a)$$

证明：由 $f(x) \in C[a,b]$ 知， $f(x)$ 在区间 $[a,b]$ 上有最大值 M 和最小值 m，由性质 7° 得

$$m(b-a) \leqslant \int_a^b f(x)\mathrm{d}x \leqslant M(b-a)$$

上面不等式不能取得等号，以左端为例，若

$$\int_a^b [f(x)-m]\mathrm{d}x = 0$$

由于 $f(x)-m \geqslant 0$，且 $f(x)-m \not\equiv 0$，则必有 $\int_a^b [f(x)-m]\mathrm{d}x > 0$，与前面的推论矛盾. 故有

$$m < \frac{1}{b-a}\int_a^b f(x)\mathrm{d}x < M$$

根据闭区间上连续函数介值定理知，存在一点 $\xi \in (a,b)$，使得

$$f(\xi) = \frac{1}{b-a}\int_a^b f(x)\mathrm{d}x \quad \square$$

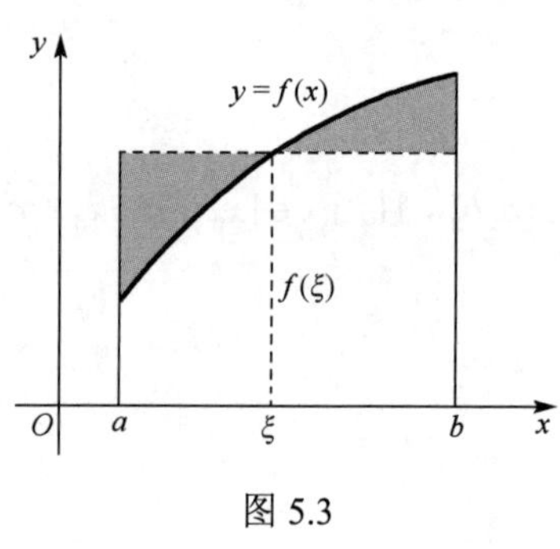

图 5.3

这个定理告诉我们如何去掉积分符号来表示积分值.

无论是从几何上还是从物理上，都容易理解 $f(\xi)$ 就是 $f(x)$ 在区间 $[a,b]$ 上的平均值（见图 5.3），所以式（5.2）也称为**平均值公式**. 求连续变量的平均值就要用到它.

11°（**推广的定积分中值定理**）设 $f(x) \in C[a,b]$，$g(x)$ 可积不变号，则至少存在一点 $\xi \in (a,b)$，使得

$$\int_a^b f(x)g(x)\mathrm{d}x = f(\xi)\int_a^b g(x)\mathrm{d}x$$

当 $g(x)=1$ 时，就得到前面的积分中值定理，本定理的证明略. 有的书把本定理也称为积分中值定理或第一积分中值定理.

例 5-5 试证

$$\lim_{n\to\infty}\int_n^{n+a}\frac{\sin x}{x}\mathrm{d}x = 0$$

证明：由积分中值定理有

$$\lim_{n\to\infty}\int_n^{n+a}\frac{\sin x}{x}\mathrm{d}x = \lim_{n\to\infty}\frac{\sin \xi_n}{\xi_n}a = 0\,,\quad n \leqslant \xi_n \leqslant n+a \quad \square$$

例 5-6 设 $f(x), g(x) \in C[a,b]$，证明**柯西不等式**

$$\left[\int_a^b f(x)g(x)\mathrm{d}x\right]^2 \leqslant \int_a^b f^2(x)\mathrm{d}x \int_a^b g^2(x)\mathrm{d}x\,,\quad a<b$$

证明：分两种情况：

1° 当 $\int_a^b f^2(x)\mathrm{d}x = 0$ 时，类似例 5-3 可知 $f(x) \equiv 0$，不等式显然成立.

2° 当 $\int_a^b f^2(x)\mathrm{d}x \neq 0$ 时，对任意实数 λ，有

$$[\lambda f(x)-g(x)]^2 \geqslant 0$$

从 a 到 b 积分，由线性性质得

$$\int_a^b [\lambda f(x)-g(x)]^2 \mathrm{d}x=\left(\int_a^b f^2(x)\mathrm{d}x\right)\lambda^2-2\left(\int_a^b f(x)g(x)\mathrm{d}x\right)\lambda+\int_a^b g^2(x)\mathrm{d}x \geqslant 0$$

上式左端是 λ 的二次三项式. 这个不等式成立的充要条件是判别式

$$\left[\int_a^b f(x)g(x)\mathrm{d}x\right]^2-\int_a^b f^2(x)\mathrm{d}x\int_a^b g^2(x)\mathrm{d}x \leqslant 0$$

成立. □

习题 5.1

1．将下列各题表示为积分，不必计算.

（1）在原点处，有一电荷量为 q 的正电荷，由电学知识，离原点 x 处的电场力的大小为 $F(x)=\dfrac{q}{x^2}$，求单位正电荷在 x 轴上从点 a 移到点 b 时，电场力做的功 W.

（2）有一长为 l 的细杆，1° 如果其线密度 $\rho=2$，求细杆的质量 m；2° 如果细杆上各点处的线密度不同，是到某一端点距离 x 的函数 $\rho=2+\dfrac{x^2}{l^2}$，求细杆质量.

（3）某产品的生产速度为 $V(t)=100+12t-0.6t^2$（t 单位：小时），求从 $t=2$ 到 $t=4$ 这两个小时内的总产量 P.

（4）已知圆的周长公式 $l=2\pi r$，求半径为 a 的圆的面积 S.

2．写出下列各积分的定义式.

（1）$\int_a^b 2\mathrm{d}x$；（2）$\int_0^1 \dfrac{\mathrm{d}x}{1+x^2}$；（3）$\int_0^\pi \sin x\mathrm{d}x$.

3．比较下列各组积分的大小，指明较大的一个.

（1）$\int_0^1 x^2\mathrm{d}x$ 与 $\int_0^1 x^3\mathrm{d}x$；（2）$\int_1^2 x^2\mathrm{d}x$ 与 $\int_1^2 x^3\mathrm{d}x$；

（3）$\int_1^2 \ln x\mathrm{d}x$ 与 $\int_1^2 x\mathrm{d}x$；（4）$\int_0^\pi \sin x\mathrm{d}x$ 与 $\int_0^{2\pi} \sin x\mathrm{d}x$.

4．试证：如果 $f(x), g(x)$ 在区间 $[a,b]$ 上连续，$f(x)\geqslant g(x)$，但 $f(x)\neq g(x)$，则

$$\int_a^b f(x)\mathrm{d}x>\int_a^b g(x)\mathrm{d}x$$

5．设 $f(x)$ 连续，且极限 $\lim\limits_{x\to+\infty} f(x)$ 存在，试证：

$$\lim_{h\to+\infty}\int_h^{h+a}\frac{f(x)}{x}\mathrm{d}x=0$$

6．选择题.

（1）设 $f(x)\in C[a,b]$，且 $\int_a^b f(x)\mathrm{d}x=0$，则在 $[a,b]$ 上（　　）.

（A）必有 x_1,x_2，使 $f(x_1)f(x_2)<0$　　（B）$f(x)\equiv 0$

（C）必有 x_0，使 $f(x_0)=0$　　（D）$f(x)\neq 0$

（2）设 $f(x),g(x)$ 在 $[a,b]$ 上有界，在 (a,b) 内可导，且 $f(x)<g(x)$，则在 (a,b) 区间内，有不等式（　　）.

（A）$f'(x)<g'(x)$　　（B）$\lim\limits_{x\to a^+}f(x)<\lim\limits_{x\to a^+}g(x)$

（C）$\int f(x)\mathrm{d}x<\int g(x)\mathrm{d}x$　　（D）$\int_a^x f(t)\mathrm{d}t<\int_a^x g(t)\mathrm{d}t$

（3）$f(x)\in C[a,b]$ 的充分条件是在 $[a,b]$ 上（　　）.

（A）$f(x)$ 处处有定义，且有界　　（B）$f(x)$ 可微

（C）$\forall x_0$，极限 $\lim\limits_{x\to x_0}f(x)$ 都存在　　（D）$f(x)$ 可积

7．设 $f(x)\begin{cases}1, & 0\leqslant x\leqslant\dfrac{1}{2}\\ 0, & \dfrac{1}{2}<x\leqslant 1\end{cases}$，是否存在 $\xi\in[0,1]$，使 $f(\xi)=\int_0^1 f(x)\mathrm{d}x$.

8．设 $f(x),g(x)\in C[a,b]$，证明

$$\int_a^b[f(x)+g(x)]^2\mathrm{d}x\leqslant\left[\left(\int_a^b f^2(x)\mathrm{d}x\right)^{\frac{1}{2}}+\left(\int_a^b g^2(x)\mathrm{d}x\right)^{\frac{1}{2}}\right]^2$$

9．设 $f(x)\in C[a,b]$，证明

$$\left(\int_a^b f(x)\mathrm{d}x\right)^2\leqslant(b-a)\int_a^b f^2(x)\mathrm{d}x$$

10．设 $f(x)$ 在 $x=0$ 的某邻域内有连续的导数，证明

$$\lim_{a\to 0^+}\frac{1}{4a^2}\int_{-a}^a[f(t+a)-f(t-a)]\mathrm{d}t=f'(0)$$

11．设 $f(x)\in C[0,1]$，且在开区间 $(0,1)$ 内可导，又 $\int_0^1 f(x)\mathrm{d}x=2\int_0^{\frac{1}{2}}f(x)\mathrm{d}x$，证明：$\exists\xi\in(0,1)$，使得 $f'(\xi)=0$.

5.2　微积分学基本定理

由定积分的定义

$$\int_a^b f(x)\mathrm{d}x=\lim_{\lambda\to\infty}\sum_{i=1}^n f(\xi_i)\Delta x_i$$

计算定积分是非常困难的，甚至常常是不可能的. 历史上，由于微分学的研究远远晚于积分学，所以定积分计算问题长期未能得以解决，积分学的发展很缓慢. 直到 17 世纪最后 30 年，牛顿和莱布尼茨把两个貌似无关的微分问题和积分问题联系起来，建立了微积分学基本定理，才为定积分的计算提供了统一的简洁的方法.

以路程问题为例. 如果已知某物体作直线运动，其速度为 $v(t)$，则在时间间隔 $[a,b]$ 内走过的路程 $s_{[a,b]}=\int_a^b v(t)\mathrm{d}t$. 如果知道该物体运动的路程函数 $s(t)$，则 $s_{[a,b]}=s(b)-s(a)$，可见如果能从 $v(t)$ 求出 $s(t)$，定积分 $\int_a^b v(t)\mathrm{d}t$ 运算就可化为减法 $s(b)-s(a)$ 运算. 这正是第 4 章已经

解决了的微分运算的逆运算——不定积分问题，这启示我们：定积分的计算有捷径可循. 下面进行一般性的讨论.

设 $f(x)$ 在区间 $[a,b]$ 上可积，则对任一点 $x\in[a,b]$，定积分

$$\int_a^x f(t)\mathrm{d}t$$

都有确定的值，当 x 变化时，这个定积分是上限 x 的函数，记为 $\Phi(x)$，即

$$\Phi(x)=\int_a^x f(t)\mathrm{d}t，\quad a\leqslant x\leqslant b$$

注意：这样定义的函数一定是 $[a,b]$ 上的连续函数（留作练习），这个函数的几何意义是图 5.4 中阴影部分的面积函数.

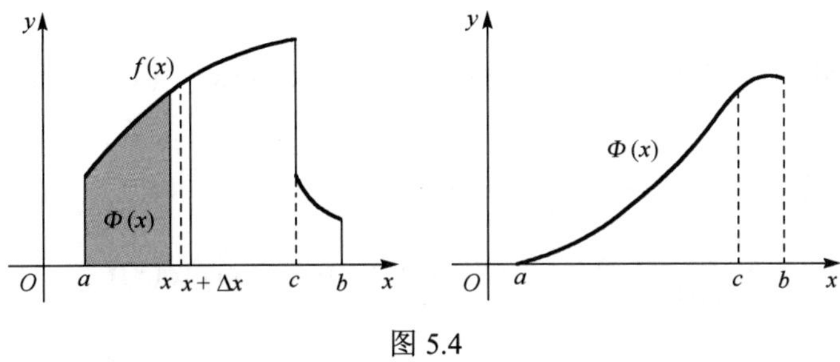

图 5.4

定理 5.6（微积分学基本定理第一部分） 设 $f(x)\in C[a,b]$，则积分上限函数

$$\Phi(x)=\int_a^x f(t)\mathrm{d}t$$

在 $[a,b]$ 上连续可微，且对上限的导数等于被积函数在上限处的值，即

$$\Phi'(x)=\frac{\mathrm{d}}{\mathrm{d}x}\int_a^x f(t)\mathrm{d}t=f(x)，\quad a\leqslant x\leqslant b \tag{5.3}$$

证明：因为

$$\Phi(x+\Delta x)=\int_a^{x+\Delta x} f(t)\mathrm{d}t$$

所以由定积分性质 5° 和积分中值定理有

$$\Delta\Phi=\Phi(x+\Delta x)-\Phi(x)=\int_a^{x+\Delta x} f(t)\mathrm{d}t-\int_a^x f(t)\mathrm{d}t=\int_x^{x+\Delta x} f(t)\mathrm{d}t=f(\xi)\Delta x$$

其中，ξ 介于 $x,x+\Delta x$ 之间. 因 $f(x)$ 连续，故

$$\Phi'(x)=\lim_{\Delta x\to 0}\frac{\Delta\Phi}{\Delta x}=\lim_{\Delta x\to 0}f(\xi)=f(x) \quad \square$$

这个定理指出积分运算和微分运算为逆运算的关系，它把微分和积分连接为一个有机的整体——微积分，所以它是微积分学基本定理.

它说明，连续函数 $f(x)$ 一定有原函数，函数 $\Phi(x)=\int_a^x f(t)\mathrm{d}t$ 就是 $f(x)$ 的一个原函数（这就证明了定理 5.6）. 由此可见，连续函数 $f(x)$ 的不定积分和定积分有如下关系：

$$\int f(x)\mathrm{d}x=\int_a^x f(t)\mathrm{d}t+C \tag{5.4}$$

它还说明，连续函数的定积分 $\int_a^b f(x)\mathrm{d}x$ 的被积表达式 $f(x)\mathrm{d}x$ 等于变上限积分函数 $\Phi(x)$ 的微分，即 $f(x)\mathrm{d}x$ 是 $\Phi(x)$ 的增量 $\Delta\Phi$ 的线性主部. 将有关的实际问题化为定积分时，必须注意到这一点，后面我们将用到它，人们习惯称 $f(x)\mathrm{d}x$ 为微元.

例如，$\left(\int_0^x \mathrm{e}^{2t}\mathrm{d}t\right)'=\mathrm{e}^{2x}$

$$\left(\int_x^{\pi}\cos^2 t\mathrm{d}t\right)'=\left(-\int_{\pi}^{x}\cos^2 t\mathrm{d}t\right)'=-\cos^2 x$$

$$\left(\int_x^{x^2}\ln t\mathrm{d}t\right)'=\left(\int_x^1\ln t\mathrm{d}t+\int_1^{x^2}\ln t\mathrm{d}t\right)'=-\ln x+2x\ln x^2=(4x-1)\ln x$$

一般地，若 $f(x)\in C[a,b]$，$\phi(x),\psi(x)$ 在$[a, b]$上可导，则有

$$\left(\int_{\phi(x)}^{\psi(x)}f(t)\mathrm{d}t\right)'=\psi'(x)f(\psi(x))-\phi'(x)f(\phi(x))$$

例 5-7 设 $\lim\limits_{x\to12}f(x)=0$，$\lim\limits_{x\to12}f'(x)=1$，求 $\lim\limits_{x\to12}\dfrac{\int_{12}^{x}\left[t\int_t^{12}f(u)\mathrm{d}u\right]\mathrm{d}t}{(12-x)^3}$

解： 由罗必达法则，有

$$\begin{aligned}&\lim_{x\to12}\frac{\int_{12}^{x}\left[t\int_t^{12}f(u)\mathrm{d}u\right]\mathrm{d}t}{(12-x)^3}\\&=\lim_{x\to12}\frac{x\int_x^{12}f(u)\mathrm{d}u}{-3(12-x)^2}=4\lim_{x\to12}\frac{\int_{12}^{x}f(u)\mathrm{d}u}{(12-x)^2}\\&=4\lim_{x\to12}\frac{f(x)}{-2(12-x)}=2\lim_{x\to12}f'(x)=2\end{aligned}$$

定理 5.7（微积分学基本定理第二部分） 如果 $F(x)$ 是 $[a,b]$ 区间上连续函数 $f(x)$ 的一个原函数，则

$$\int_a^b f(x)\mathrm{d}x=F(b)-F(a) \tag{5.5}$$

证明： 因为 $F(x)$ 及 $\Phi(x)=\int_a^x f(t)\mathrm{d}t$ 都是 $f(x)$ 在 $[a,b]$ 上的原函数，故有

$$\Phi(x)=F(x)+C,\quad \forall x\in[a,b]$$

C 是待定常数，即有

$$\int_a^x f(t)\mathrm{d}t=F(x)+C,\quad \forall x\in[a,b]$$

令 $x=a$，由上式得 $0=F(a)+C$，于是 $C=-F(a)$，可见

$$\int_a^x f(t)\mathrm{d}t = F(x)-F(a)，\quad \forall x\in[a,b]$$

特别地，令 $x=b$，上式就变为式（5.5）. 式（5.5）称为**牛顿-莱布尼茨公式**. □

式（5.5）表明了连续函数的定积分与不定积分之间的关系. 它把复杂的乘积和式的极限运算转化为被积函数的原函数在积分上下限 b,a 两点处函数值之差. 习惯用 $F(x)\big|_a^b$ 表示 $F(b)-F(a)$，于是式（5.5）可写为

$$\int_a^b f(x)\mathrm{d}x = F(x)\big|_a^b = F(b)-F(a)$$

例如，$\displaystyle\int_{-1}^1 \frac{1}{1+x^2}\mathrm{d}x = \arctan x\big|_{-1}^1 = \frac{\pi}{4}-\left(-\frac{\pi}{4}\right)=\frac{\pi}{2}$

$$\int_0^\pi \sin x\mathrm{d}x = -\cos x\big|_0^\pi = 1-(-1)=2$$

有了式（5.5），例 5-1 与例 5-2 均可以计算出最终的极限值.

注意，式（5.5）要求被积函数连续，如果遇到分段连续函数 $f(x)$ 的积分，应将积分区间 $[a,b]$ 分为几个子区间 $[a,x_1],[x_1,x_2],\cdots,[x_n,b]$，使 $f(x)$ 在每个子区间上都连续，根据定积分性质 5°，有

$$\int_a^b f(x)\mathrm{d}x = \int_a^{x_1} f(x)\mathrm{d}x + \int_{x_1}^{x_2} f(x)\mathrm{d}x + \cdots + \int_{x_n}^b f(x)\mathrm{d}x$$

右端的每个积分都可用牛顿-莱布尼茨公式计算.

例 5-8 设 $f(x)=\begin{cases}2x, & 0\leqslant x\leqslant 1\\ 5, & 1<x\leqslant 2\end{cases}$，求 $\displaystyle\int_0^2 f(x)\mathrm{d}x$.

解： $\displaystyle\int_0^2 f(x)\mathrm{d}x = \int_0^1 2x\mathrm{d}x + \int_1^2 5\mathrm{d}x = x^2\big|_0^1 + 5x\big|_1^2 = 1+5=6$

例 5-9 求 $\displaystyle\int_0^{\frac{\pi}{2}} \sqrt{1-\sin 2x}\mathrm{d}x$.

解：
$$\begin{aligned}\int_0^{\frac{\pi}{2}} \sqrt{1-\sin 2x}\mathrm{d}x &= \int_0^{\frac{\pi}{2}} \sqrt{(\cos x-\sin x)^2}\mathrm{d}x = \int_0^{\frac{\pi}{2}} |\cos x-\sin x|\mathrm{d}x\\ &= \int_0^{\frac{\pi}{4}} (\cos x-\sin x)\mathrm{d}x + \int_{\frac{\pi}{4}}^{\frac{\pi}{2}} (\sin x-\cos x)\mathrm{d}x\\ &= 2\sqrt{2}-2\end{aligned}$$

被积函数带有绝对值符号时，应将积分区间分开，去掉绝对值符号，再积分.

例 5-10 已知 $f(x)=x+\displaystyle\int_0^1 xf(x)\mathrm{d}x$，求 $f(x)$.

解： 因为定积分是一个数，所以设 $\displaystyle\int_0^1 xf(x)\mathrm{d}x = A$，则

$$f(x)=x+A$$

因此

$$A=\int_0^1 xf(x)\mathrm{d}x=\int_0^1(x^2+Ax)\mathrm{d}x=\frac{1}{3}+\frac{A}{2}$$

解得 $A=\frac{2}{3}$，故

$$f(x)=x+\frac{2}{3}$$

例 5-11 设 $f(x)\in C[a,b]$，且单调递增，证明

$$(a+b)\int_a^b f(x)\mathrm{d}x<2\int_a^b xf(x)\mathrm{d}x$$

证明：设 $F(x)=(a+x)\int_a^x f(t)\mathrm{d}t-2\int_a^x tf(t)\mathrm{d}t$，则

$$F'(x)=\int_a^x f(t)\mathrm{d}t+(a+x)f(x)-2xf(x)$$

$$=\int_a^x f(t)\mathrm{d}t+(a-x)f(x)=\int_a^x f(t)\mathrm{d}t-\int_a^x f(x)\mathrm{d}t$$

$$=\int_a^x[f(t)-f(x)]\mathrm{d}t<0,\ x>a$$

所以 $F(x)\downarrow$，又 $F(a)=0$，因此 $F(b)<0$，即有

$$(a+b)\int_a^b f(x)\mathrm{d}x<2\int_a^b xf(x)\mathrm{d}x$$ □

习题 5.2

1．求下列函数的导数.

（1）$\int_1^x\frac{\sin t}{t}\mathrm{d}t$，$x>0$；（2）$\int_x^0\sqrt{1+t^4}\mathrm{d}t$；

（3）$\int_0^{x^2}\frac{t\sin t}{1+\cos^2 t}\mathrm{d}t$；（4）$\int_x^{x^2}\mathrm{e}^{-t^2}\mathrm{d}t$；

（5）$\sin\left(\int_0^x\frac{\mathrm{d}t}{1+\sin^2 t}\right)$；（6）$\int_0^x xf(t)\mathrm{d}t$.

2．求由 $\int_0^y\mathrm{e}^{t^2}\mathrm{d}t+\int_0^x\cos t\mathrm{d}t=0$ 所确定的隐函数 y 关于 x 的导数.

3．求由参数方程 $x=\int_0^{t^2}u\ln u\mathrm{d}u,\ y=\int_{t^2}^1 u^2\ln u\mathrm{d}u$ 所给定的函数 y 关于 x 的导数.

4．设 $f(x)$ 连续，且 $\int_0^x f(t)\mathrm{d}t=x^2(1+x)$，求 $f(x)$ 及 $f(2)$.

5．求下列极限.

（1）$\lim\limits_{x\to0^+}\frac{\int_0^{\sin x}\sqrt{\tan t}\mathrm{d}t}{\int_0^{\tan x}\sqrt{\sin t}\mathrm{d}t}$；（2）$\lim\limits_{x\to a}\frac{x^2}{x-a}\int_a^x f(t)\mathrm{d}t$，$f(t)$ 连续.

6．选择题.

（1）设 $\alpha(x)=\int_0^{ex}\frac{\sin t}{t}\mathrm{d}t$，$\beta(x)=\int_0^{\sin x}(1+t)^{\frac{1}{t}}\mathrm{d}t$，当 $x\to 0$ 时，$\alpha(x)$ 是 $\beta(x)$ 的（　　）.

（A）高阶无穷小　　（B）低阶无穷小

（C）同阶但非等价无穷小　　（D）等价无穷小

（2）已知 $\alpha(x)$ 在原点的某一去心邻域内连续，且当 $x\to 0$ 时，$\alpha(x)\sim x^2$，则 $\beta(x)=\int_0^x\alpha(t)\mathrm{d}t$ 是 x 的（　　）.

（A）一阶无穷小　　（B）二阶无穷小

（C）三阶无穷小　　（D）四阶无穷小

7．当 $x>0$ 时，$f(x)>0$，且连续，试证函数

$$\varphi(x)=\frac{\int_0^x tf(t)\mathrm{d}t}{\int_0^x f(t)\mathrm{d}t},\quad x>0$$

单调递增.

8．设 $f(x)\in C[a,b]$，且 $f(x)$ 单调递减，试证函数

$$g(x)=\frac{1}{x-a}\int_a^x f(t)\mathrm{d}t,\quad a<x\leqslant b$$

单调递减.

9．用牛顿-莱布尼茨公式计算下列定积分.

（1）$\int_0^3 2x\mathrm{d}x$；　　（2）$\int_0^1\frac{\mathrm{d}x}{1+x^2}$；

（3）$\int_0^{\frac{\pi}{2}}\cos x\mathrm{d}x$；　　（4）$\int_1^0\mathrm{e}^x\mathrm{d}x$；

（5）$\int_{\frac{\pi}{4}}^{\frac{\pi}{2}}\frac{1}{\sin^2 x}\mathrm{d}x$；　　（6）$\int_{-\frac{1}{2}}^{\frac{1}{2}}\frac{\mathrm{d}x}{\sqrt{1-x^2}}$；

（7）$\int_1^2\frac{\mathrm{d}x}{x+x^3}$；　　（8）$\int_1^{\mathrm{e}}\frac{1+\ln x}{x}\mathrm{d}x$.

10．计算下列定积分.

（1）$\int_0^2|1-x|\sqrt{(x-4)^2}\mathrm{d}x$；　　（2）$\int_0^1 x|x-a|\mathrm{d}x$，$a>0$；

（3）$\int_0^{\pi}\sqrt{1+\cos 2x}\mathrm{d}x$.

11．设 $f(x)=\begin{cases}x^2, & 0\leqslant x<1\\ 1+x, & 1\leqslant x\leqslant 2\end{cases}$，求 $\int_{\frac{1}{2}}^{\frac{3}{2}}f(x)\mathrm{d}x$.

12．求下列极限.

（1）$\lim\limits_{n\to\infty}\frac{1}{n\sqrt{n}}(\sqrt{1}+\sqrt{2}+\cdots+\sqrt{n})$；

（2）$\lim\limits_{n\to\infty}\frac{1}{n}\left[\sin a+\sin\left(a+\frac{b}{n}\right)+\sin\left(a+\frac{2b}{n}\right)+\cdots+\sin\left(a+\frac{(n-1)b}{n}\right)\right]$；

（3）$\lim\limits_{n\to\infty}\int_0^1\frac{x^n}{1+x}\mathrm{d}x$；

（4）设 $a_n=\frac{3}{2}\int_0^{\frac{n}{n+1}}x^{n-1}\sqrt{1+x^n}\mathrm{d}x$，求 $\lim\limits_{n\to\infty}na_n$.

13．设 $f(x),g(x)\in C[a,b]$，且 $g(x)\neq 0$，证明存在点 $\xi\in(a,b)$，使

$$\frac{\int_a^b f(x)\mathrm{d}x}{\int_a^b g(x)\mathrm{d}x}=\frac{f(\xi)}{g(\xi)}$$

14．已知 $f(x)\in C[-1,1]$，$f(x)=3x-\sqrt{1-x^2}\int_0^1 f^2(x)\mathrm{d}x$，求 $f(x)$.

15．设 $f(x)$ 在区间 $[a,b]$ 上可积，证明函数

$$\varPhi(x)=\int_a^x f(t)\mathrm{d}t$$

在区间 $[a,b]$ 上连续.

16．设 $f(x)\in C^1[a,b]$，且 $f(a)=f(b)=0$，证明：

$$\left|\int_a^b f(x)\mathrm{d}x\right|\leqslant\frac{(b-a)^2}{4}\max_{a<x<b}|f'(x)|$$

5.3　定积分的计算

在不定积分的计算中有两个重要的方法——换元积分法和分部积分法，在定积分计算中用到它们时，由于我们的目的是求积分值，所以又有新的特点.

5.3.1　定积分的换元积分法

定理 5.8　设 $f(x)\in C[a,b]$，对变换 $x=\varphi(t)$，若有常数 α,β 满足：

（i）$\varphi(\alpha)=a$，$\varphi(\beta)=b$；

（ii）在 α,β 界定的区间上，$a\leqslant\varphi(t)\leqslant b$；

（iii）在 α,β 界定的区间上，$\varphi(t)$ 有连续的导数，

则

$$\int_a^b f(x)\mathrm{d}x=\int_\alpha^\beta f[\varphi(t)]\varphi'(t)\mathrm{d}t$$

证明：由于 $f(x)\in C[a,b]$，所以上式左端的积分存在. 由 $f(x)\in C[a,b]$ 及条件（ii）与（iii）知右端积分也存在. 设 $F(x)$ 是 $f(x)$ 的一个原函数，由复合函数求导法则知，$F(\varphi(t))$ 是 $f(\varphi(t))\varphi'(t)$ 的原函数，于是由牛顿-莱布尼茨公式有

$$\int_a^b f(x)\mathrm{d}x=F(b)-F(a)$$

$$\int_{\alpha}^{\beta} f(\varphi(t))\varphi'(t)\mathrm{d}t = F(\varphi(\beta)) - F(\varphi(\alpha)) = F(b) - F(a)$$

比较两式知结论成立. □

这个定理说明用换元积分法计算定积分时，应把积分上、下限同时换为新积分变量的上、下限，通过新积分算出积分值. 这样避免了求 $f(x)$ 的原函数，所以对变换 $x=\varphi(t)$ 也不要求它有反函数.

例 5-12 求 $\int_0^a \sqrt{a^2-x^2}\mathrm{d}x$，$a>0$.

解： 令 $x=a\sin t$，当 $x=0$ 时，$t=0$；当 $x=a$ 时，$t=\dfrac{\pi}{2}$. 于是 $\sqrt{a^2-x^2}=a\cos t$，$\mathrm{d}x=a\cos t\mathrm{d}t$，故

$$\int_0^a \sqrt{a^2-x^2}\mathrm{d}x = a^2\int_0^{\frac{\pi}{2}}\cos^2 t\mathrm{d}t = \frac{a^2}{2}\int_0^{\frac{\pi}{2}}(1+\cos 2t)\mathrm{d}t$$

$$=\frac{a^2}{2}\left(t+\frac{1}{2}\sin 2t\right)\Bigg|_0^{\frac{\pi}{2}} = \frac{1}{4}\pi a^2$$

这是半径为 a 的四分之一圆的面积. 记住它，以后可直接应用.

例 5-13 求 $\int_0^4 \dfrac{x+2}{\sqrt{2x+1}}\mathrm{d}x$.

解： 令 $\sqrt{2x+1}=t$，即 $x=\dfrac{t^2-1}{2}$. 当 $x=0$ 时，$t=1$；当 $x=4$ 时，$t=3$，$\mathrm{d}x=t\mathrm{d}t$，故

$$\int_0^4 \frac{x+2}{\sqrt{2x+1}}\mathrm{d}x = \int_1^3 \frac{\frac{t^2-1}{2}+2}{t}t\mathrm{d}t = \frac{1}{2}\int_1^3 (t^2+3)\mathrm{d}t = \frac{22}{3}$$

作变换时，必须满足定理的条件，特别是通过 $t=\psi(x)$ 引入新变量 t 时，要验证它的反函数是否满足定理的条件. 换元积分法还可用于证明一些定积分等式，通常由被积函数的变化和积分区间变化来确定变换. 下面几个例子也可作为定积分公式使用.

例 5-14 设 $f(x)$ 在区间 $[-a,a]$ 上连续，则

$$\int_{-a}^{a} f(x)\mathrm{d}x = \int_0^a [f(x)+f(-x)]\mathrm{d}x$$

证明： 由于

$$\int_{-a}^{a} f(x)\mathrm{d}x = \int_{-a}^{0} f(x)\mathrm{d}x + \int_0^a f(x)\mathrm{d}x$$

对积分 $\int_{-a}^{0} f(x)\mathrm{d}x$ 作变换，令 $x=-t$，则

$$\int_{-a}^{0} f(x)\mathrm{d}x = -\int_a^0 f(-t)\mathrm{d}t = \int_0^a f(-t)\mathrm{d}t$$

故有

$$\int_{-a}^{a} f(x)\mathrm{d}x = \int_{0}^{a} [f(x)+f(-x)]\mathrm{d}x \quad \square$$

由定积分定义不难推证，对一般可积函数，例 5-14 中的公式也成立. 更重要的是下面两个结果：

（1）若 $f(x)$ 为可积的偶函数，则 $\int_{-a}^{a} f(x)\mathrm{d}x = 2\int_{0}^{a} f(x)\mathrm{d}x$；

（2）若 $f(x)$ 为可积的奇函数，则 $\int_{-a}^{a} f(x)\mathrm{d}x = 0.$

利用这一结果可以计算：

$$\int_{-\frac{\pi}{4}}^{\frac{\pi}{4}} \frac{\cos x}{1+\mathrm{e}^{-x}}\mathrm{d}x = \int_{0}^{\frac{\pi}{4}} \left(\frac{\cos x}{1+\mathrm{e}^{-x}} + \frac{\cos x}{1+\mathrm{e}^{x}}\right)\mathrm{d}x = \int_{0}^{\frac{\pi}{4}} \cos x\mathrm{d}x = \frac{\sqrt{2}}{2}$$

$$\int_{-1}^{2} x\sqrt{|x|}\mathrm{d}x = \int_{-1}^{1} x\sqrt{|x|}\mathrm{d}x + \int_{1}^{2} x\sqrt{|x|}\mathrm{d}x = \int_{1}^{2} x^{\frac{3}{2}}\mathrm{d}x = \frac{2}{5}(4\sqrt{2}-1)$$

$$\int_{-2}^{2} \frac{x^5+x^4-x^3-x^2-2}{1+x^2}\mathrm{d}x = 2\int_{0}^{2} \frac{x^4-x^2-2}{1+x^2}\mathrm{d}x = 2\int_{0}^{2} (x^2-2)\mathrm{d}x = -\frac{8}{3}$$

例 5-15 设 $f(x)$ 是 $(-\infty, \infty)$ 上以 T 为周期的连续函数，则对任何实数 a，都有

$$\int_{a}^{a+T} f(x)\mathrm{d}x = \int_{0}^{T} f(x)\mathrm{d}x$$

证明：由于

$$\int_{a}^{a+T} f(x)\mathrm{d}x = \int_{a}^{0} f(x)\mathrm{d}x + \int_{0}^{T} f(x)\mathrm{d}x + \int_{T}^{a+T} f(x)\mathrm{d}x$$

对最后的积分用换元积分法，令 $x = t+T$，有

$$\int_{T}^{a+T} f(x)\mathrm{d}x = \int_{0}^{a} f(t+T)\mathrm{d}t = \int_{0}^{a} f(t)\mathrm{d}t$$

代入前式得

$$\int_{a}^{a+T} f(x)\mathrm{d}x = \int_{0}^{T} f(x)\mathrm{d}x \quad \square$$

对一般可积的周期函数，例 5-15 中的公式也成立. 它说明可积的周期函数在任何一个长度为一个周期的区间上的积分值都是相等的.

例 5-16 设 $f(x) \in C[0,1]$，试证：

（1）$\int_{0}^{\frac{\pi}{2}} f(\sin x)\mathrm{d}x = \int_{0}^{\frac{\pi}{2}} f(\cos x)\mathrm{d}x$；

（2）$\int_{0}^{\pi} xf(\sin x)\mathrm{d}x = \frac{\pi}{2}\int_{0}^{\pi} f(\sin x)\mathrm{d}x = \pi\int_{0}^{\frac{\pi}{2}} f(\sin x)\mathrm{d}x.$

证明：

（1）$\int_{0}^{\frac{\pi}{2}} f(\sin x)\mathrm{d}x \overset{x=\frac{\pi}{2}-t}{=} \int_{\frac{\pi}{2}}^{0} f(\cos t)(-\mathrm{d}t) = \int_{0}^{\frac{\pi}{2}} f(\cos t)\mathrm{d}t$

（2）留给读者. □

利用这一结果可以计算：

$$\int_0^{\pi}\frac{x\sin x}{1+\cos^2 x}\mathrm{d}x=\pi\int_0^{\frac{\pi}{2}}\frac{\sin x}{1+\cos^2 x}\mathrm{d}x=-\pi\arctan\cos x\Big|_0^{\frac{\pi}{2}}=\frac{\pi^2}{4}$$

5.3.2 定积分的分部积分法

定理 5.9 设 $u(x), v(x)$ 在区间 $[a,b]$ 上有连续的导数，则

$$\int_a^b u(x)v'(x)\mathrm{d}x=u(x)v(x)\Big|_a^b-\int_a^b u'(x)v(x)\mathrm{d}x$$

由不定积分的分部积分法及牛顿-莱布尼茨公式，这是显然的.

例 5-17 求 $\int_0^{\frac{\pi}{2}}x^2\sin x\mathrm{d}x$.

解： $\int_0^{\frac{\pi}{2}}x^2\sin x\mathrm{d}x=-x^2\cos x\Big|_0^{\frac{\pi}{2}}+2\int_0^{\frac{\pi}{2}}x\cos x\mathrm{d}x$

$$=2x\sin x\Big|_0^{\frac{\pi}{2}}-2\int_0^{\frac{\pi}{2}}\sin x\mathrm{d}x=\pi+2\cos x\Big|_0^{\frac{\pi}{2}}=\pi-2$$

例 5-18 求 $\int_0^1 x\arctan x\mathrm{d}x$.

解： $\int_0^1 x\arctan x\mathrm{d}x=\frac{1}{2}x^2\arctan x\Big|_0^1-\frac{1}{2}\int_0^1\frac{x^2}{1+x^2}\mathrm{d}x$

$$=\frac{\pi}{8}-\frac{1}{2}(x-\arctan x)\Big|_0^1=\frac{\pi}{4}-\frac{1}{2}$$

例 5-19 试证对任何大于 1 的自然数 n，有

$$I_n=\int_0^{\frac{\pi}{2}}\sin^n x\mathrm{d}x=\int_0^{\frac{\pi}{2}}\cos^n x\mathrm{d}x=\begin{cases}\dfrac{(n-1)(n-3)\cdots 2}{n(n-2)\cdots 3}, & n\text{为奇数}\\[2ex] \dfrac{(n-1)(n-3)\cdots 1}{n(n-2)\cdots 2}\dfrac{\pi}{2}, & n\text{为偶数}\end{cases}$$

证明： 由例 5-16（1）知上述两个积分相等.

当 $n\geqslant 2$ 时，有

$$I_n=-\int_0^{\frac{\pi}{2}}\sin^{n-1}x\mathrm{d}\cos x=-\cos x\sin^{n-1}x\Big|_0^{\frac{\pi}{2}}+(n-1)\int_0^{\frac{\pi}{2}}\sin^{n-2}x\cos^2 x\mathrm{d}x$$

$$=(n-1)\int_0^{\frac{\pi}{2}}\sin^{n-2}x(1-\sin^2 x)\mathrm{d}x=(n-1)I_{n-2}-(n-1)I_n$$

于是得到一个递推公式

$$I_n=\frac{n-1}{n}I_{n-2},\quad n\geqslant 2$$

又因为

$$I_0=\int_0^{\frac{\pi}{2}}\mathrm{d}x=\frac{\pi}{2}，\quad I_1=\int_0^{\frac{\pi}{2}}\sin x\mathrm{d}x=1$$

所以，当n为偶数时，

$$I_n=\frac{n-1}{n}I_{n-2}=\frac{n-1}{n}\frac{n-3}{n-2}I_{n-4}=\cdots=\frac{n-1}{n}\cdots\frac{3}{4}\frac{1}{2}I_0=\frac{(n-1)(n-3)\cdots1}{n(n-2)\cdots2}\frac{\pi}{2}$$

当n为大于 1 的奇数时，

$$I_n=\frac{n-1}{n}I_{n-2}=\frac{n-1}{n}\frac{n-3}{n-2}I_{n-4}=\cdots=\frac{n-1}{n}\cdots\frac{4}{5}\frac{2}{3}I_1=\frac{(n-1)(n-3)\cdots2}{n(n-2)\cdots3}$$

利用这个公式可直接计算出：

$$\int_0^{\frac{\pi}{2}}\cos^{10}x\mathrm{d}x=\frac{9\cdot7\cdot5\cdot3\cdot1}{10\cdot8\cdot6\cdot4\cdot2}\frac{\pi}{2}=\frac{63}{512}\pi$$

例 5-20 设$f(x)\in C(-\infty,+\infty)$，且$f(x+2\pi)=f(x)$，$f(-x)=-f(x)$，计算

$$\int_a^{a+2\pi}\sin^4x(1+f(x))\mathrm{d}x$$

解：由例 5-14、例 5-15、例 5-19 的公式，有

$$\begin{aligned}\int_a^{a+2\pi}\sin^4x(1+f(x))\mathrm{d}x&=\int_{-\pi}^{\pi}\sin^4x(1+f(x))\mathrm{d}x\\&=4\int_0^{\frac{\pi}{2}}\sin^4x\mathrm{d}x=4\frac{3\cdot1}{4\cdot2}\frac{\pi}{2}=\frac{3\pi}{4}\end{aligned}$$

例 5-21 计算$\int_0^{\frac{\pi}{4}}\frac{1-\sin2x}{1+\sin2x}\mathrm{d}x$.

解：

方法一：作变换，令$t=a-x$，容易证明有公式

$$\int_0^a f(x)\mathrm{d}x=\int_0^a f(a-x)\mathrm{d}x \tag{5.6}$$

利用式（5.6）

$$\begin{aligned}\int_0^{\frac{\pi}{4}}\frac{1-\sin2x}{1+\sin2x}\mathrm{d}x&=\int_0^{\frac{\pi}{4}}\frac{1-\sin2\left(\frac{\pi}{4}-x\right)}{1+\sin2\left(\frac{\pi}{4}-x\right)}\mathrm{d}x=\int_0^{\frac{\pi}{4}}\frac{1-\cos2x}{1+\cos2x}\mathrm{d}x\\&=\int_0^{\frac{\pi}{4}}\frac{2\sin^2x}{2\cos^2x}\mathrm{d}x=\int_0^{\frac{\pi}{4}}\tan^2x\mathrm{d}x\\&=\int_0^{\frac{\pi}{4}}(\sec^2x-1)\mathrm{d}x=(\tan x-x)\Big|_0^{\frac{\pi}{4}}=1-\frac{\pi}{4}\end{aligned}$$

方法二：

$$原式=\int_0^{\frac{\pi}{4}}\left(-1+\frac{2}{1+\sin2x}\right)\mathrm{d}x=-\frac{\pi}{4}+2\int_0^{\frac{\pi}{4}}\frac{\mathrm{d}x}{(\sin x+\cos x)^2}$$

$$=-\frac{\pi}{4}+2\int_0^{\frac{\pi}{4}}\frac{\mathrm{d}\tan x}{(1+\tan x)^2}=1-\frac{\pi}{4}$$

例 5-22 设 $y=f(x)\in C[0,2]$，且其图形关于点 $(1,0)$ 对称（见图 5.5），即有

$$f(x)=-f(2-x)$$

计算

$$I=\int_0^{\pi}f(1+\cos x)\mathrm{d}x$$

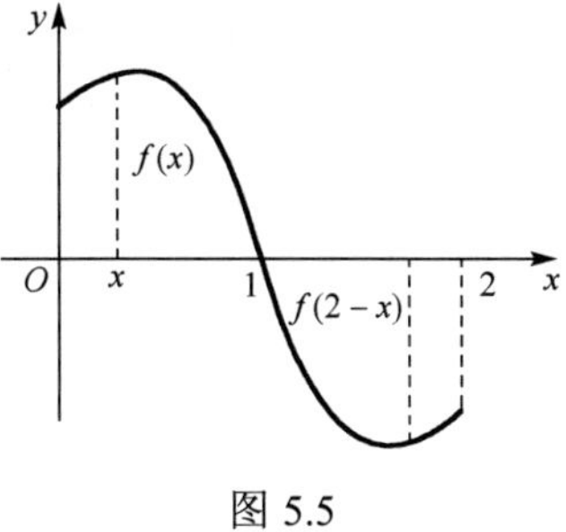

图 5.5

解：

方法一：

$$I=\int_0^{\frac{\pi}{2}}f(1+\cos x)\mathrm{d}x+\int_{\frac{\pi}{2}}^{\pi}f(1+\cos x)\mathrm{d}x$$

对上式右端的第二个积分作变换，令 $x=\pi-t$，并根据 $f(x)$ 的性质得

$$\int_{\frac{\pi}{2}}^{\pi}f(1+\cos x)\mathrm{d}x=-\int_{\frac{\pi}{2}}^{0}f(1+\cos(\pi-t))\mathrm{d}t$$

$$=\int_0^{\frac{\pi}{2}}f(1-\cos t)\mathrm{d}t=\int_0^{\frac{\pi}{2}}-f(2-(1-\cos t))\mathrm{d}t$$

$$=-\int_0^{\frac{\pi}{2}}f(1+\cos t)\mathrm{d}t$$

由此可见

$$I=0$$

方法二：作变换，令 $x=t+\dfrac{\pi}{2}$，即 $t=x-\dfrac{\pi}{2}$，则

$$I=\int_{-\frac{\pi}{2}}^{\frac{\pi}{2}}f\left(1+\cos\left(t+\frac{\pi}{2}\right)\right)\mathrm{d}t=\int_{-\frac{\pi}{2}}^{\frac{\pi}{2}}f(1-\sin t)\mathrm{d}t=0$$

最后一步用到 $f(1-\sin t)$ 是奇函数，这是因为

$$f(1-\sin(-t))=f(1+\sin t)=-f(2-(1+\sin t))=-f(1-\sin t)$$

例 5-23 设

$$f(x)=\begin{cases}\mathrm{e}^{-x}, & x\geqslant 0\\ 0\ , & x<0\end{cases},\quad \varphi(x)=\begin{cases}\sin x, & 0\leqslant x\leqslant\dfrac{\pi}{2}\\ 0\ , & x<0\text{或}x>\dfrac{\pi}{2}\end{cases}$$

求

$$F(a)=\int_{-\infty}^{\infty}f(x)\varphi(a-x)\mathrm{d}x$$

解：由于$x<0$时，$f(x)=0$，所以

$$F(a)=\int_{0}^{\infty}\mathrm{e}^{-x}\varphi(a-x)\mathrm{d}x\overset{u=a-x}{=}\int_{-\infty}^{a}\mathrm{e}^{u-a}\varphi(u)\mathrm{d}u$$

当$a\leqslant 0$时，

$$F(a)=\int_{-\infty}^{a}\mathrm{e}^{u-a}\cdot 0\mathrm{d}u=0$$

当$0<a\leqslant\frac{\pi}{2}$时，

$$F(a)=\int_{0}^{a}\mathrm{e}^{u-a}\sin u\mathrm{d}u=\frac{1}{2}(\sin a-\cos a+\mathrm{e}^{-a})$$

当$a>\frac{\pi}{2}$时，

$$F(a)=\int_{0}^{\frac{\pi}{2}}\mathrm{e}^{u-a}\sin u\mathrm{d}u=\frac{1}{2}\mathrm{e}^{-a}(1+\mathrm{e}^{\frac{\pi}{2}})$$

变限的积分是给定函数的一种新方式，其中有许多非初等函数，如$\int_{0}^{x}\frac{\sin t}{t}\mathrm{d}t$，$\int_{0}^{x}\mathrm{e}^{t^2}\mathrm{d}t$，$\int_{x}^{1}\sqrt{1-t^3}\mathrm{d}t$等. 变限积分函数也有极限、连续、导数与微分、单调性、积分等问题，为了对这类函数有个深刻的印象，下面用变上限积分定义一个我们熟悉的函数，并讨论其性质.

例 5-24 设$f(x)$在点a的某邻域$|x-a|<\delta$内具有连续的$n+1$阶导数，试证有如下积分型余项的泰勒公式，即$f(x)$可表示为

$$f(x)=\sum_{k=0}^{n}\frac{1}{k!}f^{(k)}(a)(x-a)^k+\frac{1}{n!}\int_{0}^{x}f^{(n+1)}(t)(x-t)^n\mathrm{d}t$$

证明：用分部积分法得

$$\begin{aligned}f(x)-f(a)&=\int_{a}^{x}f'(t)\mathrm{d}t=-\int_{a}^{x}f'(t)\mathrm{d}(x-t).\\&=[-(x-t)f'(t)]\Big|_{t=a}^{t=x}+\int_{a}^{x}(x-t)f''(t)\mathrm{d}t\\&=f'(a)(x-a)-\frac{1}{2}\int_{a}^{x}f''(t)\mathrm{d}(x-t)^2\\&=f'(a)(x-a)+\frac{1}{2!}f''(a)(x-a)^2+\frac{1}{2!}\int_{a}^{x}(x-t)^2f'''(t)\mathrm{d}t\end{aligned}$$

继续用分部积分法，用到第n次便得到积分型余项的泰勒公式

$$f(x)=f(a)+f'(a)(x-a)+\frac{1}{2!}f''(a)(x-a)^2+\cdots$$

$$+\frac{1}{n!}f^{(n)}(a)(x-a)^n+\frac{1}{n!}\int_a^x f^{(n+1)}(t)(x-t)^n\mathrm{d}t \quad \square$$

习题 5.3

1．计算下列积分.

（1）$\int_4^9\frac{\sqrt{x}}{\sqrt{x}-1}\mathrm{d}x$；（2）$\int_0^{\ln 2}\sqrt{\mathrm{e}^x-1}\mathrm{d}x$；

（3）$\int_{\frac{1}{\sqrt{2}}}^1\frac{\sqrt{1-x^2}}{x^2}\mathrm{d}x$；（4）$\int_{-\sqrt{2}}^{-2}\frac{\mathrm{d}x}{\sqrt{x^2-1}}$；

（5）$\int_0^{-a}\sqrt{x^2+a^2}\mathrm{d}x$，$a>0$；（6）$\int_0^{\frac{\pi}{2}}\frac{\mathrm{d}x}{2+\sin x}$；

（7）$\int_0^1\frac{\ln(1+x)}{1+x^2}\mathrm{d}x$；（8）$\int_0^1 x(1-x^4)^{\frac{3}{2}}\mathrm{d}x$.

2．证明下列积分等式.

（1）$\int_x^1\frac{\mathrm{d}x}{1+x^2}=\int_1^{\frac{1}{x}}\frac{\mathrm{d}x}{1+x^2}$，$x>0$；

（2）$\int_0^a x^3f(x^2)\mathrm{d}x=\frac{1}{2}\int_0^{a^2}xf(x)\mathrm{d}x$，$a>0$，$f$ 连续；

（3）$\int_0^a f(x)\mathrm{d}x=\int_0^a f(a-x)\mathrm{d}x$，$f$ 连续，并求 $\int_0^{\frac{\pi}{2}}\frac{\sin^2 x}{\sin x+\cos x}\mathrm{d}x$；

（4）$\int_0^a\frac{f(x)}{f(x)+f(a-x)}\mathrm{d}x=\frac{a}{2}$，$a>0$，$f$ 连续，积分存在，并求 $\int_0^3\frac{\ln(1+x)}{\ln(1+x)+\ln(2-x)}\mathrm{d}x$.

3．设 $f(x)\in C(-\infty,\infty)$，$f(x)>0$，证明

$$\int_0^1\ln f(x+t)\mathrm{d}t=\int_0^x\ln\frac{f(u+1)}{f(u)}\mathrm{d}u+\int_0^1\ln f(u)\mathrm{d}u$$

4．设 $f(x)\in C(-\infty,+\infty)$，试证函数

$$F(x)=\int_0^1 f(x+t)\mathrm{d}t$$

可导，并求 $F'(x)$.

5．设 $f(x)\in C(-\infty,\infty)$，试证：

（1）当 $f(x)$ 为奇函数时，$\int_0^x f(t)\mathrm{d}t$ 是偶函数，且 $f(x)$ 的所有原函数皆为偶函数；

（2）当 $f(x)$ 为偶函数时，$\int_0^x f(t)\mathrm{d}t$ 是奇函数，且 $f(x)$ 仅有这一原函数是奇函数.

6．计算下列积分.

（1）$\int_0^{\frac{\pi}{2}}x\sin^2 x\mathrm{d}x$；（2）$\int_0^{\frac{\pi}{2}}\mathrm{e}^{2x}\cos x\mathrm{d}x$；

（3）$\int_0^{\sqrt{3}} x\arctan x\mathrm{d}x$；（4）$\int_0^1 x^3\mathrm{e}^{2x}\mathrm{d}x$；

（5）$\int_{\frac{1}{\mathrm{e}}}^{\mathrm{e}}|\ln x|\mathrm{d}x$；（6）$\int_{\frac{1}{2}}^{2}\left(1+x-\frac{1}{x}\right)\mathrm{e}^{x+\frac{1}{x}}\mathrm{d}x.$

7．已知 $f(\pi)=1$，且 $\int_0^{\pi}[f(x)+f''(x)]\sin x\mathrm{d}x=3$，求 $f(0)$.

8．已知 $f(x)$ 的一个原函数是 $\sin x\ln x$，求 $\int_1^{\pi} xf'(x)\mathrm{d}x.$

9．设 $f(x)=\int_1^{x^2}\mathrm{e}^{-t^2}\mathrm{d}t$，求 $\int_0^1 xf(x)\mathrm{d}x.$

10．计算下列积分.

（1）$\int_{-\frac{\pi}{8}}^{\frac{\pi}{8}} x^{88}\sin^{99}x\mathrm{d}x$；（2）$\int_{-\frac{1}{2}}^{\frac{1}{2}}\cos x\ln\frac{1+x}{1-x}\mathrm{d}x$；

（3）$\int_{-\frac{\pi}{2}}^{\frac{\pi}{2}}\frac{\mathrm{d}x}{1+\cos x}$；（4）$\int_{-2}^{3}(|x|+x)\mathrm{e}^{|x|}\mathrm{d}x$；

（5）$\int_{-\frac{\pi}{2}}^{\frac{\pi}{2}}(x+\cos^2 x)\sin^2 x\mathrm{d}x$；（6）$\int_0^{2\pi} x\sin^8\frac{x}{2}\mathrm{d}x$；

（7）$\int_{-2}^{3}|x^2+2|x|-3|\mathrm{d}x$；（8）$\int_{100}^{100+2\pi}\tan^2 x\sin^2 2x\mathrm{d}x$；

（9）$\int_{-2}^{2}\min\left\{\frac{1}{|x|},\ x^2\right\}\mathrm{d}x.$

11．设 $f(x)$ 在区间 $[a,b]$ 上有连续导数，且 $f(x)\neq 0$，$f(a)=f(b)=0$，试证

$$\int_a^b xf(x)f'(x)\mathrm{d}x<0$$

12．证明 $\int_0^1 x^m(1-x)^n\mathrm{d}x=\int_0^1 x^n(1-x)^m\mathrm{d}x=\dfrac{m!n!}{(m+n+1)!}$，其中，$m,n$ 均为自然数.

13．选择题.

（1）设 $f(x)$ 连续，$I=t\int_0^{\frac{s}{t}}f(tx)\mathrm{d}x$，其中，$t>0$，$s>0$，则 I 的值（　　）.

（A）依赖 s，不依赖 t　　（B）依赖 t，不依赖 s

（C）依赖 s 和 t　　（D）依赖 s,t 和 x

（2）设 $P=\int_{-a}^{a}\frac{1}{1+x^2}\cos^6 x\mathrm{d}x$，$Q=\int_{-a}^{a}(\sin^3 x+\cos^6 x)\mathrm{d}x$，$R=\int_{-a}^{a}(x^2\sin^3 x-\cos^6 x)\mathrm{d}x$，$a>0$，则有（　　）.

（A）$P<Q<R$　　（B）$Q<R<P$

（C）$R<P<Q$　　（D）$R<Q<P$

（3）设 $F(x)=\int_x^{x+2\pi}\mathrm{e}^{\sin t}\sin t\mathrm{d}t$，则 $F(x)$（　　）.

（A）为正常数　　（B）为负常数

（C）恒为零　　（D）不为常数

5.4 广义积分

定积分 $\int_a^b f(x)\mathrm{d}x$ 受到两个限制，其一，积分区间 $[a,b]$ 是有限区间；其二，被积函数在积分区间上是有界函数. 许多实际问题不满足这两个要求，为此需要引进新概念，解决新问题.

5.4.1 无穷区间上的广义积分

例 5-25 一个固定的点电荷 $+q$ 产生的电场，对场内其他电荷有作用力，由库仑定律知，距 q 为 r 的单位正电荷受到的电场力，其方向与径向一致指向外，大小为

$$F=\frac{kq}{r^2},\qquad k \text{ 为常数}$$

当单位正电荷从 $r=a$ 沿径向移到 $r=b$ 处时，电场力所做的功称为该电场在这两点处的电位差；当单位正电荷从 $r=a$ 移到无穷远时，电场力所做的功称为该电场在点 a 处的电位. 试求 a,b 两点的电位差及 a 点的电位.

解： a,b 两点的电位差

$$V_{[a,b]}=\int_a^b \frac{kq}{r^2}\mathrm{d}r=kq\left(-\frac{1}{r}\right)\Bigg|_a^b=kq\left(\frac{1}{a}-\frac{1}{b}\right)$$

令 $b\to+\infty$，即得 a 点处的电位

$$V_a=\lim_{b\to+\infty}\int_a^b \frac{kq}{r^2}\mathrm{d}r=\lim_{b\to+\infty}kq\left(\frac{1}{a}-\frac{1}{b}\right)=\frac{kq}{a}$$

这里计算了一个上限无限增大的定积分的极限，类似的实例有很多，如无界域的面积、第二宇宙速度问题、电容器放电问题等. 下面引入广义积分概念.

定义 5.3 设对任何大于 a 的实数 b，$f(x)$ 在 $[a,b]$ 上均可积，则称极限

$$\lim_{b\to+\infty}\int_a^b f(x)\mathrm{d}x$$

为 $f(x)$ 在无穷区间 $[a,+\infty)$ 上的**广义积分**（或**反常积分**），记为 $\int_a^{+\infty} f(x)\mathrm{d}x$，即

$$\int_a^{+\infty} f(x)\mathrm{d}x=\lim_{b\to+\infty}\int_a^b f(x)\mathrm{d}x$$

当这个极限存在时，则称广义积分 $\int_a^{+\infty} f(x)\mathrm{d}x$ **收敛**（**存在**），否则称它**发散**.

类似地，定义广义积分

$$\int_{-\infty}^b f(x)\mathrm{d}x=\lim_{a\to-\infty}\int_a^b f(x)\mathrm{d}x$$

$$\int_{-\infty}^{\infty} f(x)\mathrm{d}x=\int_{-\infty}^{c} f(x)\mathrm{d}x+\int_c^{+\infty} f(x)\mathrm{d}x$$

其中，c 为任一实常数. 广义积分 $\int_{-\infty}^{\infty} f(x)\mathrm{d}x$ 收敛的充要条件是两个广义积分 $\int_{-\infty}^{c} f(x)\mathrm{d}x$ 和 $\int_{c}^{+\infty} f(x)\mathrm{d}x$ 均收敛.

若 $F(x)$ 是连续函数 $f(x)$ 的原函数，计算广义积分时，为书写方便，记

$$F(+\infty)=\lim_{x\to+\infty}F(x),\quad F(-\infty)=\lim_{x\to-\infty}F(x)$$

$$\int_{a}^{+\infty} f(x)\mathrm{d}x=F(x)\Big|_{a}^{+\infty}=F(+\infty)-F(a)$$

$$\int_{-\infty}^{b} f(x)\mathrm{d}x=F(x)\Big|_{-\infty}^{b}=F(b)-F(-\infty)$$

$$\int_{-\infty}^{+\infty} f(x)\mathrm{d}x=F(x)\Big|_{-\infty}^{+\infty}=F(+\infty)-F(-\infty)$$

这时广义积分的收敛与发散取决于 $F(+\infty)$ 和 $F(-\infty)$ 是否存在.

例如

$$\int_{0}^{+\infty}\frac{\mathrm{d}x}{1+x^2}=\arctan x\Big|_{0}^{+\infty}=\frac{\pi}{2}-0=\frac{\pi}{2}$$

$$\int_{-\infty}^{0}\frac{\mathrm{d}x}{1+x^2}=\arctan x\Big|_{-\infty}^{0}=0-\left(-\frac{\pi}{2}\right)=\frac{\pi}{2}$$

$$\int_{-\infty}^{+\infty}\frac{\mathrm{d}x}{1+x^2}=\arctan x\Big|_{-\infty}^{+\infty}=\frac{\pi}{2}-\left(-\frac{\pi}{2}\right)=\pi$$

这三个广义积分都收敛. 如果注意到第一个广义积分收敛和它的积分值，以及被积函数为偶函数，就会立刻得到后两个广义积分值.

例 5-26 试证广义积分 $\int_{1}^{+\infty}\frac{1}{x^p}\mathrm{d}x$ 当 $p>1$ 时收敛，当 $p\leqslant 1$ 时发散.

证明： 当 $p=1$ 时，

$$\int_{1}^{+\infty}\frac{1}{x^p}\mathrm{d}x=\int_{1}^{+\infty}\frac{1}{x}\mathrm{d}x=\ln x\Big|_{1}^{+\infty}=+\infty$$

当 $p\neq 1$ 时，

$$\int_{1}^{+\infty}\frac{1}{x^p}\mathrm{d}x=\frac{x^{1-p}}{1-p}\Bigg|_{1}^{+\infty}=\begin{cases}+\infty, & p<1\\ \dfrac{1}{p-1}, & p>1\end{cases}$$

故当 $p>1$ 时，广义积分 $\int_{1}^{+\infty}\frac{1}{x^p}\mathrm{d}x=\frac{1}{p-1}$ 收敛；当 $p\leqslant 1$ 时，它发散（见图 5.6）. □

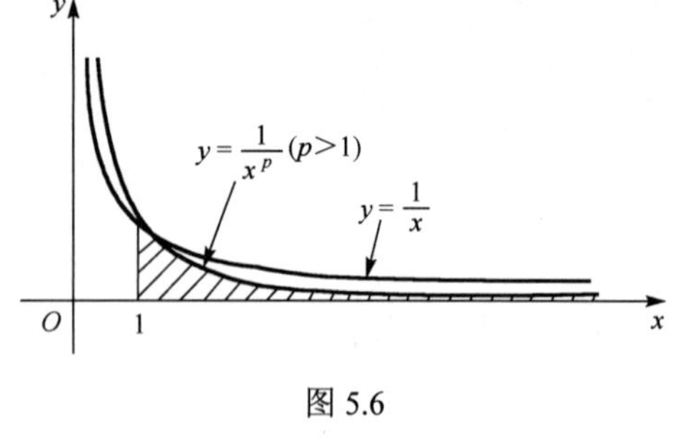

图 5.6

例 5-27 判断 $\int_{-\infty}^{\infty}\frac{\arctan x}{1+|x|}\mathrm{d}x$ 的敛散性.

解： 当 $x\in[1,+\infty)$ 时，

$$\frac{\arctan x}{1+|x|}\geqslant\frac{\frac{\pi}{4}}{2x}=\frac{\pi}{8}\frac{1}{x}>0$$

由例 5-26 知广义积分 $\int_1^{+\infty}\frac{1}{x}\mathrm{d}x=+\infty$ 发散，所以

$$\int_1^{+\infty}\frac{\arctan}{1+|x|}\mathrm{d}x$$

发散（为什么？你能由此得到一个判定某类无穷区间上广义积分敛散性的方法吗？），从而广义积分

$$\int_{-\infty}^{\infty}\frac{\arctan x}{1+|x|}\mathrm{d}x$$

发散.

奇函数在 $(-\infty,\infty)$ 上的广义积分，或者发散，或者收敛到零.

5.4.2 无穷区间上广义积分敛散性判别法

1. 非负函数敛散性判别法

定理 5.10 设 $f(x)$ 为 $[a,+\infty)$ 上非负函数，则 $\int_a^{+\infty}f(x)\mathrm{d}x$ 收敛的充要条件是 $F(A)=\int_a^A f(x)\mathrm{d}x$ 在 $[a,+\infty)$ 上有界.

证明：注意到 $F(A)$ 为单调递增的函数，$\int_a^{+\infty}f(x)\mathrm{d}x$ 收敛，当且仅当 $F(A)$ 有上界. 故 $\lim\limits_{A\to+\infty}F(A)$ 存在. □

由定理 5.10 可以得到比较判别法.

定理 5.11（比较判别法） 设函数 $f(x)$，$g(x)\in C[a,+\infty)$，且 $0\leqslant f(x)\leqslant g(x)$，则当 $\int_a^{+\infty}g(x)\mathrm{d}x$ 收敛时，$\int_a^{+\infty}f(x)\mathrm{d}x$ 也收敛；当 $\int_a^{+\infty}f(x)\mathrm{d}x$ 发散时，$\int_a^{+\infty}g(x)\mathrm{d}x$ 也发散.

上述判别法还有一种比较常用的极限形式.

定理 5.12 （比较判别法的极限形式） 设函数 $f(x)$，$g(x)\in C[a,+\infty)$，$f(x)\geqslant 0$，$g(x)\geqslant 0$，若 $\lim\limits_{x\to+\infty}\frac{f(x)}{g(x)}=A\neq 0$，则 $\int_a^{+\infty}f(x)\mathrm{d}x$ 与 $\int_a^{+\infty}g(x)\mathrm{d}x$ 敛散性一致.

证明：由 $\lim\limits_{x\to+\infty}\frac{f(x)}{g(x)}=A$，取 $\varepsilon=\frac{A}{2}$，$\exists X>0$，当 $x>X$ 时，$\left|\frac{f(x)}{g(x)}-A\right|<\frac{A}{2}$. 于是有

$$\frac{1}{2}Ag(x)<f(x)<\frac{3}{2}Ag(x)$$

由定理 5.11 知 $\int_a^{+\infty}f(x)\mathrm{d}x$ 与 $\int_a^{+\infty}g(x)\mathrm{d}x$ 敛散性一致. □

在实际应用中，常用 $\int_a^{+\infty}\frac{1}{x^p}\mathrm{d}x$（$a>0$）作为比较对象来判断广义积分的敛散性.

例 5-28 判定广义积分 $\int_a^{+\infty}\frac{1}{\sqrt[3]{x^5+1}}\mathrm{d}x$ 的敛散性.

解：因

$$0<\frac{1}{\sqrt[3]{x^5+1}}<\frac{1}{x^{\frac{5}{3}}},\quad x\in[1,+\infty)$$

由比较判别法知，这个广义积分收敛.

例 5-29 判定下列广义积分的敛散性.

（1）$\int_a^{+\infty}\frac{1}{x\sqrt{1+x^2}}\mathrm{d}x$；（2）$\int_a^{+\infty}\frac{\arctan x}{x}\mathrm{d}x$.

解：（1）由于 $\lim\limits_{x\to+\infty}\frac{\frac{1}{x\sqrt{1+x^2}}}{\frac{1}{x^2}}=\lim\limits_{x\to+\infty}\frac{x}{\sqrt{1+x^2}}=1$，又 $\int_1^{+\infty}\frac{1}{x^2}\mathrm{d}x$ 收敛，故 $\int_1^{+\infty}\frac{1}{x\sqrt{1+x^2}}\mathrm{d}x$ 收敛.

（2）由于 $\lim\limits_{x\to+\infty}\frac{\frac{\arctan x}{x}}{\frac{1}{x}}=\lim\limits_{x\to+\infty}\arctan x=\frac{\pi}{2}$，又 $\int_1^{+\infty}\frac{1}{x}\mathrm{d}x$ 发散，故 $\int_1^{+\infty}\frac{\arctan x}{x}\mathrm{d}x$ 发散.

2．其他敛散性判别法

假设 $F(x)=\int_a^x f(t)\mathrm{d}x$，由定义 5.3 可知，若广义积分存在，则 $\lim\limits_{x\to+\infty}F(x)$ 存在. 由函数极限的柯西收敛准则可以得到广义积分的柯西收敛定理.

定理 5.13（广义积分的柯西收敛定理） 设 $f(x)\in C[a,+\infty)$，则 $\lim\limits_{x\to+\infty}\int_a^x f(t)\mathrm{d}t$ 存在的充要条件是，对任意 $\varepsilon>0$，存在 $M>0$，对任意 $A>A'>M$，有 $\left|\int_A^{A'}f(t)\mathrm{d}t\right|<\varepsilon$ 成立.

推论 若 $f(x)$ 在 $[a,+\infty)$ 上任何有限区间可积，且 $\int_1^{+\infty}|f(x)|\mathrm{d}x$ 收敛，则 $\int_1^{+\infty}f(x)\mathrm{d}x$ 收敛.

证明：由于 $\int_1^{+\infty}|f(x)|\mathrm{d}x$ 收敛，$\forall\varepsilon>0$，$\exists M>0$，$\forall A>A'>M$，有

$$\int_A^{A'}|f(x)|\mathrm{d}x<\varepsilon$$

又

$$\left|\int_A^{A'}f(x)\mathrm{d}x\right|\leqslant\int_A^{A'}|f(x)|\mathrm{d}x<\varepsilon$$

由定理 5.13 知，$\int_a^{+\infty}f(x)\mathrm{d}x$ 收敛. □

下面给出广义积分绝对收敛和条件收敛的定义.

定义 5.4 若 $\int_a^{+\infty}|f(x)|\mathrm{d}x$ 收敛，则称 $\int_a^{+\infty}f(x)\mathrm{d}x$ **绝对收敛**；若 $\int_a^{+\infty}|f(x)|\mathrm{d}x$ 发散，但 $\int_a^{+\infty}f(x)\mathrm{d}x$ 收敛，则称 $\int_a^{+\infty}f(x)\mathrm{d}x$ **条件收敛**.

由前面推论可知，绝对收敛的广义积分一定收敛，但反之则不真. 下面给出两个一般函数的广义积分判别法，它们都是柯西收敛定理思想的推广，证明略.

定理 5.14（Dirichlet 判别法） 若 $f(x), g(x)$ 满足下列条件：

（i）$F(x)=\int_a^x f(t)\mathrm{d}t$ 在 $[a,+\infty)$ 上有界；

（ii）$g(x)$在$[a,+\infty)$上单调且$\lim\limits_{x\to+\infty}g(x)=0$，则$\int_a^{+\infty}f(x)g(x)\mathrm{d}x$收敛.

定理 5.15（Abel 判别法） 若$f(x), g(x)$满足下列条件：

（i）$\int_a^{+\infty}f(x)\mathrm{d}x$收敛；

（ii）$g(x)$在$[a,+\infty)$上单调且有界，则$\int_a^{+\infty}f(x)g(x)\mathrm{d}x$收敛.

例 5-30 讨论广义积分$\int_1^{+\infty}\frac{\sin x}{x}\mathrm{d}x$的敛散性，是绝对收敛还是条件收敛？

解： 由于$\frac{1}{x}$在$x\in[1,+\infty)$上单调趋近于 0，且$\left|\int_1^x\sin t\mathrm{d}t\right|\leqslant 2$，由 Dirichlet 判别法知$\int_1^{+\infty}\frac{\sin x}{x}\mathrm{d}x$收敛.

注意到，

$$\left|\frac{\sin x}{x}\right|\geqslant\left|\frac{\sin^2 x}{x}\right|=\frac{1}{2x}-\frac{\cos 2x}{2x}$$

又$\int_1^{+\infty}\frac{\cos 2x}{2x}\mathrm{d}x$收敛，而$\int_1^{+\infty}\frac{1}{2x}\mathrm{d}x$发散，故$\int_1^{+\infty}\left(\frac{1}{2x}-\frac{\cos 2x}{2x}\right)\mathrm{d}x$发散. 由比较判别法知$\int_1^{+\infty}\left|\frac{\sin x}{x}\right|\mathrm{d}x$发散，故$\int_1^{+\infty}\frac{\sin x}{x}\mathrm{d}x$条件收敛.

例 5-31 证明：若$\int_2^{+\infty}xf(x)\mathrm{d}x$收敛，则$\int_2^{+\infty}f(x)\mathrm{d}x$收敛.

证明： 由$f(x)=\frac{1}{x}\cdot(xf(x))$，而$\int_2^{+\infty}xf(x)\mathrm{d}x$收敛，又$\frac{1}{x}$在$[2,+\infty)$上单调有界，由 Abel 判别法知$\int_2^{+\infty}f(x)\mathrm{d}x$收敛. □

例 5-32 判定广义积分$\int_0^{+\infty}\mathrm{e}^{-ax}\sin(bx)\mathrm{d}x$（$a, b>0$ 常数）的敛散性.

解： 因为

$$\left|\mathrm{e}^{-ax}\sin(bx)\right|\leqslant\mathrm{e}^{-ax}$$

且$\int_0^{+\infty}\mathrm{e}^{-ax}\mathrm{d}x$收敛，由比较判别法知$\int_0^{+\infty}\left|\mathrm{e}^{-ax}\sin(bx)\right|\mathrm{d}x$收敛，从而所讨论的广义积分绝对收敛.

5.4.3 无界函数的广义积分

1．瑕积分的概念

定义 5.5 若$\forall\varepsilon>0$，$f(x)$在$[a+\varepsilon, b]$上可积，在点a的右邻域内$f(x)$无界（称a为**瑕点**），称极限

$$\lim_{\varepsilon\to 0}\int_{a+\varepsilon}^b f(x)\mathrm{d}x$$

为无界函数$f(x)$在$(a,b]$上的**广义积分**（**或瑕积分**），记为$\int_a^b f(x)\mathrm{d}x$，即

$$\int_a^b f(x)\mathrm{d}x = \lim_{\varepsilon\to 0}\int_{a+\varepsilon}^b f(x)\mathrm{d}x$$

当这个极限存在时，则称广义积分 $\int_a^b f(x)\mathrm{d}x$ **收敛**，否则称它**发散**.

同样，若 $\forall\varepsilon>0$，$f(x)$ 在 $[a,b-\varepsilon]$ 上可积，在点 b 的左邻域内 $f(x)$ 无界（称 b 为瑕点），定义广义积分

$$\int_a^b f(x)\mathrm{d}x = \lim_{\varepsilon\to 0}\int_a^{b-\varepsilon} f(x)\mathrm{d}x$$

若 $\forall\varepsilon_1,\varepsilon_2>0$，$f(x)$ 在 $[a,d-\varepsilon_1]$ 和 $[d+\varepsilon_2,b]$ 上都可积，在点 d 的邻域内 $f(x)$ 无界，定义广义积分

$$\int_a^b f(x)\mathrm{d}x = \int_a^d f(x)\mathrm{d}x + \int_d^b f(x)\mathrm{d}x = \lim_{\varepsilon_1\to 0}\int_a^{d-\varepsilon_1} f(x)\mathrm{d}x + \lim_{\varepsilon_2\to 0}\int_{d+\varepsilon_2}^b f(x)\mathrm{d}x$$

这里只有两个广义积分 $\int_a^d f(x)\mathrm{d}x$ 和 $\int_d^b f(x)\mathrm{d}x$ 都收敛，广义积分 $\int_a^b f(x)\mathrm{d}x$ 才是收敛的.

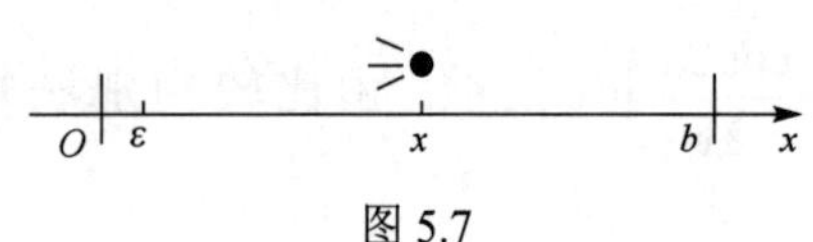

图 5.7

例 5-33 有一热电子 e 从原点处的阴极发出（见图 5.7），射向 $x=b$ 处的板极，已知飞行速度 v 与飞过的距离的平方根成正比，即

$$\frac{\mathrm{d}x}{\mathrm{d}t} = k\sqrt{x}$$

其中，k 为常数，求热电子 e 从阴极到板极的飞行时间 T.

解：时间 t 花费在从 $x=0$ 到 $x=b$ 的路途上，在小路段 $[x,x+\mathrm{d}x]$ 上，用的时间为

$$\mathrm{d}t = \frac{1}{k\sqrt{x}}\mathrm{d}x$$

所以电子 e 从 $x=0$ 到 $x=b$ 的飞行时间为

$$T = \int_0^b \frac{1}{k\sqrt{x}}\mathrm{d}x = \lim_{\varepsilon\to 0^+}\int_\varepsilon^b \frac{\mathrm{d}x}{k\sqrt{x}} = \lim_{\varepsilon\to 0^+}\frac{2}{k}\sqrt{x}\Big|_\varepsilon^b = \frac{2}{k}\sqrt{b}$$

当 $f(x)\in C[a,b)$，b 为瑕点，$F(x)$ 是 $f(x)$ 的原函数时，计算时为了方便，常把瑕积分写为

$$\int_a^b f(x)\mathrm{d}x = F(x)\Big|_a^b = F(b^-)-F(a)$$

如果 $f(x)\in C(a,b]$，a 为瑕点，则记

$$\int_a^b f(x)\mathrm{d}x = F(x)\Big|_{a^+}^b = F(b)-F(a^+)$$

如果瑕点在积分区间内部，通常要用瑕点将区间分开，分别讨论各子区间上的瑕积分，只要有一个瑕积分发散，则整个瑕积分发散. 但如果 $f(x)$ 的原函数 $F(x)\in C[a,b]$，则

$$\int_a^b f(x)\mathrm{d}x = F(x)\Big|_a^b = F(b)-F(a) \qquad \text{（为什么？）}$$

例 5-34 计算 $\int_0^a \frac{\mathrm{d}x}{\sqrt{a^2-x^2}}$.

解： $\int_0^a \frac{\mathrm{d}x}{\sqrt{a^2-x^2}} = \arcsin\frac{x}{a}\Big|_0^{a^-} = \frac{\pi}{2}$

例 5-35 试证积分 $\int_0^1 \frac{1}{x^q}\mathrm{d}x$ 当 $q<1$ 时收敛，当 $q \geqslant 1$ 时发散.

证明： 当 $q=1$ 时，

$$\int_0^1 \frac{1}{x^q}\mathrm{d}x = \int_0^1 \frac{1}{x}\mathrm{d}x = \ln x\Big|_{0^+}^1 = +\infty$$

当 $q \neq 1$ 时，

$$\int_0^1 \frac{1}{x^q}\mathrm{d}x = \frac{1}{1-q}x^{1-q}\Big|_{0^+}^1 = \begin{cases} \frac{1}{1-q}, & q<1 \\ +\infty, & q>1 \end{cases}$$

故当 $q<1$ 时，广义积分 $\int_0^1 \frac{1}{x^q}\mathrm{d}x$ 收敛；当 $q \geqslant 1$ 时，该积分发散. □

例 5-36 判定 $\int_0^{\frac{\pi}{2}} \frac{\cos x}{\sqrt{x}}\mathrm{d}x$ 的敛散性.

解： 当 $0<x\leqslant 1$ 时，

$$0<\frac{\cos x}{\sqrt{x}} \leqslant \frac{1}{\sqrt{x}}$$

由例 5-34 知 $\int_0^1 \frac{1}{\sqrt{x}}\mathrm{d}x$ 收敛，根据广义积分定义知

$$\int_0^1 \frac{\cos x}{\sqrt{x}}\mathrm{d}x$$

收敛，从而 $\int_0^{\frac{\pi}{2}} \frac{\cos x}{\sqrt{x}}\mathrm{d}x$ 收敛（为什么？）.

例 5-37 判定 $\int_{-1}^1 \frac{1}{x}\mathrm{d}x$ 的敛散性.

解： 由于 $\int_0^1 \frac{1}{x}\mathrm{d}x$ 发散，所以 $\int_{-1}^1 \frac{1}{x}\mathrm{d}x$ 发散.

如果误认为 $\int_{-1}^1 \frac{1}{x}\mathrm{d}x$ 是定积分，则 $\int_{-1}^1 \frac{1}{x}\mathrm{d}x = 0$；或认为 $\int_{-1}^1 \frac{1}{x}\mathrm{d}x = \lim\limits_{\varepsilon\to 0^+}\left(\int_{-1}^{-\varepsilon} \frac{1}{x}\mathrm{d}x + \int_{\varepsilon}^1 \frac{1}{x}\mathrm{d}x\right) = 0$，得到的结果都是错误的！

例 5-38 计算 $\int_0^{3a} \frac{2x\mathrm{d}x}{(x^2-a^2)^{\frac{2}{3}}}$.

解： $x=a$ 是被积函数在积分区间内的第二类间断点，但原函数 $3(x^2-a^2)^{\frac{1}{3}}$ 在 $[0,3a]$ 上连续，故

$$\int_0^{3a}\frac{2x\mathrm{d}x}{(x^2-a^2)^{\frac{2}{3}}}=3(x^2-a^2)^{\frac{1}{3}}\Big|_0^{3a}=9a^{\frac{2}{3}}$$

2．瑕积分的判别法

瑕积分的判别法与无穷区间上的广义积分敛散性判别法类似，此处略去证明，只给出相应的结论. 下面先对非负函数的瑕积分以一种形式为例给出结论.

定理 5.16（瑕积分比较判别法） 设 $f(x),g(x)\in C(a,b]$，$0\leqslant f(x)\leqslant g(x)$，且 $\lim\limits_{x\to a^+}f(x)=\lim\limits_{x\to a^+}g(x)=\infty$，若 $\int_a^b g(x)\mathrm{d}x$ 收敛，则 $\int_a^b f(x)\mathrm{d}x$ 收敛；若 $\int_a^b f(x)\mathrm{d}x$ 发散，则 $\int_a^b g(x)\mathrm{d}x$ 发散.

定理 5.17（瑕积分比较判别法的极限形式） 设非负函数 $f(x),g(x)\in C(a,b]$，且 $\lim\limits_{x\to a^+}f(x)=\lim\limits_{x\to a^+}g(x)=\infty$，若 $\lim\limits_{x\to a^+}\dfrac{f(x)}{g(x)}=A\neq 0$，则 $\int_a^b f(x)\mathrm{d}x$ 与 $\int_a^b g(x)\mathrm{d}x$ 敛散性一致.

对瑕积分，常用积分 $\int_a^b\dfrac{1}{(x-a)^p}\mathrm{d}x$，$\int_a^b\dfrac{1}{(x-b)^p}\mathrm{d}x$ 作比较，两个积分均是 $p<1$ 时收敛，$p\geqslant 1$ 时发散.

对一般函数的瑕积分，有以下的结论.

定理 5.18（瑕积分的柯西收敛定理） 设 $f(x)\in C(a,b]$，且 $\lim\limits_{x\to a^+}f(x)=\infty$，则 $\int_a^b f(x)\mathrm{d}x$ 收敛的充要条件是 $\forall\varepsilon>0$，$\exists\delta>0$，$\forall a<A_1<A_2<a+\delta$ 时，有

$$\left|\int_{A_1}^{A_2}f(x)\mathrm{d}x\right|<\varepsilon$$

定理 5.19 设 $f(x)$ 在 $(a,b]$ 上有定义，且 $\lim\limits_{x\to a^+}f(x)=\infty$，若 $\int_a^b|f(x)|\mathrm{d}x$ 收敛，则 $\int_a^b f(x)\mathrm{d}x$ 收敛.

定理 5.20 （瑕积分的 Dirichlet 判别法） 设 $f(x),g(x)\in C(a,b]$，$\lim\limits_{x\to a^+}f(x)=\infty$，若 $f(x),g(x)$ 满足下列条件：

（i）若存在 $M>0$，s.t. $\forall 0<\eta<b-a$，$\left|\int_{a+\eta}^b f(x)\mathrm{d}x\right|\leqslant M$ 成立；

（ii）$g(x)$在$(a, b]$上单调，且 $\lim\limits_{x\to a^+}g(x)=0$，则 $\int_a^b f(x)g(x)\mathrm{d}x$ 收敛.

定理 5.21 （瑕积分的 Abel 判别法） 设 $f(x)$，$g(x)\in C(a,b]$，且 $\lim\limits_{x\to a^+}f(x)=\infty$. 若 $f(x),g(x)$ 满足下列条件：

（i）$\int_a^b f(x)\mathrm{d}x$ 收敛；

（ii）$g(x)$在$(a, b]$上单调有界，则 $\int_a^b f(x)g(x)\mathrm{d}x$ 收敛.

例 5-39 判断下列瑕积分的敛散性.

（1）$\int_1^3\dfrac{\mathrm{d}x}{\ln x}$；　（2）$\int_0^1\dfrac{\mathrm{d}x}{\sqrt{(1-x^2)(1-k^2x^2)}}$，$k^2<1$；　（3）$\int_0^1\dfrac{\sin\frac{1}{x}}{x^p}\mathrm{d}x$，$p>0$.

解：（1）由洛必达法则，有

$$\lim_{x\to 1^+}\frac{\frac{1}{\ln x}}{\frac{1}{x-1}}=\lim_{x\to 1^+}\frac{x-1}{\ln x}=1>0$$

而 $\int_1^3\frac{1}{x-1}\mathrm{d}x$ 发散，故 $\int_1^3\frac{\mathrm{d}x}{\ln x}$ 发散.

（2）这里瑕点是 $x=1$，有

$$\lim_{x\to 1^-}\frac{\frac{1}{\sqrt{(1-x^2)(1-k^2x^2)}}}{\frac{1}{\sqrt{1-x}}}=\lim_{x\to 1^-}\frac{1}{\sqrt{(1+x)(1-k^2x^2)}}=\frac{1}{\sqrt{2(1-k^2)}}$$

而 $\int_0^1\frac{1}{(1-x)^{\frac{1}{2}}}\mathrm{d}x$ 收敛，故原瑕积分收敛.

（3）令 $\frac{1}{x}=t$，则

$$\int_0^1\frac{\sin\frac{1}{x}}{x^p}\mathrm{d}x=\int_1^{+\infty}\frac{\sin t}{t^{2-p}}\mathrm{d}t$$

又 $\left|\frac{\sin t}{t^{2-p}}\right|\leqslant\frac{1}{t^{2-p}}$，

当 $0<p<1$ 时，由比较判别法知，$\int_1^{+\infty}\frac{\sin t}{t^{2-p}}\mathrm{d}t$ 绝对收敛；

当 $1\leqslant p<2$ 时，由 Dirichlet 判别法知，$\int_0^1\frac{\sin\frac{1}{x}}{x^p}\mathrm{d}x(p>0)$ 收敛.

综上，$0<p<2$ 时收敛.

例 5-40 计算欧拉积分 $\int_0^{\frac{\pi}{2}}\ln\sin x\mathrm{d}x$.

解：由于

$$\int_0^{\frac{\pi}{2}}\ln\sin x\mathrm{d}x=\int_0^{\frac{\pi}{4}}\ln\sin x\mathrm{d}x+\int_{\frac{\pi}{4}}^{\frac{\pi}{2}}\ln\sin x\mathrm{d}x$$

设 $\frac{\pi}{2}-x=t$，则

$$\int_{\frac{\pi}{4}}^{\frac{\pi}{2}}\ln\sin x\mathrm{d}x=\int_{\frac{\pi}{4}}^{0}(-\ln\cos t)\mathrm{d}t=\int_0^{\frac{\pi}{4}}\ln\cos x\mathrm{d}x$$

$$\text{原式}=\int_0^{\frac{\pi}{4}}\ln\sin x\mathrm{d}x+\int_0^{\frac{\pi}{4}}\ln\cos x\mathrm{d}x=\int_0^{\frac{\pi}{4}}\ln\frac{1}{2}\sin 2x\mathrm{d}x$$

$$= \int_0^{\frac{\pi}{4}} \ln\sin 2x\mathrm{d}x - \int_0^{\frac{\pi}{4}} \ln 2\mathrm{d}x \overset{u=2x}{=} \frac{1}{2}\int_0^{\frac{\pi}{2}} \ln\sin u\mathrm{d}u - \frac{\pi}{4}\ln 2$$

移项得

$$\int_0^{\frac{\pi}{2}} \ln\sin x\mathrm{d}x = -\frac{\pi}{2}\ln 2$$

5.4.4 Γ函数

下面研究工程中主要的广义积分 $\int_0^{+\infty} \mathrm{e}^{-t}t^{x-1}\mathrm{d}t$，因为

$$\int_0^{+\infty} \mathrm{e}^{-t}t^{x-1}\mathrm{d}t = \int_0^{1} \mathrm{e}^{-t}t^{x-1}\mathrm{d}t + \int_1^{+\infty} \mathrm{e}^{-t}t^{x-1}\mathrm{d}t$$

而积分 $\int_0^{1} \mathrm{e}^{-t}t^{x-1}\mathrm{d}t$，当 $x \geqslant 1$ 时，它是定积分；当 $x < 1$ 时，$t = 0$ 是瑕点，它是广义积分，有

$$\lim_{t\to 0^+} t^{1-x}(\mathrm{e}^{-t}t^{x-1}) = \lim_{t\to 0^+} \mathrm{e}^{-t} = 1$$

由比较判别法知，当 $0 < x < 1$ 时，广义积分 $\int_0^{1} \mathrm{e}^{-t}t^{x-1}\mathrm{d}t$ 收敛. 当 $x \leqslant 0$ 时，

$$\mathrm{e}^{-t}t^{x-1} \geqslant \mathrm{e}^{-1}t^{x-1}, \qquad t \in (0,1]$$

而 $x \leqslant 0$ 时，广义积分 $\int_0^{1} \mathrm{e}^{-1}t^{x-1}\mathrm{d}t$ 发散，所以广义积分 $\int_0^{1} \mathrm{e}^{-t}t^{x-1}\mathrm{d}t$ 在 $x \leqslant 0$ 时发散.

对广义积分 $\int_1^{+\infty} \mathrm{e}^{-t}t^{x-1}\mathrm{d}t$，由于 $x > 0$ 时，

$$\lim_{t\to +\infty} t^2(\mathrm{e}^{-t}t^{x-1}) = \lim_{t\to +\infty} \mathrm{e}^{-t}t^{x+1} = 0$$

所以广义积分 $\int_1^{+\infty} \mathrm{e}^{-t}t^{x-1}\mathrm{d}t$ 收敛. 总之，当 $x > 0$ 时，广义积分 $\int_0^{+\infty} \mathrm{e}^{-t}t^{x-1}\mathrm{d}t$ 收敛，其值与 x 有关，称之为 **Γ 函数**，记为 $\Gamma(x)$，即

$$\Gamma(x) = \int_0^{+\infty} \mathrm{e}^{-t}t^{x-1}\mathrm{d}t, \quad x > 0 \tag{5.7}$$

Γ 函数有如下重要性质.

性质 5.5 $\Gamma(1) = 1$.

由定义式（5.7）知，$\Gamma(1) = \int_0^{+\infty} \mathrm{e}^{-t}\mathrm{d}t = 1$.

性质 5.6 $\Gamma(x+1) = x\Gamma(x)$，$x > 0$.

由分部积分法，有

$$\begin{aligned}\Gamma(x+1) &= \int_0^{+\infty} \mathrm{e}^{-t}t^{x}\mathrm{d}t \\ &= -\mathrm{e}^{-t}\,t^{x}\Big|_0^{+\infty} + x\int_0^{+\infty} \mathrm{e}^{-t}t^{x-1}\mathrm{d}t \\ &= x\int_0^{+\infty} \mathrm{e}^{-t}t^{x-1}\mathrm{d}t = x\Gamma(x)\end{aligned}$$

特别地，有

$$\begin{aligned}\Gamma(n+1) &= n\Gamma(n) \\ &= n(n-1)\Gamma(n-1) \\ &= \cdots = n(n-1)\cdots\Gamma(1) = n!\end{aligned}$$

根据性质 5.6，可将 Γ 函数拓展到负半轴上，当 $x<0$ 时，定义

$$\Gamma(x) = \frac{\Gamma(x+1)}{x}$$

这样，Γ 函数的定义应为

$$\Gamma(x)\begin{cases}\int_0^{+\infty} \mathrm{e}^{-t}t^{x-1}\mathrm{d}t, & x>0 \\ \dfrac{\Gamma(x+1)}{x}, & x<0, x\neq -1,-2,\cdots\end{cases}$$

其图形如图 5.8 所示.

图 5.8

习题 5.4

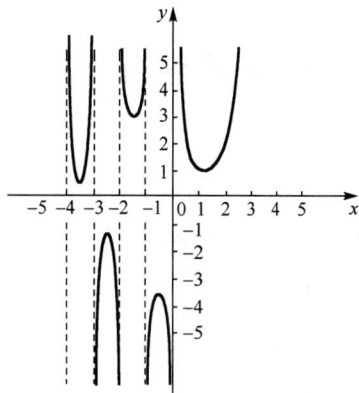

1．讨论下列广义积分的敛散性，若收敛则求其值.

（1）$\int_1^{+\infty}\frac{1}{x^4}\mathrm{d}x$；　　（2）$\int_{-\infty}^{+\infty}\frac{\mathrm{d}x}{x^2+2x+2}$；

（3）$\int_0^{+\infty}\mathrm{e}^{-kx}\cos x\mathrm{d}x$；　　（4）$\int_{-2}^{2}\frac{\mathrm{d}x}{x^2-1}$；

（5）$\int_0^{2}\frac{\mathrm{d}x}{x\ln x}$；　　（6）$\int_1^{\mathrm{e}}\frac{\mathrm{d}x}{\sqrt{1-\ln^2 x}}$；

（7）$\int_2^{6}\frac{\mathrm{d}x}{\sqrt[3]{(4-x)^2}}$；　　（8）$\int_1^{+\infty}\frac{\mathrm{d}x}{x\sqrt{x^2-1}}$；

（9）$\int_{\mathrm{e}}^{+\infty}\frac{\mathrm{d}x}{x\ln^k x}$；　　（10）$\int_3^{+\infty}\frac{\mathrm{d}x}{(x-1)^4\sqrt{x^2-2x}}$.

2．试证：

（1）$\int_0^1 \ln^n x\mathrm{d}x = (-1)^n n!$，　$n=1,2,3,\cdots$；

（2）$\int_0^{+\infty}\mathrm{e}^{-x}x^m\mathrm{d}x = m!$，　$m=1,2,3,\cdots$.

3．设 $f(x)\geqslant g(x)>0$，当 $x\in[a,+\infty)$ 时，猜想两个广义积分

$$\int_a^{+\infty} f(x)\mathrm{d}x \quad 和 \quad \int_a^{+\infty} g(x)\mathrm{d}x$$

在敛散性方面是否有某种必然关系，证明你的猜想，并讨论下列广义积分的敛散性.

（1）$\int_1^{+\infty}\frac{\sin^2 x+\sqrt{x}}{x^2+x+2}\mathrm{d}x$；　　（2）$\int_1^{+\infty}\frac{4}{x^{\frac{1}{2}}+x^{\frac{2}{3}}+x^{\frac{3}{4}}+x^{\frac{4}{5}}}\mathrm{d}x$；

（3）$\int_{-\infty}^{+\infty}\frac{\arctan x}{x}\mathrm{d}x$.

4．已知 $x\geqslant 0$ 时，函数 $f(x)$ 满足 $f'(x)=\frac{1}{x^2+f^2(x)}$，且 $f(0)=a>0$，试证：$\lim\limits_{x\to+\infty}f(x)$ 存在，且小于 $a+\frac{\pi}{2a}$.

5.5 定积分的应用

5.5.1 微元法

在引入定积分的概念时，我们看到几何上、物理上的许多量实际上是某一函数 $f(x)$ 在区间 $[a,b]$ 上的定积分 $I=\int_a^b f(x)\mathrm{d}x$. 为建立积分表达式，我们按照分割、作积、求和、取极限的过程进行. 对每个问题都这样做，显然是烦琐的，不便于应用. 本节介绍一种简便、常用的方法——微元法，其实质是以更加精简的方法建立积分表达式.

为一般化，对 $[a,b]$ 分割后，设 $[x,x+\mathrm{d}x]$ 为任一小区间，作近似

$$\Delta I\approx f(x)\Delta x=f(x)\mathrm{d}x \tag{5.8}$$

我们还可以从另一观点中得到上式. 假设 $f(x)\in C[a,b]$，考虑积分上限函数

$$I(x)=\int_a^x f(t)\mathrm{d}t$$

则

$$\mathrm{d}I=f(x)\mathrm{d}x$$

可见在 $\int_a^b f(x)\mathrm{d}x$ 中的被积表达式实质上是量 I 在 x 处的微分. 习惯上称 $f(x)\mathrm{d}x$ 为**积分微元**，简称**微元**. 由于

$$\Delta I=f(x)\mathrm{d}x+o(\Delta x) \tag{5.9}$$

所以建立积分表达式的关键是选好满足式（5.9）的微元，然后所求的量是

$$\int_a^b f(x)\mathrm{d}x$$

这就是用微元法建立积分表达式的过程.

下面通过一些实例阐述微元法在某些几何、物理问题中的应用.

5.5.2 平面图形的面积

下面根据不同坐标系下的曲线方程给出平面图形面积公式.

1．直角坐标系下平面图形的面积

设平面图形是由曲线 $y=f(x)$, $y=g(x)$ 及直线 $x=a$, $x=b$ 围成（称为 x-型区域）的，其中，$f(x)\geqslant g(x)$，且均在 $[a,b]$ 上连续（见图 5.9）.

取$[a,b]$上任一小区间$[x, x+\mathrm{d}x]$，其对应的小曲边形面积ΔS可以近似为小矩形面积，即

$$\Delta S \approx [f(x)-g(x)]\mathrm{d}x = \mathrm{d}S$$

$\mathrm{d}S$即为所需求的面积微元. 于是所求的面积为

$$S=\int_a^b [f(x)-g(x)]\mathrm{d}x \tag{5.10}$$

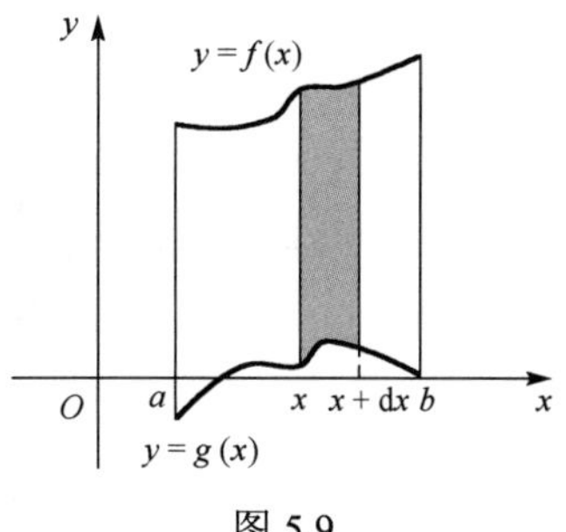

图 5.9

同样地，由曲线$x=f(y), x=g(y)$（$f(y)\geqslant g(y)$）和直线$y=c$，$y=d$围成的区域（称为y-型区域）的面积（见图 5.10）为

$$S=\int_c^d [f(y)-g(y)]\mathrm{d}y \tag{5.11}$$

一般情况下，由曲线围成的区域，总可以分成若干x-型区域或y-型区域，如图 5.11 所示，只需分别计算出每块的面积再相加即可.

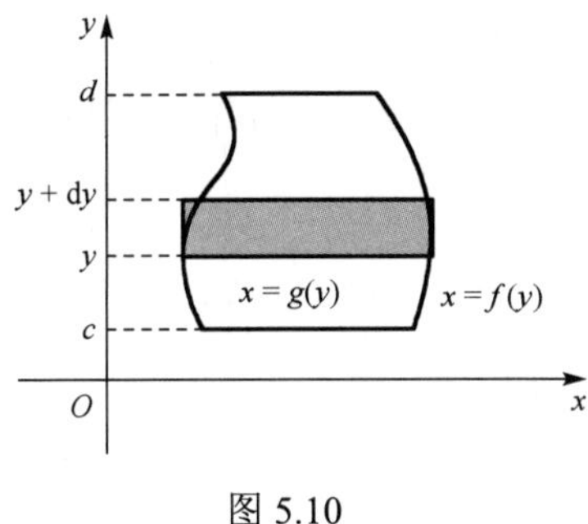

图 5.10

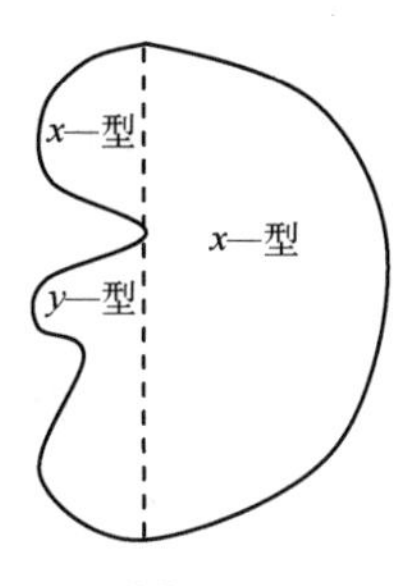

图 5.11

例 5-41 求由抛物线$y=x^2$和$y^2=x$围成的平面图形（见图 5.12）的面积.

解： 解联立方程

$$\begin{cases} y=x^2 \\ x=y^2 \end{cases}$$

得交点$(0,0)$和$(1,1)$，由式（5.10）知此图形的面积为

$$S=\int_0^1(\sqrt{x}-x^2)\mathrm{d}x=\left(\frac{2}{3}x^{\frac{3}{2}}-\frac{1}{3}x^3\right)\Bigg|_0^1=\frac{2}{3}-\frac{1}{3}=\frac{1}{3}$$

此题也可以看成y-型区域，利用式（5.11）可同样求得.

例 5-42 求抛物线$y^2=2x$与直线$y=x-4$围成的平面图形（见图 5.13）的面积.

解： 此题宜取y为积分变量，即用式（5.11）. 解联立方程

$$\begin{cases} y^2=2x \\ y=x-4 \end{cases}$$

得交点$A(2,-2)$和$B(8,4)$. 积分区间为$[-2,4]$，于是

$$S=\int_{-2}^4\left(y+4-\frac{1}{2}y^2\right)\mathrm{d}y=\left(\frac{y^2}{2}+4y-\frac{y^3}{6}\right)\Bigg|_{-2}^4=18$$

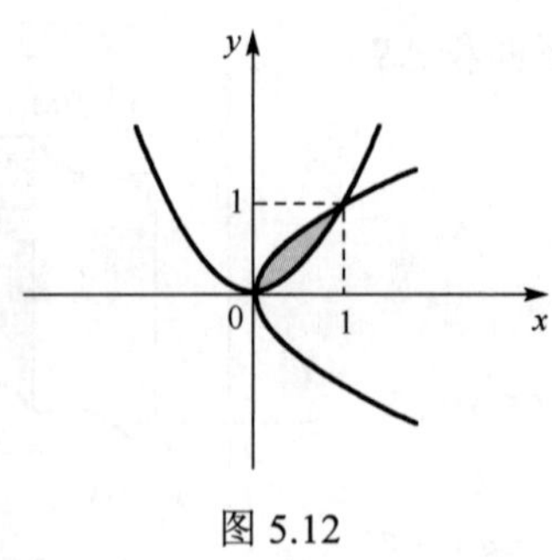

图 5.12

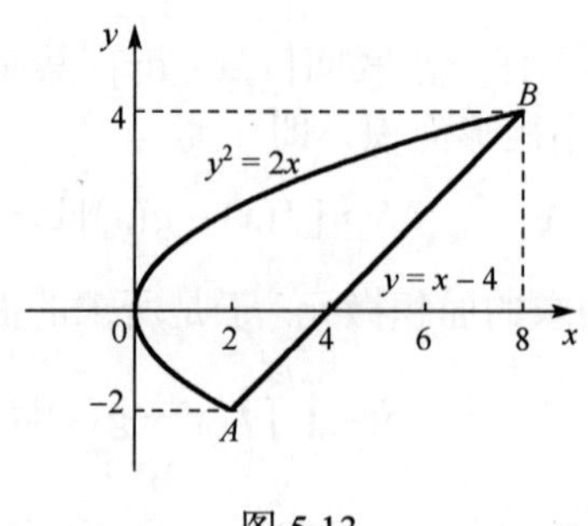

图 5.13

此题若以 x 为积分变量，则因为这时区域下方边界曲线方程是两个函数方程，所以要分两块计算.

2．用参数方程表示的曲线围成平面图形的面积

如果在 $[a,b]$ 上，平面图形的曲边由参数方程

$$l: x = x(t)\text{，}\quad y = y(t) \geqslant 0$$

给出，$y(t) \in C[t_1, t_2]$，$x(t) \in C^1[t_1, t_2]$，且 $x(t_1) = a$，$x(t_2) = b$，则平面图形的面积为

$$S = \int_{t_1}^{t_2} y(t)x'(t)\mathrm{d}t \tag{5.12}$$

其中，t_1 和 t_2 是曲边的起点和终点对应的参数值.

例 5-43　求长半轴为 a、短半轴为 b 的椭圆的面积.

解：椭圆的参数方程为

$$\begin{cases} x = a\cos t \\ y = b\sin t \end{cases}$$

由于椭圆的图形关于两个坐标轴对称，所以只需计算第一象限中图形的面积，然后四倍之就得到总面积.

当 $x = 0$ 时，$t = \dfrac{\pi}{2}$；当 $x = a$ 时，$t = 0$，$\mathrm{d}x = -a\sin t\mathrm{d}t$，故由式（5.12）得

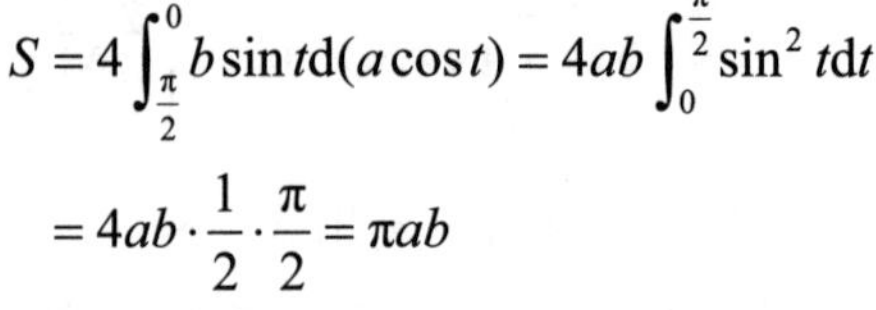

$$S = 4\int_{\frac{\pi}{2}}^{0} b\sin t\mathrm{d}(a\cos t) = 4ab\int_0^{\frac{\pi}{2}} \sin^2 t\mathrm{d}t$$

$$= 4ab \cdot \frac{1}{2} \cdot \frac{\pi}{2} = \pi ab$$

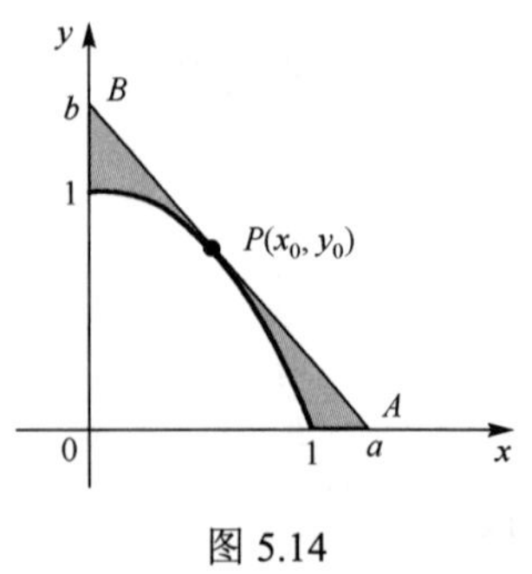

图 5.14

当 $a = b = r$ 时，椭圆变成了圆，其面积就是熟知的 πr^2.

例 5-44　在抛物线 $y = -x^2 + 1$（$x > 0$）上找一点 $P(x_0, y_0)$ 作切线，使由抛物线与切线和两个坐标轴围成的面积 S 最小（见图 5.14），并求这个最小值.

解：因为 $y'\big|_{x=x_0} = -2x_0$，$y_0 = -x_0^2 + 1$，所以切线 AB 的方程为

$$y = -2x_0 x + x_0^2 + 1$$

令 $y=0$，得到切线的横截距 $a=\frac{1}{2}\left(x_0+\frac{1}{x_0}\right)$；令 $x=0$，得到切线的纵截距 $b=x_0^2+1$.

图形的面积为

$$S=\frac{1}{2}ab-\int_0^1(-x^2+1)\mathrm{d}x=\frac{1}{4}\left(x_0^3+2x_0+\frac{1}{x_0}\right)-\frac{2}{3}$$

它关于 x_0 的导数是

$$\frac{\mathrm{d}S}{\mathrm{d}x_0}=\frac{1}{4}\left(3x_0^2+2-\frac{1}{x_0^2}\right)=\frac{1}{4}\left(3x_0-\frac{1}{x_0}\right)\left(x_0+\frac{1}{x_0}\right)$$

令 $\frac{\mathrm{d}S}{\mathrm{d}x_0}=0$，求得驻点 $x_0=\frac{1}{\sqrt{3}}$. 又因

$$\frac{\mathrm{d}^2S}{\mathrm{d}x_0^2}=\frac{1}{4}\left(6x_0+\frac{2}{x_0^3}\right)>0，\quad x_0>0$$

所以当 $x_0=\frac{1}{\sqrt{3}}$ 时，面积函数 S 取极小值. 由于在区间 $(0,+\infty)$ 上它是唯一极值，所以它就是最小值

$$S_{\min}=\frac{4\sqrt{3}-6}{9}$$

3．极坐标下平面图形的面积

考虑由极坐标方程 $r=r_1(\theta), r=r_2(\theta)$（$r_1\leqslant r_2$）给出的两条平面曲线和射线 $\theta=\alpha,\theta=\beta$（$\alpha<\beta$）围成图形的面积 S（见图 5.15）.

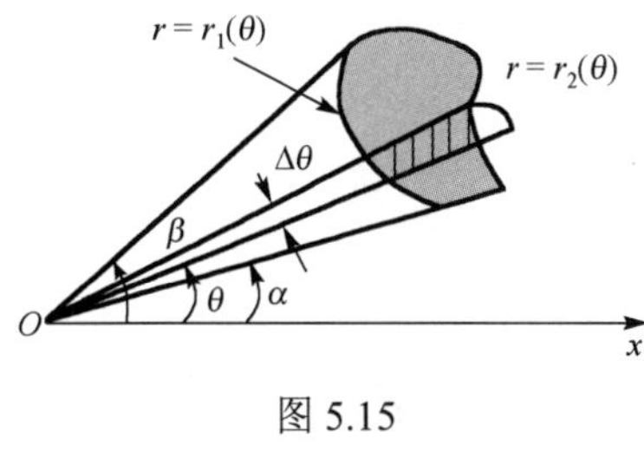

图 5.15

因为图形在极角区间 $[\alpha,\beta]$ 上，从中任取一小极角区间 $[\theta,\theta+\mathrm{d}\theta]$，对应的面积微元为

$$\mathrm{d}S=\frac{1}{2}[r_2^2(\theta)-r_1^2(\theta)]\mathrm{d}\theta$$

从而所求的面积为

$$S=\frac{1}{2}\int_\alpha^\beta[r_2^2(\theta)-r_1^2(\theta)]\mathrm{d}\theta \tag{5.13}$$

例 5-45 求对数螺线段

$$r=a\mathrm{e}^{b\theta}，\quad 0\leqslant\theta\leqslant\pi，\quad a,b\text{ 为正常数}$$

与 x 轴围成图形的面积（见图 5.16）.

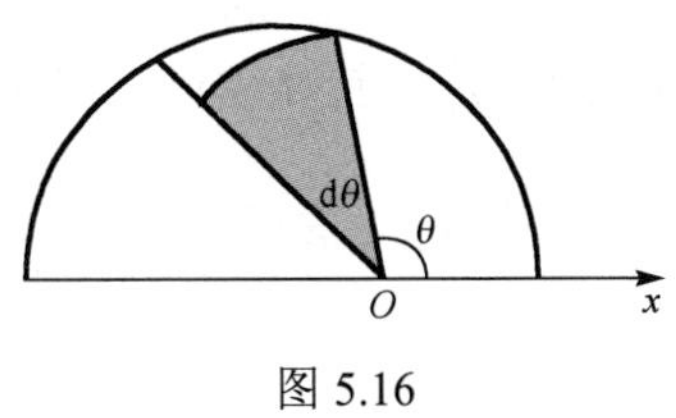

图 5.16

解：由式（5.13）有

$$S=\frac{1}{2}\int_0^\pi a^2\mathrm{e}^{2b\theta}\mathrm{d}\theta=\frac{a^2}{4b}\mathrm{e}^{2b\theta}\Big|_0^\pi$$
$$=\frac{a^2}{4b}(\mathrm{e}^{2b\pi}-1)$$

用定积分计算图形面积时，首先画出图形；然后选取积分变量，确定积分区间；最后写出面积微元，进行积分.

例 5-46 设 $a>1$，当 $x\in[a,b]$ 时，有

$$kx+q\geqslant \ln x$$

求使积分

$$I=\int_a^b (kx+q-\ln x)\mathrm{d}x$$

取最小值的 k 与 q 之值.

解：若使积分 I 最小，此时直线 $y=kx+q$ 应与曲线 $y=\ln x$ 相切. 故 $k=(\ln x)'=\dfrac{1}{x}$，切点坐标为 $(k^{-1},\ -\ln k)$. 故切线方程为

$$y=kx-1-\ln k\text{，}\quad q=-1-\ln k$$

从而

$$\begin{aligned}I&=\int_a^b (kx+q-\ln x)\mathrm{d}x\\&=\frac{k}{2}(b^2-a^2)-(1+\ln k)(b-a)-(b\ln b-a\ln a-b+a)\end{aligned}$$

令

$$\frac{\mathrm{d}I}{\mathrm{d}k}=\frac{1}{2}(b^2-a^2)-\frac{b-a}{k}=0$$

解得驻点 $k=\dfrac{2}{a+b}$，此时 $q=\ln\dfrac{a+b}{2}-1$. 由于

$$\frac{\mathrm{d}^2 I}{\mathrm{d}k^2}=\frac{b-a}{k^2}>0$$

所以当 $k=\dfrac{2}{a+b}$，$q=\ln\dfrac{a+b}{2}-1$ 时，I 的值最小.

5.5.3 立体体积

已知平行截面面积的立体的体积可以用定积分计算.

设有一立体，我们选取适当的直线作为 x 轴（见图 5.17），若用垂直于 x 轴的平面族截该立体，截面面积为一已知函数 $S(x)$，又知立体位于平面 $x=a$ 和 $x=b$ 之间，求它的体积 V.

任取一小区间 $[x,x+\mathrm{d}x]\subset[a,b]$，相应的立体是一个厚度为 $\mathrm{d}x$ 的薄片，其体积近似等于以 $S(x)$ 为底、以 $\mathrm{d}x$ 为高的柱体体积，即体积微元为

$$\mathrm{d}V=S(x)\mathrm{d}x$$

从 a 到 b 积分，便得到体积公式

$$V=\int_a^b S(x)\mathrm{d}x \tag{5.14}$$

例 5-47 设有一正劈锥体（见图 5.18），其底是以 a 为半径的圆，高为 h，顶刃宽等于底圆直径，求它的体积.

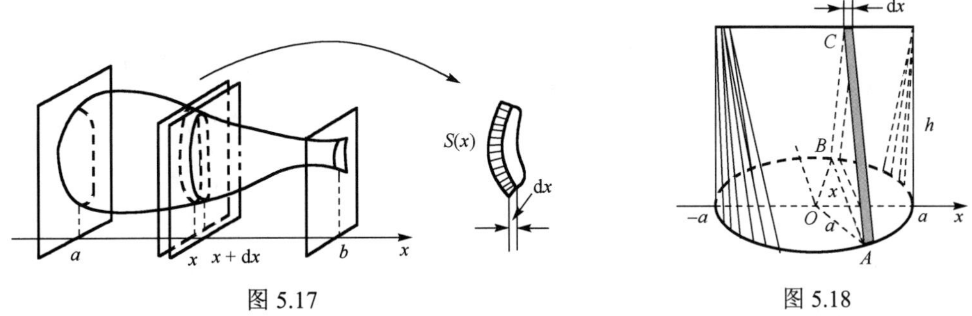

图 5.17

图 5.18

解：设顶刃在底圆上的正投影在 x 轴上，底圆的圆心为坐标原点. 过点 x 作垂直于坐标轴的平面，截正劈锥体，截面为等腰三角形 $\triangle ABC$，显然，高为 h，底边为

$$AB = 2\sqrt{a^2 - x^2}$$

故 $\triangle ABC$ 的面积为

$$S(x) = \frac{1}{2}h \cdot AB = h\sqrt{a^2 - x^2}$$

于是由式（5.14）得正劈锥体体积

$$V = \int_{-a}^{a} h\sqrt{a^2 - x^2}\mathrm{d}x = 2h\int_{0}^{a}\sqrt{a^2 - x^2}\mathrm{d}x$$

$$= 2h\frac{\pi a^2}{4} = \frac{1}{2}\pi a^2 h$$

可见，这个体积是同底等高圆柱体体积的一半.

式（5.14）常常用来求旋转体体积.

设有一由连续曲线 $y = f(x)$ 与直线 $x = a,\ x = b$ 及 x 轴围成的平面区域，绕 x 轴旋转一周形成一旋转体（见图 5.19）. 由于垂直 x 轴（旋转轴）的截面都是圆，因此在 x 处截面面积为

$$S(x) = \pi y^2 = \pi f^2(x)$$

根据式（5.14）得旋转体体积公式

$$V = \pi\int_{a}^{b} f^2(x)\mathrm{d}x \qquad (5.15)$$

用微元法不难推出这个旋转体的侧面积（曲线 $y = f(x)$ 的旋转曲面面积）公式

$$S = 2\pi\int_{a}^{b}|f(x)|\sqrt{1 + f'^2(x)}\mathrm{d}x \qquad (5.16)$$

这个公式留给读者证明，并可对 $f(x)$ 加适当的条件.

例 5-48 求星形线 $x^{\frac{2}{3}} + y^{\frac{2}{3}} = a^{\frac{2}{3}}$ 所围区域绕 x 轴旋转一周得到的旋转体（见图 5.20）的体积.

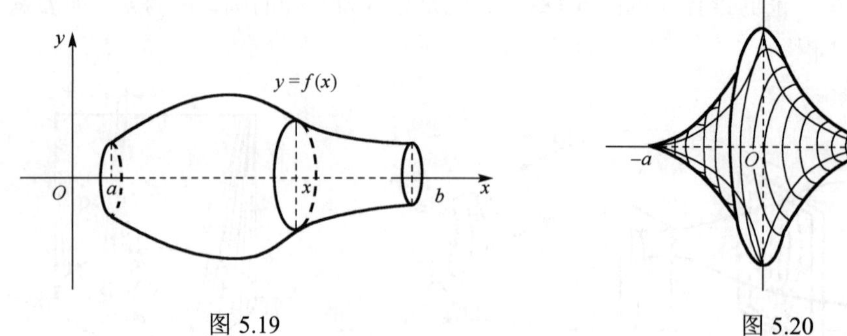

图 5.19　　　　图 5.20

解：由于 $y^2=(a^{\frac{2}{3}}-x^{\frac{2}{3}})^3$，所以

$$
\begin{aligned}
V&=2\pi\int_0^a(a^{\frac{2}{3}}-x^{\frac{2}{3}})^3\mathrm{d}x\\
&=2\pi\int_0^a(a^2-3a^{\frac{4}{3}}x^{\frac{2}{3}}+3a^{\frac{2}{3}}x^{\frac{4}{3}}-x^2)\mathrm{d}x\\
&=\frac{32}{105}\pi a^3
\end{aligned}
$$

例 5-49　求半径为 r 的圆绕同平面内圆外一条直线旋转而成的圆环体的体积，设圆心到直线的距离为 R（$R\geqslant r$）.

解：

方法一：取坐标如图 5.21 所示. 圆的方程为

$$x^2+(y-R)^2=r^2$$

所求的圆环体体积可以看成上半圆下的曲边梯形和下半圆下的曲边梯形各绕 x 轴旋转一周得到的两个旋转体体积之差，故

$$
\begin{aligned}
V&=\pi\int_{-r}^{r}(R+\sqrt{r^2-x^2})^2\mathrm{d}x-\pi\int_{-r}^{r}(R-\sqrt{r^2-x^2})^2\mathrm{d}x\\
&=4\pi R\int_{-r}^{r}\sqrt{r^2-x^2}\,\mathrm{d}x=8\pi R\frac{\pi r^2}{4}=2\pi R\cdot\pi r^2
\end{aligned}
$$

方法二：也可不用薄圆环片作为体积微元，即不用旋转体体积公式（5.14），而用薄壁筒作为体积微元，沿径向积分，求旋转体体积. 本例中，取 y 为积分变量，在区间 $[R-r,R+r]$ 内，任取一区间微元 $[y,y+\mathrm{d}y]$，把圆在 $[y,y+\mathrm{d}y]$ 上的窄曲边梯形（图 5.22 中阴影部分）绕 x 轴旋转得到的薄壁圆筒视为 $[y,y+\mathrm{d}y]$ 上的立体，于是对应的体积微元为

$$\mathrm{d}V=2\pi y\cdot 2x\mathrm{d}y=4\pi y\sqrt{r^2-(y-R)^2}\,\mathrm{d}y$$

故所求旋转体体积为

$$
\begin{aligned}
V&=\int_{R-r}^{R+r}4\pi y\sqrt{r^2-(y-R)^2}\,\mathrm{d}y\overset{t=y-R}{=}4\pi\int_{-r}^{r}(R+t)\sqrt{r^2-t^2}\,\mathrm{d}t\\
&=4\pi R\int_{-r}^{r}\sqrt{r^2-t^2}\,\mathrm{d}t=2\pi R\cdot\pi r^2
\end{aligned}
$$

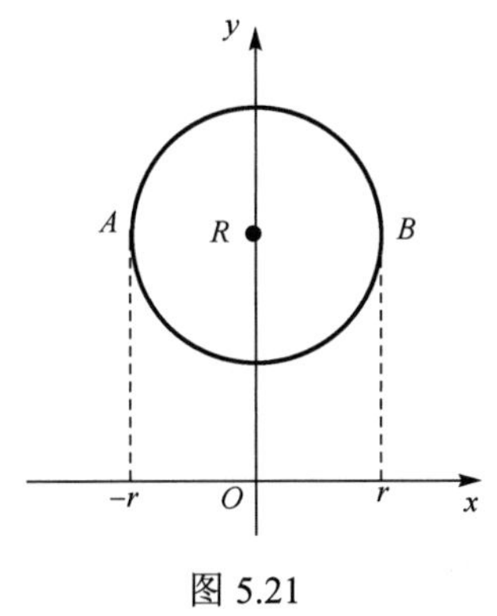

图 5.21

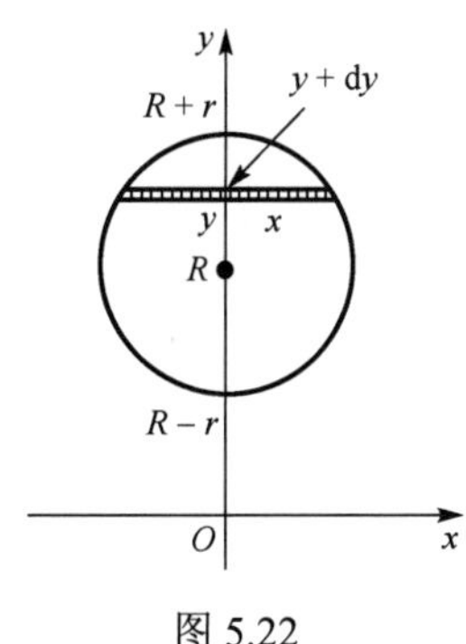

图 5.22

例 5-50 有一自动注水容器，其内壁是由曲线 $y=\arcsin x$（$0\leqslant x\leqslant 1$）绕 y 轴旋转一周形成的. 现向内注水，注水速度为 $\frac{\pi}{2}-y$，其中，y 是容器内液面高度，求液面升到容器高度的一半时液面上升的速度.

解：当液面高为 y 时，容器内液体体积（见图 5.23）为

$$V=\pi\int_0^y \sin^2 h\mathrm{d}h$$

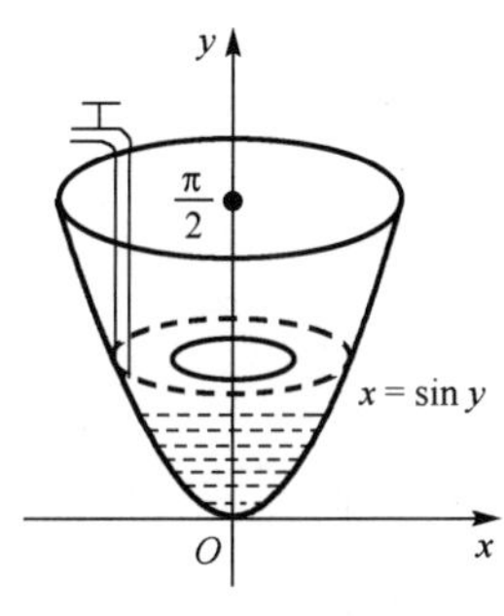

图 5.23

由于

$$\frac{\mathrm{d}V}{\mathrm{d}t}=\frac{\mathrm{d}V}{\mathrm{d}y}\frac{\mathrm{d}y}{\mathrm{d}t}=\pi\sin^2 y\frac{\mathrm{d}y}{\mathrm{d}t}$$

从而

$$\frac{\pi}{2}-y=\pi\sin^2 y\frac{\mathrm{d}y}{\mathrm{d}t}$$

由于容器高为 $\frac{\pi}{2}$，故所求的速度为

$$\left.\frac{\mathrm{d}y}{\mathrm{d}t}\right|_{y=\frac{\pi}{4}}=\left.\frac{\frac{\pi}{2}-y}{\pi\sin^2 y}\right|_{y=\frac{\pi}{4}}=\frac{1}{2}$$

例 5-51 设 $f(x)\in C[0,1]$，非负，且满足 $xf'(x)=f(x)+\frac{3a}{2}x^2$（$a$ 为常数）. 又由曲线 $y=f(x)$ 与直线 $x=1, y=0$ 围成的图形 S 的面积为 2，求函数 $y=f(x)$. 并问 a 为何值时，图形 S 绕 x 轴旋转一周所得的旋转体的体积最小.

解：由题设，当 $x\neq 0$ 时，

$$\left[\frac{f(x)}{x}\right]'=\frac{xf'(x)-f(x)}{x^2}=\frac{3a}{2}$$

据此并由 $f(x)$ 的连续性，得

$$f(x)=\frac{3a}{2}x^2+Cx\text{，}\quad x\in[0,1]$$

又由已知条件

$$2=\int_0^1\left(\frac{3a}{2}x^2+Cx\right)\mathrm{d}x=\left(\frac{a}{2}x^3+\frac{C}{2}x^2\right)\Big|_0^1=\frac{a}{2}+\frac{C}{2}$$

故$C=4-a$．因此，

$$f(x)=\frac{3}{2}ax^2+(4-a)x$$

由旋转体的体积公式

$$V(a)=\pi\int_0^1[f(x)]^2\,\mathrm{d}x=\frac{\pi}{3}\left(\frac{1}{10}a^2+a+16\right)$$

$$V'(a)=\frac{\pi}{3}\left(\frac{1}{5}a+1\right)$$

$$V''(a)=\frac{\pi}{15}>0$$

故$a=-5$时，旋转体体积最小.

5.5.4　平均值与平面曲线的弧长

1．函数的平均值

求某一区间上连续变化量的平均值，如曲边梯形的平均高度、变速运动的平均速度等，在数学上就是求一个连续函数$y=f(x)$在区间$[a,b]$上的平均值问题. 积分中值定理已指出这个平均值是

$$y=\frac{1}{b-a}\int_a^b f(x)\mathrm{d}x \tag{5.17}$$

用定积分定义也容易推出这一结果，事实上，将$[a,b]$等分为n个小区间，小区间长$\Delta x=\frac{b-a}{n}$，则有

$$\int_a^b f(x)\mathrm{d}x=\lim_{n\to\infty}\sum_{i=1}^n f(\xi_i)\Delta x=(b-a)\lim_{n\to\infty}\frac{\sum\limits_{i=1}^n f(\xi_i)}{n}$$

从而

$$\frac{1}{b-a}\int_a^b f(x)\mathrm{d}x=\lim_{n\to\infty}\frac{\sum\limits_{i=1}^n f(\xi_i)}{n}$$

例 5-52 已知自由落体降落速度$v=gt$，求在时间区间$[0,T]$上的平均速度$\bar{v}$.

解： 由式（5.17），有

$$\bar{v}=\frac{1}{T-0}\int_0^T gt\mathrm{d}t=\frac{1}{T}\frac{1}{2}gt^2\Big|_0^T=\frac{1}{2}gT$$

例 5-53 求正弦电流$i=I_m\sin\omega t$在半个周期$\frac{\pi}{\omega}$内的平均电流$\bar{I}$（见图 5.24）.

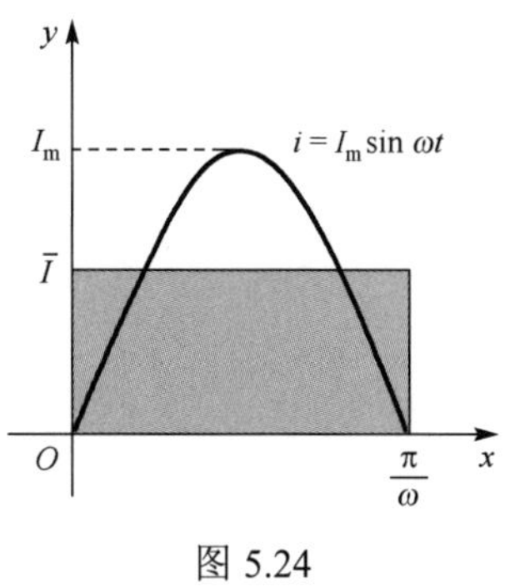

图 5.24

解： 由式（5.17）知

$$\bar{I}=\frac{1}{\frac{\pi}{\omega}-0}\int_0^{\frac{\pi}{\omega}}I_m\sin\omega t\mathrm{d}t$$

$$=\frac{\omega I_m}{\pi}\left(-\frac{1}{\omega}\cos\omega t\right)\Big|_0^{\frac{\pi}{\omega}}$$

$$=\frac{2}{\pi}I_m\approx 0.637I_m$$

同样，正弦交流电压$U=U_m\sin\omega t$及正弦交流电动势$E=E_m\sin\omega t$在半个周期$\frac{\pi}{\omega}$内的平均值分别为

$$\bar{U}=\frac{2}{\pi}U_m\approx 0.637U_m$$

$$\bar{E}=\frac{2}{\pi}E_m\approx 0.637E_m$$

2. 平面曲线的弧长

设起点为A、终点为B的曲线$y=f(x)$，$a\leqslant x\leqslant b$. 若$f(x)$在$[a,b]$上连续可微，则称此曲线是光滑的. 前面已给出光滑曲线的弧长微元

$$\mathrm{d}s=\sqrt{1+(y')^2}\mathrm{d}x$$

从而在$[a,b]$上作定积分，得到弧$\overset{\frown}{AB}$的长度

$$s=\int_a^b\sqrt{1+y'^2}\mathrm{d}x \tag{5.18}$$

当弧$\overset{\frown}{AB}$用参数方程$x=\varphi(t),\ y=\psi(t),\ \alpha\leqslant t\leqslant\beta$表示时，得

$$s=\int_\alpha^\beta\sqrt{[\varphi'(t)]^2+[\psi'(t)]^2}\mathrm{d}t \tag{5.19}$$

当弧$\overset{\frown}{AB}$用极坐标方程$r=r(\theta),\ \alpha\leqslant\theta\leqslant\beta$表示时，得

$$s=\int_\alpha^\beta\sqrt{[r(\theta)]^2+[r'(\theta)]^2}\mathrm{d}\theta \tag{5.20}$$

例 5-54 求抛物线 $y=x^2$ 从 $x=0$ 到 $x=\frac{1}{2}$ 一段的弧长.

解：因为 $y'=2x$，由式（5.18），此段弧长为

$$s=\int_0^{\frac{1}{2}}\sqrt{1+4x^2}\,\mathrm{d}x=\frac{1}{2}\int_0^{\frac{\pi}{4}}\sec^3 u\mathrm{d}u \qquad （令\ x=\frac{1}{2}\tan u）$$

$$=\frac{1}{2}\left(\sec u\cdot\tan u\Big|_0^{\frac{\pi}{4}}-\int_0^{\frac{\pi}{4}}\tan^2 u\sec u\mathrm{d}u\right)$$

$$=\frac{1}{2}\left(\sqrt{2}-\int_0^{\frac{\pi}{4}}(1-\cos^2 u)\sec^3 u\mathrm{d}u\right)$$

$$=\frac{\sqrt{2}}{2}-s+\frac{1}{2}\int_0^{\frac{\pi}{4}}\sec u\mathrm{d}u$$

于是

$$s=\frac{\sqrt{2}}{4}+\frac{1}{4}\int_0^{\frac{\pi}{4}}\sec u\mathrm{d}u$$

$$=\frac{\sqrt{2}}{4}+\frac{1}{4}\ln|\sec u+\tan u|\Big|_0^{\frac{\pi}{4}}$$

$$=\frac{1}{4}[\sqrt{2}+\ln(1+\sqrt{2})]$$

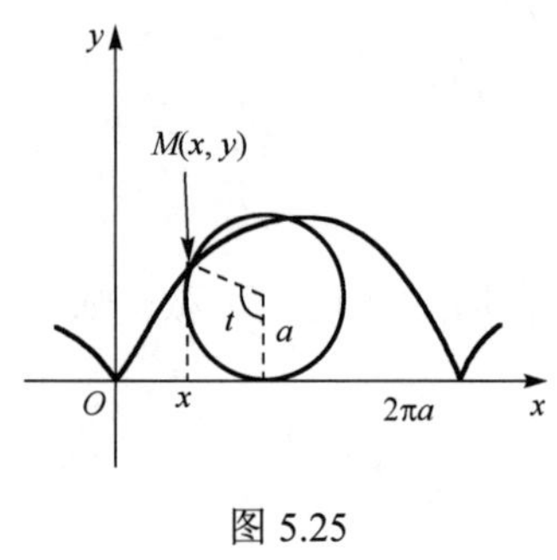

图 5.25

例 5-55 求摆线（旋轮线）$x=a(t-\sin t)$，$y=a(1-\cos t)$ 的一拱之长（见图 5.25）.

解：因旋转轮滚动一周，即 t 从 0 变到 2π，旋转轮轮周上定点走过的曲线段就是摆线的一拱. 又 $x_t'=a(1-\cos t)$，$y_t'=a\sin t$，故

$$\sqrt{x_t'^2+y_t'^2}=\sqrt{a^2(1-\cos t)^2+a^2\sin^2 t}$$

$$=2a\sin\frac{t}{2},\quad 0\leqslant t\leqslant 2\pi$$

从而，摆线一拱长为

$$s=\int_0^{2\pi}2a\sin\frac{t}{2}\mathrm{d}t=-4a\cos\frac{t}{2}\Big|_0^{2\pi}=8a$$

例 5-56 一根弹簧按等距螺线 $r=a\theta$ 盘绕，共 10 圈，螺距为 10cm，求弹簧长度（见图 5.26）.

解：将第一圈终点坐标 $(10, 2\pi)$ 代入方程，有 $2\pi a=10$，得 $a=\frac{5}{\pi}$，故 $r=\frac{5}{\pi}\theta$. 因弹簧盘绕 10 圈，所以极角 $\theta\in[0, 20\pi]$，又

$$\sqrt{r^2+r'^2}=\sqrt{\left(\frac{5}{\pi}\theta\right)^2+\left(\frac{5}{\pi}\right)^2}=\frac{5}{\pi}\sqrt{\theta^2+1}$$

代入式（5.20）得弹簧长

$$s=\int_0^{20\pi}\frac{5}{\pi}\sqrt{\theta^2+1}\mathrm{d}\theta=\frac{5}{\pi}\cdot\frac{1}{2}\left[\theta\sqrt{\theta^2+1}+\ln(\theta+\sqrt{\theta^2+1})\right]\bigg|_0^{20\pi}$$
$$=\frac{5}{2\pi}[20\pi\sqrt{400\pi^2+1}+\ln(20\pi+\sqrt{400\pi^2+1})]\approx 3145\text{（cm）}$$

例 5-57 求曲线

$$x=\int_1^t\frac{\cos\mu}{\mu}\mathrm{d}\mu，\quad y=\int_1^t\frac{\sin\mu}{\mu}\mathrm{d}\mu \qquad（t\geqslant 1 \text{为参数}）$$

自原点到第一个具有垂直切线的点之间的弧长 l（见图 5.27）．

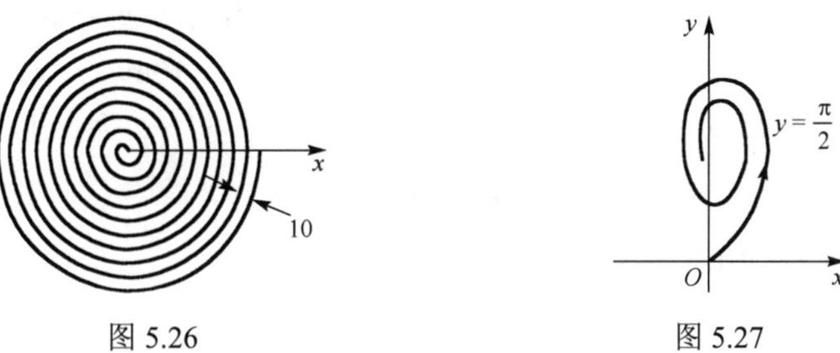

图 5.26　　　　图 5.27

解： 当 $t=1$ 时，曲线过原点．因为 $\frac{\mathrm{d}y}{\mathrm{d}x}=\frac{y'(t)}{x'(t)}=\frac{\frac{\sin t}{t}}{\frac{\cos t}{t}}=\tan t$，所以当 $t=\frac{\pi}{2}$ 时，对应第一个具有垂直切线的点，所以

$$l=\int_1^{\frac{\pi}{2}}\sqrt{x'^2(t)+y'^2(t)}\mathrm{d}t$$
$$=\int_1^{\frac{\pi}{2}}\sqrt{\frac{\cos^2 t}{t^2}+\frac{\sin^2 t}{t^2}}\mathrm{d}t=\int_1^{\frac{\pi}{2}}\frac{1}{t}\mathrm{d}t=\ln\frac{\pi}{2}$$

5.5.5　定积分在物理问题中的应用

1．功的计算

设某物体在变力作用下沿 Ox 轴从点 a 移动到点 b，变力在 Ox 方向的分量为连续函数 $F(x)$（见图 5.28），求变力所做的功 W.

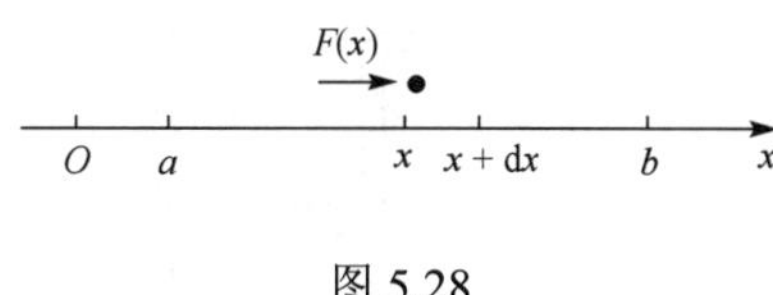

图 5.28

任取一小区间 $[x,x+\mathrm{d}x]\subset[a,b]$，对应的功微元为

$$\mathrm{d}W=F(x)\mathrm{d}x$$

故变力做的功为

$$W=\int_a^b F(x)\mathrm{d}x \tag{5.21}$$

例 5-58　胡克（Hooke）定律：弹簧的弹性力与变形量成正比，力的方向指向平衡位置，即

$$F=-kx$$

其中，k 是弹簧的劲度系数. 设有一弹簧，$k=10^5\,\mathrm{N/m}$，被拉长了 0.05m，求克服弹力做的功.

解：由式（5.21）知

$$W=\int_0^{0.05}kx\mathrm{d}x=\int_0^{0.05}10^5 x\mathrm{d}x=10^5\left.\frac{x^2}{2}\right|_0^{0.05}=125(\mathrm{J})$$

例 5-59　有一圆柱形贮水池深 4m，底圆半径为 10m，贮满了水，要把水全部抽到田地里需做多少功？

解：把不同深度的水抽出来，需做的功不同. 取坐标如图 5.29 所示，任取一水深小区间 $[x,x+\mathrm{d}x]\subset[0,4]$，设水的密度为 $10^3\mathrm{kg/m^3}$，重力加速度取为 $10\mathrm{m/s^2}$，则这层水重为 $10^6\pi\mathrm{d}x$，抽出这层水所做的功微元为

$$\mathrm{d}W=10^6\pi x\mathrm{d}x$$

故把贮水池内的水全部抽出需做功

$$W=\int_0^4 10^6\pi x\mathrm{d}x=10^6\pi\left.\frac{x^2}{2}\right|_0^4=8\pi\times10^6(\mathrm{J})$$

2. 力与力矩的计算

例 5-60　有一梯形水闸闸门，上边宽 6m，下边宽 2m，高 10m，试求水面与水闸上边平齐时闸门受到的总压力.

解：取坐标如图 5.30 所示. 闸门右边线 AB 的方程为

$$y=-\frac{x}{5}+3$$

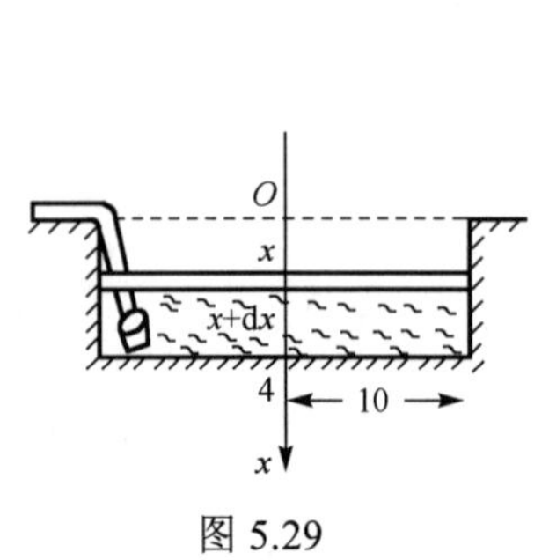

图 5.29

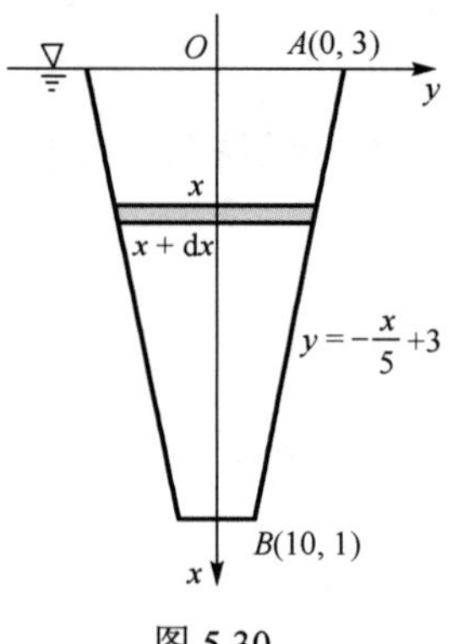

图 5.30

设水的密度为 $10^3\mathrm{kg/m^3}$，重力加速度取为 $10\mathrm{m/s^2}$，任取一小区间 $[x,x+\mathrm{d}x]\subset[0,10]$，对应的闸门面积微元为

$$dS = 2\left(3-\frac{x}{5}\right)dx$$

所受的压力微元为

$$dP = 10^4 x dS = 2\times 10^4 x\left(3-\frac{x}{5}\right)dx$$

故闸门受到的总压力为

$$P = 2\times 10^4\int_0^{10} x\left(3-\frac{x}{5}\right)dx = \frac{5}{3}\times 10^6(\text{N})$$

例 5-61　有一质量为 M、长为 l 的均质细棒，在细棒的延长线上有一质量为 m 的质点，与棒的距离为 a，K 为引力系数，求细棒与质点间的万有引力 F 的大小.

解： 取坐标如图 5.31 所示. 由于细棒的线密度为 $\frac{M}{l}$，所以小区间 $[x, x+dx]\subset[a, a+l]$ 对应的细棒段质量为 m 的引力微元为

$$dF = K\frac{m}{x^2}\cdot\frac{M}{l}dx$$

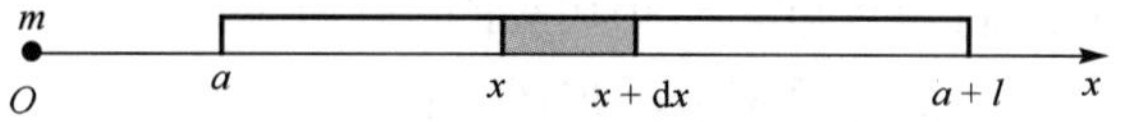

图 5.31

所以总引力为

$$F = \int_a^{a+l}\frac{K}{l}\frac{mM}{x^2}dx = \frac{K}{l}mM\left(-\frac{1}{x}\right)\Bigg|_a^{a+l} = K\frac{mM}{a(a+l)}$$

例 5-62　已知摩擦离合器的摩擦片内径为 r_1，外径为 r_2，摩擦系数为 f，轴向压力为 F_Q，求两片摩擦片之间所能传递的最大力矩 M（见图 5.32）.

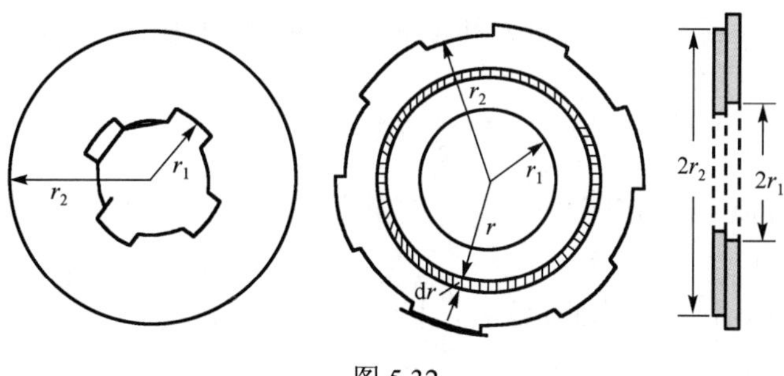

图 5.32

解： 我们知道，对作用在一个点上的力来说，力矩=力×力臂. 而摩擦片上的摩擦力是连续分布在摩擦片上的，力臂也是变的，所以力矩的计算需要用定积分. 在半径区间 $[r_1, r_2]$ 内任取一小区间 $[r, r+dr]$，对应的窄圆环面积微元为

$$dS = 2\pi r dr$$

由于摩擦片受到的正压力 F_Q 均匀分布在摩擦片上，所以压强为

$$P=\frac{F_Q}{S}=\frac{F_Q}{\pi(r_2^2-r_1^2)}$$

故有摩擦力微元

$$\mathrm{d}F=\frac{fF_Q}{\pi(r_2^2-r_1^2)}2\pi r\mathrm{d}r=\frac{2fF_Q r}{r_2^2-r_1^2}\mathrm{d}r$$

因此力矩微元为

$$\mathrm{d}M=\frac{2fF_Q r^2}{r_2^2-r_1^2}\mathrm{d}r$$

从 r_1 到 r_2 积分，得到两片摩擦片所能传递的最大力矩为

$$M=\int_{r_1}^{r_2}\frac{2fF_Q r^2}{r_2^2-r_1^2}\mathrm{d}r=\frac{2fF_Q}{r_2^2-r_1^2}\frac{r^3}{3}\bigg|_{r_1}^{r_2}=\frac{2}{3}fF_Q\frac{r_2^3-r_1^3}{r_2^2-r_1^2}=\frac{2}{3}fF_Q\frac{r_2^2-r_2r_1+r_1^2}{r_2+r_1}$$

习题 5.5

1．求由曲线 $ax=y^2$ 及 $ay=x^2$ 围成图形的面积（$a>0$）.

2．求由曲线 $y=x(x-1)(x-2)$ 和 x 轴围成图形的面积.

3．试确定由闭曲线 $y^2=(1-x^2)^3$ 围成图形的面积.

4．求由曲线 $\sqrt{x}+\sqrt{y}=\sqrt{a}\ (a>0)$ 与坐标轴围成图形的面积.

5．求由摆线 $x=a(t-\sin t),\ y=a(1-\cos t)$（$a>0$）的一拱与 x 轴围成图形的面积.

6．求由星形线 $x=a\cos^3 t,\ y=a\sin^3 t$（$a>0$）围成图形的面积.

7．求由阿基米德螺线 $r=a\theta$（$a>0$）的第一圈与极轴围成图形的面积.

8．求由 $r=\sqrt{2}\sin\theta$ 及 $r^2=\cos 2\theta$ 围成图形的公共部分的面积.

9．求由抛物线 $y=-x^2+4x-3$ 及其在点 $(0,-3),\ (3,0)$ 处的两条切线围成图形的面积.

10．求由抛物线 $y^2=4ax$ 与过焦点的弦围成图形的面积的最小值.

11．求箕舌线 $y=\dfrac{a^3}{x^2+a^2}$（$a>0$）和 x 轴之间区域的面积.

12．求曲线 $y=x\mathrm{e}^{-\frac{x^2}{2}}$ 与其渐近线之间的面积.

13．求曲线 $y=\ln(1-x^2)$ 在区间 $\left[0,\ \dfrac{1}{2}\right]$ 上的弧长.

14．求抛物线 $6y=x^2$ 自原点到点 $\left(4,\ \dfrac{8}{3}\right)$ 之间的一段的弧长.

15．求星形线 $x=a\cos^3 t, y=a\sin^3 t$（$a>0$）的全长.

16．在摆线 $x=a(t-\sin t),\ y=a(1-\cos t)$（$a>0$）上求一点，将摆线第一拱的弧长按 1:3 划分.

17．求心形线 $r=a(1+\cos\theta)$（$a>0$）的全长.

18．求曲线 $r\theta=1$ 从 $\theta=\dfrac{3}{4}$ 到 $\theta=\dfrac{4}{3}$ 一段的弧长.

19．求由曲线 $y=\ln x$、直线 $y=0, y=2$ 和 y 轴围成图形分别绕 x 轴、y 轴和直线 $x=-1$ 旋

转得到的旋转体体积.

20．求由 $y=x^2$ 及 $x^3=y^2$ 围成图形绕 x 轴旋转得到的旋转体的体积，要求分别用下面两个途径计算.

（1）取 x 为积分变量（体积微元为薄圆环片）；

（2）取 y 为积分变量（体积微元为薄壁圆筒）.

21．求摆线 $x=a(t-\sin t),\ y=a(1-\cos t)$（$a>0$）一拱绕 x 轴旋转得到的旋转体的体积.

22．两个半径为 R 的圆柱中心线垂直相交，求其公共部分的体积，并画出图形.

23．证明底面积为 S、高为 h 的锥体体积公式为 $V=\dfrac{1}{3}hS$.

24．将椭圆 $x^2+\dfrac{y^2}{4}=1$ 绕长轴旋转得到的椭球体沿长轴方向穿心打一圆孔，使剩下部分的体积恰好等于椭球体积的一半，试求圆孔的直径.

25．已知正弦电压经全波整流后，得到输出电压 $U_{\text{out}}=\sqrt{2}|\sin\omega t|$，求其在 $\left[0,\ \dfrac{2\pi}{\omega}\right]$ 上的平均值.

26．修建江桥的桥墩时，先要下围囹并抽尽其中的水以便施工. 已知围囹的直径为 20m，水深 27m，围囹高出水面 3m，问抽尽其中的水需要做多少功（设水的密度 ρ 为 10^3kg/m^3，重力加速度取 10m/s^2）？

27．我国第一颗人造地球卫星质量为 173kg，在离地面 $6.3\times10^5\text{m}$ 处进入轨道，问把这颗卫星从地面送入 $6.3\times10^5\text{m}$ 的高空处，克服地球引力要做多少功？已知地球半径为 $6.37\times10^6\text{m}$，引力常数 $k=6.67\times10^{-11}\text{Nm}^2/\text{kg}^2$，地球质量 $M=5.98\times10^{24}\text{kg}$.

28．长 $l=80\text{cm}$、直径 $D=20\text{cm}$ 的有活塞的圆柱体内充满了压力 $P=100\text{N/cm}^2$ 的蒸汽，温度不变（平稳过程），为使蒸汽体积减少二分之一，要做多少功？

29．某实验反应堆的水池水源深 8m，在其底部侧壁上有一个 1m^2 的正方形通道，供实验物品出入，求通道挡板所受水的压力.

30．设有半径为 R 的半圆弧，其线密度为常数 ρ，在半圆弧的圆心处放置一个质量为 m 的质点，求半圆弧对质点的引力.

综合题

1．求下列极限.

（1）$\lim\limits_{n\to\infty}\left[\dfrac{(2n)!}{n!n^n}\right]^{\frac{1}{n}}$；

（2）$\lim\limits_{n\to\infty}\left[\dfrac{\sin\frac{\pi}{n}}{n+1}+\dfrac{\sin\frac{2\pi}{n}}{n+\frac{1}{2}}+\cdots+\dfrac{\sin\pi}{n+\frac{1}{n}}\right]$.

2．计算下列积分.

（1）$\int_{-2}^{2}\max\{1,x^2\}\text{d}x$；

（2）$\int_{-\frac{\pi}{2}}^{\frac{\pi}{2}}\dfrac{\text{e}^x}{1+\text{e}^x}\sin^4 x\text{d}x$；

（3）$\int_{0}^{\frac{\pi}{2}}\dfrac{\sin x}{\sin x+\cos x}\text{d}x$；

（4）$\int_{0}^{\frac{\pi}{4}}\ln(1+\tan x)\text{d}x$；

（5）$\int_0^{+\infty}\frac{\mathrm{d}x}{(1+x^2)(1+x^\alpha)}$；　　　　（6）$\int_1^2\arctan\sqrt{x-1}\mathrm{d}x$.

3．设 $x>0$ 时，可微函数 $f(x)$ 的反函数为 $f^{-1}(x)$，$f(x_0)=1$，且有

$$\int_1^{f(x)}f^{-1}(t)\mathrm{d}t=\frac{1}{3}(x^{\frac{3}{2}}-8)$$

求函数 $f(x)$.

4．设 $f(x)$ 连续，试证

$$\int_0^x\left[\int_0^u f(t)\mathrm{d}t\right]\mathrm{d}u=\int_0^x(x-u)f(u)\mathrm{d}u$$

5．若 $f(x)$ 在 $[0,1]$ 上连续可微，且 $f(1)-f(0)=1$，试证 $\int_0^1[f'(x)]^2\mathrm{d}x\geqslant 1$.

6．设 $f(x)\in C[a,b]$，且 $f(x)>0$，试证

$$\int_a^b f(x)\mathrm{d}x\cdot\int_a^b\frac{1}{f(x)}\mathrm{d}x\geqslant(b-a)^2$$

7．设 n 为自然数，试证：

（1）$\int_0^{\frac{\pi}{2}}\sin^n x\cos^n x\mathrm{d}x=2^{-n}\int_0^{\frac{\pi}{2}}\cos^n x\mathrm{d}x$；

（2）$\int_0^{\frac{\pi}{2}}\cos^n x\sin nx\mathrm{d}x=\frac{1}{2^{n+1}}\left(\frac{2}{1}+\frac{2^2}{2}+\frac{2^3}{3}+\cdots+\frac{2^n}{n}\right)$.

8．设 $f(x)$ 连续，且 $\lim\limits_{x\to 0}\frac{f(x)}{x}=A$（$A$ 为常数），$\varphi(x)=\int_0^1 f(xt)\mathrm{d}t$，求 $\varphi'(x)$，并讨论 $\varphi'(x)$ 在 $x=0$ 处的连续性.

9．设 $f(x)\in C[a,b]$，且 $f(x)>0$，证明方程

$$\int_a^x f(t)\mathrm{d}t+\int_b^x\frac{1}{f(t)}\mathrm{d}t=0$$

在开区间 (a,b) 内有且仅有一个根.

10．设 $f(x)\in C[0,1]$，且 $f(x)\geqslant 0$．（1）试证 $\exists x_0\in(0,1)$，使得在区间 $[0,x_0]$ 上以 $f(x_0)$ 为高的矩形面积，等于在区间 $[x_0,1]$ 上以 $y=f(x)$ 为曲边的曲边形面积；（2）又设 $f(x)$ 在区间 $(0,1)$ 内可导，且 $f'(x)>-\frac{2f(x)}{x}$，证明（1）中的 x_0 是唯一的.

11．设 $f(x),g(x)\in C[a,b]$，证明 $\exists\xi\in(a,b)$，使得

$$f(\xi)\int_\xi^b g(x)\mathrm{d}x=g(\xi)\int_a^\xi f(x)\mathrm{d}x$$

12．设 $f(x)\in C[0,1]$，且 $\int_0^1 f(x)\mathrm{d}x=\int_0^1 xf(x)\mathrm{d}x=0$，证明在区间 $(0,1)$ 内至少存在两个不相等的点 ξ_1 和 ξ_2，使得

$$f(\xi_1)=f(\xi_2)=0$$

如果还有 $\int_0^1 x^2 f(x)\mathrm{d}x = 0$，猜想 $f(x)$ 在区间 $(0,1)$ 内至少有几个零点，请证明．是否有进一步的猜想？

13．讨论函数 $f(x)=\int_0^x \mathrm{e}^{-\frac{t^2}{2}}\mathrm{d}t$ 在 $(-\infty,+\infty)$ 上的单调性、奇偶性和有界性．

14．设 O 为坐标原点，有 $A(1,0)$，$B(1,1)$，$C(0,1)$．求边长为 1 的正方形 $OABC$ 内，位于曲线 $y=x^2+t$（t 为实数）下方的图形的面积 $S(t)$．讨论函数 $S(t)$ 在区间 $[-1,1]$ 上是否满足拉格朗日中值定理条件．

15．设有正椭圆柱体，其底面的长、短半轴分别为 a 和 b，用过此柱体底面的短轴且与底面成 α 角（$0<\alpha<\frac{\pi}{2}$）的平面截此柱体，求底面与平面之间的楔形体的体积．

16．对以 xOy 平面上曲线 $y=x^2$ 和 $y=8-x^2$ 所围成的区域为底，垂直 x 轴的截面为正方形的立体，求其体积．

17．一个均质的物体，高 4m，水平截面面积是高 h（从底部算起）的函数 $S=20+3h^2$．已知物体的密度与水的密度都为 $10^3\mathrm{kg/m^3}$，此物体沉在水中，上表面与水面平齐，问将此物体水平打捞出水，需做多少功（设重力加速度为 $10\mathrm{m/s^2}$）？

18．一块重 1000kg 的冰块要被吊起 30m 高，而这块冰以 0.02kg/s 的速度溶化，假设冰块以 0.1m/s 的速度被吊起，吊索的质量为 4kg/m．求把这块冰吊到指定高度需做的功．

19．把质量为 M 的冰块沿地面匀速地推过距离 s，速度是 v_0，冰块的质量在每单位时间内减少 m，设摩擦系数为 μ，问在整个过程中克服摩擦力做了多少功？

20．气缸内的压缩气体推动活塞移动，使气体体积从 V_1 变大到 V_2，求气体压力做的功（假设是等温过程）．

21．求连续曲线段 $y=f(x)>0$（$x\in[a,b]$）绕 x 轴旋转一周得到的旋转曲面的面积 S，并用半径为 r 的球面面积公式验证结果．

22．设有曲线 $y=\sqrt{x-1}$，过原点作其切线，求由此曲线、切线及 x 轴围成平面图形绕 x 轴旋转一周得到的旋转体的表面积．

23．平面上由什么曲线旋转得到的旋转体的容器才能使流体从底部小孔流出时液面下降是匀速的（提示：液体从容器小孔流出的速度为 $c\sqrt{2gh}$，h 为液面到孔口的高度，$c=0.6$ 为常数）．

24．设 D 是位于曲线 $y=\sqrt{x}a^{-\frac{x}{2a}}$（$a>1$，$0\leqslant x<+\infty$）下方、$x$ 轴上方的无界区域．

（1）求区域 D 绕 x 轴旋转一周得到的旋转体的体积 $V(a)$；

（2）当 a 为何值时，$V(a)$ 最小？并求此最小值．

第 6 章

微 分 方 程

我们知道，利用函数关系可以对客观事物进行定量分析，但是在许多实际问题中，不能直接找出所需要的函数关系，而根据问题所服从的客观规律，只能列出含有未知函数的导数或微分的方程，这样的方程称为**微分方程**. 对它进行研究确定出未知函数的过程就是解微分方程.

微分方程是数学的重要分支之一，是数学科学理论联系实际的一个重要途径. 它几乎和微积分同时产生，牛顿和莱布尼茨确立的微积分运算的互逆性，实际上解决了最简单的微分方程 $y' = f(x)$ 的求解问题. 学习本章内容必须具备微积分学和代数学的基础.

6.1 微分方程的基本概念

先看几个例题。

例 6-1 已知曲线 $y = f(x)$ 上任一点 $M(x, y)$ 处的切线斜率等于其横坐标的倒数 $\frac{1}{x}$，且该曲线通过点(1,1)，求此曲线方程.

解：根据导数的几何意义，所求曲线 $y = f(x)$ 应满足方程

$$\frac{\mathrm{d}y}{\mathrm{d}x} = \frac{1}{x} \tag{6.1}$$

积分得

$$y = \ln|x| + C \tag{6.2}$$

其中，C 为任意常数. 式（6.2）就是满足式（6.1）的所有曲线的方程，可见满足式（6.1）的曲线有无穷多，它们就是一族曲线（见图 6.1）.

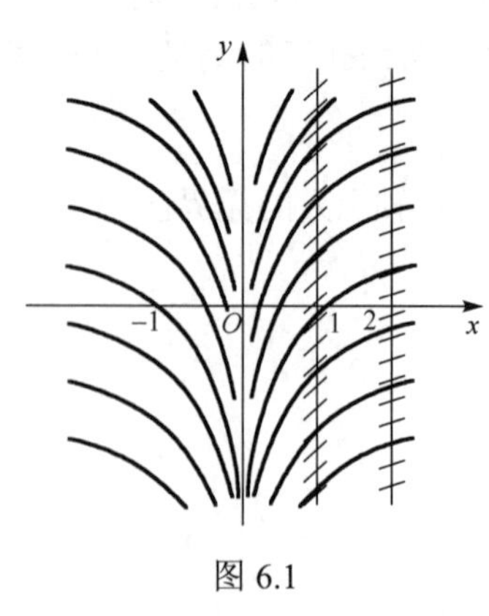

图 6.1

由于所求曲线还通过点(1,1)，即

$$y|_{x=1} = 1 \tag{6.3}$$

将式（6.3）代入式（6.2）得 $C = 1$，从而得到所求的曲线方程为（此时 $x > 0$）

$$y = \ln x + 1 \tag{6.4}$$

例 6-2 质量为 m 的物体受重力作用自由落下，已知初速度为 v_0，求物体降落的规律.

解：设 s 表示物体下落的距离，t 表示下落的时间. 这里要求的是 s 与 t 的函数关系. 由运动学的牛顿第二定律知

$$F = ma = m\frac{\mathrm{d}^2 s}{\mathrm{d}t^2}$$

因物体仅受重力 mg 作用（不计空气阻力），于是 $s(t)$ 应满足

$$\frac{\mathrm{d}^2 s}{\mathrm{d}t^2} = g \tag{6.5}$$

此外，根据初始状态，$s(t)$ 还应满足条件

$$\begin{cases} s(0) = 0 \\ s'(0) = v(0) = v_0 \end{cases} \tag{6.6}$$

将式（6.5）两端积分一次得

$$v = s' = gt + C_1 \tag{6.7}$$

再积分一次得

$$s = \frac{1}{2}gt^2 + C_1 t + C_2 \tag{6.8}$$

其中，C_1,C_2 是两个任意常数，式（6.8）就是满足式（6.5）的全部函数. 由于物体还受到初始状态的限制，我们从满足式（6.5）的所有式（6.8）中挑选出满足条件（6.6）的函数. 为此，将 $s'(0) = v_0$ 代入式（6.7）得

$$C_1 = v_0$$

将 $s(0) = 0$ 代入式（6.8）得

$$C_2 = 0$$

于是

$$s = \frac{1}{2}gt^2 + v_0 t \tag{6.9}$$

是所求的物体降落规律. 这个结果与物理实验完全相符.

定义 6.1 含有未知函数的导数或微分的，联系着自变量、未知函数及其导数或微分的方程称为**微分方程**.

未知函数仅依赖一个自变量的微分方程称为**常微分方程**. 未知函数依赖多个自变量的微分方程称为**偏微分方程**，这里仅讨论常微分方程.

式（6.1）和式（6.5）都是微分方程. 微分方程中可以不明显出现自变量和未知函数，但必须含有未知函数的导数或微分. 方程 $x^2 + y^2 = 1$ 就不是微分方程，而是一个隐函数方程.

在微分方程中出现的未知函数的导数的最高阶数，称为微分方程的**阶**. 如式（6.1）是一阶微分方程，式（6.5）是二阶微分方程，方程 $x^2 y''' + 4(y')^4 = x$ 是三阶微分方程. n 阶微分方程的一般形式为

$$F(x, y, y', \cdots, y^{(n)}) = 0 \tag{6.10}$$

这是联系着 $x, y, y', \cdots, y^{(n)}$ 的关系式，式中 $y^{(n)}$ 必须出现.

定义 6.2 凡满足微分方程的函数（把它和它的导数代入微分方程后，能使方程变为恒等式）都称为该微分方程的**解**.

注意，在微分方程中，未知且待求的是函数，而不是数值.

对 n 阶微分方程，含有 n 个彼此独立的任意常数的解，称为微分方程的**通解**. 不含任意常数的解，称为**特解**.

其中，“含有 n 个彼此独立的任意常数的解”是指含 n 个任意常数的解经任何恒等变形都不能使任意常数的个数 n 减少. 例如，$y=C_1x+C_2$ 中的两个任意常数 C_1,C_2 是独立的，而 $y=C_1\sin x+C_2\cdot 2\sin x$ 中的两个任意常数 C_1,C_2 就不是独立的，因为

$$\begin{aligned}y&=C_1\sin x+C_2\cdot 2\sin x\\&=(C_1+2C_2)\sin x\\&=C\sin x\end{aligned}$$

实际只有一个任意常数.

例如，式（6.2）和式（6.4）都是式（6.1）的解，式（6.8）和式（6.9）都是式（6.5）的解，但式（6.2）和式（6.8）是相应方程的通解，而式（6.4）和式（6.9）是其特解. 一般地说，通解和特解是一般与特殊的关系.

微分方程的特解的几何图形是**积分曲线**，通解的几何图形是**积分曲线族**.

微分方程只反映实际问题中变量的变化应服从的一般规律，所以它们的解有无穷多个（通解）. 要得到完全确定的函数关系（特解），还应看到具体问题中未知函数的特性，如初值条件、边界条件. 用这些条件可以从通解中选出所需的特解，这种特定的条件称为**定解条件**.

定义 6.3 当自变量取某值时，要求未知函数及其导数取给定值的条件称为**初值条件**（**初始条件**）.

例如，式（6.3）和式（6.6）便是相应问题的初值条件.

因为 n 阶微分方程的通解中含有 n 个任意常数，要想得到确定的解，必须且只需有 n 个定解条件，所以 n 阶微分方程（6.10）的初值条件应为

$$y(x_0)=y_0,\ y'(x_0)=y_0',\ \cdots,\ y^{(n-1)}(x_0)=y_0^{(n-1)} \tag{6.11}$$

其中，$y_0,y_0',\cdots,y_0^{(n-1)}$ 是 n 个数值.

求微分方程满足初值条件的解的问题，称为**初值问题**或**柯西问题**.

下面看一个相反的问题实例.

例 6-3 问含有两个任意常数 C_1,C_2 的曲线族

$$y=C_1\mathrm{e}^{-x}+C_2\mathrm{e}^{2x} \tag{6.12}$$

是哪一个微分方程的通解.

解：将式（6.12）求导得

$$y'=-C_1\mathrm{e}^{-x}+2C_2\mathrm{e}^{2x}$$

$$y''=C_1\mathrm{e}^{-x}+4C_2\mathrm{e}^{2x}$$

将 y,y',y'' 的式子联立，消去 C_1,C_2，便得到所求的微分方程

$$y''-y'-2y=0 \tag{6.13}$$

要想验证式（6.12）是否是式（6.13）的解，只需把式（6.12）和它的导数代入式（6.13），看是否得到恒等式即可.

建立微分方程是解决实际问题的关键步骤，一般是根据具体问题服从的客观规律（如几何关系、物理定律或有关的专业知识），通过代数的或分析的方法来确定，像例 6-1、例 6-2 那样.

习题 6.1

1．求下列曲线族满足的微分方程.

（1）$y=Cx+C^2$；（2）$xy=C_1\mathrm{e}^x+C_2\mathrm{e}^{-x}$；

（3）$(x-C_1)^2+(y-C_2)^2=1$；（4）$x=\dfrac{1}{t}+C,\ y=\dfrac{1}{t}-t$.

2．给定一阶微分方程 $\dfrac{\mathrm{d}y}{\mathrm{d}x}=2x$，求：（1）通解；（2）满足初始条件 $y|_{x=1}=4$ 的特解；（3）与直线 $y=2x+3$ 相切的积分曲线；（4）满足 $\int_0^1 y\mathrm{d}x=2$ 的解.

3．求下列初值问题的解.

（1）$\begin{cases} y'=\sin x \\ y|_{x=0}=1 \end{cases}$；（2）$\begin{cases} y''=6x \\ y|_{x=0}=0,\quad y'|_{x=0}=2 \end{cases}$.

6.2 一阶微分方程

6.2.1 可分离变量的方程

如果一阶微分方程可以写成

$$g(y)\mathrm{d}y=f(x)\mathrm{d}x \tag{6.14}$$

的形式，其中，等式的每一端仅是一个变量的函数与该变量的微分之积，则称这个方程是**可分离变量的方程**.

例如

$$\frac{\mathrm{d}y}{\mathrm{d}x}=f(x)h(y)$$

和

$$M_1(x)M_2(y)\mathrm{d}x+N_1(x)N_2(y)\mathrm{d}y=0$$

都是可分离变量的方程.

求可分离变量的方程通解的步骤如下.

（1）分离变量，把方程化为式（6.14）的形式.

（2）将式（6.14）两端积分

$$\int g(y)\mathrm{d}y=\int f(x)\mathrm{d}x+C \tag{6.15}$$

其中，C 为任意常数. 由式（6.15）确定的函数 $y=y(x,C)$ 就是方程的通解.

这种解方程的方法称为**分离变量法**.

例 6-4 求微分方程 $2xy'=y$ 的通解.

解：分离变量得

$$\frac{2}{y}\mathrm{d}y = \frac{1}{x}\mathrm{d}x$$

上式两端积分得通解

$$2\ln|y| = \ln|x| + C_1$$

即

$$y^2 = Cx \quad（C = \pm \mathrm{e}^{C_1}）$$

显然 $y \equiv 0$ 也是方程的解，在分离变量时被丢掉，应补上，所以上式中的 C 也可以取零，因此通解 $y^2 = Cx$ 中的 C 是任意常数.

例 6-5 解方程 $\mathrm{d}y = \sqrt{1-y^2}\mathrm{d}x$.

解：分离变量得

$$\frac{\mathrm{d}y}{\sqrt{1-y^2}} = \mathrm{d}x$$

上式两端积分得通解 $\arcsin y = x + C$， $x \in \left(-C-\frac{\pi}{2}, -C+\frac{\pi}{2}\right)$.

显然 $y = \pm 1$ 也是方程的解，但它未包含在通解表达式中，这说明微分方程的通解和全部解是有区别的，但在大多情况下，它们又是一致的. 在解初值问题中，如果在通解中找不到满足初始条件的特解，应考虑求解过程中是否丢掉了某些解.

6.2.2 一阶线性微分方程

形如

$$\frac{\mathrm{d}y}{\mathrm{d}x} + P(x)y = Q(x) \tag{6.16}$$

的方程称为**一阶线性微分方程**. 它是未知函数及其导数的一次方程，其中，$P(x), Q(x)$ 为某区间上的已知函数. 当 $Q(x) = 0$ 时，方程

$$\frac{\mathrm{d}y}{\mathrm{d}x} + P(x)y = 0 \tag{6.17}$$

称为**一阶齐次线性方程**，相应地 $Q(x) \neq 0$ 的式（6.16）称为**一阶非齐次线性方程.**

一阶齐次线性方程（6.17）是可分离变量的方程，分离变量得

$$\frac{\mathrm{d}y}{y} = -P(x)\mathrm{d}x$$

积分并化简得通解

$$y = C\mathrm{e}^{-\int P(x)\mathrm{d}x} \tag{6.18}$$

其中，C 为任意常数.

式（6.17）是式（6.16）的特殊情况. 式（6.17）的通解是任意常数 C 与指数函数 $\mathrm{e}^{-\int P(x)\mathrm{d}x}$

之积，显然非齐次线性方程的解不会如此，但它们之间应存在某种共性. 故可设想式（6.16）的解呈

$$y = C(x)\mathrm{e}^{-\int P(x)\mathrm{d}x} \tag{6.19}$$

型，代入式（6.16），得

$$C'(x)\mathrm{e}^{-\int P(x)\mathrm{d}x} - C(x)\mathrm{e}^{-\int P(x)\mathrm{d}x}P(x) + P(x)C(x)\mathrm{e}^{-\int P(x)\mathrm{d}x} = Q(x)$$

从而 $C(x)$ 满足方程

$$C'(x) = Q(x)\mathrm{e}^{\int P(x)\mathrm{d}x}$$

积分得

$$C(x) = \int Q(x)\mathrm{e}^{\int P(x)\mathrm{d}x}\mathrm{d}x + C$$

于是一阶非齐次线性方程（6.16）的通解公式为

$$y = \mathrm{e}^{-\int P(x)\mathrm{d}x}\left(C + \int Q(x)\mathrm{e}^{\int P(x)\mathrm{d}x}\mathrm{d}x\right) \tag{6.20}$$

把齐次线性方程通解中的任意常数变易为待定函数 $C(x)$，视为非齐次线性方程的通解，代入方程确定 $C(x)$，从而得到求非齐次线性方程的通解的方法称为**常数变易法**，这是一个重要的数学思想和方法.

式（6.20）说明，非齐次线性方程的通解等于对应的齐次线性方程的通解 $C\mathrm{e}^{-\int P(x)\mathrm{d}x}$ 与它自己的一个特解 $\mathrm{e}^{-\int P(x)\mathrm{d}x}\int Q(x)\mathrm{e}^{\int P(x)\mathrm{d}x}\mathrm{d}x$ 之和.

例 6-6 解初值问题

$$\begin{cases}(x^2-1)y' + 2xy - \cos x = 0\\ y|_{x=0} = 1\end{cases}$$

解：将方程写为标准形式

$$y' + \frac{2x}{x^2-1}y = \frac{\cos x}{x^2-1}$$

这是 $P(x) = \dfrac{2x}{x^2-1}$，$Q(x) = \dfrac{\cos x}{x^2-1}$ 的一阶非齐次线性方程. 由式（6.18）得通解

$$\begin{aligned}y &= \mathrm{e}^{-\int\frac{2x}{x^2-1}\mathrm{d}x}\left(C + \int\frac{\cos x}{x^2-1}\mathrm{e}^{\int\frac{2x}{x^2-1}\mathrm{d}x}\mathrm{d}x\right)\\ &= \frac{1}{x^2-1}(C + \sin x)\end{aligned}$$

由初始条件 $y|_{x=0} = 1$，确定 $C = -1$，于是初值问题的解为

$$y = \frac{1-\sin x}{1-x^2}$$

例 6-7 求微分方程

$$(y^2-6x)\mathrm{d}y-2y\mathrm{d}x=0$$

的通解.

解：在上式中将 y 看成 x 的函数，显然它关于 y 不是线性的，但若将它改写为

$$\frac{\mathrm{d}x}{\mathrm{d}y}+\frac{3}{y}x=\frac{y}{2}$$

则这是关于 x 的一阶线性微分方程. 代入通解式（6.18）得

$$x=\frac{1}{y^3}\left(C+\frac{1}{2}\int y^4\mathrm{d}y\right)=\frac{y^2}{10}+\frac{C}{y^3}$$

解微分方程时，通常不计较哪个是自变量哪个是因变量，视方便而定，关键在于找到两个变量间的函数关系. 解可以是显函数，也可以是隐函数，甚至是参数形式的.

6.2.3 变量代换

变量代换在极限运算和积分运算中已显示了其作用，其实在数学的各个方面变量代换都是极重要的. 下面用变量代换的方法来简化、求解两类微分方程.

1. 齐次微分方程

如果一阶微分方程可以写成

$$\frac{\mathrm{d}y}{\mathrm{d}x}=g\left(\frac{y}{x}\right) \tag{6.21}$$

的形式，则称之为**齐次微分方程**.

作变换，令 $u=\frac{y}{x}$，即 $y=ux$，则 $\frac{\mathrm{d}y}{\mathrm{d}x}=u+x\frac{\mathrm{d}u}{\mathrm{d}x}$，代入式（6.21）便得到 u 满足的方程

$$u+x\frac{\mathrm{d}u}{\mathrm{d}x}=g(u)$$

即

$$\frac{\mathrm{d}u}{\mathrm{d}x}=\frac{g(u)-u}{x}$$

这是可分离变量的方程，求出通解后，用 $\frac{y}{x}$ 替代 u，就得到原方程的通解.

例 6-8 求初值问题

$$\begin{cases}x^2y'+xy=y^2\\ y|_{x=1}=1\end{cases}$$

的解.

解：将原方程变形为

$$y' = \left(\frac{y}{x}\right)^2 - \frac{y}{x}$$

令 $u = \dfrac{y}{x}$，有

$$\frac{\mathrm{d}u}{u^2 - 2u} = \frac{\mathrm{d}x}{x}$$

积分得

$$\frac{1}{2}[\ln|u-2| - \ln|u|] = \ln|x| + C_1$$

即

$$\frac{u-2}{u} = Cx^2, \quad C = \pm \mathrm{e}^{2C_1}$$

则原方程的通解为

$$\frac{y-2x}{y} = Cx^2$$

由 $y|_{x=1}=1$，得 $C=-1$. 故所求的特解为

$$\frac{y-2x}{y} = -x^2 \quad 或 \quad y = \frac{2x}{1+x^2}$$

例 6-9 解方程 $xy\mathrm{d}x - (x^2 - y^2)\mathrm{d}y = 0$.

解： 将方程写为

$$\frac{\mathrm{d}y}{\mathrm{d}x} = \frac{xy}{x^2 - y^2} = \frac{\dfrac{y}{x}}{1 - \left(\dfrac{y}{x}\right)^2}$$

可见它是齐次微分方程，令 $u = \dfrac{y}{x}$，方程变为

$$u + x\frac{\mathrm{d}u}{\mathrm{d}x} = \frac{u}{1-u^2}$$

即

$$\frac{1-u^2}{u^3}\mathrm{d}u = \frac{1}{x}\mathrm{d}x$$

积分得

$$-\frac{1}{2u^2} - \ln|u| = \ln|x| + C_1$$

去对数，化简得

$$ux = C\exp\left(-\frac{1}{2u^2}\right)$$

其中，C 为任意常数，故原方程的通解是

$$y = C\exp\left(-\frac{x^2}{2y^2}\right)$$

由此例可以看出，形如

$$M(x,y)\mathrm{d}x + N(x,y)\mathrm{d}y = 0$$

的方程，当 $M(x,y)$ 和 $N(x,y)$ 都为 x,y 的同次齐次多项式时，方程就是齐次的.

例 6-10 讨论形如

$$\frac{\mathrm{d}y}{\mathrm{d}x} = f\left(\frac{a_1x+b_1y+c_1}{a_2x+b_2y+c_2}\right) \tag{6.22}$$

的一阶微分方程的解，其中，a_1,b_1,c_1,a_2,b_2,c_2 为常数.

解： 分三种情形来讨论.

（1）$c_1^2+c_2^2=0$ 的情形.

此时式（6.22）是齐次微分方程，事实上，

$$f\left(\frac{a_1x+b_1y}{a_2x+b_2y}\right) = f\left(\frac{a_1+b_1\dfrac{y}{x}}{a_2+b_2\dfrac{y}{x}}\right) = g\left(\frac{y}{x}\right)$$

（2）$c_1^2+c_2^2 \neq 0$，但行列式 $\varDelta = \begin{vmatrix} a_1 & b_1 \\ a_2 & b_2 \end{vmatrix} = 0$，即 $\dfrac{a_1}{a_2} = \dfrac{b_1}{b_2} = k$ 的情形. 令 $u = a_2x+b_2y$，则

$$f\left(\frac{k(a_2x+b_2y)+c_1}{a_2x+b_2y+c_2}\right) = f\left(\frac{ku+c_1}{u+c_2}\right) = g(u)$$

于是式（6.22）化为

$$\frac{\mathrm{d}u}{\mathrm{d}x} = a_2 + b_2 g(u)$$

这是可分离变量方程.

（3）$c_1^2+c_2^2 \neq 0$，且 $\varDelta = \begin{vmatrix} a_1 & b_1 \\ a_2 & b_2 \end{vmatrix} \neq 0$ 的情形.

此时

$$\begin{cases} a_1x+b_1y+c_1=0 \\ a_2x+b_2y+c_2=0 \end{cases}$$

代表 xOy 平面上两条相交直线，设交点为 (α,β). 令

$$x = \xi+\alpha,\ y = \eta+\beta$$

其中，ξ,η 为新变量. 则

$$f\left(\frac{a_1x+b_1y+c_1}{a_2x+b_2y+c_2}\right)=f\left(\frac{a_1\xi+b_1\eta+a_1\alpha+b_1\beta+c_1}{a_2\xi+b_2\eta+a_2\alpha+b_2\beta+c_2}\right)=f\left(\frac{a_1\xi+b_1\eta}{a_2\xi+b_2\eta}\right)$$

及 $\frac{\mathrm{d}y}{\mathrm{d}x}=\frac{\mathrm{d}\eta}{\mathrm{d}\xi}$，从而式（6.22）化为

$$\frac{\mathrm{d}\eta}{\mathrm{d}\xi}=f\left(\frac{a_1\xi+b_1\eta}{a_2\xi+b_2\eta}\right)$$

此为情形（1）.

综上所述，式（6.22）是可解的.

2. 伯努利方程

形如

$$\frac{\mathrm{d}y}{\mathrm{d}x}+P(x)y=Q(x)y^n,\quad n\neq 0,1 \tag{6.23}$$

的方程称为**伯努利方程**. 它不是线性方程，但可通过变换化为线性方程.

事实上，用 y^n 除式（6.23）的两端，得

$$y^{-n}\frac{\mathrm{d}y}{\mathrm{d}x}+P(x)y^{1-n}=Q(x)$$

即

$$\frac{1}{1-n}\frac{\mathrm{d}y^{1-n}}{\mathrm{d}x}+P(x)y^{1-n}=Q(x)$$

可见只要作变换，令 $z=y^{1-n}$，式（6.23）就可化为 z 的一阶线性方程

$$\frac{\mathrm{d}z}{\mathrm{d}x}+(1-n)P(x)z=(1-n)Q(x)$$

求出通解后，再用 y^{1-n} 代替 z，就得到式（6.23）的通解.

例 6-11 求微分方程

$$\frac{\mathrm{d}y}{\mathrm{d}x}-\frac{4}{x}y=x\sqrt{y}$$

的通解.

解： 这是 $n=\frac{1}{2}$ 的伯努利方程，作变换，令 $z=y^{\frac{1}{2}}$，则方程化为

$$\frac{\mathrm{d}z}{\mathrm{d}x}-\frac{2}{x}z=\frac{x}{2}$$

它的通解为

$$z=\mathrm{e}^{\int\frac{2}{x}\mathrm{d}x}\left(C+\int\frac{x}{2}\mathrm{e}^{-\int\frac{2}{x}\mathrm{d}x}\mathrm{d}x\right)=x^2\left(C+\frac{1}{2}\ln|x|\right)$$

故原方程通解为

$$y = x^4\left(C + \frac{1}{2}\ln|x|\right)^2$$

例 6-12 解方程

$$\frac{\mathrm{d}y}{\mathrm{d}x} = \frac{1}{xy + x^2y^3}$$

解：这不是线性方程，也不是伯努利方程. 但若把 y 视为自变量，将方程写为

$$\frac{\mathrm{d}x}{\mathrm{d}y} = xy + x^2y^3$$

就是 n=2 的伯努利方程，两端除以 x^2 得

$$-\frac{\mathrm{d}x^{-1}}{\mathrm{d}y} = yx^{-1} + y^3$$

故所求方程的通解为

$$x^{-1} = \mathrm{e}^{-\int y\mathrm{d}y}\left(C - \int y^3\mathrm{e}^{\int y\mathrm{d}y}\mathrm{d}y\right) = \mathrm{e}^{-\frac{y^2}{2}}\left(C - \int y^3\mathrm{e}^{\frac{y^2}{2}}\mathrm{d}y\right)$$
$$= \mathrm{e}^{-\frac{y^2}{2}}[C - \mathrm{e}^{\frac{y^2}{2}}(y^2 - 2)] = C\mathrm{e}^{-\frac{y^2}{2}} + 2 - y^2$$

6.2.4 应用实例

例 6-13（放射性元素的衰变与考古问题） 考证 1972 年 8 月出土的长沙马王堆一号墓埋葬的年限.

解：由生物学知，活着的生物通过新陈代谢体内碳-14（^{14}C）的含量不变，生物死亡后，新陈代谢停止，由于 ^{14}C 是放射性物质，随着时间的增加，体内 ^{14}C 将逐渐减少. 物理学家卢瑟福（Rutherford）指出，放射性元素的衰变速度与现有量成正比. 设 $x = x(t)$ 表示生物死亡后 t 年内 ^{14}C 的含量，因为衰变速度为 $-\frac{\mathrm{d}x}{\mathrm{d}t}$，所以 $x(t)$ 满足方程

$$-\frac{\mathrm{d}x}{\mathrm{d}t} = kx$$

其中，$k > 0$ 称为衰变常数（单位：1/年）. 设生物死亡时（$t = 0$）体内 ^{14}C 含量为 x_0，所以 $x(t)$ 是初值问题

$$\begin{cases} \frac{\mathrm{d}x}{\mathrm{d}t} = -kx \\ x(0) = x_0 \end{cases} \tag{6.24}$$

的解.

由分离变量求得方程的通解

$$x = C\mathrm{e}^{-kt}$$

代入初始条件得 $C = x_0$，故初值问题的解为

$$x = x_0 e^{-kt} \tag{6.25}$$

由此得到

$$t = \frac{1}{k} \ln \frac{x_0}{x} \tag{6.26}$$

因为 ^{14}C 的半衰期（衰减为原有量一半所需的时间）$T = 5\,730$ 年，代入式（6.26）确定 $k = \frac{\ln 2}{T}$. 又因为 x_0 与 x 比值的测定比其衰变速度的测定困难，测得墓中出土的木炭标本中 ^{14}C 平均原子衰变速度为 29.78 次/min，而新砍伐木材的木炭中 ^{14}C 平均原子衰变速度为 38.37 次/min. 由式（6.24）知

$$\frac{x'(0)}{x'(t)} = \frac{x(0)}{x(t)}$$

所以

$$t = \frac{1}{k} \ln \frac{x_0}{x} = \frac{T}{\ln 2} \ln \frac{x'(0)}{x'(t)} = \frac{5\,730}{0.693\,2} \ln \frac{38.37}{29.78} \approx 2\,095（年）$$

因此马王堆一号墓是 2000 多年前的汉墓.

此例中的初值问题（6.24），是服从“变化率与现有量成比例（相对变化率为常数）”规律的一类实际问题的数学模型，只是不同问题的方程右端的符号有正有负. 例如，一定时期内，人口的增长、生物的增长、细菌的繁殖、存款的复利，都是依指数规律变化的. 此外，知识经济中的一个典型法则即摩尔法则也是如此. 例如，英特尔公司靠不断的创新，使微处理机的计算能力每 18 个月翻一番，所以计算能力的增长也满足这一数学模型. 这也就看出无理数 e 为什么重要，以 e 为底的对数为什么称为自然对数.

例 6-14（质量浓度问题） 设容器内盛有 100L 盐溶液，质量浓度为 10%（含净盐 10kg），今以 3L/min 的速度注入清水冲淡溶液，同时以 2L/min 的速度放出盐水. 容器内有搅拌器搅拌，使溶液的质量浓度随时在各处都相同，问 50min 时容器中还有多少净盐，溶液的质量浓度为多少？

解： 设 t min 时容器内溶液含净盐质量 $x = x(t)$，这时容器中溶液量为

$$100 + 3t - 2t = 100 + t$$

其质量浓度为

$$\frac{x}{100 + t}$$

由于质量浓度是连续变化的，在时间间隔 $[t, t + \mathrm{d}t]$ 内放出盐溶液 $2\mathrm{d}t$，所以容器内净盐质量微元是

$$\mathrm{d}x = \frac{-2x}{100 + t} \mathrm{d}t$$

这就是 $x(t)$ 满足的微分方程. $x(t)$ 的初值条件是

$$x|_{t=0} = 10$$

将方程分离变量，并根据初值条件作定积分

$$\int_{10}^{x}\frac{\mathrm{d}x}{x}=\int_{0}^{t}-\frac{2}{100+t}\mathrm{d}t$$

便得到初值问题的解为

$$\ln x-\ln 10=-2[\ln(100+t)-\ln 100]$$

即

$$x=\frac{10^5}{(100+t)^2}$$

因此，50min 时容器中净盐质量为

$$x\big|_{t=50}=\frac{10^5}{150^2}\approx 4.44\ (\mathrm{kg})$$

溶液的质量浓度略低于 3%.

湖水和房间内空气的污染问题、污染的治理、输液过程中血液内药物的质量浓度等问题都可以归结为本例的数学模型.

“微元法”在某些实际问题建模时，也是一个重要的方法.

例 6-15（几何问题） 设 $f(x)$ 是区间 $[0,+\infty)$ 上有连续导数的单调递增函数，且 $f(0)=1$. 对任意的 $t\in[0,+\infty)$，由直线 $x=0, x=t$，曲线 $y=f(x)$ 及 x 轴围成的曲边梯形绕 x 轴旋转一周生成一旋转体. 若该旋转体的侧面面积在数值上等于其体积的 2 倍，求函数 $f(x)$ 的表达式.

解：旋转体的体积为

$$V=\pi\int_0^t f^2(x)\mathrm{d}x$$

侧面积为

$$S=2\pi\int_0^t f(x)\sqrt{1+f'^2(x)}\mathrm{d}x$$

由题设条件知

$$\int_0^t f^2(x)\mathrm{d}x=\int_0^t f(x)\sqrt{1+f'^2(x)}\mathrm{d}x$$

上式两端关于 t 求导得

$$f^2(t)=f(t)\sqrt{1+f'^2(t)}$$

即

$$y'=\sqrt{y^2-1}$$

分离变量得

$$\ln(y+\sqrt{y^2-1})=t+C_1$$

即

$$y+\sqrt{y^2-1}=C\mathrm{e}^t$$

将 $y(0)=1$ 代入上式得 $C=1$. 故

$$y+\sqrt{y^2-1}=\mathrm{e}^t$$

从而有

$$y-\sqrt{y^2-1}=\mathrm{e}^{-t}$$

即

$$y=\frac{1}{2}(\mathrm{e}^t+\mathrm{e}^{-t})$$

于是所求函数为

$$y=f(x)=\frac{1}{2}(\mathrm{e}^x+\mathrm{e}^{-x})$$

例 6-16 求图 6.2 所示的由电阻 R、电感 L 和电源 $E=E_{\mathrm{m}}\sin\omega t$ 构成的回路的电流.

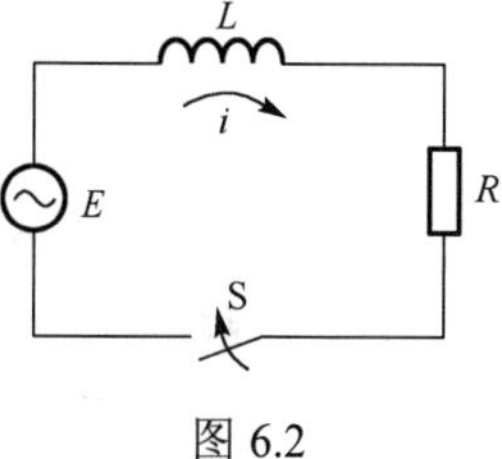

图 6.2

解：根据电学的基尔霍夫第二定律（回路电压定律）有

$$L\frac{\mathrm{d}i}{\mathrm{d}t}+Ri=E_{\mathrm{m}}\sin\omega t$$

这是线性方程，由式（6.20）得

$$\begin{aligned}i&=\mathrm{e}^{-\int\frac{R}{L}\mathrm{d}t}\left(C+\int\frac{E_{\mathrm{m}}}{L}\sin\omega t\mathrm{e}^{\int\frac{R}{L}\mathrm{d}t}\mathrm{d}t\right)\\&=\mathrm{e}^{-\frac{R}{L}t}\left(C+\frac{E_{\mathrm{m}}}{L}\int\mathrm{e}^{\frac{R}{L}t}\sin\omega t\mathrm{d}t\right)\end{aligned}$$

通过分部积分得

$$i(t)=C\mathrm{e}^{-\frac{R}{L}t}+\frac{E_{\mathrm{m}}}{R^2+\omega^2L^2}(R\sin\omega t-\omega L\cos\omega t)$$

因为 $i(0)=0$，故

$$C=\frac{\omega LE_{\mathrm{m}}}{R^2+\omega^2L^2}$$

从而

$$i(t)=\frac{\omega LE_{\mathrm{m}}}{R^2+\omega^2L^2}\mathrm{e}^{-\frac{R}{L}t}+\frac{E_{\mathrm{m}}}{\sqrt{R^2+\omega^2L^2}}\sin(\omega t-\varphi)$$

$$\varphi=\arctan\frac{\omega L}{R}$$

其中，第一项按指数规律很快衰减趋于零，称为暂态分量；第二项按电源频率振荡，二者仅差一个相角 φ，称为稳态分量.

习题 6.2

1．求下列方程的通解.

（1）$y' = e^{2x-y}$；（2）$y' = \sqrt{\dfrac{1-y^2}{1-x^2}}$；

（3）$(y+3)dx + \cot x dy = 0$；（4）$y - xy' = a(y^2 + y')$，a 为常数；

（5）$y' = 2xy - x^3 + x$；（6）$\cos^2 x \dfrac{dy}{dx} + y = \tan x$；

（7）$\dfrac{dy}{dx} + y\dfrac{d\varphi}{dx} = \varphi(x)\dfrac{d\varphi}{dx}$，$\varphi(x)$ 是已知的有连续导数的函数.

2．解下列初值问题.

（1）$\begin{cases} y'\sin x = y\ln y \\ y|_{x=\frac{\pi}{2}} = e \end{cases}$；（2）$\begin{cases} y^2 dx + (x+1)dy = 0 \\ y|_{x=0} = 1 \end{cases}$；

（3）$\begin{cases} \dfrac{dy}{dx} = \cos\dfrac{x+y}{2} - \cos\dfrac{x-y}{2} \\ y(0) = \pi \end{cases}$.

3．设降落伞受到的空间阻力与它的速度成正比，比例常数为 k，求降落速度函数.

4．求一条曲线，其通过点 $(-1,1)$ 且其上任一点处切线的横截距等于切点横坐标的平方.

5．一曲线与其上任意两点的向径构成的扇形面积的值等于曲线在这两点间的弧长的一半，求此曲线方程.

6．圆柱形桶内有 40 000cm^3 盐溶液，其质量浓度为 0.2kg/L. 现以 4 000cm^3/min 的速度加入质量浓度为 0.3kg/L 的盐溶液，同时等量地放出混合液，求桶内盐量与时间的关系.

7．有一个由电阻 $R = 10\Omega$、电感 $L = 2\text{H}$ 和电源电压 $E = 20\sin 5t\text{V}$ 串联的电路，求开关闭合后电路中电流 i 与时间的关系.

8．解下列方程.

（1）$\dfrac{dy}{dx} = 2\sqrt{\dfrac{y}{x}} + \dfrac{y}{x}$；（2）$(xy - y^2)dx - (x^2 - 2xy)dy = 0$；

（3）$(x+y)y' + (x-y) = 0$；（4）$dy = \left(x^2 y^6 - \dfrac{y}{x}\right)dx$；

（5）$y' + \dfrac{2}{x}y = 3x^2 y^{\frac{4}{3}}$；（6）$xy' + y = xy^2 \ln x$；

（7）$y' = (x+y)^2$；（8）$xy' + y = y(\ln x + \ln y)$；

（9）$\dfrac{dy}{dx} = \dfrac{y}{2x} + \dfrac{1}{2y}\tan\dfrac{y^2}{x}$；（10）$y' = \dfrac{y+x+1}{y-x+5}$；

（11）$xy'(\ln x)\sin y + \cos y(1 - x\cos y) = 0$；

（12）$\sqrt{1+x^2}\,y'\sin 2y = 2x\sin^2 y + e^{2\sqrt{1+x^2}}$.

9．解下列积分方程.

（1）$\int_0^x xy dx = x^2 + y$；（2）$f(x) = e^x + e^x\int_0^x f^2(t)dt$.

10．2000 年，我国人口数量为 12.95 亿，人口增长率为百分之一，预测 2010 年我国人口数量.

11．一次凶案后，警员在下午 6 时到现场测得尸体的温度为 33℃. 一小时后，尸体的温度变为 32℃，现场的温度一直在 20℃，预测凶案发生的时间.

12．某一新品牌产品开始在市场上的售价为 p 元，如果价格定高了，社会需求少，导致供给大于需求，必然要降价；如果价格定低了，社会需求大，厂商必然要提价. 最终有一个供需平衡的价格，记为 p_0. 市场上价格的变化率与当时的销售价格与平衡价格之差成正比，写出售价 $p = p(t)$ 满足的微分方程.

13．一个半球体状的雪堆，其体积融化的速率与半球面面积 S 成正比，比例常数 $k > 0$. 假设在融化过程中雪堆始终保持半球体状，已知半径为 r_0 的雪堆在开始融化的 3 小时内，融化了其体积的 $\dfrac{7}{8}$，问雪堆全部融化需多少小时？

14．某湖泊水量为 V，每年排入湖泊内含污染物 A 的污水量为 $\dfrac{V}{6}$，流入湖泊内不含 A 的水量为 $\dfrac{V}{6}$，流出湖泊的水量为 $\dfrac{V}{3}$. 已知 1999 年年底湖泊中 A 的含量为 $5m_0$，超过国家规定指标. 为了治理污染，从 2000 年年初开始，限定排入湖泊中含 A 污水的浓度不超过 $\dfrac{m_0}{V}$，问至多经过多少年，湖泊中污染物 A 的含量降至 m_0 以内？（注：设湖泊中 A 的浓度是均匀的.）

15．在某一人群中推广新技术是通过其中已掌握新技术的人进行的，设该人群的总人数为 N，在 $t = 0$ 时刻已掌握新技术的人数为 x_0，在任意时刻 t 已掌握新技术的人数为 $x(t)$（将 $x(t)$ 视为连续可微变量），其变化率与已掌握新技术人数和未掌握新技术人数之积成正比，比例常数 $k > 0$，求 $x(t)$.

16．设曲线 $y = f(x)$，其中，$f(x)$ 是可导函数，且 $f(x) > 0$. 已知由曲线 $y = f(x)$ 与直线 $y = 0,\ x = 1$ 及 $x = t$（$t > 1$）围成的曲边梯形绕 x 轴旋转一周所得的立体体积值是该曲边梯形面积值的 πt 倍，求该曲线的方程.

17．设曲线 $y = y(x)$ 上点 $M(x, y)$ 处的切线与 y 轴交于 A，已知 $\triangle OAM$ 为等腰三角形，求曲线方程.

18．设 $f(x)$ 为连续函数，（1）求初值问题 $\begin{cases} y' + \alpha y = f(x) \\ y|_{x=0} = 0 \end{cases}$ 的解 $y(x)$，其中，$\alpha > 0$ 为常数；（2）若 $|f(x)| \leqslant k$（k 为常数），证明：当 $x \geqslant 0$ 时，有 $|y(x)| \leqslant \dfrac{k}{\alpha}(1 - \mathrm{e}^{-\alpha x})$.

19．切尔诺贝利核泄漏的主要污染物之一是锶-90（Sr-90），它以每年 2.47%的速率连续衰减，初步估计核泄漏被控制后，该地区需要 100 年才能再次成为人类居住的安全区，问到那时原泄漏的锶-90 还剩百分之几？

6.3 可降阶的高阶微分方程

二阶及二阶以上的微分方程称为**高阶微分方程**. 除后面要介绍的常系数线性方程外，一般高阶微分方程求解很困难，而且没有普遍适用的方法. 本节介绍几种常见的简单的高阶微分方程的解法，由于主要靠降低方程阶数求解，所以称之为**降阶法**.

6.3.1 $y^{(n)}=f(x)$ 型方程

这是最简单的高阶微分方程，只需积分 n 次便可得到通解. 事实上，积分一次得

$$y^{(n-1)}=\int f(x)\mathrm{d}x+C_1$$

再积分得

$$y^{(n-2)}=\iint f(x)(\mathrm{d}x)^2+C_1x+C_2$$

一直积分到 n 次，得到通解

$$y=\overbrace{\int\cdots\int}^{n个} f(x)(\mathrm{d}x)^n+\frac{C_1}{(n-1)!}x^{n-1}+\frac{C_2}{(n-2)!}x^{n-2}+\cdots+C_{n-1}x+C_n$$

其中，$C_1,C_2,\cdots,C_n$ 为 n 个任意常数.

例 6-17 求微分方程

$$y'''=\sin x+\cos x$$

的通解.

解：方程两端对 x 积分，得

$$y''=-\cos x+\sin x+C_1$$

上式两端对 x 积分，得

$$y'=-\sin x-\cos x+C_1x+C_2$$

再将上式两端对 x 积分得通解

$$y=\cos x-\sin x+\frac{1}{2}C_1x^2+C_2x+C_3$$

6.3.2 $y''=f(x,y')$ 型方程

$y''=f(x,y')$ 型方程是不含未知函数 y 的方程，只需作变换即可，令 $z=y'$，则 $z'=y''$，于是方程化为一阶方程

$$z'=f(x,z)$$

如果其通解为 $z=z(x,C_1)$，则由 $y'=z(x,C_1)$ 再积分一次，可求出原方程的通解

$$y=\int z(x,C_1)\mathrm{d}x+C_2$$

例 6-18 解初值问题

$$\begin{cases}(x^2+1)y''=2xy'\\ y|_{x=0}=1,\ y'|_{x=0}=3\end{cases}$$

解：令 $z=y'$，则方程化为

$$(x^2+1)\frac{\mathrm{d}z}{\mathrm{d}x}=2xz$$

分离变量解得

$$z=C_1(x^2+1)$$

从而有

$$y'=C_1(x^2+1)$$

由初始条件 $y'|_{x=0}=3$ 知 $C_1=3$，所以

$$y'=3(x^2+1)$$

积分得

$$y=x^3+3x+C_2$$

再由初始条件 $y|_{x=0}=1$ 知 $C_2=1$．故所求初值问题的解为

$$y=x^3+3x+1$$

对不含 $y,y',\cdots,y^{(k-1)}$ 的 n 阶微分方程

$$F(x,y^{(k)},\cdots,y^{(n)})=0$$

只需作变换，令 $z=y^{(k)}$，方程即可化为 $n-k$ 阶方程

$$F(x,z,\cdots,z^{(n-k)})=0$$

求出其通解后，再积分 k 次，即可得原方程的通解.

例 6-19 解方程 $y^{(5)}-\frac{1}{x}y^{(4)}=0$.

解：令 $z=y^{(4)}$，则方程化为

$$z'-\frac{1}{x}z=0$$

分离变量解得

$$z=Cx$$

于是

$$y^{(4)}=Cx$$

故原方程的通解为

$$y=C_1x^5+C_2x^3+C_3x^2+C_4x+C_5$$

6.3.3 $y''=f(y,y')$ 型方程

$y''=f(y,y')$ 型方程中未出现自变量 x．作变换，令 $z=y'$，因为

$$\frac{d^2y}{dx^2}=\frac{dz}{dx}=\frac{dz}{dy}\frac{dy}{dx}=z\frac{dz}{dy}$$

故方程化为

$$z\frac{dz}{dy}=f(y,z)$$

如果其通解为 $z=z(y,C_1)$，再解可分离变量的方程

$$y'=z(y,C_1)$$

就得到原方程通解.

例 6-20 解方程 $yy''-y'^2=0$.

解：令 $y'=z$，则 $y''=z\frac{dz}{dy}$，方程化为

$$zy\frac{dz}{dy}-z^2=0$$

即

$$z\left(y\frac{dz}{dy}-z\right)=0$$

由 $z=0$ 解得 $y=C$. 由 $y\frac{dz}{dy}-z=0$ 可得 $\ln|z|=\ln|y|+C_1$，得

$$z=C_2y,\ C_2=\pm e^{C_1},\ C_2>0$$

又因为 $z=0$ 也是解，所以 C_2 为任意常数. 即

$$\frac{dy}{dx}=C_2y$$

分离变量得

$$y=C_3e^{C_2x}$$

6.3.4 应用实例

例 6-21 质量为 m 的质点受 Ox 轴向力 $F=F(t)$ 的作用，沿 Ox 轴作直线运动. 已知 $F(0)=F_0$，$F(t_1)=0$，随时间的增大，$F(t)$ 匀速减小. $t=0$ 时，质点静止于原点，求质点在时间区间 $[0,t_1]$ 上的运动规律.

解：设 $x=x(t)$ 表示质点在 t 时的位置，由运动学牛顿第二定律得方程

$$mx''=F(t)$$

由题意，力 $F=F(t)$ 在 $t-F$ 平面上的图形是过点 $(0,F_0)$ 和 $(t_1,0)$ 的直线，故

$$F=F_0\left(1-\frac{t}{t_1}\right),\ t\in[0,t_1]$$

因此 $x(t)$ 是初值问题

$$\begin{cases} x''=\dfrac{F_0}{m}\left(1-\dfrac{t}{t_1}\right) \\ x(0)=x'(0)=0 \end{cases}$$

的解. 因此

$$x=\int_0^t\int_0^t\frac{F_0}{m}\left(1-\frac{t}{t_1}\right)(\mathrm{d}t)^2=\frac{F_0}{m}\int_0^t\left(t-\frac{t^2}{2t_1}\right)\mathrm{d}t=\frac{F_0}{m}\left(\frac{t^2}{2}-\frac{t^3}{6t_1}\right)$$

即

$$x(t)=\frac{F_0}{2m}t^2\left(1-\frac{t}{3t_1}\right),\ t\in[0,t_1]$$

为所求的质点运动规律.

例 6-22 设有一均匀柔软无伸缩性的绳索，两端固定，绳索仅受重力作用而自然下垂，试求该绳索在平衡态时的曲线方程.

解：取坐标如图 6.3 所示，A 为绳索最低点，显然曲线在 A 点处的切线斜率为零，$|OA|$ 待定. 设曲线方程为 $y=y(x)$.

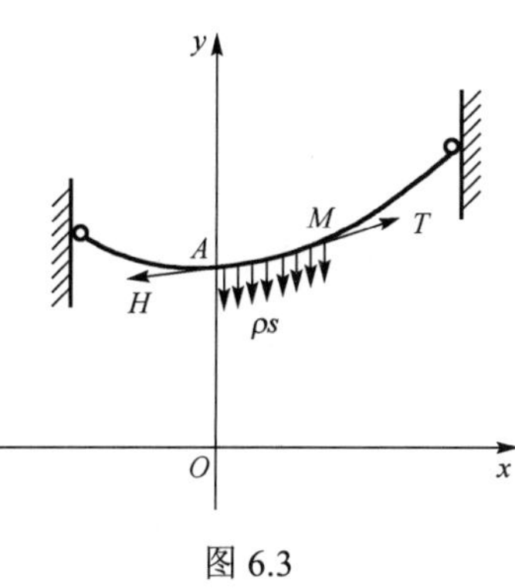

图 6.3

绳索上点 A 到另一点 $M(x,y)$ 间的弧 $\overset{\frown}{AM}$ 的受力分析：设 $\overset{\frown}{AM}$ 长为 s，并设单位长的绳索重为 ρ，则 $\overset{\frown}{AM}$ 所受重力为 ρs. $\overset{\frown}{AM}$ 还受到两个张力作用，在 A 点处的张力沿水平切线方向，其大小记为 H；在 M 点处的张力沿该点的切线方向，与水平线夹角记为 θ，其大小记为 T. 根据平衡条件得

$$T\sin\theta=\rho s,\ T\cos\theta=H$$

两式相除，得

$$\tan\theta=\frac{1}{a}s$$

其中，常数 $a=\dfrac{H}{\rho}$. 由于 $y'=\tan\theta$，所以有

$$y'=\frac{1}{a}s$$

上式两端关于 x 求导得 $y''=\dfrac{1}{a}s'$. 利用弧微分公式 $\mathrm{d}s=\sqrt{1+y'^2}\mathrm{d}x$，便得到绳索曲线所满足的微分方程

$$y''=\frac{1}{a}\sqrt{1+y'^2}$$

取 $|OA|=a$，则曲线满足初值条件

$$y|_{x=0}=a,\ y'|_{x=0}=0$$

下面解这个初值问题，由于方程中不含 y，设 $z=y'$，则方程化为

$$\frac{\mathrm{d}z}{\mathrm{d}x}=\frac{1}{a}\sqrt{1+z^2}$$

分离变量并积分得

$$\ln(z+\sqrt{1+z^2})=\frac{x}{a}+C_1$$

由初值条件 $z|_{x=0}=y'|_{x=0}=0$，代入上式知 $C_1=0$，故有

$$z+\sqrt{1+z^2}=\mathrm{e}^{\frac{x}{a}}$$

从而

$$z-\sqrt{1+z^2}=\frac{-1}{z+\sqrt{1+z^2}}=-\mathrm{e}^{-\frac{x}{a}}$$

于是

$$z=\frac{1}{2}(\mathrm{e}^{\frac{x}{a}}-\mathrm{e}^{-\frac{x}{a}})$$

故

$$y'=\frac{1}{2}(\mathrm{e}^{\frac{x}{a}}-\mathrm{e}^{-\frac{x}{a}})$$

积分得

$$y=\frac{a}{2}(\mathrm{e}^{\frac{x}{a}}+\mathrm{e}^{-\frac{x}{a}})+C_2$$

由条件 $y|_{x=0}=a$ 知 $C_2=0$，从而绳索曲线方程为

$$y=\frac{a}{2}(\mathrm{e}^{\frac{x}{a}}+\mathrm{e}^{-\frac{x}{a}})=a\mathrm{ch}\frac{x}{a}$$

此曲线称为**悬链线**.

例 6-23 第二宇宙速度问题. 用火箭将一质量为 m 的航天器送入太空，问航天器与火箭分离时，航天器获得的初速度 v_0 为多少才能脱离地球引力的束缚，遨游太空.

解： 航天器与火箭分离的高度通常远远小于地球的半径 $R=6.4\times10^6\,\mathrm{m}$，故可认为分离时（$t=0$）航天器到地心的距离为 R，而这个高度以上空气稀薄，可不考虑空气阻力. 分离后，航天器仅受地球引力 $F=G\frac{m_1m}{r^2}$ 作用，其中，G 为万有引力常数，m_1 为地球的质量，$r=r(t)$ 是 t 时刻航天器到地心的距离. 根据牛顿第二定律 $F=ma=m\frac{\mathrm{d}^2r}{\mathrm{d}t^2}$，所以 $r=r(t)$ 是初值问题

$$\begin{cases}\dfrac{\mathrm{d}^2r}{\mathrm{d}t^2}=-G\dfrac{m_1}{r^2}\\ r(0)=R,r'(0)=v_0\end{cases}$$

的解. 问题变为：确定 v_0 的值，使 $r\to+\infty$（当 $t\to+\infty$ 时）.

令 $v=\dfrac{\mathrm{d}r}{\mathrm{d}t}$，视 r 为自变量，则 $\dfrac{\mathrm{d}^2r}{\mathrm{d}t^2}=\dfrac{\mathrm{d}v}{\mathrm{d}t}=\dfrac{\mathrm{d}v}{\mathrm{d}r}\dfrac{\mathrm{d}r}{\mathrm{d}t}=v\dfrac{\mathrm{d}v}{\mathrm{d}r}$，方程降阶为可分离变量的一阶微分方程

$$v\frac{\mathrm{d}v}{\mathrm{d}r}=-\frac{Gm_1}{r^2}$$

其通解为

$$v^2=\frac{2Gm_1}{r}+C_1$$

由初值条件 $t=0$ 时，$r=R$，$v=r'=v_0$，确定 $C_1=v_0^2-\dfrac{2Gm_1}{R}$，因此

$$v^2=\frac{2Gm_1}{r}+v_0^2-\frac{2Gm_1}{R}$$

由此可见，要保证 $r\to+\infty$，必有

$$v_0^2\geqslant\frac{2Gm_1}{R}$$

由于在地球表面上，物体与地球之间的万有引力等于重力，即 $G\dfrac{m_1m}{R^2}=mg$，所以

$$Gm_1=R^2g$$

代入上式得

$$v_0\geqslant\sqrt{2gR}\approx\sqrt{2\times9.8\times6.4\times10^6}=11.2\times10^3\ (\mathrm{m/s})$$

习题 6.3

1．解下列方程.

（1）$xy''=\ln x$；（2）$y''=-(1+y'^2)^{\frac{3}{2}}$；

（3）$\dfrac{\mathrm{d}^2x}{\mathrm{d}t^2}=\dfrac{1}{2}\dfrac{\mathrm{d}t}{\mathrm{d}x}$；（4）$y''+\dfrac{2}{1-y}y'^2=0$；

（5）$(x+1)y''+y'=\ln(x+1)$；（6）$yy''-y'^2=0$.

2．解初值问题.

（1）$\begin{cases}(1+x^2)y''=1\\ y|_{x=0}=1,\quad y'|_{x=0}=-1\end{cases}$；（2）$\begin{cases}y''-\mathrm{e}^{2y}=0\\ y|_{x=0}=0,\quad y'|_{x=0}=1\end{cases}$；

（3）$\begin{cases}y''=3\sqrt{y}\\ y|_{x=0}=1,\quad y'|_{x=0}=2\end{cases}$.

3．在上半平面求一条下凸曲线，使其上任一点 $P(x,y)$ 处的曲率等于此曲线在该点的法线段 PQ 长度值的倒数（Q 是法线与 x 轴的交点），且曲线在点 $(1,1)$ 处的切线与 x 轴平行.

4．对方导弹 A 沿 y 轴正向以匀速 v 飞行，经过点 $(0,0)$ 时，我方设在点 $(16,0)$ 处的导弹 B

起飞追击，导弹B飞行的方向始终指向A，速度为$2v$，求导弹B的追踪曲线和导弹A被击中点.

5．已知曲线$y=f(x)$（$x>0$）上点$(x,f(x))$处的切线在y轴上的截距等于函数$f(x)$在区间$[0,x]$上的平均值，求$f(x)$的一般表达式.

6．已知$y(x)$是具有二阶导数的上凸函数，且曲线$y=y(x)$上任意一点(x,y)处的曲率为$\frac{1}{\sqrt{1+y'^2}}$，曲线上点$(0,1)$处的切线方程为$y=x+1$，求该曲线方程，并求函数$y(x)$的极值.

7．从船上向海中沉放某种探测仪器，按探测要求，需确定仪器的下沉深度y（从海平面算起）与下沉速度v之间的函数关系. 设仪器在重力作用下，从海平面由静止开始垂直下沉，在下沉过程中还受到阻力和浮力的作用. 设仪器的质量为m，体积为B，海水密度为ρ，仪器所受的阻力与下沉速度成正比，比例系数为k（$k>0$）. 试建立y与v所满足的微分方程，并求出函数关系式$y=y(v)$.

8．设函数$y(x)$（$x\geqslant 0$）有二阶导数，且$y'(x)>0$，$y(0)=1$. 过曲线$y=y(x)$上任意一点$P(x,y)$作该曲线的切线及x轴的垂线，由上述两直线与x轴围成的三角形的面积记为S_1，区间$[0,x]$上以$y=y(x)$为曲边的曲边梯形面积记为S_2，并设$2S_1-S_2$恒为1，求此曲线$y=y(x)$的方程.

9．假设神舟宇宙飞船的返回舱距离地面1.5m时，下降速度为14m/s，为平稳软着陆，返回舱底部的着陆缓冲发动机喷出烈焰，产生反推力$F=ky$，y为喷焰后下落的距离，使返回舱作减速直线运动，设返回舱质量为2 400kg，问k为多大才能使返回舱着陆时速度为零.

10．求微分方程$y''(x+y'^2)=y'$满足初始条件$y(1)=y'(1)=1$的特解.

11．设非负函数$y=y(x)$（$x\geqslant 0$）满足微分方程$xy''-y'+2=0$. 当曲线$y=y(x)$过原点时，由其与直线$x=1$及$y=0$围成的平面区域D的面积为2，求D绕y轴旋转所得旋转体的体积.

6.4 线性微分方程及其解的结构

下面讨论在实际问题中应用较多的高阶线性微分方程. 讨论中先以二阶线性微分方程为例，进而给出n阶线性微分方程的一般处理办法.

6.4.1 二阶线性微分方程举例

例 6-24 机械振动问题. 设有一弹簧，上端固定，下端悬挂一质量为m的物体，物体受到一垂直干扰力$F_s=H\sin(pt)$的作用，求物体运动规律.

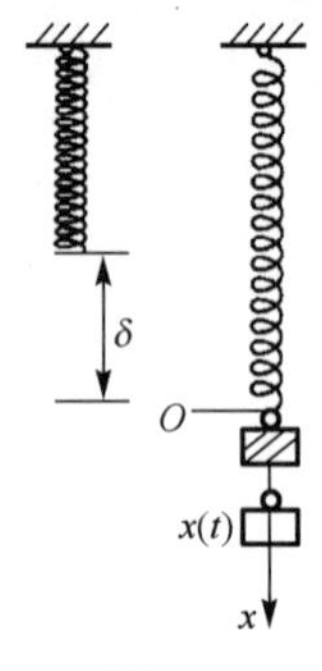

图 6.4

解： 取x轴垂直向下，系统的平衡位置为原点. 如图6.4所示. 为确定物体运动规律，先分析它在位置$x(t)$处的受力情况.

（1）弹簧弹性力F与弹簧变形量成正比，指向平衡位置，故

$$F=-c(\delta+x)$$

其中，c为弹性系数，δ为弹簧在物体重力作用下的伸长量.

（2）介质阻力F_R，与物体运动速度成正比（速度不大时），与运动方向相反，即

$$F_R = -\mu v = -\mu \frac{\mathrm{d}x}{\mathrm{d}t}$$

其中，μ 为常数，称为阻尼系数.

（3）重力

$$P = mg$$

（4）垂直干扰力

$$F_s = H\sin(pt)$$

这些力的合力使物体改变运动状态，由牛顿第二定律得方程

$$m\frac{\mathrm{d}^2x}{\mathrm{d}t^2} = -c(\delta + x) - \mu\frac{\mathrm{d}x}{\mathrm{d}t} + mg + H\sin(pt)$$

由于在系统的平衡位置处，弹性力 $-c\delta$ 与重力 mg 平衡，故有 $-c\delta + mg = 0$. 于是方程化为

$$m\frac{\mathrm{d}^2x}{\mathrm{d}t^2} + \mu\frac{\mathrm{d}x}{\mathrm{d}t} + cx = H\sin(pt)$$

若记 $\frac{\mu}{m} = 2n,\ \frac{c}{m} = k^2,\ \frac{H}{m} = h$，则方程写成

$$\frac{\mathrm{d}^2x}{\mathrm{d}t^2} + 2n\frac{\mathrm{d}x}{\mathrm{d}t} + k^2x = h\sin(pt) \tag{6.27}$$

这就是物体运动规律 $x = x(t)$ 所满足的微分方程，称为**强迫振动微分方程**.

如果物体振动过程中未受到干扰力的作用，即 $F_s = 0$，则运动微分方程

$$\frac{\mathrm{d}^2x}{\mathrm{d}t^2} + 2n\frac{\mathrm{d}x}{\mathrm{d}t} + k^2x = 0 \tag{6.28}$$

称为**自由振动微分方程**.

例 6-25 设有一个由电阻 R、自感 L、电容 C 和电源 E 串联组成的电路（见图 6.5），其中 R、L 及 C 为常数，电源电动势是时间 t 的函数 $E = E_m\sin\omega t$，其中，E_m 及 ω 也是常数.

设电路中的电流为 $i(t)$，电容器极板上的电量为 $q(t)$，两极板间的电压为 U_{C}，自感电动势为 E_{L}，由电学知

$i = \frac{\mathrm{d}q}{\mathrm{d}t},\ U_{\mathrm{C}} = \frac{q}{C},\ E_{\mathrm{L}} = -L\frac{\mathrm{d}i}{\mathrm{d}t}$，根据回路电压定律，得

$$E - L\frac{\mathrm{d}i}{\mathrm{d}t} - \frac{q}{C} - Ri = 0$$

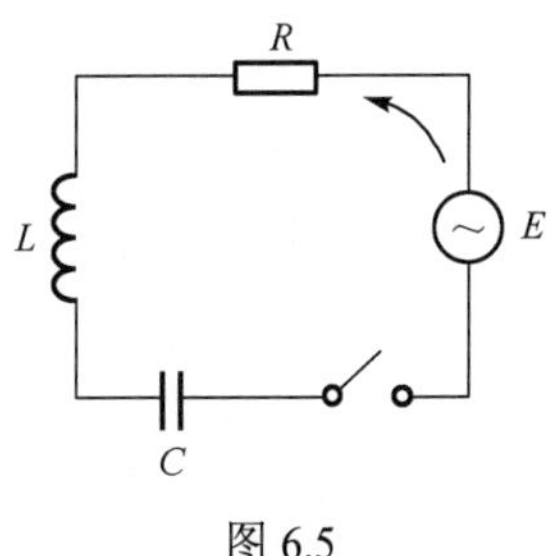

图 6.5

即

$$LC\frac{\mathrm{d}^2U_{\mathrm{C}}}{\mathrm{d}t^2} + RC\frac{\mathrm{d}U_{\mathrm{C}}}{\mathrm{d}t} + U_{\mathrm{C}} = E_m\sin\omega t$$

或写成

$$\frac{\mathrm{d}^2U_{\mathrm{C}}}{\mathrm{d}t^2} + 2\beta\frac{\mathrm{d}U_{\mathrm{C}}}{\mathrm{d}t} + \omega_0^2U_{\mathrm{C}} = \frac{E_m}{LC}\sin\omega t \tag{6.29}$$

式中，$\beta=\dfrac{R}{2L}$，$\omega_0=\dfrac{1}{\sqrt{LC}}$. 这就是串联电路的振荡方程.

如果电容器经充电后撤去电源（$E=0$），则式（6.29）变为

$$\frac{\mathrm{d}^2U_{\mathrm{C}}}{\mathrm{d}t^2}+2\beta\frac{\mathrm{d}U_{\mathrm{C}}}{\mathrm{d}t}+\omega_0^2U_{\mathrm{C}}=0 \tag{6.30}$$

例 6-24 和例 6-25 虽然是两个不同的实际问题，但式（6.27）和式（6.29）可以归结为同一个形式

$$\frac{\mathrm{d}^2y}{\mathrm{d}x^2}+P(x)\frac{\mathrm{d}y}{\mathrm{d}x}+Q(x)y=f(x) \tag{6.31}$$

而式（6.28）和式（6.30）都是式（6.31）的特殊情形：$f(x)\equiv 0$. 在工程技术的其他许多问题中，也会遇到上述类型的微分方程.

式（6.31）称为二阶线性微分方程，当方程右端 $f(x)\equiv 0$ 时，方程称为齐次的；当 $f(x)\not\equiv 0$ 时，方程称为非齐次的.

于是式（6.27）和式（6.29）都是二阶非齐次线性微分方程，式（6.28）和式（6.30）都是二阶齐次线性微分方程.

6.4.2 线性微分方程解的结构

下面先以二阶线性微分方程为例讨论方程解的性质，进而将其推广到 n 阶线性微分方程.

先讨论二阶齐次线性微分方程

$$y''+p(x)y'+q(x)y=0 \tag{6.32}$$

定理 6.1 （叠加原理） 设函数 $y_1(x)$ 与 $y_2(x)$ 是式（6.32）的两个解，则 $y=C_1y_1(x)+C_2y_2(x)$ 是式（6.32）的解，其中，C_1，C_2 是任意常数.

证明：将 $y=C_1y_1(x)+C_2y_2(x)$ 代入式（6.32）左端，得

$$\begin{aligned}&[C_1y_1''+C_2y_2'']+p(x)[C_1y_1'+C_2y_2']+q(x)[C_1y_1+C_2y_2]\\&=C_1[y_1''+p(x)y_1'+q(x)y_1]+C_2[y_2''+p(x)y_2'+q(x)y_2]\\&=C_1\cdot 0+C_2\cdot 0\\&=0\end{aligned}$$

所以 $y(x)$ 是式（6.32）的解. □

为了从式（6.32）的无穷多个解中理出一个头绪来，需要引进函数线性相关和线性无关的概念.

设 $y_1(x),y_2(x),\cdots,y_n(x)$ 为定义在区间 I 上的 n 个函数，如果存在 n 个不全为零的常数 $k_1,k_2,\cdots,\ k_n$，使得

$$k_1y_1(x)+k_2y_2(x)+\cdots+k_ny_n(x)=0,\ \forall x\in I$$

则称这 n 个函数在区间 I 上**线性相关**，否则称**线性无关**.

例如，函数组 $1,\cos^2x,\sin^2x$ 在整个数轴上是线性相关的. 因为

$$1+(-1)\cos^2x+(-1)\sin^2x\equiv 0$$

即取 $k_1=1$，$k_2=k_3=-1$ 时，上式对任何 x 都成立. 而函数组 $1,\cos x,\sin x$ 在整个数轴上是线性无关的. 因为若有

$$k_1\cdot 1+k_2\cos x+k_3\sin x\equiv 0$$

对任意的 x 成立，则分别令 $x=0,\dfrac{\pi}{2},\pi$，就得到

$$k_1+k_2=0,\ k_1+k_3=0,\ k_1-k_2=0$$

解得 $k_1=k_2=k_3=0$. 因此，$1,\cos x,\sin x$ 不可能线性相关.

现考虑区间 I 上的两个线性相关函数 $y_1(x),y_2(x)$. 若存在不全为零的数 k_1,k_2，使得

$$k_1y_1(x)+k_2y_2(x)=0$$

在区间 I 上恒成立，将上述等式关于 x 求导，又得

$$k_1y_1'(x)+k_2y_2'(x)=0$$

这两个等式组成的方程组是关于 k_1 和 k_2 的齐次线性代数方程组，并且它有非零解，所以应有

$$W(x)=\begin{vmatrix} y_1(x) & y_2(x)\\ y_1'(x) & y_2'(x)\end{vmatrix}\equiv 0$$

$W(x)$ 称为函数 $y_1(x)$ 与 $y_2(x)$ 的**朗斯基行列式**. 如果 $y_1(x)$，$y_2(x)$ 是式（6.32）的解，容易证明 $y_1(x)$ 与 $y_2(x)$ 线性无关的充要条件是朗斯基行列式 $W(x_0)\neq 0$，$\exists x_0\in I$.

定理 6.2 如果 $y_1(x)$ 与 $y_2(x)$ 是式(6.32)的两个线性无关的特解，则 $y=C_1y_1(x)+C_2y_2(x)$ 是二阶齐次线性微分方程（6.32）的通解，其中，C_1,C_2 是任意常数.

在 6.2 节中我们已经看到，一阶非齐次线性微分方程的通解由两部分构成：一部分是对应的齐次线性微分方程的通解，另一部分是非齐次线性微分方程本身的一个特解. 不仅一阶非齐次线性微分方程的通解具有这样的结构，更高阶的非齐次线性微分方程也是如此.

定理 6.3 设 $y^*(x)$ 是非齐次线性微分方程

$$y''+p(x)y'+q(x)y=f(x) \tag{6.33}$$

的一个特解，$Y(x)$ 是与式(6.33)对应的二阶齐次线性微分方程(6.32)的通解，则 $y(x)=y^*(x)+Y(x)$ 是二阶非齐次线性微分方程（6.33）的通解.

证明： 把 $y(x)=y^*(x)+Y(x)$ 代入式（6.33）的左端，得

$$\begin{aligned}&(Y''+y^{*''})+p(x)(Y'+y^{*'})+q(x)(Y+y^*)\\&=[Y''+p(x)Y'+q(x)Y]+[y^{*''}+p(x)y^{*'}+q(x)y^*]\\&=f(x)\end{aligned}$$

故 $y(x)$ 是式（6.33）的解. 又由于对应二阶齐次线性微分方程（6.32）的通解 $Y=C_1y_1+C_2y_2$ 中含有两个任意相互独立的常数，所以 $y=Y+y^*$ 中也含有两个任意相互独立的常数，从而它就是二阶非齐次线性微分方程（6.33）的通解. □

非齐次线性微分方程（6.33）的特解有时可用下述定理来求出.

定理 6.4 设 $y_1^*(x)$ 与 $y_2^*(x)$ 依次是方程

$$y''+p(x)y'+q(x)y=f_1(x)$$

$$y'' + p(x)y' + q(x)y = f_2(x)$$

的解，则 $y = y_1^*(x) + y_2^*(x)$ 是方程

$$y'' + p(x)y' + q(x)y = f_1(x) + f_2(x) \tag{6.34}$$

的解.

证明： 将 $y = y_1^* + y_2^*$ 代入式（6.34）的左端，得

$$\begin{aligned}&(y_1^* + y_2^*)'' + p(x)(y_1^* + y_2^*)' + q(x)(y_1^* + y_2^*)\\ &= [y_1^{*''} + p(x)y_1^{*'} + q(x)y_1^*] + [y_2^{*''} + p(x)y_2^{*'} + q(x)y_2^*]\\ &= f_1(x) + f_2(x)\end{aligned}$$

因此，$y_1^* + y_2^*$ 是式（6.34）的一个特解. □

这一定理通常称为非齐次线性微分方程解的**叠加原理**.

将定理 6.2 与定理 6.3 分别推广到 n 阶齐次线性微分方程和 n 阶非齐次线性微分方程，可以得到有关齐次线性微分方程通解结构的定理.

定理 6.5（齐次线性微分方程通解结构） 设 $y_1(x), y_2(x), \cdots, y_n(x)$ 是 n 阶非齐次线性微分方程的 n 个线性无关的解，则其通解为 $y(x) = C_1y_1(x) + C_2y_2(x) + \cdots + C_ny_n(x)$，其中，$C_1, C_2, \cdots, C_n$ 为任意常数.

定理 6.6（非齐次线性微分方程通解结构） 设 $y^*(x)$ 是非齐次线性微分方程的一个特解，$y_1(x), y_2(x), \cdots, y_n(x)$ 是与其对应的齐次线性微分方程的 n 个线性无关的解，则非齐次线性微分方程的通解为 $y(x) = y^*(x) + C_1y_1(x) + C_2y_2(x) + \cdots + C_ny_n(x)$，其中，$C_1, C_2, \cdots, C_n$ 为任意常数.

其他相应定理的推广这里不再赘述.

6.4.3 常数变易法

在 6.2 节中，为解一阶非齐次线性微分方程，我们用了常数变易法. 如果 $Cy_1(x)$ 是齐次线性微分方程的解，则可利用变换 $y = C(x)y_1(x)$ 去解非齐次线性微分方程. 这一方法也适用于高阶线性微分方程. 下面就两种情形来讨论：（i）已知齐次线性微分方程的一个不恒为零的解；（ii）已知齐次线性微分方程的两个线性无关的解，即已知其通解.

（i）如果已知函数 $y_1(x)$ 是齐次线性微分方程的一个不恒为零的解，那么，利用变换 $y = C(x)y_1(x)$，把非齐次线性微分方程化为一阶线性微分方程.

事实上，将

$$y = C(x)y_1,\ y' = C'(x)y_1 + C(x)y_1',\ y'' = C''(x)y_1 + 2C'(x)y_1' + C(x)y_1''$$

代入式（6.31），得

$$C''y_1 + 2C'(x)y_1' + C(x)y_1'' + P(C'(x)y_1 + C(x)y_1') + QC(x)y_1 = f(x)$$

即

$$C''(x)y_1 + (2y_1' + Py_1)C'(x) + (y_1'' + Py_1' + Qy_1)C(x) = f(x)$$

由于 $y_1'' + Py_1' + Qy_1 \equiv 0$，故有

$$C''(x)y_1 + (2y_1' + Py_1)C'(x) = f(x)$$

令 $z=C'(x)$，上式化为一阶线性微分方程

$$y_1z'+(2y_1'+Py_1)z=f(x) \tag{6.35}$$

设式（6.35）的通解为

$$z=C_2Z(x)+z^*(x)$$

积分得

$$C(x)=C_1+C_2U(x)+u^*(x)，\quad U'(x)=Z(x),\quad u^{*\prime}(x)=z^*(x)$$

上式乘以 $y_1(x)$，便得式（6.31）的通解

$$y=C_1y_1(x)+C_2U(x)y_1(x)+u^*(x)y_1(x)$$

上述方法显然也适用于求齐次线性微分方程的通解.

例 6-26 已知 $y_1(x)=\mathrm{e}^x$ 是齐次线性微分方程 $y''-2y'+y=0$ 的解，求非齐次线性微分方程 $y''-2y'+y=\dfrac{1}{x}\mathrm{e}^x$ 的通解.

解：令 $y=C(x)\mathrm{e}^x$，则 $y'=\mathrm{e}^x(C'(x)+C(x)),\ y''=\mathrm{e}^x(C''(x)+2C'(x)+C(x))$，代入非齐次线性微分方程，得

$$\mathrm{e}^x(C''(x)+2C'(x)+C(x))-2\mathrm{e}^x(C'(x)+C(x))+C(x)\mathrm{e}^x=\frac{1}{x}\mathrm{e}^x$$

即

$$\mathrm{e}^xC''(x)=\frac{1}{x}\mathrm{e}^x,\quad C''(x)=\frac{1}{x}$$

直接积分得

$$C'(x)=C_1+\ln x$$

再积分得

$$C(x)=C_1x+C_2+x\ln x-x$$

即

$$C(x)=C_2+C_3x+x\ln x\quad (C_3=C_1-1)$$

于是所求通解为

$$y=C_2\mathrm{e}^x+C_3x\mathrm{e}^x+x\mathrm{e}^x\ln x$$

（ii）如果已知齐次线性微分方程的通解为

$$Y(x)=C_1y_1(x)+C_2y_2(x)$$

我们可以用如下的常数变易法求非齐次线性微分方程（6.31）的通解.

令

$$y=y_1(x)v_1+y_2(x)v_2 \tag{6.36}$$

要确定未知函数 $v_1(x)$ 及 $v_2(x)$ 使 y 满足式（6.31），为此，对式（6.36）求导，得

$$y' = y_1 v_1' + y_2 v_2' + y_1' v_1 + y_2' v_2$$

从 y' 的上述表达式可以看出，为了使 y'' 的表达式中不含 v_1'' 和 v_2''，可设

$$y_1 v_1' + y_2 v_2' = 0 \tag{6.37}$$

从而

$$y' = y_1' v_1 + y_2' v_2$$

再求导，得

$$y'' = y_1' v_1' + y_2' v_2' + y_1'' v_1 + y_2'' v_2$$

把 y, y', y'' 代入式（6.31），得

$$y_1' v_1' + y_2' v_2' + y_1'' v_1 + y_2'' v_2 + P(y_1' v_1 + y_2' v_2) + Q(y_1 v_1 + y_2 v_2) = f(x)$$

即

$$y_1' v_1' + y_2' v_2' + (y_1'' + P y_1' + Q y_1) v_1 + (y_2'' + P y_2' + Q y_2) v_2 = f(x)$$

这里 y_1 及 y_2 是齐次线性微分方程的解，故上式即为

$$y_1' v_1' + y_2' v_2' = f(x) \tag{6.38}$$

联立式（6.36）和式（6.37），在系数行列式

$$W = \begin{vmatrix} y_1 & y_2 \\ y_1' & y_2' \end{vmatrix} \neq 0$$

中，可解得

$$v_1' = -\frac{y_2 f(x)}{W},\quad v_2' = \frac{y_1 f(x)}{W}$$

对上两式积分（假定 $f(x)$ 连续）得

$$v_1 = C_1 + \int -\frac{y_2 f(x)}{W} \mathrm{d}x,\quad v_2 = C_2 + \int \frac{y_1 f(x)}{W} \mathrm{d}x$$

于是得非齐次线性微分方程（6.31）的通解为

$$y = C_1 y_1 + C_2 y_2 - y_1 \int \frac{y_2 f(x)}{W} \mathrm{d}x + y_2 \int \frac{y_1 f(x)}{W} \mathrm{d}x$$

例 6-27 已知齐次线性微分方程 $(x-1)y'' - xy' + y = 0$ 的通解为 $Y(x) = C_1 x + C_2 \mathrm{e}^x$，求非齐次线性微分方程 $(x-1)y'' - xy' + y = (x-1)^2$ 的通解.

解： 令 $y = x v_1 + \mathrm{e}^x v_2$. 按照

$$\begin{cases} y_1 v_1' + y_2 v_2' = 0 \\ y_1' v_1' + y_2' v_2' = f(x) \end{cases}$$

有

$$\begin{cases} x v_1' + \mathrm{e}^x v_2' = 0 \\ v_1' + \mathrm{e}^x v_2' = x - 1 \end{cases}$$

解得

$$v_1' = -1,\quad v_2' = x\mathrm{e}^{-x}$$

积分得

$$v_1 = C_1 - x,\ \ v_2 = C_2 - (x+1)\mathrm{e}^{-x}$$

于是所求非齐次线性微分方程的通解为

$$y = C_1 x + C_2 \mathrm{e}^{x} - (x^2 + x + 1)$$

习题 6.4

1．下列函数组在其定义区间内哪些是线性无关的？

（1）x, x^2；（2）$x, 2x$；

（3）$\mathrm{e}^{2x}, 3\mathrm{e}^{2x}$；（4）$\mathrm{e}^{-x}, \mathrm{e}^{x}$；

（5）$\sin 2x, \cos x \sin x$；（6）$\mathrm{e}^{x}\cos 2x, \mathrm{e}^{x}\sin 2x$；

（7）$\ln x,\ x\ln x$；（8）$\mathrm{e}^{ax}, \mathrm{e}^{bx}$（$a \neq b$）.

2．验证 $y_1 = \mathrm{e}^{x^2}$ 及 $y_2 = x\mathrm{e}^{x^2}$ 都是方程 $y'' - 4xy' + (4x^2 - 2)y = 0$ 的解，并写出该方程的通解.

3．证明齐次线性微分方程

$$a(x)y'' + b(x)y' + c(x)y = 0$$

（i）当 $b(x) + xc(x) = 0$ 时，有解 $y = x$；

（ii）当 $a(x) + b(x) + c(x) = 0$ 时，有解 $y = \mathrm{e}^{x}$；

（iii）当 $a(x) - b(x) + c(x) = 0$ 时，有解 $y = \mathrm{e}^{-x}$.

利用这三个结果求解下列方程：

（1）$(1-x)y'' + xy' - y = 0$；（2）$y'' - y = 0$；

（3）$y'' + \dfrac{x}{1+x}y' - \dfrac{1}{1+x}y = 0.$

6.5 常系数线性微分方程

6.5.1 常系数齐次线性微分方程

当 a_i（$i = 1, 2, \cdots, n$）均为常数时，称

$$y^{(n)} + a_1 y^{(n-1)} + \cdots + a_n y = 0 \tag{6.39}$$

为**常系数齐次线性微分方程**. 本节的目的是求式（6.39）的 n 个线性无关的解，得到式（6.39）的通解. 在 6.2 节中得到一阶齐次线性微分方程的解是指数函数. 根据式（6.39）的特点，设想式（6.39）也有形如

$$y = \mathrm{e}^{\lambda x} \tag{6.40}$$

的解，λ 为待定常数，将式（6.40）代入式（6.39），消去 $\mathrm{e}^{\lambda x}$，得

$$\lambda^n + a_1 \lambda^{n-1} + \cdots + a_n = 0 \tag{6.41}$$

所以，式（6.40）是式（6.39）的解的充要条件是 λ 为代数方程（6.41）的根.

称式（6.41）为式（6.39）的**特征方程**.

1° 当特征方程（6.41）有 n 个互异的根 $\lambda_1,\lambda_2,\cdots,\lambda_n$ 时，则

$$e^{\lambda_1 x},e^{\lambda_2 x},\cdots,e^{\lambda_n x} \tag{6.42}$$

就是常系数齐次线性微分方程（6.39）的一个基本解组.

值得注意的是，对实系数的齐次线性微分方程（6.39），若有复根，则其必是成对的共轭复数. 例如，$\lambda_k=\alpha+i\beta$，$\lambda_{k+1}=\alpha-i\beta$，由欧拉公式

$$e^{i\theta}=\cos\theta+i\sin\theta$$

$$e^{-i\theta}=\cos\theta-i\sin\theta$$

知，解为

$$e^{\lambda_k x}=e^{(\alpha+i\beta)x}=e^{\alpha x}(\cos\beta x+i\sin\beta x)$$

$$e^{\lambda_{k+1} x}=e^{(\alpha-i\beta)x}=e^{\alpha x}(\cos\beta x-i\sin\beta x)$$

根据叠加原理知

$$\frac{1}{2}(e^{\lambda_k x}+e^{\lambda_{k+1} x})=e^{\alpha x}\cos\beta x$$

$$\frac{1}{2i}(e^{\lambda_k x}-e^{\lambda_{k+1} x})=e^{\alpha x}\sin\beta x$$

是式（6.39）的两个实值解. 用它们代替式（6.42）中的 $e^{\lambda_k x},e^{\lambda_{k+1} x}$，便可得到式（6.39）的实值的基本解组.

2° 当特征方程（6.41）有重根时，设 λ_j 是 k 重根，则不难验证

$$e^{\lambda_j x},xe^{\lambda_j x},\cdots,x^{k-1}e^{\lambda_j x}$$

是式（6.39）的 k 个线性无关的解. 这样得到的所有解共 n 个，构成式（6.39）的基本解组.

表 6-1 列出了特征方程的根与基本解组中相关的解.

表 6-1　特征方程的根与基本解组中相关的解

特征方程的根	基本解组中相关的解
k 重实根 λ	$e^{\lambda x},xe^{\lambda x},\cdots,x^{k-1}e^{\lambda x}$　（共 k 个）
k 重共轭复根 $\lambda=\alpha\pm i\beta$	$e^{\alpha x}\cos\beta x,xe^{\alpha x}\cos\beta x,\cdots,x^{k-1}e^{\alpha x}\cos\beta x$　（共 $2k$ 个） $e^{\alpha x}\sin\beta x,xe^{\alpha x}\sin\beta x,\cdots,x^{k-1}e^{\alpha x}\sin\beta x$

对常系数齐次线性微分方程，只要知道它的特征方程的根及其重数，根据表 6-1 就可直接得到它的通解.

例 6-28　解方程 $y''-2y'-3y=0$.

解：因特征方程 $\lambda^2-2\lambda-3=0$ 的根 $\lambda_1=-1,\lambda_2=3$ 互异，故方程的通解为

$$y=C_1e^{-x}+C_2e^{3x}$$

例 6-29　解方程 $y''-2y'+5y=0$.

解：因特征方程 $\lambda^2-2\lambda+5=0$ 的根 $\lambda=1\pm 2i$，故方程的通解为

$$y=e^x(C_1\cos 2x+C_2\sin 2x)$$

例 6-30 解初值问题

$$\begin{cases}16y''-24y'+9y=0\\ y\big|_{x=0}=4,\ y'\big|_{x=0}=2\end{cases}$$

解：因特征方程$16\lambda^2-24\lambda+9=(4\lambda-3)^2=0$的根$\lambda=\dfrac{3}{4}$（二重根），故方程的通解为

$$y=(C_1+C_2x)\mathrm{e}^{\frac{3}{4}x}$$

将初值条件$y\big|_{x=0}=4$代入，得$C_1=4$，从而

$$y=(4+C_2x)\mathrm{e}^{\frac{3}{4}x}$$

上式两端求导，得

$$y'=\left(3+C_2+\frac{3}{4}C_2x\right)\mathrm{e}^{\frac{3}{4}x}$$

将初值条件$y'\big|_{x=0}=2$代入，确定$C_2=-1$，于是所求特解为

$$y=(4-x)\mathrm{e}^{\frac{3}{4}x}$$

例 6-31 解方程$y^{(5)}+y^{(4)}+2y'''+2y''+y'+y=0$.

解：特征方程为

$$\lambda^5+\lambda^4+2\lambda^3+2\lambda^2+\lambda+1=(\lambda+1)(\lambda^2+1)^2=0$$

故特征方程的根$\lambda_1=-1$（单根），$\lambda_{2,3}=\pm\mathrm{i}$（二重共轭复根），于是函数

$$y_1=\mathrm{e}^{-x},\ y_2=\cos x,\ y_3=x\cos x,\ y_4=\sin x,\ y_5=x\sin x$$

构成基本解组，所以通解为

$$y=C_1\mathrm{e}^{-x}+(C_2+C_3x)\cos x+(C_4+C_5x)\sin x$$

6.5.2 常系数非齐次线性微分方程

当a_i（$i=1,2,\cdots,n$）均为常数，且$f(x)\neq 0$时，称

$$y^{(n)}+a_1y^{(n-1)}+\cdots+a_ny=f(x) \tag{6.43}$$

为**常系数非齐次线性微分方程**.

有了上节的讨论，求非齐次线性微分方程（6.43）通解的关键在于找到它的一个特解. 下面介绍一类常见的求常系数非齐次线性微分方程（6.43）特解的重要方法——**待定系数法**.

当式（6.43）的右端函数$f(x)$是多项式、正弦函数、余弦函数、指数函数或它们的和与积时，由于它们的导数是自封闭的，而式（6.43）又是常系数线性的，可以想到，此时方程有与右端函数属同一类函数的特解. 求解方法如下.

设式（6.43）的右端函数

$$f(x)=\mathrm{e}^{\alpha x}[P(x)\cos\beta x+Q(x)\sin\beta x] \tag{6.44}$$

其中，$P(x),Q(x)$ 是多项式，m 是它们次数的最大值. 如果 $\alpha+\mathrm{i}\beta$ 是式（6.39）的 k 重根（不是特征方程的根时，认为 $k=0$），则式（6.43）有特解形如

$$y^*(x)=x^k\mathrm{e}^{\alpha x}[R(x)\cos\beta x+S(x)\sin\beta x] \tag{6.45}$$

其中，$R(x),S(x)$ 是 m 次待定的多项式. 将式（6.45）代入式（6.43），比较同类项的系数，从而确定两个多项式的系数. 这种求特解的方法称为**待定系数法**.

式（6.44）包含工程问题中常见的一大类函数，例如，当 $\alpha=\beta=0$ 时，$f(x)$ 是多项式；当 $\alpha=0$ 时，$f(x)$ 是多项式与正弦函数、余弦函数之积；当 $\beta=0$ 时，$f(x)$ 是多项式与指数函数之积.

例 6-32 求方程 $y''+y'=x-2$ 的通解.

解：特征方程 $\lambda^2+\lambda=0$，特征方程的根为 $\lambda_1=0,\lambda_2=-1$，故对应的齐次线性微分方程通解为

$$y_{\mathrm{H}}=C_1+C_2\mathrm{e}^{-x}$$

$f(x)=x-2$，相当于式（6.44）中的 $\alpha=0,\ \beta=0,\ m=1$. 由于 $\alpha+\mathrm{i}\beta=0=\lambda_1$ 是单根，所以 $k=1$，故设

$$y^*=x(b_0x+b_1)$$

代入方程得

$$2b_0+2b_0x+b_1=x-2$$

比较 x 同次幂的系数得

$$2b_0=1,\ 2b_0+b_1=-2$$

故 $b_0=\dfrac{1}{2},\ b_1=-3$，特解为

$$y^*=\frac{1}{2}x^2-3x$$

方程的通解为

$$y=C_1+C_2\mathrm{e}^{-x}+\frac{1}{2}x^2-3x$$

例 6-33 解方程 $y'''-3y''+3y'-y=\mathrm{e}^x$.

解：特征方程 $\lambda^3-3\lambda^2+3\lambda-1=(\lambda-1)^3=0$，特征方程的根 $\lambda_1=1$（三重根），故

$$y_{\mathrm{H}}=(C_1+C_2x+C_3x^2)\mathrm{e}^x$$

因为 $f(x)=\mathrm{e}^x$，故 $\alpha=1,\ \beta=0,\ m=0$. $\alpha+\mathrm{i}\beta=1=\lambda_1$（三重根），所以 $k=3$. 设

$$y^*=x^3b_0\mathrm{e}^x$$

代入方程解得 $b_0=\dfrac{1}{6}$，故

$$y^*=\frac{1}{6}x^3\mathrm{e}^x$$

方程的通解为

$$y=\left(C_1+C_2x+C_3x^2+\frac{1}{6}x^3\right)e^x$$

例 6-34 解方程 $y''-5y'+6y=(x+1)e^{4x}$.

解：特征方程 $\lambda^2-5\lambda+6=0$ 的根 $\lambda_1=2,\lambda_2=3$，故

$$y_H=C_1e^{2x}+C_2e^{3x}$$

因为 $f(x)=(x+1)e^{4x}$，故 $\alpha=4,\ \beta=0,\ m=1$. 而 $\alpha+i\beta=4$ 不是特征方程的根，所以 $k=0$. 设

$$y^*=(b_0x+b_1)e^{4x}$$

代入方程，消去 e^{4x} 得

$$2b_0x+2b_1+3b_0=x+1$$

故 $b_0=\frac{1}{2}$，$b_1=\frac{1}{4}$，即

$$y^*=\left(\frac{1}{2}x-\frac{1}{4}\right)e^{4x}$$

方程的通解为

$$y=C_1e^{2x}+C_2e^{3x}+\frac{1}{4}(2x-1)e^{4x}$$

例 6-35 解方程 $y''-y'=\sin x$.

解：特征方程 $\lambda^2-\lambda=0$ 的根 $\lambda_1=0,\lambda_2=1$，故

$$y_H=C_1+C_2e^x$$

因为 $f(x)=\sin x$，故 $\alpha=0,\ \beta=1,\ m=0$，从而 $\alpha+i\beta=i$ 不是特征方程的根，所以 $k=0$. 设

$$y^*=b_0\cos x+d_0\sin x$$

代入方程得

$$(b_0-d_0)\sin x-(b_0+d_0)\cos x=\sin x$$

比较同类项系数得 $b_0=\frac{1}{2}$，$d_0=-\frac{1}{2}$，故

$$y^*=\frac{1}{2}(\cos x-\sin x)$$

方程的通解为

$$y=C_1+C_2e^x+\frac{1}{2}(\cos x-\sin x)$$

例 6-36 指出下列常系数非齐次线性微分方程特解形式（不必确定多项式系数）：

（1）$y''+2y'+2y=e^{-x}(x\cos x+3\sin x)$；　　（2）$y''+y'=x-2+3e^{2x}$.

解：（1）特征方程 $\lambda^2+2\lambda+2=0$ 的根 $\lambda_{1,2}=-1\pm i$.

因为 $\alpha=-1,\ \beta=1,\ m=1$，所以 $\alpha+i\beta=-1+i=\lambda_1$，故 $k=1$，从而有特解形如

$$y^{*}=xe^{-x}[(b_0x+b_1)\cos x+(d_0x+d_1)\sin x]$$

（2）设 $f_1(x)=x-2, f_2(x)=3e^{2x}$. 由叠加原理知方程有特解形如

$$y^{*}=x(b_0x+b_1)+d_0e^{2x}$$

例 6-37 若 $\frac{d^2x}{dy^2}+(y+\sin x)\left(\frac{dx}{dy}\right)^3=0$，将它化为 $y=y(x)$ 满足的微分方程. 若 $y(0)=0$，$y'(0)=\frac{3}{2}$，求解 $y(x)$.

解： $\frac{dx}{dy}=\frac{1}{\frac{dy}{dx}}=\frac{1}{y'}$

$$\frac{d^2x}{dy^2}=\frac{d}{dy}\left(\frac{dx}{dy}\right)=\frac{d}{dy}\left(\frac{1}{y'}\right)=\frac{d}{dx}\left(\frac{1}{y'}\right)\frac{dx}{dy}=-\frac{y''}{(y')^2}\cdot\frac{1}{y'}=-\frac{y''}{(y')^3}$$

代入原方程，得

$$-\frac{y''}{(y')^3}+(y+\sin x)\left(\frac{1}{y'}\right)^3=0$$

即

$$y''-y=\sin x$$

可知此方程所对应的齐次线性微分方程的通解为 $y=C_1e^{x}+C_2e^{-x}$.

设非齐次线性微分方程的特解为

$$y^{*}=A\sin x+B\cos x$$

由待定系数法可得 $A=-\frac{1}{2}$, $B=0$. 故非齐次线性微分方程的通解为

$$y=C_1e^{x}+C_2e^{-x}-\frac{1}{2}\sin x$$

由 $y(0)=0$, $y'(0)=\frac{3}{2}$，有 $C_1=1$, $C_2=-1$. 故所求解为

$$y(x)=e^{x}-e^{-x}-\frac{1}{2}\sin x$$

例 6-38 解微分方程 $y''+4y'+a^2y=e^{-2x}$，其中，a 为实数（特解中待定系数不必求出）.

解： 齐次线性微分方程对应的特征方程为 $\lambda^2+4\lambda+a^2=0$，$\lambda_{1,2}=-2\pm\sqrt{4-a^2}$.

以下用 Y 表示相应齐次线性微分方程的通解，y^{*}表示方程特解，y 表示方程通解，则

（1）当 $|a|=2$ 时，

$$\lambda_{1,2}=-2,\ Y=C_1e^{-2x}+C_2xe^{-2x},\ y^{*}=bx^2e^{-2x}$$

故

$$y=e^{-2x}(C_1+C_2x+bx^2)$$

（2）当$|a|<2$时，

$$\lambda_{1,2}=-2\pm\sqrt{4-a^2}\ \text{（实根）}$$

$$Y=C_1\mathrm{e}^{-2x+\sqrt{4-a^2}x}+C_2\mathrm{e}^{-2x-\sqrt{4-a^2}x},\quad y^*=b\mathrm{e}^{-2x}$$

故

$$y=\mathrm{e}^{-2x}(C_1\mathrm{e}^{\sqrt{4-a^2}x}+C_2\mathrm{e}^{-\sqrt{4-a^2}x}+b)$$

（3）当$|a|>2$时，

$$\lambda_{1,2}=-2\pm\mathrm{i}\sqrt{a^2-4}\ \text{（复根）}$$

$$Y=C_1\mathrm{e}^{-2x}\cos\sqrt{a^2-4}x+C_2\mathrm{e}^{-2x}\sin\sqrt{a^2-4}x,\quad y^*=b\mathrm{e}^{-2x}$$

故

$$y=\mathrm{e}^{-2x}(C_1\cos\sqrt{a^2-4}x+C_2\sin\sqrt{a^2-4}x+b)$$

6.5.3 欧拉方程

形如

$$x^n y^{(n)}+a_1x^{n-1}y^{(n-1)}+\cdots+a_{n-1}xy'+a_ny=f(x) \tag{6.46}$$

的方程称为**欧拉方程**，其中，a_i（$i=1,2,\cdots,n$）均为常数. 它是线性微分方程，但不是常系数的. 它的特点是系数为x的幂函数，幂指数与未知函数的导数的阶数相等. 由此容易想到齐次欧拉方程有幂函数$y=x^\lambda$形式解. 作变换，令$x=\mathrm{e}^t$，这个解化为指数函数$y=\mathrm{e}^{\lambda t}$，方程就化为常系数线性方程. 事实上，由于$t=\ln x$，所以

$$\frac{\mathrm{d}y}{\mathrm{d}x}=\frac{\mathrm{d}y}{\mathrm{d}t}\frac{\mathrm{d}t}{\mathrm{d}x}=\frac{1}{x}\frac{\mathrm{d}y}{\mathrm{d}t}$$

$$\frac{\mathrm{d}^2y}{\mathrm{d}x^2}=\frac{\mathrm{d}}{\mathrm{d}x}\left(\frac{1}{x}\frac{\mathrm{d}y}{\mathrm{d}t}\right)=\frac{1}{x^2}\left(\frac{\mathrm{d}^2y}{\mathrm{d}t^2}-\frac{\mathrm{d}y}{\mathrm{d}t}\right)$$

$$\frac{\mathrm{d}^3y}{\mathrm{d}x^3}=\frac{1}{x^3}\left(\frac{\mathrm{d}^3y}{\mathrm{d}t^3}-3\frac{\mathrm{d}^2y}{\mathrm{d}t^2}+2\frac{\mathrm{d}y}{\mathrm{d}t}\right)$$

$$\cdots$$

如果采用算子D表示关于t的导数运算$\dfrac{\mathrm{d}}{\mathrm{d}t}$，则由上列结果得到

$$xy'=Dy$$

$$x^2y''=D(D-1)y$$

$$x^3y'''=D(D-1)(D-2)y$$

$$\cdots$$

$$x^n y^{(n)} = D(D-1)\cdots(D-n+1)y$$

代入欧拉方程（6.46），便得到以 t 为自变量的常系数线性微分方程. 求出通解后，将 $t=\ln x$ 代入，就得到欧拉方程（6.46）的通解.

例 6-39　求欧拉方程 $x^3y''' + x^2y'' - 4xy' = 3x^2$ 的通解.

解：设 $x=\mathrm{e}^t$，即 $t=\ln x$，方程变为

$$D(D-1)(D-2)y + D(D-1)y - 4Dy = 3\mathrm{e}^{2t}$$

即

$$D(D+1)(D-3)y = 3\mathrm{e}^{2t} \tag{6.47}$$

特征方程 $r(r+1)(r-3)=0$ 的根 $r_1=0,\ r_2=-1,\ r_3=3$，故相应的齐次线性微分方程的通解为

$$Y = C_1 + C_2\mathrm{e}^{-t} + C_3\mathrm{e}^{3t}$$

设式（6.47）的特解为 $y^* = a\mathrm{e}^{2t}$，代入式（6.47）得 $a=-\dfrac{1}{2}$，故

$$y^* = -\frac{1}{2}\mathrm{e}^{2t}$$

因此，式（6.47）的通解为

$$y = Y + y^* = C_1 + C_2\mathrm{e}^{-t} + C_3\mathrm{e}^{3t} - \frac{1}{2}\mathrm{e}^{2t}$$

由于 $x=\mathrm{e}^t$，故原方程通解为

$$y = C_1 + C_2\frac{1}{x} + C_3x^3 - \frac{1}{2}x^2$$

例 6-40　解初值问题

$$\begin{cases} x^2y'' - xy' + y = x\ln x \\ y|_{x=1}=1,\ y'|_{x=1}=1 \end{cases} \tag{6.48}$$

解：令 $x=\mathrm{e}^t$，即 $t=\ln x$，方程化为

$$[D(D-1) - D + 1]y = t\mathrm{e}^t$$

即

$$(D-1)^2 y = t\mathrm{e}^t \tag{6.49}$$

故式（6.49）的特征方程 $(r-1)^2=0$ 的根为 $r=1$（二重），对应的齐次线性微分方程的通解为

$$Y = (C_1 + C_2t)\mathrm{e}^t$$

设式（6.49）的特解为

$$y^* = t^2(b_0t + b_1)\mathrm{e}^t$$

代入式（6.49）解得$b_0=\frac{1}{6}$，$b_1=0$，故

$$y^*=\frac{1}{6}t^3\mathrm{e}^t$$

因此原方程通解为

$$y=Y+y^*=C_1x+C_2x\ln x+\frac{1}{6}x\ln^3 x$$

由初始条件和$C_1=1$，$C_2=0$，故初值问题（6.48）的解为

$$y=x+\frac{1}{6}x\ln^3 x$$

本节讨论中，所取的变换$t=\ln x$限定了解的范围是$x>0$的，怎样求$x<0$部分上的解呢？请读者自己分析.

例 6-41 已知函数$y(x)$（$x>0$）有二阶导数，且$y'(x)>0$，$y(1)=1$. 记曲线$y=y(x)$（$x>0$）上任一点$M(x,y)$处的切线、y轴、过点M的水平直线围成的三角形的面积记为S_1；在区间$[0,x]$上，以曲线$y=y(x)$为曲边的曲边梯形面积为S_2，若$S_1=3S_2$，求函数$y(x)$.

解： 曲线$y=y(x)$在点$M(x,y)$处的切线方程为

$$Y-y=y'(X-x)$$

可知切线与y轴交点为$(0,y-xy')$，所以

$$S_1=\frac{1}{2}[y-(y-xy')]x=\frac{1}{2}x^2y'$$

又

$$S_2=\int_0^x y(t)\mathrm{d}t$$

故由$S_1=3S_2$得

$$x^2y'=6\int_0^x y(t)\mathrm{d}t \tag{6.50}$$

上式两端关于x求导，得欧拉方程

$$x^2y''+2xy'-6y=0$$

令$x=\mathrm{e}^t$，方程化为二阶常系数齐次线性微分方程，其特征方程为

$$\lambda(\lambda-1)+2\lambda-6=\lambda^2+\lambda-6=0$$

特征方程的根$\lambda_1=2,\lambda_2=-3$. 故欧拉方程的通解为

$$y=C_1\mathrm{e}^{2t}+C_2\mathrm{e}^{-3t}=C_1x^2+C_2x^{-3},\ x>0 \tag{6.51}$$

由于$\int_0^x t^{-3}\mathrm{d}t$发散（$t=0$是瑕点），所以当$C_2\neq 0$时，$\int_0^x y(t)\mathrm{d}t$发散. 此时式（6.51）不能满足式（6.50），故$C_2=0$，即式（6.50）的通解为

$$y=C_1x^2$$

习题 6.5

1．解下列常系数齐次线性微分方程或初值问题.

（1）$y''-2y'=0$；

（2）$y''+2y'+10y=0$；

（3）$y''=-4y$；

（4）$y''-4y'+4y=0$；

（5）$y'''-y''-y'+y=0$；

（6）$y'''-4y''+y'+6y=0$；

（7）$\begin{cases} y''-4y'+3y=0 \\ y|_{x=0}=6,\quad y'|_{x=0}=10 \end{cases}$；

（8）$\begin{cases} y''-2y'+y=0 \\ y|_{x=2}=1,\quad y'|_{x=2}=2 \end{cases}$；

（9）$\begin{cases} y''+4y'+29y=0 \\ y|_{x=0}=0,\quad y'|_{x=0}=15 \end{cases}$.

2．设 $y=y(x)\in C^2[-1,1]$，且满足方程 $(1-x^2)y''-xy'+ay=0$（$a=1$ 或 $a=-1$），作自变量变换 $x=\sin t$，求 y 作为 t 的函数应满足的方程，并求 $y(x)$.

3．一单摆摆长为 l，质量为 m，作简谐运动，假定其摆动的偏角 θ 很小（从而 $\sin\theta\approx\theta$），求其运动方程，并确定摆动周期.

4．设 $f(x)$ 与 $g(x)$ 在 $(-\infty,+\infty)$ 上可导，$g(x)\neq 0$，且有 $f'(x)=g(x)$，$g'(x)=f(x)$，$f^2(x)\neq g^2(x)$，试证方程 $\dfrac{f(x)}{g(x)}=0$ 有且仅有一个实根.

5．设某三阶常系数齐次线性微分方程的通解为 $y=C_1\mathrm{e}^x+C_2\cos 2x+C_3\sin 2x$（$C_1,C_2,C_3$ 为任意常数），求此微分方程.

6．解下列方程.

（1）$2y''+5y'=5x^2-2x-1$；

（2）$y''-6y'+9y=\mathrm{e}^{3x}(x+1)$；

（3）$y''-2y'+5y=\mathrm{e}^x\sin 2x$；

（4）$y''-4y'+4y=8x^2+\mathrm{e}^{2x}+\sin 2x$；

（5）$y'''-2y''-4y'+8y=16(\mathrm{e}^{-2x}+\mathrm{e}^{2x})$.

7．解下列初值问题.

（1）$y''+2y'+2y=x\mathrm{e}^{-x},\ y(0)=y'(0)=0$；

（2）$y^{(4)}+y''=2\cos x,\ y(0)=-2,\ y'(0)=1,\ y''(0)=y'''(0)=0$；

（3）$y'=1+\int_0^x[6\sin^2 t-y(t)]\mathrm{d}t,\ y(0)=0$.

8．设二阶常系数线性微分方程 $y''+\alpha y'+\beta y=\gamma\mathrm{e}^x$ 的一个特解为 $y=\mathrm{e}^{2x}+(1+x)\mathrm{e}^x$，试确定常数 α,β,γ，并求出该方程的通解.

9．已知 $y_1=x\mathrm{e}^x+\mathrm{e}^{2x},\ y_2=x\mathrm{e}^x+\mathrm{e}^{-x},\ y_3=x\mathrm{e}^x+\mathrm{e}^{2x}-\mathrm{e}^{-x}$ 是某二阶非齐次线性微分方程的三个解，求此微分方程.

10．若二阶常系数齐次线性微分方程 $y''+ay'+by=0$ 的通解为 $y=(C_1+C_2x)\mathrm{e}^x$，求非齐次线性微分方程 $y''+ay'+by=x$ 满足条件 $y(0)=2,\ y'(0)=0$ 的解.

11．已知一质点运动的加速度为 $a=5\cos 2t-9x$，其中 t,x 分别表示运动的时间和位移.

（1）若开始时质点静止于原点，求质点的运动方程，并求质点离原点的最大距离；

（2）若开始时质点以速度 $v_0=6$ 从原点出发，求其运动方程.

12．长 20m 质量均匀的链条悬挂在钉子上，开始挂上时有一端为 8m，问不计钉子对链条的摩擦力时，链条自然滑下所需的时间.

13．指出下列方程的特解形式.

（1） $y''+y=2\sin x\sin 2x$；　　（2） $y''+y'=(x^2+1)\sin^2\dfrac{x}{2}$.

14．求下列欧拉方程.

（1） $x^2y''+3xy'+y=0$；　　（2） $x^2y''+xy'+y=x$；

（3） $x^2y''+xy'-y=2\ln x$.

6.6 线性微分方程组

在 6.4 节和 6.5 节中，介绍了高阶线性微分方程解的结构及求解方法. 本节将讨论高阶微分方程组的基本形式、解的结构及常系数线性微分方程组的常用求解方法.

6.6.1 线性微分方程组的定义

对 n 阶线性微分方程

$$y^{(n)}+a_1(x)y^{(n-1)}+a_2(x)y^{(n-2)}+\cdots+a_n(x)y=f(x) \tag{6.52}$$

若令 $y'=y_1,y''=y_2,\cdots,y^{(n-1)}=y_{n-1}$，则式（6.52）化为“等价的”方程组

$$\begin{cases}y'=y_1\\ y_1'=y_2\\ \cdots\\ y_{n-2}'=y_{n-1}\\ y_{n-1}'=-a_n(x)y-a_{n-1}(x)y_1-\cdots-a_1(x)y_{n-1}+f(x)\end{cases}$$

它以 $y,y_1,\cdots,y_{n-1}$ 为未知函数，其中 y 就是式（6.52）的解. 这样就把线性微分方程化为只出现未知函数一阶导数的方程组.

形如

$$\begin{cases}y_1'=a_{11}(x)y_1+a_{12}(x)y_2+\cdots+a_{1n}(x)y_n+f_1(x)\\ y_2'=a_{21}(x)y_1+a_{22}(x)y_2+\cdots+a_{2n}(x)y_n+f_2(x)\\ \cdots\\ y_n'=a_{n1}(x)y_1+a_{n2}(x)y_2+\cdots+a_{nn}(x)y_n+f_n(x)\end{cases} \tag{6.53}$$

的微分方程组称为**（标准的）一阶线性微分方程组**. 式（6.53）的通解是含有 n 个独立的任意常数的函数组

$$y_i=y_i(x,C_1,C_2,\cdots,C_n),\ \ i=1,2,\cdots,n$$

式（6.53）的初值条件为

$$y_i(x_0)=y_i^{[0]},\ \ i=1,2,\cdots,n \tag{6.54}$$

其中，$y_i^{[0]}$（$i=1,2,\cdots,n$）为给定的常数.

进一步，为了简化式（6.53）和式（6.54），将其用向量和矩阵来表示，令

$$\boldsymbol{y}=\begin{pmatrix} y_1 \\ \vdots \\ y_n \end{pmatrix}, \boldsymbol{A}(x)=\begin{pmatrix} a_{11}(x) & \cdots & a_{1n}(x) \\ \vdots & & \vdots \\ a_{n1}(x) & \cdots & a_{nn}(x) \end{pmatrix}, \boldsymbol{f}(x)=\begin{pmatrix} f_1(x) \\ \vdots \\ f_n(x) \end{pmatrix}$$

并规定向量函数和矩阵函数的连续、导数和积分是对它们的每个元素而言的，则式（6.53）与式（6.54）可简记为

$$\boldsymbol{y}' = \boldsymbol{A}(x)\boldsymbol{y} + \boldsymbol{f}(x) \tag{6.55}$$

$$\boldsymbol{y}(x_0) = \boldsymbol{y}^{[0]} \tag{6.56}$$

若 $\boldsymbol{f}(x) \neq \boldsymbol{0}$ 时，称式（6.55）为**非齐次线性微分方程组**，称 $\boldsymbol{f}(x)$ 为**非齐次项**；当 $\boldsymbol{f}(x) \equiv \boldsymbol{0}$ 时，

$$\boldsymbol{y}' = \boldsymbol{A}(x)\boldsymbol{y} \tag{6.57}$$

称为**齐次线性微分方程组**. 这样，式（6.55）或式（6.57）的解是 n 维向量函数 $\boldsymbol{y} = \boldsymbol{y}(x)$.

6.6.2 线性微分方程组通解结构

下面将线性微分方程解的结构推广至微分方程组.

定理 6.7（存在唯一性定理） 若 $\boldsymbol{A}(x), \boldsymbol{f}(x)$ 在区间 I 上连续，则对任一 $\boldsymbol{x}_0 \in I$ 和任一 n 维常向量 $\boldsymbol{y}^{[0]}$，一阶线性微分方程组的初值问题（6.55）与（6.56）有唯一的解 $\boldsymbol{y} = \boldsymbol{y}(x)$，且此解在整个区间 I 上有定义.

证明略.

定理 6.8（叠加原理） 设 $\boldsymbol{y}^{[1]}, \boldsymbol{y}^{[2]}$ 依次是方程组

$$\boldsymbol{y}' = \boldsymbol{A}(x)\boldsymbol{y} + \boldsymbol{f}^{[1]}(x)$$

$$\boldsymbol{y}' = \boldsymbol{A}(x)\boldsymbol{y} + \boldsymbol{f}^{[2]}(x)$$

的解，则

$$\boldsymbol{y} = a\boldsymbol{y}^{[1]} + b\boldsymbol{y}^{[2]}$$

是方程组

$$\boldsymbol{y}' = \boldsymbol{A}(x)\boldsymbol{y} + [a\boldsymbol{f}^{[1]}(x) + b\boldsymbol{f}^{[2]}(x)]$$

的解，其中，a,b 为常数.

证明：

$$\begin{aligned}\boldsymbol{y}' &= a(\boldsymbol{y}^{[1]})' + b(\boldsymbol{y}^{[2]})' \\ &= a[\boldsymbol{A}(x)\boldsymbol{y}^{[1]} + \boldsymbol{f}^{[1]}(x)] + b[\boldsymbol{A}(x)\boldsymbol{y}^{[2]} + \boldsymbol{f}^{[2]}(x)] \\ &= \boldsymbol{A}(x)(a\boldsymbol{y}^{[1]} + b\boldsymbol{y}^{[2]}) + [a\boldsymbol{f}^{[1]}(x) + b\boldsymbol{f}^{[2]}(x)] \\ &= \boldsymbol{A}(x)\boldsymbol{y} + [a\boldsymbol{f}^{[1]}(x) + b\boldsymbol{f}^{[2]}(x)] \quad \square\end{aligned}$$

由叠加原理知，若 $\boldsymbol{y}^{[1]}, \boldsymbol{y}^{[2]}$ 是齐次线性微分方程组（6.57）的任意两个解，则它们的线性组合

$$\boldsymbol{y} = C_1\boldsymbol{y}^{[1]} + C_2\boldsymbol{y}^{[2]}$$

也是式（6.57）的解. 这说明齐次线性微分方程组（6.57）的所有解构成一个线性空间. 下面证明它是 n 维的. 为此先将线性相关、线性无关的概念推广：

设 $\boldsymbol{\varphi}^{[1]}(x),\boldsymbol{\varphi}^{[2]}(x),\cdots,\boldsymbol{\varphi}^{[m]}(x)$ 是区间 I 上的 m 个向量函数，若有 m 个不全为零的常数 $k_1,k_2,\cdots,k_m$，使

$$k_1\boldsymbol{\varphi}^{[1]}(x)+k_2\boldsymbol{\varphi}^{[2]}(x)+\cdots+k_m\boldsymbol{\varphi}^{[m]}(x)\equiv\mathbf{0},\ \ \forall x\in I$$

则称这 m 个向量函数在区间 I 上**线性相关**，否则称它们**线性无关**.

在区间 I 上，只要在一点 x_0 处，常向量组 $\boldsymbol{\varphi}^{[1]}(x_0),\boldsymbol{\varphi}^{[2]}(x_0),\cdots,\boldsymbol{\varphi}^{[m]}(x_0)$ 线性无关，则在区间 I 上向量函数组 $\boldsymbol{\varphi}^{[1]}(x),\boldsymbol{\varphi}^{[2]}(x),\cdots,\boldsymbol{\varphi}^{[m]}(x)$ 就线性无关.

定理 6.9（齐次线性微分方程组通解结构） 若式（6.57）有 n 个线性无关的解 $\boldsymbol{y}^{[1]}(x)$, $\boldsymbol{y}^{[2]}(x),\cdots,\boldsymbol{y}^{[n]}(x)$，则式（6.57）的通解 $\boldsymbol{y}(x)$ 都可表示为

$$\boldsymbol{y}(x)=C_1\boldsymbol{y}^{[1]}(x)+C_2\boldsymbol{y}^{[2]}(x)+\cdots+C_n\boldsymbol{y}^{[n]}(x)$$

其中，$C_1,C_2,\cdots,C_n$ 为 n 个常数.

证明：任取 n 个线性无关的 n 维常向量 $\boldsymbol{y}_0^{[1]},\boldsymbol{y}_0^{[2]},\cdots,\boldsymbol{y}_0^{[n]}$,，则式（6.57）分别满足初值条件

$$\boldsymbol{y}^{[1]}(x_0)=\boldsymbol{y}_0^{[1]},\boldsymbol{y}^{[2]}(x_0)=\boldsymbol{y}_0^{[2]},\cdots,\boldsymbol{y}^{[n]}(x_0)=\boldsymbol{y}_0^{[n]},\ \ x_0\in I$$

的 n 个解 $\boldsymbol{y}^{[1]}(x),\boldsymbol{y}^{[2]}(x),\cdots,\boldsymbol{y}^{[n]}(x)$ 就是线性无关的.

设 $\boldsymbol{y}(x)$是式（6.57）的任一解，满足 $\boldsymbol{y}(x_0)=\boldsymbol{y}^{[0]}$，必有常数 $C_1,C_2,\cdots,C_n$，使

$$\boldsymbol{y}^{[0]}=C_1\boldsymbol{y}_0^{[1]}+C_2\boldsymbol{y}_0^{[2]}+\cdots+C_n\boldsymbol{y}_0^{[n]}$$

由叠加原理知 $C_1\boldsymbol{y}^{[1]}(x)+C_2\boldsymbol{y}^{[2]}(x)+\cdots+C_n\boldsymbol{y}^{[n]}(x)$ 是式（6.57）的解，上式表明它与解 $\boldsymbol{y}(x)$ 满足同一初值条件，由解的唯一性有

$$\boldsymbol{y}(x)=C_1\boldsymbol{y}^{[1]}(x)+C_2\boldsymbol{y}^{[2]}(x)+\cdots+C_n\boldsymbol{y}^{[n]}(x)\quad\Box$$

若

$$\boldsymbol{y}^{[1]}(x)=\begin{pmatrix}\boldsymbol{y}_1^{[1]}(x)\\ \vdots\\ \boldsymbol{y}_n^{[1]}(x)\end{pmatrix},\ \ \cdots,\ \ \boldsymbol{y}^{[n]}(x)=\begin{pmatrix}\boldsymbol{y}_1^{[n]}(x)\\ \vdots\\ \boldsymbol{y}_n^{[n]}(x)\end{pmatrix}$$

是式（6.57）的 n 个线性无关的解，记

$$\boldsymbol{Y}(x)=\begin{pmatrix}\boldsymbol{y}_1^{[1]}(x) & \cdots & \boldsymbol{y}_1^{[n]}(x)\\ \vdots & & \vdots\\ \boldsymbol{y}_n^{[1]}(x) & \cdots & \boldsymbol{y}_n^{[n]}(x)\end{pmatrix},\ \ \boldsymbol{C}=\begin{pmatrix}C_1\\ \vdots\\ C_n\end{pmatrix}$$

则式（6.57）的通解可写为

$$\boldsymbol{y}=\boldsymbol{Y}(x)\boldsymbol{C}$$

称 $\boldsymbol{y}^{[1]}(x),\cdots,\boldsymbol{y}^{[n]}(x)$ 为式（6.57）的一个**基本解组**，$\boldsymbol{Y}(x)$ 为**基本解矩阵**. 容易证明 $\boldsymbol{y}^{[1]}(x),\cdots,\boldsymbol{y}^{[n]}(x)$ 线性无关的充要条件是朗斯基行列式

$$W(x_0)=\begin{pmatrix} y_1^{[1]}(x_0) & \cdots & y_1^{[n]}(x_0) \\ \vdots & & \vdots \\ y_n^{[1]}(x_0) & \cdots & y_n^{[n]}(x_0) \end{pmatrix} \neq 0$$

其中，x_0是区间I内任一点.

定理 6.10（非齐次线性微分方程组通解结构） 设$\boldsymbol{y}^{[*]}(x)$是非齐次线性微分方程组（6.55）的一个特解，而$\boldsymbol{y}^{[1]}(x),\cdots,\boldsymbol{y}^{[n]}(x)$是对应的齐次线性微分方程组（6.57）的一个基本解组，则非齐次线性微分方程组（6.55）的通解为

$$\boldsymbol{y}(x)=C_1\boldsymbol{y}^{[1]}(x)+C_2\boldsymbol{y}^{[2]}(x)+\cdots+C_n\boldsymbol{y}^{[n]}(x)+\boldsymbol{y}^{[*]}(x)$$

其中，$C_1,C_2,\cdots,C_n$为n个任意常数.

这是定理 6.8 和定理 6.9 的推论. 它说明，为了求非齐次线性微分方程组（6.55）的解，只要求对应的齐次线性微分方程组（6.57）的一个基本解组和非齐次线性微分方程组（6.55）的一个特解. 下面介绍一个由齐次线性微分方程组（6.57）的基本解组求非齐次线性微分方程组（6.55）的特解的方法——**常数变易法**.

设$\boldsymbol{Y}(x)$是齐次线性微分方程组（6.57）的一个基本解矩阵，将齐次线性微分方程组（6.57）的通解$\boldsymbol{y}=\boldsymbol{Y}(x)\boldsymbol{C}$中的常向量$\boldsymbol{C}$变易为$x$的待定向量函数$\boldsymbol{C}(x)$，设非齐次线性微分方程组（6.55）有特解

$$\boldsymbol{y}^{[*]}=\boldsymbol{Y}(x)\boldsymbol{C}(x) \tag{6.58}$$

代入非齐次线性微分方程组（6.55）得

$$\boldsymbol{Y}'(x)\boldsymbol{C}(x)+\boldsymbol{Y}(x)\boldsymbol{C}'(x)=\boldsymbol{A}(x)\boldsymbol{Y}(x)\boldsymbol{C}(x)+\boldsymbol{f}(x)$$

因$\boldsymbol{Y}'(x)=\boldsymbol{A}(x)\boldsymbol{Y}(x)$，故

$$\boldsymbol{Y}(x)\boldsymbol{C}'(x)=\boldsymbol{f}(x)$$

同乘$\boldsymbol{Y}(x)$的逆$\boldsymbol{Y}^{-1}(x)$，得

$$\boldsymbol{C}'(x)=\boldsymbol{Y}^{-1}(x)\boldsymbol{f}(x)$$

积分得

$$\boldsymbol{C}(x)=\int_{x_0}^{x}\boldsymbol{Y}^{-1}(t)\boldsymbol{f}(t)\mathrm{d}t$$

其中，x_0为$\boldsymbol{A}(x)$和$\boldsymbol{f}(x)$都连续的区间I内任一定点. 代入式（6.58）得非齐次线性微分方程组（6.55）的一个特解

$$\boldsymbol{y}^{[*]}=\boldsymbol{Y}(x)\int_{x_0}^{x}\boldsymbol{Y}^{-1}(t)\boldsymbol{f}(t)\mathrm{d}t$$

从而非齐次线性微分方程组（6.55）的通解可表示为

$$\boldsymbol{y}=\boldsymbol{Y}(x)\left[\boldsymbol{C}+\int_{x_0}^{x}\boldsymbol{Y}^{-1}(t)\boldsymbol{f}(t)\mathrm{d}t\right]$$

6.6.3 常系数齐次线性微分方程组

当 $\boldsymbol{A}$ 为 $n\times n$ 阶常数矩阵时，称

$$\boldsymbol{y}'=\boldsymbol{A}\boldsymbol{y} \tag{6.59}$$

为**常系数齐次线性微分方程组**. 设想式（6.59）有形如

$$\boldsymbol{y}=\boldsymbol{v}\mathrm{e}^{\lambda x} \tag{6.60}$$

的解，其中，λ 是待定的常数，$\boldsymbol{v}=(v_1,\cdots,v_n)^{\mathrm{T}}$ 是待定的非零常向量. 将式（6.60）代入式（6.59）得

$$\boldsymbol{v}\lambda\mathrm{e}^{\lambda x}=\boldsymbol{A}\boldsymbol{v}\mathrm{e}^{\lambda x}$$

消去 $\mathrm{e}^{\lambda x}$，得

$$(\lambda\boldsymbol{E}_n-\boldsymbol{A})\boldsymbol{v}=\boldsymbol{0} \tag{6.61}$$

$\boldsymbol{E}_n$ 是 n 阶单位矩阵. 式（6.61）是齐次线性代数方程组，有非零解的充要条件是

$$\det(\lambda\boldsymbol{E}_n-\boldsymbol{A})=0 \tag{6.62}$$

由此可见，向量函数（6.60）是齐次线性微分方程组（6.59）解的充要条件是，λ 为系数矩阵 $\boldsymbol{A}$ 的特征方程的根，$\boldsymbol{v}$ 是与 λ 相应的特征向量.

称式（6.62）为齐次线性微分方程组（6.59）的**特征方程**.

1° 当矩阵 $\boldsymbol{A}$ 有 n 个互异的特征方程的根 $\lambda_1,\lambda_2,\cdots,\lambda_n$ 时，因相应的特征向量 $\boldsymbol{v}^{[1]},\boldsymbol{v}^{[2]},\cdots,\boldsymbol{v}^{[n]}$ 线性无关，所以

$$\boldsymbol{v}^{[1]}\mathrm{e}^{\lambda_1 x},\boldsymbol{v}^{[2]}\mathrm{e}^{\lambda_2 x},\cdots,\boldsymbol{v}^{[n]}\mathrm{e}^{\lambda_n x}$$

是齐次线性微分方程组（6.59）的一个基本解组.

2° 当矩阵 $\boldsymbol{A}$ 有重根时，需要用到较深入的代数知识，讨论比较复杂，这里仅给出求基本解组的方法. 设特征方程的根 λ_j 是 k 重的，则齐次线性微分方程组（6.59）有形如

$$\boldsymbol{y}=\begin{pmatrix} v_{11}+v_{12}x+\cdots+v_{1k}x^{k-1} \\ \vdots \\ v_{n1}+v_{n2}x+\cdots+v_{nk}x^{k-1} \end{pmatrix}\mathrm{e}^{\lambda_j x}$$

的 k 个线性无关的解. 将它代入齐次线性微分方程组（6.59），得到 v_{ij} 的代数方程组，v_{ij} 中有 k 个，可任取. 每选取这一组数——一个 k 维向量，就相应得到齐次线性微分方程组（6.59）的一个解. 选取 k 个线性无关的 k 维向量，就得到齐次线性微分方程组（6.59）的 k 个线性无关的解.

例 6-42 解初值问题

$$\boldsymbol{y}'=\begin{pmatrix} 1 & -5 \\ 2 & -1 \end{pmatrix}\boldsymbol{y},\ \boldsymbol{y}(0)=\begin{pmatrix} 1 \\ 0 \end{pmatrix}$$

解：特征方程为

$$\begin{vmatrix} \lambda-1 & 5 \\ -2 & \lambda+1 \end{vmatrix}=\lambda^2+9=0$$

特征方程的根 $\lambda_1=-3\mathrm{i},\lambda_2=3\mathrm{i}$，相应的特征向量为 $(5,1+3\mathrm{i})^{\mathrm{T}},(5,1-3\mathrm{i})^{\mathrm{T}}$，故基本解组为

$$\boldsymbol{y}^{[1]}=\begin{pmatrix}5\\1+3\mathrm{i}\end{pmatrix}\mathrm{e}^{-\mathrm{i}3x}=\left[\begin{pmatrix}5\\1\end{pmatrix}+\mathrm{i}\begin{pmatrix}0\\3\end{pmatrix}\right](\cos 3x-\mathrm{i}\sin 3x)$$

$$=\begin{pmatrix}5\cos 3x\\\cos 3x+3\sin 3x\end{pmatrix}-\mathrm{i}\begin{pmatrix}5\sin 3x\\\sin 3x-3\cos 3x\end{pmatrix}$$

$$\boldsymbol{y}^{[2]}=\begin{pmatrix}5\cos 3x\\\cos 3x+3\sin 3x\end{pmatrix}+\mathrm{i}\begin{pmatrix}5\sin 3x\\\sin 3x-3\cos 3x\end{pmatrix}$$

因为方程组是实的，自然希望找到实值基本解组. 这里只需取解 $\frac{1}{2}(\boldsymbol{y}^{[1]}+\boldsymbol{y}^{[2]})$ 和 $-\frac{1}{2\mathrm{i}}(\boldsymbol{y}^{[1]}-\boldsymbol{y}^{[2]})$，即 $\boldsymbol{y}^{[1]},\boldsymbol{y}^{[2]}$ 的实部和虚部

$$\begin{pmatrix}5\cos 3x\\\cos 3x+3\sin 3x\end{pmatrix},\ \begin{pmatrix}5\sin 3x\\\sin 3x-3\cos 3x\end{pmatrix}$$

为实值基本解组. 故通解为

$$\boldsymbol{y}=C_1\begin{pmatrix}5\cos 3x\\\cos 3x+3\sin 3x\end{pmatrix}+C_2\begin{pmatrix}5\sin 3x\\\sin 3x-3\cos 3x\end{pmatrix}$$

将初值条件 $\boldsymbol{y}(0)=(1,0)^{\mathrm{T}}$ 代入，得

$$C_1\begin{pmatrix}5\\1\end{pmatrix}+C_2\begin{pmatrix}0\\-3\end{pmatrix}=\begin{pmatrix}1\\0\end{pmatrix}$$

解得 $C_1=\frac{1}{5}$，$C_2=\frac{1}{15}$，故初值问题的解为

$$\boldsymbol{y}=\begin{pmatrix}\cos 3x+\frac{1}{3}\sin 3x\\\frac{2}{3}\sin 3x\end{pmatrix}$$

例 6-43 解方程组

$$\boldsymbol{y}'=\begin{pmatrix}1&1\\-1&3\end{pmatrix}\boldsymbol{y}$$

解：特征方程为

$$\begin{vmatrix}\lambda-1&-1\\1&\lambda-3\end{vmatrix}=(\lambda-2)^2=0$$

特征方程的根 $\lambda=2$（二重）. 设

$$\boldsymbol{y}=\begin{pmatrix}v_{11}+v_{12}x\\v_{21}+v_{22}x\end{pmatrix}\mathrm{e}^{2x}$$

是方程组的解，代入方程组，消去 e^{2x}，得

$$\begin{pmatrix}v_{12}+2v_{11}+2v_{12}x\\v_{22}+2v_{21}+2v_{22}x\end{pmatrix}=\begin{pmatrix}v_{11}+v_{21}+v_{12}x+v_{22}x\\-v_{11}+3v_{21}-v_{12}x+3v_{22}x\end{pmatrix}$$

比较 x 同次幂的系数得

$$\begin{cases} v_{11}+v_{12}=v_{21} \\ v_{12}=v_{22} \end{cases}$$

取 $v_{11}=1$，$v_{12}=0$，则 $v_{21}=1$，$v_{22}=0$．因此，微分方程组有一个解为

$$\boldsymbol{y}^{[1]}=\begin{pmatrix}1\\1\end{pmatrix}\mathrm{e}^{2x}$$

取 $v_{11}=0$，$v_{12}=1$，则 $v_{21}=1$，$v_{22}=1$．于是得到微分方程组的另一个解

$$\boldsymbol{y}^{[2]}=\begin{pmatrix}x\\1+x\end{pmatrix}\mathrm{e}^{2x}$$

$\boldsymbol{y}^{[1]},\boldsymbol{y}^{[2]}$ 构成方程组的基本解组，所以，方程组的通解为

$$\boldsymbol{y}=C_1\begin{pmatrix}1\\1\end{pmatrix}\mathrm{e}^{2x}+C_2\begin{pmatrix}x\\1+x\end{pmatrix}\mathrm{e}^{2x}=\begin{pmatrix}C_1+C_2x\\C_1+C_2+C_2x\end{pmatrix}\mathrm{e}^{2x}$$

6.6.4 常系数非齐次线性微分方程组

当 $\boldsymbol{A}$ 为 $n\times n$ 阶常数矩阵，且 n 维向量函数 $\boldsymbol{f}(x)\neq\boldsymbol{0}$ 时，称

$$\boldsymbol{y}'=\boldsymbol{A}\boldsymbol{y}+\boldsymbol{f}(x) \tag{6.63}$$

为常系数非齐次线性微分方程组.

1．用常数变易法公式求解

例 6-44 解初值问题

$$\begin{cases} y_1'=y_2, y_2'=-y_1+\dfrac{1}{\cos x} \\ y_1\big|_{x=0}=0,\ y_2\big|_{x=0}=1 \end{cases}$$

解： 特征方程为

$$\begin{vmatrix}\lambda & -1\\ 1 & \lambda\end{vmatrix}=\lambda^2+1=0$$

特征方程的根为 $\lambda=\pm\mathrm{i}$，对应的特征向量为 $(1,\pm\mathrm{i})^{\mathrm{T}}$．故复值基本解组为

$$\boldsymbol{y}^{[1]}=\begin{pmatrix}1\\\mathrm{i}\end{pmatrix}\mathrm{e}^{\mathrm{i}x},\ \boldsymbol{y}^{[2]}=\begin{pmatrix}1\\-\mathrm{i}\end{pmatrix}\mathrm{e}^{-\mathrm{i}x}$$

实值基本解组为

$$\overline{\boldsymbol{y}}^{[1]}=\begin{pmatrix}\cos x\\-\sin x\end{pmatrix},\ \boldsymbol{y}^{[2]}=\begin{pmatrix}\sin x\\\cos x\end{pmatrix}$$

基本解矩阵为

$$\boldsymbol{Y}(x)=\begin{pmatrix}\cos x & \sin x\\ -\sin x & \cos x\end{pmatrix}$$

又

$$\boldsymbol{Y}^{-1}(x)=\begin{pmatrix}\cos x & -\sin x\\ \sin x & \cos x\end{pmatrix}$$

故有特解

$$\begin{aligned}\boldsymbol{y}^{[*]}&=\begin{pmatrix}\cos x & \sin x\\ -\sin x & \cos x\end{pmatrix}\int_0^x\begin{pmatrix}\cos t & -\sin t\\ \sin t & \cos t\end{pmatrix}\begin{pmatrix}0\\ \dfrac{1}{\cos t}\end{pmatrix}\mathrm{d}t\\ &=\begin{pmatrix}\cos x\ln(\cos x)+x\sin x\\ -\sin x\ln(\cos x)+x\cos x\end{pmatrix}\end{aligned}$$

所以，方程组的通解为

$$\begin{cases}y_1=C_1\cos x+C_2\sin x+\cos x\ln(\cos x)+x\sin x\\ y_2=-C_1\sin x+C_2\cos x-\sin x\ln(\cos x)+x\cos x\end{cases}$$

代入初值条件得 $C_1=0,C_2=1$，故初值问题的解为

$$\begin{cases}y_1=\sin x+\cos x\ln(\cos x)+x\sin x\\ y_2=\cos x-\sin x\ln(\cos x)+x\cos x\end{cases},\quad x\in\left(-\frac{\pi}{2},\frac{\pi}{2}\right)$$

2．消元法

例 6-45　解方程组

$$\begin{cases}\dfrac{\mathrm{d}y}{\mathrm{d}x}+\dfrac{\mathrm{d}z}{\mathrm{d}x}=-y+z+2 & (6.64)\\ \dfrac{\mathrm{d}y}{\mathrm{d}x}-\dfrac{\mathrm{d}z}{\mathrm{d}x}=y+z-2 & (6.65)\end{cases}$$

解：由式（6.64）+式（6.65），式（6.64）−式（6.65）得

$$\begin{cases}\dfrac{\mathrm{d}y}{\mathrm{d}x}=z & (6.66)\\ \dfrac{\mathrm{d}z}{\mathrm{d}x}=-y+2 & (6.67)\end{cases}$$

将式（6.66）代入式（6.67）得

$$\frac{\mathrm{d}^2y}{\mathrm{d}x^2}=-y+2$$

解得

$$y(x)=C_1\cos x+C_2\sin x+2$$

代入式（6.66）得

$$z(x)=-C_1\sin x+C_2\cos x$$

这种类似解代数方程组的消元法，即把微分方程组化为一个未知函数的高阶方程式来求解的方法也称消元法. 有时为了表述方便，我们在解题过程中常用算子形式来表示.

例 6-46 解方程组

$$\begin{cases}\dfrac{\mathrm{d}x}{\mathrm{d}t}-\dfrac{\mathrm{d}y}{\mathrm{d}t}+x=-t\\ \dfrac{\mathrm{d}^2y}{\mathrm{d}t^2}-\dfrac{\mathrm{d}y}{\mathrm{d}t}+3x-y=\mathrm{e}^{2t}\end{cases}\tag{6.68}$$

解：用算子 $D=\dfrac{\mathrm{d}}{\mathrm{d}t}$，$D^2=\dfrac{\mathrm{d}^2}{\mathrm{d}t^2}$ 将式（6.68）表示为

$$(D+1)x-Dy=-t\tag{6.69}$$

$$(D^2+3)x-(D+1)y=\mathrm{e}^{2t}\tag{6.70}$$

把$(D+1)$作用于式（6.69），以 D 作用于式（6.70），然后相减得

$$(D^3-D^2+D-1)x=2\mathrm{e}^{2t}+t+1$$

这是未知函数 x 的三阶常系数线性微分方程，其通解为

$$x=C_1\mathrm{e}^t+C_2\cos t+C_3\sin t+\frac{2}{5}\mathrm{e}^{2t}-2-t\tag{6.71}$$

因为式（6.71）中已出现了三个任意常数，不便再用上面的方法求 y. 为了求 y，由（6.69）、（6.70）两式之差，得

$$y=(D^2-D+2)x-t-\mathrm{e}^{2t}$$

将式（6.71）代入，得

$$y=2C_1\mathrm{e}^t+(C_2-C_3)\cos t+(C_2+C_3)\sin t+\frac{3}{5}\mathrm{e}^{2t}-3-3t\tag{6.72}$$

式（6.71）与式（6.72）联合构成式（6.68）的通解.

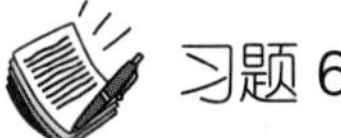

习题 6.6

1．将下列微分方程（组）化为等价的标准线性微分方程组.

（1）$\dfrac{\mathrm{d}^2x}{\mathrm{d}t^2}+a_1(t)\dfrac{\mathrm{d}x}{\mathrm{d}t}+a_2(t)x=0$；　　（2）$\dfrac{\mathrm{d}^2x}{\mathrm{d}t^2}-y=0$，$t^3\dfrac{\mathrm{d}y}{\mathrm{d}t}-2x=0$.

2．验证向量函数组

$$\boldsymbol{y}^{[1]}=\begin{pmatrix}-\sin x\\ \cos x\end{pmatrix},\ \boldsymbol{y}^{[2]}=\begin{pmatrix}\mathrm{e}^x\cos x\\ \mathrm{e}^x\sin x\end{pmatrix}$$

是方程组

$$\boldsymbol{y}'=\begin{pmatrix}\cos^2 x & \sin x\cos x-1\\ 1+\sin x\cos x & \sin^2 x\end{pmatrix}\boldsymbol{y}$$

的基本解组，并求出方程组的通解及满足条件 $\boldsymbol{y}(0)=(1,2)^{\mathrm{T}}$ 的特解.

3．解下列常系数齐次线性微分方程组或初值问题.

（1）$\begin{cases}x'=-7x+y\\y'=-2x-5y\end{cases}$；　　（2）$\begin{cases}x'=x-y\\y'=x+3y\end{cases}$；

（3）$\dfrac{\mathrm{d}\boldsymbol{y}}{\mathrm{d}x}=\begin{pmatrix}3&-1&1\\-1&5&-1\\1&-1&3\end{pmatrix}\boldsymbol{y}$，$\boldsymbol{y}(0)=\begin{pmatrix}1\\2\\3\end{pmatrix}$.

4．解下列方程组.

（1）$\begin{cases}x'=2x-5y-\sin t\\y'=x-2y+t\end{cases}$；　　（2）$\boldsymbol{y}'=\begin{pmatrix}-1&-2\\3&4\end{pmatrix}\boldsymbol{y}+\begin{pmatrix}2\\1\end{pmatrix}\mathrm{e}^{-x}$；

（3）$\begin{cases}\dfrac{\mathrm{d}x}{\mathrm{d}t}+\dfrac{\mathrm{d}y}{\mathrm{d}t}=-x+y+3\\\dfrac{\mathrm{d}x}{\mathrm{d}t}-\dfrac{\mathrm{d}y}{\mathrm{d}t}=x+y-3\end{cases}$；　　（4）$\begin{cases}\dfrac{\mathrm{d}x}{\mathrm{d}t}=p(t)x+q(t)y\\\dfrac{\mathrm{d}y}{\mathrm{d}t}=q(t)x+p(t)y\end{cases}$，$q,p$ 连续.

5．质量为 m_1 和 m_2 的两个小球，穿在一光滑水平杆上，由一轻质弹簧连接，且可沿杆移动. 当弹簧不受力时，两小球中心距离为 l. 若用 x_1,x_2 分别表示两球的位移，当 $t=0$ 时，$x_1=0$，$x_1'=v_0$，$x_2=l$，$x_2'=0$，试求两球的运动规律.

6．图 6.6 所示的电路中，若开始时电流为零，且电动势 E 为常数，试求电流 $i_1(t)$和 $i_2(t)$.

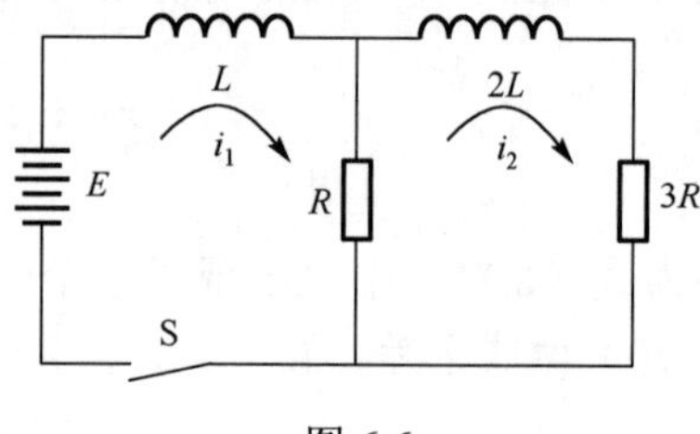

图 6.6

综合题

1．选择题.

（1）设 $y=y(x)$ 是二阶常系数线性微分方程 $y''+py'+qy=\mathrm{e}^{3x}$ 满足 $y(0)=y'(0)=0$ 的特解，则 $\lim\limits_{x\to0}\dfrac{\ln(1+x^2)}{y(x)}=$（　　）.

（A）不存在　　（B）1　　（C）2　　（D）3

（2）设 y_1,y_2 是一阶线性非齐次线性微分方程 $y'+p(x)y=q(x)$ 的两个特解，若有常数 λ,μ 使 $\lambda y_1+\mu y_2$ 是该方程的解，而 $\lambda y_1-\mu y_2$ 是该方程对应的齐次线性微分方程的解，则（　　）.

（A）$\lambda=\dfrac{1}{2}$，$\mu=\dfrac{1}{2}$　　（B）$\lambda=-\dfrac{1}{2}$，$\mu=-\dfrac{1}{2}$

（C）$\lambda=\dfrac{2}{3}$，$\mu=\dfrac{1}{3}$　　（D）$\lambda=\dfrac{2}{3}$，$\mu=\dfrac{2}{3}$

（3）若 $f(x)=\int_0^{2x}f\left(\dfrac{t}{2}\right)\mathrm{d}t+\ln2$，则 $f(x)=$（　　）.

（A）$\mathrm{e}^x\ln2$　　（B）$\mathrm{e}^{2x}\ln2$　　（C）$\mathrm{e}^x+\ln2$　　（D）$\mathrm{e}^{2x}+\ln2$

（4）已知 $y=y(x)$ 在任意点 x 处的增量 $\Delta y=\dfrac{y\Delta x}{1+x^2}+\alpha$，且当 $\Delta x\to0$ 时 α 是 Δx 的高阶无穷小，$y(0)=\pi$，则 $y(1)=$（　　）.

（A）2π　　（B）π　　（C）$e^{\frac{\pi}{4}}$　　（D）$\pi e^{\frac{\pi}{4}}$

（5）已知 $y=\dfrac{x}{\ln x}$ 是微分方程 $y'=\dfrac{y}{x}+\varphi\left(\dfrac{x}{y}\right)$ 的解，则 $\varphi\left(\dfrac{x}{y}\right)$ 的表达式为（　　）.

（A）$-\dfrac{y^2}{x^2}$　　（B）$\dfrac{y^2}{x^2}$　　（C）$-\dfrac{x^2}{y^2}$　　（D）$\dfrac{x^2}{y^2}$

2．已知函数 $f(x)$ 满足方程 $f''(x)+f'(x)-2f(x)=0$ 及 $f''(x)+f(x)=2e^x$，求（1）$f(x)$ 的表达式；（2）曲线 $y=f(x^2)\int_0^x f(-t^2)\mathrm{d}t$ 的拐点.

3．求微分方程 $y\mathrm{d}x+(x-3y^2)\mathrm{d}y=0$ 满足条件 $y|_{x=1}=1$ 的解.

4．用变量代换 $x=\cos t$（$0<t<\pi$）化简微分方程 $(1-x^2)y''-xy'+y=0$，并求其满足 $y|_{x=0}=1,\ y'|_{x=0}=2$ 的特解.